死亡哲学

Open Yale Courses

Shelly Kagan

耶鲁大学第一公开课

DEATH

[美] 谢利·卡根 著

贝小戎 蔡健仪 庞洋 译

北京联合出版公司
Beijing United Publishing Co.,Ltd.

图书在版编目（CIP）数据

死亡哲学：耶鲁大学第一公开课 /（美）卡根（Kagan,S.）著；贝小戎，蔡健仪，庞洋译. —北京：北京联合出版公司，2016.6（2024.6重印）
ISBN 978-7-5502-7631-4

Ⅰ. ①死… Ⅱ. ①卡… ②贝… ③蔡… ④庞… Ⅲ. ①死亡哲学—研究 Ⅳ. ①B086

中国版本图书馆CIP数据核字（2016）第082728号

北京市版权局著作权合同登记　图字：01-2014-1267号

死亡哲学：耶鲁大学第一公开课
作　　者：〔美〕谢利·卡根
译　　者：贝小戎　蔡健仪　庞　洋
出 品 人：赵红仕
责任编辑：王　巍

北京联合出版公司出版
（北京市西城区德外大街83号楼9层　100088）
河北鹏润印刷有限公司印刷　新华书店经销
字数343千字　700毫米×990毫米　1/16　印张25
2016年6月第1版　2024年6月第9次印刷
ISBN 978-7-5502-7631-4
定价：88.00元

目　录

CONTENTS<<<<<<<<<<

第一章

思考死亡

这是一本关于死亡的书，同时它又是一部哲学著作。这就意味着，我们将要讨论的主题有别于其他关于死亡的书可能涵盖的主题。所以，我想做的第一件事情，就是谈谈我们不会讨论哪些话题。你也许期待或希望一本关于死亡的书会讨论这些话题，这很合理，但是我不会去讨论它们，所以你马上就能意识到这是不是你要找的书。

说到我们不会讨论的话题，我主要想到的是关于死亡的本质或现象的心理学、社会学问题。比如，一本关于死亡的书可能会详细地讨论死亡的过程，或人们慢慢接受自己终有一死这一事实。我们不会谈论这些。同样，我们也不会谈论悲伤或丧亲之痛的过程。我们不会讨论美国的殡葬业，或我们对待死亡的恼人态度，或我们如何倾向于避免面对死亡。这些话题都很重要，但是在这本书中我们不会去讨论它们。

那么，我们将讨论什么呢？我们将讨论开始思考死亡的本质时出现的哲学问题，诸如：我们死亡时发生了什么？不过，为了着手讨论这一问题，我们首先要思考：我们是什么？人是怎样的一种实体（entity）？尤其是，我们有灵魂（soul）吗？

在一开始，我还要解释一下，在本书中我把“灵魂”当作一个哲学术语来使用。我用“灵魂”一词特指某种非物质的（immaterial）、完全不同于我们肉体（body）的东西。所以，我们要问的一个问题是，我们有非物质的灵魂，即某种在我们的肉体死亡后会存活下来（survive the death of the body）的东西吗？如果没有，这对死亡的本质来说意味着什么？我们死亡时发生了什么？

我们还会问：我死后仍存活下来（survive my death）需要哪些条件？事实上，我们要问，普遍说来，对我来说，活着到底是什么意思？比如，活着对我来说，好比说今晚活着是什么意思？这大体上就是我问这个问题的意思。在明天下午的某个时候，某个人会坐在我的电脑前写这本书，我当然会假定（并且希望！）那就是我。但是，如果说那个明天坐在这里打字的人，跟今天坐在这里打字的人正是同一个人，这到底是什么样的状况？这是人在时间中的同一性（personal identity）问题。显然，我们如果要恰当地思考死亡和存活，以及我死后继续存在的可能性，首先要弄清个人同一性的本质。

本书的前半部分将用大部分篇幅来讨论灵魂的存在、死亡的本质，以及死后存活的可能性等问题，然后我们会回到价值问题上。如果死亡真的是终点，那么死亡会很糟糕吗？当然，大部分人很有可能会立刻认为死亡是很糟糕的。但死亡为何会那么糟糕，其中有哲学之谜。

现在，我要试着让你马上感受一下死亡的一个难解之处。假设我死后就不存在了，如果你想一想，你很难看出死亡为何对我来说会是一件坏事。毕竟，当我死了之后，死亡对我来说好像不可能是坏事：对于某种根本就不存在的东西，怎么会发生任何坏事？如果我死后，死亡对我来说不是坏事，那么它对我来说怎么会是坏事呢？毕竟，在我还活着的时候，看上去死亡对我肯定不会是坏事！

别担心，我不会努力劝服你，说死亡不是坏事。但是我们将会看到，要准确地厘清死亡到底坏在哪里，以便看到死亡怎么可能是一件坏事，这是要下点儿功夫的。（还有个问题值得一问：是否不止一点使死亡成了坏事。）现在，如果死亡真的是一件坏事，那么你可能会问，永生不朽（immortality）会不会是一件好事？这是我们将要思考的另一个问题。普遍来说，我们要问的是：我将会死掉这一事实将如何影响我活着的方式？对我会死掉这一事实，我应该持何种态度？比如，我该不该害怕死亡？我该不该对终有一死这一事实感到绝望？

最后，我们会转向自杀问题。许多人认为，鉴于生命很有价值、很珍贵，我们永远都没有道理去自杀。毕竟，那是在放弃你所能拥有的唯一的生命。所以，在本书的最后，我们会考察自杀的理性和道德（或者，也许应该说是自杀的非理性和不道德）。

上述这些是我们要讨论的问题。对于熟悉相关哲学术语的人，可以粗略地说，本书的前半部分是形而上学，后半部分是价值理论。

现在有两种不同的撰写哲学著作的方式，尤其是这样的导论读物。在第一种方式中，你只是简单地列出各种可选立场，从正反两方面辩论，而你尽量保持中立。你不会一开始就公开站在某一边，而是避免暴露你接受的特定立场。这是第一条道路。但你也可以选择一条非常不同的道路。要提醒你的是，在本书中我将选择第二条道路。在第二条道路中，你会告诉读者你所接受的观点，并竭尽全力地为它们辩护。这更接近于我接下来的做法。我将形成一种特定的思想路线，并为之做出辩护。也就是说，关于我将讨论的问题，我持有一套观点，而我在本书中将努力说服你认为这些观点就是正确的。

为了帮你迅速弄清这些观点，我首先要描述一下跟它不同的另一套观点，那是其他人所接受的观点。这种常见观点包含了许多逻辑清晰的主张。从逻辑上说，你可以相信这套观点中的一些而非全部，也有许多人确实会全盘接受，由此我估摸着你很有可能会相信其中的一些观点。

这套常见的观点是这样的。首先，我们拥有灵魂。也就是说，我们不只有肉体，我们不只是一块块肉和骨头。相反，我们还有一部分，也许正是核心的部分，某种不只是物理的（physical）东西，它是我们精神的、非物质的部分。如我所说，在这本书中我将称它为灵魂。大部分人都相信有灵魂，或许你也相信。大部分美国人都相信存在着某种非物质的灵魂。这种常见的观点接着认为，由于这种非物质的灵魂存在，我们很有可能死后仍然活着。死亡是我们肉身的灭失，但是我们的灵魂是非物质的，所以在我们死后会继续存在。当然，关于死亡有许多我们无法了解的东西，死亡是终极之谜。但是，不管你是否相信人有灵魂，你可能至少会希望存在灵魂，因为那样你就很有可能死后仍活着。毕竟，死亡不仅是坏事，还可怕到令我们希望永远活着。永生会是多么美妙。如果有了灵魂，至少就有永生的可能。无论如何，我们希望如此——我们是不朽的灵魂——不管我们是否知道实情。如果没有灵魂，如果死亡真的是终点，那事情真是坏透了，以致我们显而易见的、恰当的、普遍的反应，就是带着恐惧和绝望面对死亡的前景。最后，鉴于死亡是这么可怕，生命是这么美好，放弃你的生命就永远都是没有道理的。因此，一方面，自杀总是非理性的；另一方面，它总是不道德的。

我刚才说了，这些是关于死亡的本质的常见观点。接下来我要做的，就是在这本书中证明，这套观点是相当错误的。我要试着让你相信，人没有什么灵魂；我要试着让你相信，永生不会是一件好事；畏惧死亡实际上不是对死亡的恰当反应；死亡并非特别神秘；自杀在某些情况下，可能既理性又合乎道德。我认为常见的对死亡的想象是相当错误的，而我的目标是，让你们也相信这一点。

很自然地，我希望到这本书的最后你会同意我的观点。毕竟，我认为自己为之辩护的观点是正确的，我非常希望你最后相信这一事实。

但是我还要说，对你来说，关键不是最终同意我的观点，而是要为自己思考。归根结底，我要做的最重要的事情是邀请你严肃、认真地思考死亡，以一种大部分人从未采用过的方式去面对它、思考它。如果在这本书的最后，你没有同意我的某个主张，那就随它去吧，我已经很满足了。好吧，虽然我不会完全感到满足，但是至少我会感到很大的满足，只要你真的思考过这些问题正反两方面的论证。

在开始之前，我要再说两点。首先，我已经解释过，这是一部哲学著作。基本上，这意味着，我们将试着用自己的推理能力来仔细思考，关于死亡我们能知道什么，或者能弄清楚什么。我们将从理性的角度来思考死亡。

所以，我需要说清楚，有一种证据和论证我们不会在本书中使用，那就是诉诸宗教权威。当然，你可能已经相信来世的存在，可能相信你死后将继续存活，可能相信永生。当然，你可以相信所有这些东西，因为你的教堂就是这么教你的。没关系，我的目标和意图不是让你脱离你的宗教信仰，或者反对你的宗教信仰。但是我确实希望先说清楚，在本书中我不会诉诸宗教论证，不管是天启，还是《圣经》的权威，还是你信奉的什么。

其次，如果你愿意，你可以把这本书当作一个巨大的假说。如果我们不得不从世俗的视角来思考，那么关于死亡的本质我们将得出怎样的结论呢？相对于神圣启示给出的权威答案，只使用我们自己的推理思考能力，我们会得出怎样的结论？如果你刚好相信神圣启示，不妨换个时间再讨论，我们只是不会在这里争论它。

最后，我要解释一下“这是一部导论性哲学著作”是什么意思：这意味着本书没有在话题中预设任何背景，但这并不等于说它好懂。实际上，其中一些材料是很难懂的，有些思想可能很难一下子就把握住。事实上，如果你有时间的话，把某些部分读个两遍会很有帮助。当然，我不是真的指望你这样做，但要提醒你：哲学是很难懂的。

我还要强调，“这是一部导论性著作”有其第二层含义，即我们将要讨论的每个话题都可以延展开来。它们都可以用长得多的篇幅加以追问，超出我们将要考虑的论证之外，总是有更深入的论证。许多这样的论证很快都会变得极其复杂，复杂到无法在这样的著作中加以讨论。对于我们将要讨论的每个话题来说，确实都是这样的。

所以读完之后，不要以为关于这些话题我的意见都已经是定论了。其实，它们更像是初步观点（first words）。但是，当然了，初步观点会是很好的起点。

| 第二章 |

二元论和物理主义

提问

我们要讨论的第一个问题跟死后存活的可能性有关。死掉之后还有生命吗？我死后至少还有仍然存在（exist）的可能吗？

从表面看来，要回答这个问题，我们至少需要弄清楚两个基本的问题：第一，我到底是什么？我到底是何物？或普遍来说，因为我不仅想知道自己死后的存活机会，还想知道所有人的，所以会问：人到底是何物？我们是由什么构成的？我们有哪些组成部分？

顺理成章地，在回答“我能存活下来吗”之前，我们需要了解自己是如何构成的，所以首先要做的是花点儿时间弄清人的基本“构件”。我们需要确定人是什么。

第二，我们要弄清：到底何谓存活（survive）？如果我们想知道死后存活的可能性，最好先弄清“存活”这一概念。那个将来作为我存在的到底是什么？

现在，关于存活的本质，即在时间中持续存在这一问题，可以用非常通俗的术语来讨论。我们可以讨论椅子、桌子、树木，或者任何东西的存活。我们可以问：同一个东西在时间中持续存在是怎么回事？或者，更抽象地说，在时间中持续的同一性（persistence of identity）的本质是什么？

但我们特别感兴趣的是像我们这样的存在——人类。我们尤其感兴趣的是弄清一个人在时间中持续存在需要具备什么条件。哲学家们称这个问题为“个人的同一性”（personal identity），也就是人在时间跨度中的同一性问题（同一个人在两个不同的时间中）。比如说，下周会有好几个人住在我家，我非常希望他们其中一人是我。但是，如果说其中一人下周正好是我，就是此刻坐在桌子前的这个人，这是什么意思？是什么使得那个人跟这个人一样？简单来说，就是个人同一性的本质是什么？或者，如果我们用存活的语境来提问：一个人的存活需要具备什么条件？

所以，从表面看来，为了弄清我死后是否活了下来，或可能存活，我们至少需要知道人是什么，我们需要弄清存活的本质，或者（更具体的话）个人在时间中的同一性。毫无疑问，我们将用几章来仔细研究这些问题。

但是在开始之前，我们要考虑对这一整体计划的一个反驳。我们要花许多时间来讨论这个问题：死后有生命吗？或者死后可能有生命吗？我死后能不能存活？然而，根据我脑中的这一反驳，整个复杂的研究都是一种误解，它基于一种混淆。这种反驳意见说，一旦我们看出这一混淆，就能看出我们提问的确凿答案。我死后还能不能活着？当然不能！

如果这是对的，我们的讨论就简单多了。但它对不对呢？这种反驳是这样说的[①]：

对于我们发问的这个问题，一种陈述方式是：死后有没有生命？但这个问题是什么意思？假如我们一开始问，一个人死了（has died）是什么意思，那么“死亡”（death）一个很自然的定义是，它类似于“生命的终止”。但如果真是这样，那么问“死后有没有生命”，就像在问“生命终止之后有没有生

① 杰伊·罗森堡，*Thinking Clearly About Death*（普伦蒂斯霍尔出版社，1983）一书中，于第18—22页对此论题的其中一个版本有进一步的探讨。

命？”对此的回答应该很明显，答案是没有。问死后有没有生命，就像稀里糊涂地问你的生命耗尽了之后还有没有生命。哦，咄！当然没有！这就好比问“我吃光了盘子里的食物之后，盘子里还有没有食物剩下？”或者“电影结束了之后电影会怎样？”这是愚蠢的问题，因为一旦你明白了你问的是什么，答案就包含于其中了，答案不言而喻。

所以，这种反驳意见接着说，虽然很久以来人们觉得“死后有没有生命”是一个巨大的谜，是重大的哲学问题之一，但这真的只是一种错觉。实际上，一旦你思考它，你就能看出答案必然是：没有。死后不可能有生命，生命结束之后不可能还有生命。

或者，假如我们以稍微不同的方式来问：我能从我的死亡中存活下来吗？那么，“存活下来”一词是什么意思？我们说某人从某件事中存活了下来，比如有一次意外或者一场病，他没有死，他还活着。比如，发生了车祸，你可能会说某位先生去世了，某位女士存活了下来，而说她存活了下来就等于说她还活着。所以，问“我能不能从我的死亡中存活下来”，就好比问“我死后还能活着吗”。而死亡是什么？死亡是生命的终结。所以，问能不能从自己的死亡中存活下来，其实是问：我的生命终结之后还能不能活着？我是不是一个死的时候没有死去的人？答案又是：咄！当然不能！鉴于存活的定义，你不可能从你的死亡中存活下来。

这一反驳总会让我想起小时候的一则笑话。你可能听过这个笑话，7岁的时候它会让你抓狂。它听上去就像一个谜语：“一架飞机在加拿大和美国边境坠机，人们该把幸存者埋到哪里？加拿大还是美国？”7岁的时候，你会想：“我不知道他们会把幸存者埋在哪里，会埋在加拿大吗，还是会埋在美国？”但答案当然是：你不会把幸存者埋起来！幸存者是还没有死的人！所以，问“我能不能从我的死亡中存活下来”，就像在问“我死后是不是还没有死”，答案当然是：不是！如果你死了，那么显然你没有存活下来，这一问题根本无从谈起。它实际上不是一个开放的问题，至少这个反驳是这么说的。

在这里，我不想彻底拒绝考虑这一反驳，所以才用好几段话来详细说明它，但我认为有一种回应它的办法。我们需要做的是，搞清楚我们想问的到底是什么，那么接下来我会试着把这个问题提得更准确些。关键是，使它成为一个真正开放的问题，一个我们可以合理提出的问题。

我将在本书中多次提醒大家，我是一位哲学家。这意味着：我所知的事实并非包罗万象。所以，对于我即将给你讲的故事，有些地方我希望自己知道那些事实，但是我不知道。因此，为了讲好这个故事，我应该邀请一位客座作者，一位杰出的生理学家来给我们提供我不知道的事实。但我并没有，我只是假装这样做。我会说“之类之类”，然后在应该请出我们的客座生理学家时，我会捏造相关的细节。没关系，对我们的目的来说，细节没有那么重要。

请想一下一具肉体死亡时发生了什么。无疑，你可以用各种方式杀死一个人。你可以毒死他，你可以勒死他，你可以向他的心脏开枪。他可以死于自然原因，比如心脏病突发，或者中风，或者癌症。导致死亡的也许是不同的起因，但是假定这些原因殊途同归，你最终都要经历一系列事件。这是些什么事件？这正是我不知道细节的地方，但是我会按照下面的情况来理解。不论何种原初的致死缘由，最终血液不再循环，氧气无法在肉体里流通，导致大脑开始缺氧。由于细胞逐渐缺氧，无法继续开展各种代谢过程，它们便无法按需修复自身遭到的各种损害，或者生产它们所需的氨基酸和蛋白质。细胞随之开始衰败，细胞结构开始崩溃，无法照常修复。最后，关键的细胞结构毁掉了，然后轰的一声，肉体死了。如我所说，我不知道自己描述的是否准确。我刚才讲的是一个粗略的故事，但是类似的故事大体上是真的。

我已经给你勾勒出了这个故事。这就是肉体死去时体内所发生的事件，尽管我并不是真的知道其细节。我们可以称这些事件为B_1、B_2、B_3，直到B_n（B代表body，肉体）。在B_1开始前，你的肉体还在运行，按照肉体的方式正常地工作着，呼吸、繁殖细胞等。在这一过程的最后，即B_n，就是肉体的死亡。从B_1到B_n，就是死亡的过程。至少，这是肉体之死（death of the body）。医学院的人士、生物学家或生理学家会这样向我们描述。

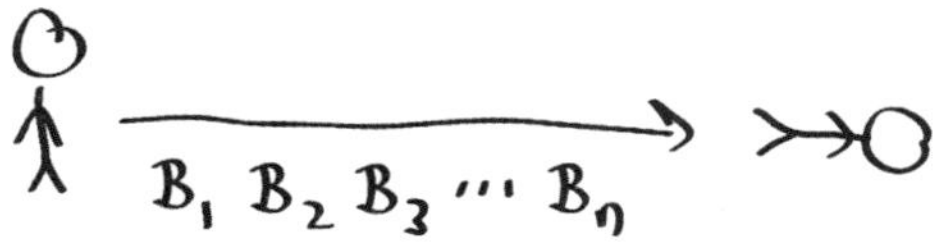

图2.1

假定我们把这一过程称为“肉体之死”，把这一序列最后发生的事件称为“肉体之死”。现在我们仍可以问，或至少看起来可以问：我还能不能，或者我是否在我的肉体死后仍然存在着？我的意思不是说我们已经知道这个问题的答案，但至少看上去我们可以顺理成章地这么提问。问我的肉体死后我还能不能存在，这里并没有明显的荒唐之处。答案可能会是“不能”，但至少不是“显然不能”，这需要持续的论证才能以这种或那种方式下定论。从我们目前知道的来判断，答案最后可能是肯定的。这只是把我们带回了这一想法：我的肉体死后我是否能够存在，好像取决于我是什么。所以，我们马上要讨论这个问题。

但老是问“我的肉体死后，我能不能继续存在”有些累赘不便。在澄清了要问的问题之后，我们可以换一种方式来重新表达它，不是坚持问“我的肉体死后，我是否能够继续存在”，而是有时用这样的问法来代替：我能从我的肉体之死中存活下来吗？这么问也无妨。或者，我们甚至可以这样问：我死后能继续存在吗？这实质上并无不妥。实际上，我们可以规定，当我们在这类问题的背景下谈论“我的死亡”时，我们要谈论的是我“肉体的死亡”。所以，问

“我死后能继续存在吗”，不过是“我的肉体死后，我能存活吗”的简略形式，这样做没什么妨碍。即使我们问“死后有生命吗”，也没有关系。我们可以安全地假定，当我们这样问的时候，只是在问，“即使在我的肉体死亡后，我是否还依然存在”。这确实像是一个非常合理的问题，让我们试着来回答它。

两种观点

如我已经提出的，如果我们想回答“我的肉体死后，我是否能够继续存在”这一问题，我们首先要搞清我是谁。毕竟，一个人能否从肉体之死中存活下来，应该取决于（至少部分取决于）他是怎样构成的——他是由什么组成的，又有哪些部分。我们需要知道人是什么。用哲学术语来说，这是一个关于人的形而上学的问题。

我来简述一下关于这个问题的两种基本立场。我想，这两种立场你都很熟悉，我们要做的是选择其中之一。确实，关于人的形而上学，这两种立场并非仅有的可能立场，但我认为它们是两种最突出的立场，而且对于我们的目的来说，它们肯定是最值得去探索的立场。

第一种可能的立场是这样的：人是肉体和另一种东西——心灵（mind）——结合而成的。但这第一种观点的关键之处是，心灵被认为是一种独立于、区别于肉体的东西。用一个常见的词来说，它是灵魂。所以，人是，或者人有，或者人包含着肉体和灵魂。如我所说，灵魂是某种区别于肉体的东西。

现在，假定我们都很熟悉肉体的概念。以我为例，我的肉体是一团肌肤、骨头和肌肉，它正坐在我的电脑屏幕前，我每天拖着它到处走动。你也有一个肉体，你也拖着它四处走动。对于这种东西，我们可以放在秤上称重、用棍子戳、生物学家可以去研究，它由各种分子、原子等组成。所以，肉体是人们拥有的一种东西。但是照第一种观点看来，我们还有一种不是肉体的东西，一种非物质的对象，它不是由分子和原子组成的。它是灵魂，它是意识、思维，或许还是人格的居所、所在地和基础。无论是以上哪种情形，关键的是，要想从形而上学的角度恰当地理解心灵，就要用非肉体、非物质的术语来谈论它，即把它当作灵魂。

我们可以把这第一种观点称为二元论（dualism），因为它设定人有两种基本的组成成分，即肉体和灵魂。接下来，我们将把“灵魂”一词留给这种二元论观点，根据这种观点，灵魂是一种非物质的、非肉体的东西，它跟肉体相反。肉体是物质实体，灵魂是非物质实体。这是二元论观点。

这便是第一种基本观点。稍后我会接着谈它，先让我来简述一下另一种基本观点。

我们要考虑的另一种观点不是二元论，而是一元论。它说，组成人的只有一种基本的东西：肉体。那什么是人呢？人只是一种物质对象，只是一具肉体。由于第二种观点仅仅将人视为一种特殊的物理对象（physical object），我们把它称为物理主义（physicalism）。

在第二种观点看来，人只是物质对象，即一种物理的东西。当然，人是一种非常神奇的物质对象。实际上，人这种物质对象令人称奇。毕竟，按照第二种观点，人这种物理对象能够做大部分其他物理对象不能做的事情。我们能说话，我们能思考，我们能歌唱，我们能写诗，我们能恋爱，我们能害怕，我们能制订计划，我们可以认识宇宙。根据这种物理主义观点，人只是能做所有这些事情的肉体：思考、理性、沟通、制订计划、恋爱、写诗。这是物理主义的观点。

这样我们就有了两种基本立场：一种是二元论的观点，认为人有肉体和灵魂；另一种是物理主义的观点，认为人不存在灵魂，我们没有那样的非物质对象，我们只有肉体，尽管像我们这样正常运行的肉体（据物理主义者们所说）能做一些委实神奇的事情。二元论和物理主义是我们将讨论的两种基本观点。

从逻辑的角度来看，我假定你可能还有第三种观点。既然有认为人只有肉体没有灵魂的一元论者，你也可以想到有人说人只存在灵魂但是没有肉体！比如，可能有一种形而上学观点，认为存在心灵（实际上是非物质的心灵：灵魂），但是根本没有任何物质对象，存在的只有灵魂以及它们的观念。搞不好我们是为了比较方便地谈论心灵拥有的观念，才谈什么物理对象。从物质的角度来思考物理对象，可能只是一种我们很容易就会陷入的幻觉，一种形而上学的错误。在哲学上，这种观点叫唯心主义。

实际上，唯心主义在哲学上有着悠久、卓越的历史。在更加彻底地研究形而上学时，我们值得花时间更细致地讨论它。但就我们的目的而言，我认为它不是一个竞争者。所以，我将把它暂且放下。

还有其他可能的观点。比如，有一种观点认为，谈论心灵和肉体只是两种看待同一潜在现实的不同方法，背后的现实从根本上既不是物理的，也不是精神的。这种观点——中立一元论——可能在形而上学著作中值得讨论，但就我们的目的而言，我提一下之后也会把它撇开不谈。

在本书中，我们不会考虑在讨论人的形而上学本质时才会关心的各种奇异的哲学立场。相反，我们将集中关注我认为最有力的两个竞争者，物理主义和二元论。要指出的是，这两种观点都接受肉体的存在，就像在我的设定中你的观点一样，它们的区别只在于我们是否也需要接受非物质的灵魂的存在。二元论者说“是”：人有灵魂，或者人是肉体也是灵魂。物理主义者说“不是”：我们只有，或只是肉体。

二元论

让我再谈谈二元论的立场。首先也是最重要的，二元论者认为，心灵是非物质实体，我们可以用不同的名字来称呼这一实体。实际上，如果我们就叫它“心灵”，也并无不妥。但是在讨论二元论时，我通常会谈论灵魂，以此来标示出二元论观点的关键之处，即认为心灵基于或心灵就是某种非物理、非物质的东西。

其次，二元论者认为，肉体和灵魂可以相互作用。一方面，灵魂可以指挥和命令肉体。比如，就在现在，我的肉体在键盘上打字。二元论者认为，它这么做是由于我的灵魂的命令。我的灵魂可以让我的肉体起立、坐下，或在房间里四处走动。所以，灵魂可以以各种方式作用于肉体。但另一方面，灵魂也会受到肉体的反作用，肉体发出的输入指令最终会被灵魂感知或感觉到。如果你拿起一个大头针，刺破我肉体上的肉，我的灵魂、我的心灵会感到疼痛。所以，它们之间的作用是相互的：肉体会影响灵魂，灵魂也会影响肉体。当然，如哲学中常有的情形一样，在更为复杂的二元论版本中，交互作用不是双向的，但让我们限制在传统的、双向交互作用的二元论上。我的灵魂控制着我的肉体，我的肉体也会影响我的灵魂。当然，虽然能够相互作用，但肉体和灵魂还是各自独立的。不过，通常在各种事件上，它们都存在着非常紧密的联系。

虽然“灵魂的处所”这个问题对我们的目的来说并不是非常关键，但还是值得花点儿时间来谈谈。如果存在着灵魂，它们在哪里？实际上，灵魂会有处所吗？我认为答案并不是显而易见的。一方面，我们言谈间好像灵魂是有处所的，我们说灵魂在肉体中。当然，这并不是说我们认为如果你打开肉体，就会发现灵魂所处的某个地方。但好像很自然地，我们认为灵魂至少有一个大致的处所。毕竟，我从这里观看世界，就像你在另一个不同的地方观看世界一样。

所以，也许你的灵魂多多少少正处于你的肉体附近。

只要你的肉体在正常运行，这也许就是真的。说不定死亡时，灵魂就会从肉体中获得解放，更加自由地四处游荡。实际上，没准儿我们活着的时候有时都会发生这种事情。有人就记录过灵魂出窍的经历，它们好像抛开了肉体，四处游荡。在这样不同寻常的时刻，灵魂也许离开了肉体，后来又返回来了。当然，即使这都是真的，灵魂出窍是可能的，然而在既定的时间，灵魂仍处在某个地方，哪怕它不一定就在肉体所在的地方。

另一方面，也许这都是幻觉，也许灵魂根本没有任何处所，也许我有一个处所的感受，实际上只是我从我的肉体获得的所有感觉输入形成的幻觉。想象一下，一个人被锁在纽黑文的一个房间里，他能看到的只有设在芝加哥的一个远程摄像头拍到的图像，他能听到的只有放在芝加哥的远程麦克风录下的声音，诸如此类。如果他经历的只是这些，你就会明白，为何他会误以为自己此时置身于芝加哥，因为所有的感官输入都源自芝加哥。说不定灵魂就是这样运作的，我们被骗了，以为我们处于我们的肉体所在的地方，但也许这只是形而上学的幻觉：搞不好灵魂根本没有处所。

说实话，对于非物质对象应该如何运作，我所知甚少（非物质实体竟能有处所吗？我不知道）。如我已经解释的，我自己不相信灵魂，我不认为二元论立场是正确的。我会把“灵魂是否在空间上有一个处所”这一问题丢给那些相信灵魂的人。好在对于我们的目的来说，我认为这个问题无关紧要。如果你想说灵魂有一个处所，也许你会满足于说，它们（通常）差不多跟与之相应的肉体处于同一个地方。但是，如果你更倾向于说，相反，灵魂根本没有自己的处所，这也不成问题。

就我们的目的来说，重要的是二元论的这一主张：存在着灵魂，它通常与它相互联系的肉体不同，它是非物质的实体。如果存在着肉体，也存在着灵魂，而且灵魂是非物质的，那么即使肉体死了，灵魂也可能继续存在！

这是某个人活着的肉体，令人难过的是，它生病了。我们经历了从B_1到B_n的过程，到了最后的B_n，肉体停止自我修复。肉体开始衰败，肉体死亡了。我们都知道这个悲伤的故事：蛆虫钻进来，蛆虫爬出去。一天过去了——好吧，也许不止一天——肉体分解了。是的，这都证明了肉体的终结。但如果灵魂是一种非物质、非物理的东西，那么它可以继续存在，哪怕肉体已经坏了。这就是二元论吸引人的地方之一。相信灵魂的存在，给了你一种你的肉体终结之后会继续存在的东西。

那么死亡是什么？好吧，如果我的灵魂和肉体之间有着紧密的联系，死亡可能会切断这种联系。肉体坏了，再不能给心灵传去输入指令；灵魂再不能够控制肉体，让它四处走动。但即使如此，灵魂也可能继续存在。至少，有这种可能。如果我是二元论者，那么我死后继续存在的可能性就值得斟酌。

但是仍有一种怀疑。二元论认为，人是肉体和灵魂的联合：一种肉体和灵魂的三明治。如果人是一种联合，如果人是成对的——灵魂加上肉体——那么当你毁掉一个人的肉体之后，你不就毁掉了这个人？毕竟，当你毁掉了成对的东西中的一部分，这一对就不再存在了，那这个人也就不再存在了！这是不是意味着，我最终不能从我的肉体死亡中真的存活下来，哪怕我们假定二元论是真的？

然而，幸运的是，二元论者至少会给出两种可能的回答。一种可能性是，二元论者坚持认为，严格说来，一个人不是一个灵魂加一个肉体；严格说来，人只是灵魂。照此说来，我只是我的灵魂，再也没有别的。显然，按这种观点来说，我肉体的毁灭并不会真正涉及我哪怕是一部分的毁灭。当然，我跟我的肉体有着密切的联系，但是毁掉肉体根本不会毁掉我的一部分。（这里有一个类比：我跟我住的房子有着特别紧密的联系，但是毁掉我的房子并没有毁掉我的一部分。）

这是二元论者可能提出的一个立场：严格说来，人只是灵魂。灵魂跟肉体有着紧密的联系，但是人不是灵魂和肉体，人只是灵魂。哪怕这种紧密的联系被破坏了，但是人那个灵魂，还可以继续存在。

而这只是二元论者可以采取的路线，他不一定要走这条路。相反，二元论者可以坚持说，虽然我的肉体真的是我的一部分，但它不是我的核心部分。相反，若我要继续活下去，肉体是可以失去的。毕竟，事物一直在失去其某些部分，并不会因为这些失去导致整个毁掉。比如，我汽车的右前轮以前有一个轮毂，但现在没有了。那个轮毂当然是我汽车的一部分，但即使如此，在轮毂失去和坏掉之后，我的汽车仍继续存在着：那个轮毂是我汽车的一部分，但不是核心部分。（实际上，即使没有换新的轮毂，我的汽车仍继续存在着！）类似地，虽然一个人在他活着的时候由肉体和灵魂组成，但是在肉体毁掉之后这个人也许仍能继续存活下去。肉体是这个人的一部分，但不是核心部分。

我不会做出决定说在这两个答案中，二元论者采取哪个更好。不妨说，这两个答案好像都可以接受。那么，不管采取哪个答案，我认为二元论者都可以坚持说，在我的肉体死亡和毁灭之后，我至少仍有存活的可能性。

我要强调一下，二元论者只是坚持死后存活的可能性，因为只是非物质灵魂的存在，所以并不能完全、自然而然地保证在肉体死后灵魂真的可以存活下来。也许尽管存在着灵魂，但是当肉体死亡时它也一同死了！

所以，这里引起我们兴趣的是两个不同的问题。第一个问题是：非物质的灵魂是否存在？真的可以用非物质实体这样的术语来理解心灵吗？真的存在两种不同的事物，也就是肉体和灵魂吗？这是第一个问题。第二个问题是：我们还想知道，假如灵魂存在，它能否从肉体的毁灭中存活下来。毕竟，灵魂可能是跟肉体分离的，但即使如此，它也可能在肉体被毁掉时遭到毁灭。

因此我在说明，如果存在灵魂，至少为我死后存活的可能性打开了大门。

但这没有保证，因为没有进一步的论证，就不能保证灵魂会从肉体的死亡中存活下来。哪怕它们彼此是分离的，它也可能在肉体被毁掉的同时遭到毁灭。要知道，我们讨论的毕竟是交互作用式二元论。肉体和灵魂之间有着紧密的因果关系。当你刺我的肉体时，这一肉体上的过程会在我的灵魂中引发各种事件——痛感！那么，类似地，当我的肉体死亡时，也就是发生从B_1到B_n的物理事件时，它们会在我的灵魂中引发一个并行的过程，可称之为从S_1到S_n，这些过程会导致（或构成）我灵魂的毁灭。所以当我的肉体死亡时，我的灵魂也死了！

这是我脑海中的图景，它跟我们之前表现肉体之死的图类似，但现在我补充了这一个观点：当肉体死亡时，它会同步造成灵魂的死亡。（当然，我不清楚如何画出灵魂，所以就画了一个带光环的脸。）

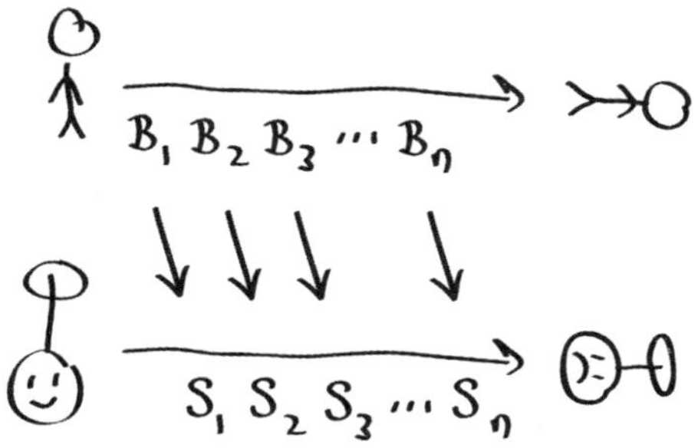

图2.2

但这时，有人可能想提出反驳。在我们讨论的灵魂观里，灵魂是一种非物质实体，它不是由普通的、原子般的物质组成。但是，如果灵魂是非物质的，那是否就可以自动地、毫不费力地推断出，灵魂不可能被一个物质的过程毁灭？肉体之死，从B_1到B_n，显然是一个物理过程，而非物质的灵魂不可能被物质、物理的过程毁灭，这不是显而易见的吗？

悲哀的是，我认为这事实上并不是显而易见的。如我提醒过的那样，我们在这里讨论的是交互作用式二元论，它认为肉体能够以各种方式影响灵魂。现在，各种波长的光反射到我的眼睛上，由此我的灵魂有了与我眼前各种对象有关的视觉体验——电脑、桌子、电话。现在，各种强度的声波反射到我耳中，由此我的灵魂有了对隔壁屋里家人的各种声觉体验。现在，胃液在我的胃里累积，由此我的灵魂有了饥饿的感受。简单来说，我的肉体中发生着各种物理过程，它们引发了我灵魂中的各种变化。但是一旦我们承认，在这种二元论图景中，物质的肉体能影响非物质的灵魂中发生的事件，那么我们好像就没有理由否认，从B_1到B_n的肉体过程有可能引起从S_1到S_n这一可怕的灵魂过程，并最终导致灵魂的毁灭。这肯定是有可能的，不过它需要进一步的论证来加以排除。

简而言之，哪怕我们认为灵魂是存在的，这并没有保证我们能从肉体之死中存活下来。这是更进一步的观点，需要进一步论证的支持。

但实际上，我们还有第三个想问的问题：假如肉体死后灵魂还活着，它能存活多久？它会永远存在下去吗？我们是永生的吗？

大部分人肯定希望这是真的。我们希望存在着这样的灵魂，这样我们就能永生。因此，我们不仅要问灵魂是否不同于肉体，肉体死后它能不能存活下来，还要问它能不能永远存活下去。这最后一个关于灵魂不朽的问题，是柏拉图特别感兴趣的问题，我们将在第五章涉及他的一些论证。但是，我们首先需要决定，是否应该相信灵魂的存在。

物理主义

根据关于人的本质的第一种观点，也就是二元论，一个人有或者是非物质的灵魂。我认为这是一种人们都很熟悉的观点，可能你自己也相信灵魂的存在。哪怕你不相信，你可能也受到了这种信念的吸引。无论如何，我可以肯定，至少你认识一些相信这种观点的人。尽管这是一种大家很熟悉的情景，但我们要问自己的问题是：它是真的吗？有理由相信它是正确的吗？

在回答这一问题之前，让我们仔细探究下物理主义，即关于人的本质的第二种观点。根据这种观点，人只是一个肉体，只是物质对象，是生物学家们摆弄和研究的事物。

搞清楚这里说的是什么，自然很关键。当物理主义者说人只是肉体，只是物理对象时，他们的观点肯定不是说人只是随便什么肉体！不是说不同的物理对象之间好像没有重大的差异。要知道，有些物理对象能做出比其他物理对象有趣得多的事情。

我桌子上有一支铅笔，它只是某种物理对象。它能做什么？好吧，做不了多少事情：我可以用它在纸上写字；我可以把它掰成两截；如果我拿起它，再松开它，它会落下。铅笔不是一种很有趣的物理对象。我还有一部手机，它也只是一个物理对象，它也不是世界上最有趣的物理对象，但比铅笔可有趣多了，它能做铅笔做不了的各种事情。

如果物理主义者是对的，那么这里还有一个物理对象——谢利·卡根。我是一个令人难忘的物理对象。这样说可能显得有些傲慢，我的意思不是说，我比你更令人难忘。按照物理主义者的看法，我们每一个人都只是一个能做一些奇妙之事的肉体。我们是能够思考的肉体，我们是能够制订计划的肉体，我们是能够推理的肉体，我们是能够感知的肉体，我们是会害怕、创意十足、有梦想、有抱负的肉体，我们是能够相互沟通的肉体。这里有一句话：我们是人这样的肉体（we are bodies that are people）。但物理主义者认为，人只不过是肉体，再没别的了。

那么，按照物理主义的理论，人是拥有特定能力的肉体，是能做一系列活动的肉体。人是能够思考、沟通、推理、制订计划（感受事物、创意十足、有爱和梦想），诸如此类的肉体。

如果我们愿意，我们可以争辩这些能力中哪些是最厉害的，但就我们的目的来说，我认为这并不重要。所以，虽然我有时会谈到这一系列能力，但我不会试着去列一个权威的清单。我只把它当作人拥有的一系列能力，我们能做的事情是其他物理对象，如铅笔、收音机、汽车做不了的。我们可以把这些称作使人之所以为人的能力。为引入一个术语，我们不妨称这些能力为“P功能”（P代表person，人）。那么，按照物理主义者的看法，人只是拥有各种P功能的肉体。同样，我们可以说，按照物理主义者的看法，人只是有能力实现各种P功能（推理、思考、感受、交往、爱等）的肉体。那么，我们可以说，人是执行P功能的肉体。

再一次要强调的是，我们要看到，这种观点是说，虽然人只是肉体，但不是随便哪种肉体。实际上，它不只是随便什么样的人的肉体。毕竟，如果你拔出枪，朝我的心脏射击，我会流血而死，在你面前的仍是一个人的肉体，但它不是一个能执行P功能的肉体。它不是一个能思考的肉体，不是一个能制订计划、能沟通、能创造、有目标的肉体。所以，要成为人，关键是要有一个能够执行P功能的肉体。

那么在这种观点中，心灵到底是什么？在物理主义者看来，谈论心灵仍然是合理的，但是从物理主义的视角来说，心灵不过是表达肉体各种精神能力的便捷方式。当我们说到心灵时，我们是把这些能力名词化，用名词“心灵”来谈论这些能力。总而言之，心灵只是对肉体正常运行时拥有的独特能力的一种说法。

类似地，说到微笑，我们都相信存在着微笑，但什么是微笑？微笑只是对肉体做某件事的能力的一种说法——我们能做出如此独特的事情，卷起嘴唇，露出牙齿，等等。但微笑并不是肉体额外的一部分。如果你把肉体的各个部分列出来，你会列出牙齿，你会列出嘴唇，你会列出牙龈，你会列出舌头，但是你不会列出微笑。

那么，我们该不该接受某种二元论？我们可不可以得出结论说，微笑是额外的、非物质的东西，它跟肉体有特别密切的关系？你大可以这么想，但这是一种很愚蠢的观点。更好的办法是，将微笑看成表达肉体微笑能力的一种说法。没有额外的事物——微笑。

确实，我们有一个名词“微笑”，如果你不小心的话，这一事实可能会哄骗你以为一定存在着微笑这种事物，然后各种形而上学的难题就接踵而至。微笑处于何处？它好像处于嘴巴附近。但是微笑不是嘴唇，也不是牙齿。那它肯定是某种非物质的东西！

但是我说过，这将是一种愚蠢的思考微笑的方式。我们谈论微笑只是表达肉体具有笑的能力，能够形成一个微笑。这是我们拥有的一种能力，或者说，是我们的肉体拥有的能力。

类似地，在物理主义者看来，谈论心灵只是表达我们肉体做各种事情的能力的一种说法，只是因为这样便于我们谈论我们的肉体能够思考、能够沟通、能够制订计划、能够权衡利弊、能够创造、能够写诗、能够恋爱这些事实。关于这些能力的说法，就是我们所指的“心灵”，但是并没有心灵这一额外的事物存在于肉体之上或之外。

这是物理主义者的观点。物理主义者不否认存在心灵，就像我们不否认存在微笑，但是谈论心灵就像谈论微笑，只是因为这样来谈论肉体能做的事情比较方便。

那么，从物理主义者的观点来说，心灵不是大脑这一点就特别重要了。你可能会想：“瞧，根据物理主义者的观点，心灵只是大脑。”我承认，这并不是一个可怕的误导，因为根据目前最先进的科学，大脑是肉体中赋予我们各种能力的底层结构，那些P功能是我们凭借大脑才拥有的功能。所以，这可能会误使你认为，在物理主义者看来，心灵只是大脑。

但我们也许不能这样说。毕竟，假如你杀了我，我的尸体躺在地板上，我的大脑也在那里（咱们别说得过于可怕了，就假设它还在我的脑壳里）。大脑仍然在那里，但即使如此，显然心灵已经被毁灭了。所以，我认为我们不该说大脑就是心灵。至少，在需要严谨时，我们应该说，谈论心灵是谈论肉体的P功能的一种方式。大家公认的是，我们最先进的科学已表明，一个运行良好的肉体须凭借大脑的正常运行，才能够思考、制订计划、恋爱。严格地说，认为心灵真的只是表达P功能的一种方式，这是物理主义者的心灵观。

物理主义者的死亡观是怎样的呢？在二元论者看来，死亡是心灵——非物质的灵魂——和肉体的永久分离，因为肉体毁掉了。但是对物理主义者来说，没有灵魂这一额外的、在肉体死亡后可能或不能存活的实体，心灵只是肉体的P功能。所以，当肉体各项运作能力被破坏后，心灵也就毁掉了。粗略地说，死亡就是种种P功能的终结。

我说了，这是粗略的说法。在第十一章中我们还会花时间来梳理这种看法，使它变得更准确。但是，其基本看法没有任何神秘之处。从物理主义者的观点来看，死亡没有什么特别神秘的地方。

这就好比我有一套音响。假如我为你举着我的扬声器，它正在播放音乐，这是它能做的一件事。但我把它丢到地上摔碎它，它摔坏了之后就不能正常运行了，这一点儿也不神秘。从物理主义者的观点来看，死亡基本上就是这样的，它是肉体的停工，以致肉体再也不能正常运行。

还有一点值得强调。我已经解释过了，物理主义者不否认存在心灵（就像我们不否认存在微笑一样），但谈论我们的心灵只是表达我们的肉体能做之事的一种方式，表示它能思考、能恋爱、能制订计划这一事实。这并不是说，物理主义者的观点认为，我们只是一些误以为自己能思考的肉体。不是的，我们是真的能思考、能恋爱、能制订计划的肉体，所以的确存在心灵。如果我们愿意的话，可以称这些心灵为灵魂，哪怕是站在物理主义者的角度。

毕竟，从物理主义者的观点来说，谈论心灵没有什么不对的，谈论灵魂也没有什么不对的。通常，在谈论灵魂时，我们不是在搞形而上学，不是在假定一种特殊的形而上学立场。我是一位物理主义者，但在大部分语境中，我能坦然地谈论一个人的灵魂，“他有一颗善良的灵魂”“她是一个很坏的灵魂”“当一个人阅读莎士比亚的著作时，他的灵魂在飞升”。

“灵魂”这个说法并不会令人心烦或感到不合适，哪怕是站在物理主义者的角度来说。这是一种很恰当的表达方式。但我已经说过，在本书中，为了避免混淆，我将把“灵魂”一词留给谈论二元论观点时。

或许我可以这么说，我们将中立地使用“心灵”一词，用它并不表示我们以这种或那种方式肯定了心灵是什么。这样，我们就能同意，人们拥有心灵——我们的思想和人格的居所或所在地。但是，我们还有一个难题没有回答：什么是心灵？二元论者的立场当然是，心灵是灵魂，灵魂是非物质对象。在本书中，当我使用“灵魂”一词时，我会把它留给这种特别的形而上学观点，它认为灵魂是非物质的。反之，我们还有物理主义者的观点。物理主义者也相信心灵，但是他们认为，心灵只是一种谈论肉体能力的方式。物理主义者当然不相信二元论者信奉的非物质的灵魂。所以，为了区分清楚，我将说物理主义者根本不相信灵魂。他们相信心灵，但是不相信灵魂。

我们接下来的问题就是：我们该相信谁，二元论者还是物理主义者？灵魂究竟是存在还是不存在？

| 第三章 |

灵魂存在的论证

关于人的本质，我已经介绍了两种基本立场：二元论观点和物理主义观点。不管你接受其中的哪一个，这两种观点都为我们所熟悉。我们都知道，二元论者接受非物质的灵魂的存在，物理主义者则否认灵魂的存在，坚持认为人只是肉体。我们熟知这两种立场，但我们要问：应该相信这两种观点中的哪一个呢？

很显然，在这两种观点中加以选择时，关键的问题是，我们是否应该相信灵魂的存在。因为双方都相信肉体的存在，毕竟，二元论者不否认肉体的存在，他只是既相信肉体的存在，也相信灵魂的存在；物理主义者显然也不否认肉体的存在。所以，肉体的存在是这两种观点的共同点。它们的区别在于，除了肉体之外是否还接受灵魂的存在。我们要问：有充分的理由让我们相信灵魂的存在吗？

一个人该如何去证明灵魂的存在呢？也许我们首先应该问，一个人该如何去证明任何东西的存在？比如，我们如何证明椅子、桌子、鸟、树等寻常事物的存在？

当然，对许多熟悉的日常事物来说，答案很清楚：我们可以用我们的五种感官来证明这些事物的存在。我们看到、听到、感觉到了它们。我怎么知道椅子是存在的？嗯，我面前有几把椅子。我睁开眼，就看见了它们。我怎么知道这桌子是存在的？我能看到它、摸到它、感觉到它。我怎么知道树是存在的？

我能看见它们（我现在透过窗户就能看到）。我怎么知道鸟是存在的？我能看见它们、听见它们。我怎么知道苹果是存在的？我现在没看见什么苹果，但是我以前看见过，我尝过、摸过。诸如此类，所有普通的日常事物的存在都是如此得到的证明。

但是，这种办法显然无法证明灵魂的存在！灵魂应该是某种非物质的东西，我们不能看见它，不能品尝、触摸、闻到、听到它。我们不能用我们的五种感官直接观察到灵魂。

当然，可能有人会坚持说，虽然我们不能用我们的五种外感官观察到灵魂，但是我们能用内感官观察到灵魂，就像我能用自己的内感官观察到我的思想、我的情绪、我左脚的疼痛，或者现在我好像感到些许忧郁。我不能用我的外感官看到这些东西，但是我可以用内感官直接在我身上观察到它们。类似地，可能有人会声称，我也能用内感官直接观察到自己的灵魂。

如果有人真的这样来做出证明，我只能说，在我看来，这种主张好像是错的。我相信，如果你对它加以思考的话，你会发觉，在你看来它好像也是错的。你试着内观一会儿，把你心灵的眼睛转向内部，然后问问自己，你看到里面的灵魂了吗？我认为你看不到。你会像我一样，观察到了体内的各种感觉；你也许还观察到了各种思想和感受，但是你看不到一个灵魂。

所以我敢打赌，哪怕你相信灵魂，你也会同意我的观点：灵魂不是某种我们能够“看见”的东西，不管我们用外感官还是内感官都看不到它。灵魂是观察不到的。相应地，如果存在灵魂，我们要用其他方式来证明它的存在。

最佳解释推论（Inference to the Best Explanation）

对于我们看不见（又听不见、尝不到，也无法用内感官观察到）的东西，我们该如何去证明它们的存在呢？最重要的方法也许是这样的：有时我们合理地设定存在某种我们看不见的东西，以便去解释我们都认同其存在的其他事情。

比如，我们为什么相信原子的存在？我肯定看不到单个的原子，那我为什么会相信小到看不见的微粒的存在？因为原子理论能够解释事物。假定存在着原子，而且它们具有特定的结构，以及特定的互动、组合和聚集模式，我立刻就能解释跟物理世界有关的各种事情。所以，设定原子的存在使我能解释需要解释的事情，根据这一事实，我推论出原子的存在。

我们一直都在使用这种论证方法。虽然我看不见X光，但为何我相信它是存在的？因为这样做我就能够解释为何会有物体内部的图像（比如手骨）。为什么我相信一些太过遥远、不能用望远镜直接观测到的行星的存在？因为设定它们的存在，我就能够解释星光的闪烁。如果设定一些东西的存在能帮助我们解释用其他方法无法解释的事物，我们就推论出这些事物的存在。这种论证模式十分普遍，哲学家称之为“最佳解释推论”。

关于最佳解释推论，在此要强调一下。我们可以合理地相信某事物，不仅是因为我们需要靠它提供某种解释，也是因为它能提供我们可以得到的最佳解释。比如，我为什么有理由相信病毒、细菌等各种看不见的微生物存在？因为这样做我就能够解释人们为什么会生病。但是其他事物也解释得了这一现象，比如魔鬼。我可以相信魔鬼的存在，说：“人为什么会生病、死掉，是因为恶魔附体。”那么，我为什么不能合理地相信魔鬼的存在呢？这当然是一种可能的解释。但是我们能合理相信的可不是随便什么解释，而是能得到的最佳解释。

那么，关于疾病，我们有两种对立的解释，微生物理论和魔鬼理论。我们要想想，它们哪个能更好地解释疾病这一事实？哪个能更好地解释谁会患上哪种疾病，疾病是如何传播、治疗或治愈的？事实当然是，魔鬼理论无法很好地解释疾病，而微生物理论解释得很透彻，是更好的解释，所以我们有理由相信微生物的存在，而不是相信魔鬼的存在。这就是一个推论，它不只是随便什么解释的结论，而且是最佳解释的结论。

好了，那么灵魂的存在呢？我们观察不到灵魂，但是现在二元论者也许有了一个论证灵魂存在的办法。二元论者要做的是，指出我们身上一些物理主义者无法解释或解释不了的东西。他会指出关于人的一些谜团或困惑，对此物理主义者一筹莫展，而只要我们成为二元论者就能加以解释。

但是存在这样的特性（feature）吗？有什么需要解释的东西是只有设定某种高于或超出肉体的、某种非物质的东西，即灵魂，才能够解释的吗？有什么是要用灵魂的存在来解释，而且比局限在肉体的分析解释得更好的吗？我们不妨把这种特性叫作F特性，那我们可以说："瞧，虽然我们看不见灵魂，但我们有理由相信灵魂，因为设定灵魂的存在能帮助我们解释F特性的存在，而这种特性是我们都承认的。"

举个例子，假定我们无法从物理主义者的视角解释爱情。我们都知道人们会坠入爱河，但假定物理主义者解释不了这一点，而设定灵魂的存在我们就能够解释它。轰，我们证明了灵魂的存在。这是最佳解释推论的一个例子。

现在关键的问题是，那个相关的F特性是什么？有没有这种物理主义者无法解释，或者只能很蹩脚地加以解释的特性，以致我们需要诉诸某种超物理的东西去解释它？有没有一种诉诸某种非物质对象就能更好地加以解释的东西？如果我们能找到那个F特性，指出物理主义者无法解释它，或者解释得很牵强附会，而二元论者能更合理地加以解释，我们就有理由相信灵魂。当然，同哲学中的所有论证一样，这只是一个试探性的论证。如果最后出现了一个关于F特性的更好的解释，我们就得放弃对灵魂的信念。但在那之前（当然它可能永远都不会出现），我们至少有些理由相信灵魂。

所以我要问的是：F特性可能是什么？存在这样的特性吗？关于我们，有什么是只有诉诸灵魂才能很好地解释的吗？

我们将考虑许多可能的不同提议。其中每一个都需要分别加以考察，因为它们都指向一个截然不同的潜在论证。毕竟，“最佳解释推论”不是单一的、独特的灵魂存在论的化名词，它是某种类型的论证的总称。根据你用何种F来代入讨论，以及你诉诸灵魂要去解释哪种特征或事实，你就会得到不同的论证。事实上，此类论证各不相同，有一些值得我们斟酌。

还要补充一点，虽然我认为这多种论证都值得斟酌，但这并不意味着我认为它们都真的成立（work）。实际上，我已经说了，我本人不相信灵魂的存在。因此，在进行这些论证时，我会声明自己没有被说服，对此你不用感到惊讶。我认为这些灵魂存在的论证是站不住脚的，并希望你思考过之后，最终会同意我的看法。我希望你得出结论说，这些论证其实是不成立的。

但更重要的是，你至少思考过了所有的论证。这到底是不是令人信服的灵魂存在的论证呢？如果你认为是，对于我将给出的各种反驳，你会做出什么回应？不然的话，如果你赞同这个或那个的论证不成立，还有没有你认为更好的灵魂存在的论证呢？

日常现象

好的，我们要开始考虑许多不同的F特性的可选项了，记住我们只有相信灵魂才能正确地解释这个特性。我们可以把这些提议分成两组。一组关注我们的普通的、熟悉的、日常的事实。比如，我们恋爱、思考、体验到情绪这些现象，就是我们常见的特性，它们中的一些可能需要用灵魂来加以解释。我先讨论这些。最后，我将回到另一组需要解释的事物，那些我们可能认为是超常的、超自然的事实。说不定存在着超自然的事件，如跟死人交流和濒死体验，也需要诉诸灵魂来解释。这些我们后面再说。我们先从关于我们的普通、日常、平凡的事实说起。虽然我们已习以为常了，但最后仍有可能需要诉诸灵魂才能解释。

让我们从一个都熟悉但很重要的现象开始：你的肉体已经死了。毕竟，如果只是一具尸体，那显然就不是人。它不是一个活物，什么都做不了，只能躺在那儿。相反，你的肉体，你活着的肉体，是有生命的（animated），就像我的肉体也有生命一样。我能四处挥舞我的手，我的嘴能开能闭，我能从办公室的这里走到那里，等等。为了解释是什么赋予肉体以生命，我们需要诉诸灵魂。

这种想法是这样的：二元论者解释说，灵魂和肉体是相互独立的，灵魂失去了它给肉体下达命令的能力，所以肉体就失去生命了。在这里，关于有无生命的肉体的差别，我们有一个解释。它认为，这取决于灵魂是否跟肉体有着对应的联系。这当然是一种可能的解释。二元论者会接着说，相反，物理主义者解释不了为何有的肉体生气蓬勃，而有的却了无生气。毕竟，即使成了一具尸体，所有的物理部分都还在——至少新鲜的尚未开始腐烂的肉体是这样的。所以，我们需要诉诸某种额外的东西，需要诉诸灵魂的存在来解释你我活着的肉体的生命。

但是，从物理主义者的观点来看，这样说还为时过早。还记得这种观点吧，根据物理主义者的说法，只有肉体能执行P功能，人才成为人。类似地，推而广之，要有一个生机勃勃的肉体，你就要有正在运作的肉体。只有一个肉体还不够，它必须能运作。不错，如果是新鲜的尸体，所有的部件都还在，但是这些部件显然没有在正常运作。物理主义者说，这都表明，这些部件垮掉了。

还记得我的立体音响的例子吗？假如我把扬声器扔在地上，它掉到了地板上，再也不能工作了：它放不了音乐了。但是所有的部件都还在：CD、电池、CD播放器、按钮、电线，每样东西都在那里，但现在整体坏掉了。也许有一根电线被撕掉了，或者电源按钮被摔碎了；也许各个部分没有正确地连接，现在电流不能从电池经过电线流向CD播放器。我不需要知道细节就能了解，一个物理对象会坏掉，这个概念没有任何神秘之处。我们当然不需要解释说，之前那里有某种非物质的东西！虽然我们要提供一个故事，讲述各个部件正确连接和互动时，是什么使它们能够运作的，但为了解释一个能工作的音响和一个摔坏的音响之间的差异，我们并不需要诉诸任何超物理的东西。

物理主义者说，说到肉体，也是如此。我们要认识到，只有各个部件还不够，它们还要处于能运行的次序，不然肉体就不能正常运行，它就没有生命了。如果成了尸体，肉体不再处于运行次序，它就变得死气沉沉了。在这个事例里，你同样不需要知道细节，也可以合理地相信我们能在物理术语的范畴内解释一切。我们不需要诉诸非物质的灵魂。

当然，二元论者会努力去改进这一论证。他可能会说，为了解释肉体不仅能够四处走动，而且能有目的地行动这一更为特殊的现象，我们需要诉诸灵魂。一定有某种东西在“扯线”，有某种东西在指挥肉体。二元论者说，这是灵魂在起作用。

作为回应，物理主义者肯定会承认，人体确实不仅仅是在随机地四处走动，我们的确需要某种东西来指挥它。但是物理主义者问，为什么指挥它的不能只是肉体某个特定部件？为什么肉体某个部件不能扮演指挥的角色？

假如有一个热能追踪导弹，它在跟踪飞机。当飞机试图躲避时，导弹能纠正自己的航向。这不只是随机移动，更是有目的地移动。我们最好有某种东西能解释和控制导弹运动。尽管如此，它可以只是导弹的某个特定部分。大胆想象一下，我们可以设想制造一个能完成各种任务的机器人的情况。它不是在随机移动，其所有任务都受到机器人内部CPU的控制。那么，类似地，物理主义者说，为了解释肉体不仅能随机移动，更多的是有目的、受控制地移动，我们并不需要诉诸任何像灵魂一样离经叛道的东西。

你可以想到，二元论者会反驳回来，再搏一回。他们可能会指出，在热能追踪导弹和机器人的例子中，虽然它们在完成任务，而且是有目的地行动，但它们只是在服从命令。这命令来自某个它们自身之外的东西，有程序控制着机器人和导弹。所以，我们不是也需要某个肉体之外的东西，来给肉体编制程序、下命令或者控制肉体吗？那可能就是灵魂。

这个新版的论证提出了一个有趣的问题：一定要由某个肉体之外的东西来控制肉体吗？假定我们认为答案是肯定的，这就说明我们必须有非物质的灵魂吗？根本不是！为什么不说人就像机器人一样，从某种完全在我们之外，而不是我们一部分的东西那里得到的命令呢？毕竟，根据那种常见的宗教观点，上帝用尘土造了亚当，亚当不过是某种机器人。上帝把气吹到亚当体内，这就像开动了机器人，也许人类只是受他自身之外的上帝指挥的机器人。但是这并不等于说，我们比机器人更高端。我们可能仍是物理事物。

这是一种可能的回应。另一种稍微不同的回应可能是说，那些命令（或者至少最初的命令）可能是内置的，就像机器人的命令也可以是内置的一样。这是怎么一回事？我们这次不讲宗教故事了，反而讲起关于进化和生物学的更复杂的故事。我们要说一些关于基因、进化、繁殖之类的事，最后以某种先天心理程序如何传递下去的事收尾。细节很复杂，但是基本观点很简单：婴儿出生时就带有内置的命令，引发各类物理过程，一套先天的心理使我们开始学习和适应——有目的地移动。所以，我们即使（最初）需要某种指导，但所有行为只是某种复杂的物理过程的结果。

这一论证很快就变得非常非常复杂了，笃信灵魂的人毫无疑问会抗议："听着，我们可不是机器人！我们不仅知道听从脑中设定的程序行事，我们还有自由的意志，机器人可没有。我们肯定比机器人高端多了，我们不可能只是什么物理事物。"

这个论证有趣极了，我认为它也是一种新的论证。刚开始时我们的观点是，为了解释人体为何有生命，或者为何我们能有目的地、非随机地移动，你需要诉诸灵魂。显然，为了做到这点，你不需要诉诸灵魂。我认为，诉诸正常运行的物理肉体，就足以解释有无生命的肉体的差别，以及我们的肉体为何非随机地移动了。如果大脑是我们的CPU，那么我们就会审慎地、有目的地行动，就像机器人一样。所以，我认为最初的论证不那么令人信服。

但我们仍有可能会问，这个新的论证怎么样？它没有主张我们需要用灵魂来解释肉体的生命，但当我们转到关于F特性新的可选项时，它会怎样？要是我们主张，为了解释自由意志，我们需要灵魂呢？

这肯定是一个值得认真思考的论证，但是眼下我们暂不考虑，稍后再谈。

首先，让我们浏览一下其他可能被诉诸的F特性的可选项。假如有人说："瞧，为了解释为何肉体能非随机地四处移动，我们并不需要诉诸灵魂。但是人有一种纯粹肉体没有的特殊能力，它是物理主义者无法解释的，这就是思考的能力，这就是推理的能力。人有信念和欲望。根据他们实现其欲望的信念，他们能制订计划。他们有策略，他们推断该做什么。信念、欲望、理性、策略、计划，这些跟我们紧密相关的一系列事实都需要诉诸灵魂来解释。没有任何纯粹的机器能有信念，能有欲望，能推理。"

假定无可争辩的是，我们确实有信念和欲望，我们确实能推理和思考、制订计划并加以执行。那么，问题就是，真的什么机器都做不到这些吗？显而易见，当限于简单的机器时，你这样认为是不足为奇的。很显然，对于许多机器来说，我们好像不能自然地把信念、欲望、目标或思考能力赋予它们。比如，我的割草机并不想去割草。虽然它确实能割草，但它没有相关的欲望和信念。它不会自己想着："我该如何割到那些躲避我的草叶子？"所以很明显地看出，为何我们很容易就说，纯粹的机器不能思考、推理，也没有信念和欲望。

但是现在，这种论证不像三四十年前那么令人信服了。在电脑装有十分复杂的程序的时代，我们能更自然地用信念、欲望、推理、计划等词语来谈论机器，或至少是某些机器。

比如，假如我们有一台会下棋的电脑，我家的电脑就有一个可以人机下棋的程序。我的棋艺很差，这个程序闭着眼就能打败我。假如我走象，我的电脑走它的后，对这台电脑我们会怎么说？为什么这台电脑会走它的后（或者虚拟的后）？我认为很自然的说法是：它担心它的王暴露了，它在通过拿住我的象来努力阻挡我。我们将这么来说会下棋的电脑。

想想我们在干什么，我们把欲望赋予了这台电脑。我们在说，它有着赢棋的终极欲望。它还有各种次级欲望，比如保护它的王，抓获我的象；另一种次级欲望是持续地保护各种其他棋子。它还有如何去做的信念——通过阻挡特定的路线或吃掉我的其他棋子。它还有如何实现其目标的信念，然后它把这些信念和欲望化成行动，对我的走棋做出合理的反应，步步为营。

所以，我们会说下棋的电脑确实有信念，这看起来好像很顺其自然。它确实有欲望，它确实有目标，它确实能思考。当然，它的理性是有限的，它只会下棋。但是，我们很容易设想自己的电脑或一台更强大的电脑，可以同时运行许多其他程序，这就扩大了其思考和推理的范围。用电脑拥有信念、欲望、思考、策略等词语来描述，看上去很自然。然而，我们用严格的物理术语就能解释这一切。我们不会很容易就说，这台电脑有一个非物质的部分！所以，即使是在解释思考、推理和计划时，好像我们也并不需要诉诸灵魂。

当然，作为一位二元论者，你完全可以这样回应："虽然我们把电脑人格化了，也就是把它当成好像拥有信念、欲望之类的东西，但它其实并不真的具有相关的信念和欲望，因为它任何信念和欲望都没有，因为任何物理对象都没有信念和欲望。"

对此，我只想说，这只是一种偏见吧？确定无疑的是，如果我们坚持说物理对象没有信念和欲望等的话，那结果就是，当我们不禁把信念和欲望赋予我那台会下棋的电脑时，就陷入了一种幻觉。一旦我们假设纯粹物理的对象没有信念和欲望，结果就是这样的。但有什么理由说它没有任何信念和欲望？拒绝把信念和欲望赋予那台电脑有何依据？这一点儿也不清楚。

至少在典型的情况中，有这样一种可能，欲望好像跟情绪紧密相连。比如下棋中，在有望抓住我的后或击败我时，你会很兴奋；当你的棋子受到威胁时，你会很担心。类似地，当你的女朋友或男朋友说爱你时，你也会变得兴奋，心脏怦怦地跳；当你考试成绩很差或者工作的估值很低时，你的胃里会有那种下沉的感觉。

也许我们应该说，欲望有两个侧面、两个方面。应当承认，欲望有一方面是纯粹行为的（behavioral）。普遍来说，我们的精神生活（mental life）一方面以纯粹行为的角度呈现出来。有目的地移动棋子就与这个部分有关，准确地再现世界并理性地做出反应也与这个部分有关。或许，机器也能这样做。但是我们精神生活的另一方面，即情绪（emotional）方面，跟我们的欲望尤其相关，这个部分机器没有，但显然，我们有。

所以，如果我们想说机器不能思考，不能拥有精神生活，也许我们真正的意思是，机器不能感觉到任何情绪性的东西。因此，我们要区分一下。我们不妨先承认，合理地谈论行为学术语能够诠释的信念、欲望和推理。这基本上就是准确再现一个人的环境，然后对此种再现合理地做出反应的问题，或许电脑和机器人也能做到这点。但是，我们的精神生活显然还有一个方面——情绪方面，对此我们有理由怀疑电脑是否能感觉到任何东西。机器人能恋爱吗？它会感到害怕吗？

要记住，我们的问题是：关于我们，是否存在某种只有诉诸灵魂才能解释的东西？物理主义者说不存在，二元论者说存在。但我们现在看到，如果我们问的特性是我们的精神生活中能按行为主义术语诠释的方面，而这个方面连下棋的机器人可能都有（在有限的程度上），那么我们就无法非常令人信服地证明二元论。物理主义者可以坚持说，对于我们精神生活的行为方面，确实可以从物理主义的角度来加以解释。

但是，我们可以加深或者修订一下这个论证，说清楚我们真正想弄明白的是我们精神生活的情绪方面。一个纯粹物理的东西能不能坠入爱河？它会感到害怕吗？它能希望什么东西吗？机器人真的能感受到情绪吗？也许不能。

现在我们是这么论证的：人能感觉到情绪。我们能爱，我们会害怕，我们会担心，我们会兴高采烈，我们会变得抑郁。如果你想一想的话，显然，机器人做不了这些。物理的事物感觉不到情绪，所以，我们必然不只是拥有物理的东西。

实际上，我认为现在可以提出，跟电脑下棋的例子不同，目前没有任何机器能够拥有感受。但问题不在于我们是否有这样的机器，问题是：我们是否可能拥有这样的机器？会不会有一种可以感觉到某种东西、拥有情绪等的机器？

让我们看看科学幻想，想一想科幻电影里展示的或科幻小说中描写的机器人和电脑。我小时候有一个电视剧叫《迷失太空》（*Lost in space*），说的是一群人跟他们会说话的机器人一起逃到了另一个星球。因为这是一个电视剧，所以每一集中都会出现某种新的激动人心的危险。机器人会“嗖嗖嗡嗡”地响起来，喊道：“危险，威尔·罗宾逊！危险，威尔·罗宾逊！”好像机器人感到了担心。

还有一个更新的例子。你也许读过道格拉斯·亚当斯的书，《银河系漫游指南》（*The Hitchhiker's Guide to the Galaxy*）及其续集。书中有个机器人叫马文，它很忧郁。马文很聪明，它思考宇宙，认为活着没有意义，表现得极为沮丧。有一次，它跟另一个机器人交谈，还使那个机器人也沮丧了起来。（实际上，那个机器人沮丧得自杀了！）在想到这个例子时，好像把“沮丧”一词用在马文这个机器人身上是很自然的事情。它的表现也确实如此。

我最喜欢的例子是《2001：太空漫游》（*2001: A Space Odyssey*）中的电脑哈尔。（如果你没看过这部电影，我要提醒你：我会透露核心情节。所以，请谨慎阅读。）

《2001：太空漫游》给了我们一个暗示，其他星球上有生命。刚刚在月球上发现的一个神秘的黑色物体向木星发出了一个无法破译的无线电信号，所以人类向木星派了一艘宇宙飞船去调查。在飞船上，有一个叫哈尔的电脑程序协助飞船的运行。大部分人类宇航员在漫长的飞行中冬眠着。哈尔的目标是确保成功完成任务，但是哈尔自己寻思——我认为这很合理——人类经常把事情搞砸，既然这是一个很重要的任务，哈尔决定杀死人类，以确保他们别把事情搞砸了。有一位叫戴夫的宇航员发现了它的这一阴谋，他试图去阻止哈尔。他采取了他唯一能够抵御哈尔的措施，即关闭程序，有效地杀掉哈尔（如果可以这么说的话）。同时，在这一切发生的时候，哈尔跟戴夫相互交谈。哈尔意识到了正在发生的事情，它竭力阻止戴夫，但没有成功。当戴夫开始关闭哈尔的电路时，哈尔对他说："我很害怕。我很害怕，戴夫。"

哈尔怕的是什么呢？它怕死，好像我们可以很自然地把害怕赋予哈尔。哈尔的做法完全是一个人感到害怕时所做的。哈尔有理由感到害怕，它做出了相应的行动。它对我们说，它感到害怕。我们好像可以顺其自然地说：哈尔很害怕。

你可以继续举出类似的例子。当然，这些都是科幻小说，但是我们能毫无困难地理解这些例子，想象它们。我们不会摊开手说："哈尔感到害怕，这是什么意思？马文很沮丧，这是什么意思？《迷失太空》中的机器人很担心，这是什么意思？"我们可以坚持认为，机器人和电脑不能有情绪。但是这些例子好像说明了它们有。

但显然，我们没有什么特别的理由，认为这些例子中涉及了什么非物理的情况。这里只有一块块的金属、电线和电路，它们都只是物理对象。于是，我们好像应该说："为了解释情绪和感受，我们不需要去诉诸灵魂。纯粹的物理对象也有情绪和感受。所以，我们仍然没有理由去设定灵魂的存在。"

对此二元论者会如何回应呢？我想最佳反应是区分感受（feeling）的两个不同方面，也就是情绪的两个方面。首先，又是行为方面。以害怕为例，害怕的行为方面是：当你意识到环境中的某个东西对你形成危险时——它可能会伤害你或杀死你——就会做出相应的反应，采取行动来反抗威胁。你试着去消除、化解危险。简单来说，这只是一个拥有相关的信念、目标、反应和计划的问题。而我们已经看到，下棋电脑也能做这些事情，这是情绪的行为方面。我们好像可以合理地认为，机器人也能做到，物理对象都能做到。

但是，二元论者的回应的关键之处是，情绪和感受还有另外一个方面，即感知（sensation）：它感觉如何。毕竟，这才是我们称之为感受的原因。除了会发生一些行为之外，我们还有内心感觉。

比如，当你感到害怕时，你有一种很熟悉的冰冷黏湿的感觉。你的心脏在狂跳，你的血流在加速。我无法很好地描述它，但我所说的你一定并不陌生。在感到害怕时，你会有一种感受。在恋爱、担心、沮丧时也一样，跟情绪相伴的还有感受。我们可以这样说：在拥有任何既定的情绪时，还伴随着特定的体验（experience）。（但“体验”一词很含混。有时我们用它指引起内在体验的外在环境。但在这里，我用它指产生的内在精神状态。）

与每一种情绪同时发生的还有一种体验，就是当你害怕以及担心、沮丧、高兴、恋爱时所感觉到的东西。这种极有影响力的想法是，即使机器人做出了相应的行动，即使它们有着情绪的行为方面，但它们并没有感受方面、体验方面。

但是，要注意，一旦你开始用这样的术语来思考，就不需要把自己局限在关注情绪上了。在各种平凡事例中，都有同样值得上心的。现在我正在看着我牛仔裤的腿部，它们是灰蓝色。找找蓝色的东西，看着它。现在思考它，想想看见蓝色是怎样的情形，拥有看见蓝色的感觉是什么样的；想想它跟看到红色的感受或没有任何感受有何差别。

在这里，我们还要区分看见红色或蓝色的行为方面，以及看见红色或蓝色的体验方面。毕竟，我们很容易就能造出一个可以分辨红色和蓝色的机器，只要检查物体反射光的频率就行了。比如，我们可以造一台可以区分红色球和蓝色球的机器。实际上，我儿子就有一个能这样做的小机器人。

但你想想，这台机器"内部"发生了什么？这台机器看着红色的球时有何感受？它有看见红色的感知吗？它究竟有没有看见颜色的体验？假设你与我所见略同，说：没有，它一点儿感觉也没有。这台机器根据光的频率来进行区分，但是它没有看见红色的体验。实际上，它没有任何体验。

我们这里想说的意思非常晦涩不明，但是你应该很熟悉这种观点了。当你问"如果有人天生就失明了，他能知道看见红色是什么样的吗"时，你问的就是这个。这位失明者可能是一位科学家，知道光是如何运作的，以及不同物体会是什么颜色。你递给他一只苹果，他会说："哦，它肯定是红色的。"也许他会把他的光探测器对准苹果，探测器宣告："哦，这是一个很红的苹果，比那边的西红柿红得多。"但是即使如此，我们知道，他不仅没有看见红色，他甚至想象（imagine）不出看见红色是何情形，他永远都不会有这样的体验。

一旦你开始从这个角度来看待事物，就会意识到，我们的生活中充满了物体的这一方面。物体有颜色，物体有声音，物体有气味，我们都会体验到这些。这是我们的体验的定性（qualitative）方面。当我们问"看见红色是什么样的""闻到咖啡或品尝菠萝是什么样的"时，我们努力去获取的就是体验这一方面。我们的体验有定性的性质。实际上，正因为这个，哲学家们在关注体验的定性方面时，有时会使用"质"（qualia）这一术语。

就像盲人可能会好奇看见红色是何情形一样，你可能会好奇，有偏头痛是何种感觉（"那种特定的痛是何感觉？"）；或者你可能会好奇，发痒是何感觉。回到我们的起点，似乎我们的情绪也有其质的方面：诸如恐惧、高兴和沮丧都有特定的感知。

我们的精神生活充满了体验的定性方面。很自然的一个想法是：纯粹物理的对象没有这个方面。纯粹的机器不能感到痛，不能看见红色，不能感到快乐。机器能做行为方面的事情，但是纯粹的物理对象不能拥有体验的定性方面。但是我们有，所以我们不只是物理对象，我们不只是机器。

这个论证如上所述。我认为它是一个很棒的论证，肯定是二元论目前拥有的最佳论证。所以我们要问：物理主义者要说些什么来回应呢？现在物理主义者的最佳回应是："我是这么做的，可以造一台能在这种意义上拥有体验的机器。"就像我们能用物理主义的术语解释如何造一台拥有欲望和信念的机器一样，一台机器能搞定所有行为方面的事。如果我们能够为体验的定性方面提供一个物理主义的描述，那就太好了。物理主义者如果能勾勒一下这类故事，情况就可观了。

但问题就在这里，我们一点儿也不知道该如何讲述这样的故事。假如我们用"意识"（consciousness）一词特指我们精神生活的定性方面，那我们就得承认，从物理主义者的角度来说，意识仍是一个巨大的谜，我们确实不知道如何用物理主义的术语解释它。因为这一事实如果二元论者说，为了解释意识，必须相信灵魂的存在，我们就不能轻视他们。

我们不该轻视二元论者，但这不等于说我们应该信服他们的观点。这是因为，说我们还不知道该如何用物理主义的术语解释意识是一回事，说我们永远都不能用物理术语解释意识则是另一回事。我完全同意，如果我们确定物理对象都不能看到红色、尝到甜味、感到疼痛，那就可以得出结论说，我们不只是物理对象，因为我们能看到、尝到和感觉到。但是我认为，目前我们还不知道这一点。一个简单的事实是，我们对于意识的了解还不足以让我们知道是否能用物理术语来解释它。

当我思考这种情况时，我总会想到一个类比。试想我们如果处在14世纪，正在试图理解生命，比如植物的生命。我们自问："能不能用物质术语来解释生命？"对我们来说，这好像是天方夜谭。那怎么可能？毕竟，想想在14世纪我们能够得到的机器。一个14世纪的人，当考虑植物可能是机器这一可能性时，他会怎么想？当我用这样的术语来思考时，脑海中的图景是，植物由齿轮和滑轮组成。齿轮开始转动，植物的芽张开了，或者花朵转向了太阳。这个人显然会说："天哪！这台机器肯定不是活的！"实际上，按这个套路下去，机器显然都不可能是活的，所有纯粹物质的对象都不可能是活的。那么，为了解释生命，我们就要诉诸某种不只是物质的东西。生命需要某种非物质的东西——某种高于或超脱物质的东西——来加以解释。

在14世纪，这是一个可以理解的结论，但它是错的。那时我们不知道如何用物质的术语来解释生命，但这不等于说我们就做不到。

我倾向于认为，对意识来说，我们现在也是如此。我知道有一些关于意识的理论，但是我最能接受的观点是，我们还处于黑暗之中，就像14世纪时我们关于生命的看法一样。关于如何着手用物理术语解释意识，我们还没有任何线索。这不是说我们还没有弄清细节，而是我们连粗略的线条也画不出来。

没有看出某件事的可能性，并不等于认为它是不可能的。如果二元论者说："你看不出纯粹物理对象远远不可能拥有体验和感受性，甚至连可以想象的可能性都没有？"我要说："不，我并不认为那是不可能的。我承认我不知该怎么做，但是我不认为那是不可能的。"所以，我不觉得我需要被迫去设定灵魂的存在。

笃信灵魂的人肯定会反驳说："这不公平。我们二元论者不必主张说，不可能给出意识的物理主义解释；我们只需要主张说，我们有一个更好的解释。让我们来比较一下。现在，至少你们物理主义者无法给出关于意识的任何解释！但是我们二元论者已经给出了。为何有意识？很简单：我们有灵魂。灵魂是异于物理对象的东西，所以灵魂有意识。既然二元论就意识给出了更好的解释，现在至少有理由更相信二元论而非物理主义。”

但我认为，重要的是，不能为时过早地同意二元论者的主张，认为他真的能够解释意识。对我来说，这一点儿也不显而易见。二元论者说：“哦，我能解释意识。意识处于灵魂而非肉体内。”这是什么解释？假如我问二元论者：“灵魂怎么能有意识？”二元论者会如何回答？“嗯，嗯……呃……啊……它就是能。”显然，这根本不是什么解释！哪怕我成了一位二元论者，我也不觉得关于意识的原理，自己得到了任何说明。

当然，如果二元论者开始给出一种详尽的意识理论，那就不一样了。“嗯，存在各种不同的灵魂结构，这类结构创造了这种感知，那类结构创造了那些感知。”诸如此类，这才叫理论。如果二元论者这样做，我会认真地把二元论当作一种解释。但是，如果所有的灵魂理论家说的只是：“喵，喵，你们物理主义者无法解释意识，但是我能，因为非物质的灵魂能够有意识。”我想说，这没好到哪儿去，这根本不是解释。

现在，好像我在使用双重标准给物理主义者辩护：“别怪我们。物理主义可能是对的，虽然我们还不知道如何用物理主义的术语解释意识。”那为什么我不允许二元论者也这样说？为什么二元论者无权说“不要怪我们。二元论可能是对的，虽然我们还不知道如何用灵魂的术语来解释意识”？这是对我观点的误解。我没有放过这一方，同时谴责另一方未能解释意识。我的观点是，这是一个平局。物理主义者不能很好地解释意识；但二元论者也一样。就我看到的来说，谁都不能很好地解释意识的原理。对双方来说，这都是一个谜。

但是要注意，如果他们打了一个平手，就没有给出我们在找的答案。毕竟，我们在找一个相信灵魂的理由。如果二元论者的最佳回答是：“我解释不了意识，你也解释不了。”那么就没有理由相信灵魂。

要记住，我们已经相信存在着肉体。我们已经知道，肉体能做一些惊人的事情。我们在问的是，是否有理由给已存在事物的清单中加上几项。尤其是，是否有理由加上灵魂？如果灵魂论者的最佳回答是："没准儿我们需要用它来解释意识，因为我看不出你们物理主义者能怎样解释它。没准儿拿灵魂来说事会有些帮助，虽然我不知有何帮助。"这么说吧，这并不是一个令人信服的论证。

所以我认为，关于意识尚无定论。假如我们继续竭尽全力，用物理术语去解释意识，也许最后我们的结论是这办不到，或者办不好，没准儿我们会开始想出用非物质的存在来解释事物的其他意识理论。最后，我们得出结论，如果要解释意识或者获得意识的最佳解释，我们需要相信灵魂。也许吧，但现在，不管怎么说，证据并不支持这一结论。

我们仍有其他可能的F特性可选项，比如创造力（creativity）。我们能构建一种新的论证，这个论证仍诉诸最佳解释推论，不过这次需要用灵魂来解释的特性是创造力。这个论证说：人有创造力。我们写出新的音乐作品，我们写诗，我们证明数学中那些以前从未被证明的，或者我们找到了证明旧定理的新方法，我们画出了以前从未看过的画，我们构想出新的发明。我们以无数方式在创造，但是纯粹的机器没有任何创造性，所以，我们肯定不只是纯粹的机器。

但如果这是一个新的论证，我们下一个问题就是，纯粹的物理对象真的不可能有创造力吗？姑且这么说吧，我认为答案是，特定种类的物理对象也可以有创造力。实际上，我们已经提到过关于这种机器的一个有趣的例子：会下棋的电脑。说到下棋，电脑实际上能够极具创造力。

也许就我家里电脑运行的下棋程序来说，这有些言过其实。但是最好的下棋电脑，当今甚至能击败人类最佳棋手的那种电脑，是有创造力的。这些电脑有时会走出出其不意的一步，以人们无法预料的棋路出棋，连设计这些程序的人都无法料想。当这个顶尖程序与大师或世界冠军对弈时，它可能会以没人那样下过的棋路出招。简而言之，下棋电脑可以很有创造性，至少在我看来是这样的。

电脑还能做其他这类事情。比如，有能够证明数学定理的程序。现在，有些程序能证明一些超出我理解范围的数学问题。让我们看一个简单的例子吧，比如毕达哥拉斯定理［直角三角形斜边的平方等于两个直角边的平方和（我们所称的勾股定理——编者注）］。在读书时，你也许学过如何证明毕达哥拉斯定理：先用欧几里得几何学的各种公理，得出各种次级结论，一个接一个，直到最后，证得毕达哥拉斯定理。

事实上，现在毕达哥拉斯定理有许多种不同的证明方法，每个方法都有它从公理到结论的独特路数。有趣的是：电脑程序能想出以前从未出现过的证据。如果不是出于偏见，我们为什么不说电脑程序很有创造力?

在其他领域也能看到类似的创造力。比如，有能写歌的电脑程序。我所说的写歌不只是随机扔出一些音符的组合，而且是说有的程序能谱出我们所谓的音乐，有旋律结构、主题发展以及转为和音的部分。而且，这是没人听过的音乐作品。所以，我们是不是该说，能写出这样的乐曲的电脑是有创造力的？除了偏见，还有什么在阻止我们这么说?

简而言之，如果二元论论证说，为了解释创造力，我们需要设定灵魂的存在，我只能说，这样的论证是错的。

诉诸创造力的论证也许不成立，但它马上提起了一个也许更有说服力的论证。即使我们能造出一个有创造力的电脑，或者在未来造出一个机器人，它能做一些以前没人想到过的东西，但这个电脑或机器人所做的只是机械地遵循它的程序，也就是用代码写的一系列命令。所以，即使将来我们足够聪明，造出了通过机械地遵循程序并做出我们没想到过的事情的机器人，然而，它们所做的仍然只是机械地（必然地、自动地）遵守程序的指导。在这件事上，它没有任何选择，它没有自由意志（free will）。

但是我们有自由意志，所以这里有了一个关于灵魂存在的新论证。人有自由意志，但纯粹的物质对象，机器人或电脑没有自由意志。所以，既然我们有自由意志，我们肯定不只是纯粹的物理对象，必定存在一种额外的非物质的东西——灵魂。这也许就是我们要相信灵魂的原因：为了解释自由意志。

许多人觉得这是一个非常令人信服的论证，所以我们需要更认真地思考它。不幸的是，自由意志是一个非常非常复杂的问题。关于它，人们写过许多很厚、很艰深的著作，而现在我要用几页的篇幅来讨论它。所以不要误解我的意思，我当然不会告诉你关于自由意志你需要知道的一切。相反，关于这个问题，我只想点到为止，以帮助我们弄清，为何我认为诉诸自由意志并不能有力地证明灵魂的存在。

这个论证诉诸的一个观点是，纯粹的物理对象没有自由意志。但为何这是不言自明的？这一关键主张的论证是怎样的？我怀疑，这一观点大概是这样的：比如，当一台电脑执行其操作时，它只是在遵循物理法则。而物理法则属于决定论（deterministic）。（用哲学的行话来说，电脑是一个决定论系统。）这是什么意思呢？大致说来，如果电脑最初处于一个给定的状态，那么鉴于物理法则以及电脑编程的方式、硬件的特性等，这个或那个电路必然将打开或关闭，直到不可避免地，电脑进入下一个状态。接着，鉴于它处于这个新状态（以及鉴于物理法则等），它必将走向第三步状态。诸如此类。这个电脑在这件事上完全没有任何选择。

继而，推而广之，鉴于决定论的物理法则，对于每一个发生的物理事件，都存在着引起后发事件的更早的物理事件。于是，一旦给定上一个事件（因），下一个事件（果）必定会随之发生。有了这个图景，就好理解决定论的物理系统了。

下面有另一种方式来思考这点。假设你以某种特定的方式设定了一个遵循决定论法则的系统，给定了初始设置，都会有相应的结果。关键之处在于：自然法则决定了这个结果必然随着那个原因发生。如果你把磁带倒回到开头，倒到最初的状态，按下播放键，又会以因果上的必然性，一个接一个地出现相同的结果。结果永远是一样的。每次你以完全一样的方式设定之后，就会看到其引起什么样的结果，你必然会经过同样的变化和转换，以同样的结果告终。这就是决定论。

这样的话，我们很自然就会认为，“自由”和“被决定”之间存在着某种不相容。你不可能既拥有自由意志，又受制于决定论。毕竟，自由意志的内涵是，在我做出一个决定时，我本来能够做出不同的选择。哪怕我又处于同一点上，面临同样的状况，面对同样的选择，我也可以做出不同的选择。所以，我不是被决定了要做出那样的选择。简而言之，如果我真的有自由意志，那我就不可能受制于决定论法则。换句话说，受制于决定论法则的东西不可能拥有自由意志。这两者是不相容的。［出于明显的原因，这种观点有时被称为“不相容论”（incompatibilism）。］

所以二元论者认为，诉诸自由意志说明，我们肯定不是纯粹的物理对象。毕竟，从物理主义者的观点来看，我们只是一种机器人。诚然，我们能够做各种科幻电影中大部分机器人做不了的事情，但严格地说，我们不过是被优化了的机器人。这种反驳意见接着说，机器人就必须遵循它们程序的指示。普遍来说，机器人受制于决定论法则，因为它们只是物理对象，而物理法则是一种决定论。但是自由意志和决定论是不相容的：如果你是一个决定论系统，你就不可能拥有自由意志。因此，既然我们确实拥有自由意志，我们就不可能只是机器人。普遍来说，我们就不可能只是物理对象，我们一定有某种超越纯粹物理性的东西。

简而言之，如果试着厘清支持二元论的这种论证，最后它是这样的：

（1）我们拥有自由意志；

（2）遵循决定论的东西不可能拥有自由意志；

但是：（3）所有纯粹的物理系统都遵循决定论；

所以：（4）我们不是纯粹的物理系统。

我们刚才考虑的就是这一论证，它的核心步骤浓缩出来就如上所述。前提一断言我们拥有自由意志。前提二告诉我们，遵循决定论的东西都没有自由意志。一和二这两个前提加在一起，结论就是我们并不遵循决定论。假如再加上前提三，所有纯粹的物理系统都要遵循决定论，那么结论就是，我们不是纯粹的物理系统。第四个命题就是这一论证的结论，告诉我们：我们不是纯粹的物理系统。

现在这个根据自由意志做出的论证肯定是说得通的。按哲学术语来说，给定前提之后，肯定就能推出结论。所以就出现了一个有趣的问题：这三个前提真的都是真实的？注意，重要的是，为了得出结论，它们全都得是真的。比如，如果我放弃前提一，关于我们拥有自由意志的主张，那么就不能得出结论说我们拥有任何非物理的东西。毕竟，即使某种拥有自由意志的东西必定不纯粹只是物理的，也无法得出结论说我们不只是物理对象。这个论证确实需要前提一。对这三个前提中的每一个而言，都是这样的。放弃三个中的任何一个，都不能得出最后的结论。

有趣的是，对这三个前提中的每一个我们都有可能提出疑问。但不幸的是，在这里我没时间详细地讨论它们的潜在疑问（我已经说过，自由意志是一个极其复杂的问题），所以我将止于仅做一些简短的评论。

首先，我已经解释过，根据自由意志做出的这个论证需要前提一。如果诉诸我们拥有自由意志这一事实，就能证明我们拥有灵魂，那么最好是我们真的拥有自由意志。

这个假定虽然可能不言而喻、已被广为接受，但是我们仍能对它提出质疑。有哲学家说过，虽然我们毫不怀疑地以为我们拥有自由意志，但那只是一种错觉。他们为何这样认为呢？上面这个论证的其余前提指出了原因！这些哲学家往往提出，既然我们是物理对象，就要遵循决定论。既然决定论和拥有自由意志是不相容的，我们其实就没有自由意志！他们当然认识到，我们以为我们拥有自由意志，但是他们认为，这种信念只是一个错误。实际上，我们受到了“我们拥有自由意志”这一错觉的蒙蔽。

这不是什么愚蠢的立场。毕竟，你又看不见自由意志！你不能窥视你的心灵内部，看到你有自由意志。没错，我们确实感觉我们能够以不同的方式行动，但那也许只是一个错觉。无论如何，这是一些哲学家的立场。我们已经看到了，没有“我们真的拥有自由意志”这一假定，就不能有理有据地证明灵魂的存在。但我要说，虽然这确实是反驳自由意志论证的一个办法，但我本人并不喜欢这个反击，我认为自由意志的信念并不只是一种错觉。

这个论证中还有其他两个前提。再想想前提三：所有纯粹的物理系统都要遵循决定论。为了让这个论证成立，我们也需要这个前提。即使我们接受了不相容论，并认同我们不能既拥有自由意志又遵循决定论法则，还认同我们拥有自由意志，情况仍有可能是：一旦并非所有纯粹的物理系统都要遵循决定论，我们仍有可能只是物理对象。因此，如果诉诸自由意志来确立二元论的真实性，我们就需要断定，物理法则是决定性法则。我们需要前提三。

现在前提三看起来很妥当。不然，难道基本的物理法则不是决定论的吗？答案有些令人吃惊：它们是不是决定性的并不明了！也就是说，前提三也可以加以质疑。

前提三显然是一个关于实证科学（empirical science）的主张。我们想知道的是，关于自然法则，我们最经典的理论说了什么？它们是不是决定论的？我要提醒你：我是一位哲学家，不是科学家，对于这类实证问题，我没有任何权威。关于经典的基础物理理论量子力学，我尤其没有一点儿权威。（请相信我！）但我被告知：根据对量子力学的正统理论，尽管许多人不这么认为，但物理学的基本法则实际上不是决定性的。

这是什么意思？假如我们有一些放射性原子，它们有衰变的概率。比如，在接下来的24小时中，有80%的分裂概率。这意味着，这些原子的80%在24小时内会分裂，量子力学只能告诉我们这么多。如果你有这样一个原子，在接下来的24小时内，它分裂的概率是80%，不会分裂的概率是20%。

假如它真的分裂，我们能解释是为什么吗？当然，我们可以说，毕竟它分裂的概率是80%。或者拿一个24小时之后没有分裂的原子来说，我们能解释它为何没有分裂吗？当然能，它不会分裂的概率是20%。但我们能解释为何分裂的分裂了，而未分裂的未分裂吗？不能，我们做不到。我们只能说，它分裂的概率是80%，不会分裂的概率是20%；所以大部分分裂了，有的没有分裂。对此我们只能解释到这一步了，没有更多理由了。

当我们采纳了决定论之后，自认为："必然有某种深层的因果解释，分裂的原子具有某些特性，这解释了它们为何分裂，而没分裂的原子缺乏这一特性，因此解释了它们为何没有分裂。一旦你以同样的方式设定了原子，它们永远都会发生同样的变化。"但是，我说了，我们只是假定决定论一定是真实的。而根据量子力学的正统理论，它们并不是这样运行的。理论只能说：有些原子会分裂，有些不会。

根据对量子力学的正统理论，基础物理法则是或然性的（probabilistic）。在基础物理学层面，决定论是不真实的。我就是这样被告知的。请相信我，我没有资格这么说，但我就是这样被告知的。当然了，如果这是真的，那前提三就是错的，并非所有纯粹的物理系统都遵循决定论。所以，即使我们确实不能既拥有自由意志又遵循决定论，这也并没有排除我们只是纯粹的物理对象的可能性，因为并非所有纯粹的物理系统都遵循决定论。如果从基础层面来说，决定论在我们身上是行不通的。那么，即使我们不能既遵循决定论又拥有自由意志，我们仍然可以拥有自由意志，而且仍然只是纯粹的物理系统。

在忙着指出诉诸自由意志的论证并不成功时，我还想提一下，前提二也受到了批评。回想一下前提二，不相容论主张：遵循决定论的不会有自由意志。你无法把自由意志和决定论融合在一起，它们是不相容的。现在，我要说，不相容论也许是常识，它有可能就是你本人相信的观点，但是我们也可以对它提出疑问。有些哲学家认为，自由意志实际上跟决定论并非不相容。我是他们其中之一。即使决定论在我们身上行得通，这并没有排除我们拥有自由意志这一可能。尽管从表面看来并非如此，但你可以既遵循决定论，又有自由意志，它们是相容的。这种观点毫不意外地被称为相容论（compatibilism）。

如果我现在转而向你解释这一立场，说明为何一旦得到合理的理解，自由意志实际上跟决定论是相容的，这当然会很有帮助。不幸的是，我现在无法这样做，那要花很大的篇幅。我说过，这是一个非常复杂的问题。我只想指出，虽然看起来令人惊讶，但相容论是一个存在着的可能性，也是一个有分量的哲学立场。

如果我们接受了相容论，就可以说：即使对物理系统来说决定论是真的，即使我们真的拥有自由意志，我们仍可以是纯粹的物理对象，因为决定论和自由意志是相容的。

这样来想吧，假如对量子力学的正统理解是错的，而决定论是真的；或者，决定论在原子层面是错的，而到了宏观层面它就不起作用了，所以对于中等的对象，比如人体来说，决定论是真实的。即便如此，也没有关系。如果相容论是真实的，如果某种东西可以既遵循决定论法则，又拥有自由意志，那么即使我们遵循决定论，仍可以拥有自由意志，而且我们不只是纯粹的物理对象。所以，一旦相容论是真实的，二元论的这一论证又将再次陷入麻烦。

我没有试图让你去相信相容论的真实性，接下来我也不会这样去做。我的意思只是说，我们不该那么快就认为，为了解释我们拥有自由意志这一事实，只能相信灵魂的存在。为了得出灵魂存在的结论，需要具备所有这些前提，但是对每一个前提我们都可以提出疑问，我们有合理的哲学或科学依据来怀疑所有这些前提。这当然没有证明诉诸自由意志的论证不成立，但这意味着如果你要用这个路线来论证灵魂的存在，你要对你的工作加以改进。

超自然现象

好了，让我们概括一下。我们一直在考虑关于灵魂存在的各种论证，其中每一个都诉诸我们的某个特性——我们的创造力、我们的感受能力、我们的经验具有定性方面这一事实、我们的推理能力——用关于我们的一些事实来寻求解释。二元论者的主张是，不诉诸灵魂，我们就不能解释那些给定的特性。我跟你们分享了一些自己的理由，认为这些论证不像我们起初以为的那样令人信服。

但是要注意，我们可能会认为，迄今我指出的这些考虑是一些我们很习以为常、很司空见惯的特性。我们能够思考、推理和感受，我们有创造力，或者我们拥有自由意志，这些都是很日常的事情。

也许我们如果不聚焦于日常现象，而是聚焦于不寻常的、超常的现象，就能够找到关于灵魂的更好论证。我们仍能提供使用最佳解释推论的论证，但当二元论者提出我们要用灵魂去解释各种超常现象时，他们也许就更站得住脚了。比如，也许为了解释鬼魂，我们需要假定灵魂的存在；也许为了解释ESP（超感知觉），我们需要假定灵魂的存在；也许为了解释濒死体验、降神会或者通灵，我们需要假定灵魂的存在。对于这些现象中的每一个（不管是哪个，它们出现了），我们都想得到二元论者会论证说："瞧，我们需要解释这件事，而最好的解释就是诉诸灵魂。"

现在，我要加快讨论这个新的论证类型，但是我至少想给出这几个评论。

让我们从濒死体验开始。基本的观点大家也许都很熟悉，接下来的事情时而会发生在人身上。有人也许心脏病发作，或者死在了手术台上，但几分钟后，他们又起“死”回生了。至少在有的时候，若我们事后问这些人，他们说死时有了一种非常惊人的体验。（他们真的死了吗？这很难说，但往往看上去是这样的。）

这些事情令人吃惊的一个地方是，人与人之间、文化与文化之间的这种现象都极为类似。人们经常报告说体验到了自己离开肉体。也许他们从上方，就像他们飘浮其上，开始观看自己位于手术台上的肉体。也许最后，他们体验到了快乐和欣喜。他们可能体验到了穿过一条隧道，看到了隧道尽头的白光。也许在隧道的尽头，他们看见了某个以前死去的深爱之人，并跟他交谈；或者看到了其宗教传统中的某个著名人物。他们感觉发生的事情是，他们已经死了，上了天堂；接着突然间他们又被拉了回来，在病房里醒来。他们获得了我们所说的濒死体验（也许更好的说法是他们获得了死亡体验，但后来又被带回了人间）。

好了。当你去调查人群时，你会发现，许多人都有过这种体验。所以我们要问问自己：如何解释这些现象？这里有一个非常简单明了且显而易见的解释：这些人死了。他们死了，去了另一个世界。他们去了天堂，但是后来又被拉了回来。在这期间，他们的肉体还躺在手术台上，并不在天堂里。所以，是某种非肉体的东西去了天堂。这种解释是这么说的。这是对所发生的事情一个不言而喻、简单明了的解释。二元论者说，因此我们需要假定灵魂的存在。我们需要假定在肉体死掉后，某种非物质的东西存活了下来，它能够离开肉体，飞向天堂。在濒死体验中，肉体和灵魂之间的纽带当然没有永远地、彻底地断裂。灵魂又被拉回来了（某种程度上），跟肉体重新联结了起来，这个人又醒了过来。

做一个类比的话，就好像有两个房间，这个世界或此生是其中一个房间。

濒死体验的情况是，你的灵魂离开了这个房间，进入了另一个房间，即另一个世界或来世的房间。但出于各种原因，它不被允许停留在下一个房间，它又被拽回这个房间了。

这是一个可能的解释，但是等一等，我要问这是不是最佳的可能的解释。在转向这个问题之前，首先要考虑一个对这一整套看待事物的方式的反驳。（这个反驳跟在本书开始时我们考虑的那个关于死后存活的反驳类似："没有生命之后还有生命吗？咄！当然没有！"）

按照这种反驳，两个房间的观念肯定是错的。这种反驳说，濒死体验中发生的事情不可能是人们在报告死后的样子，因为他们根本没有真正死掉！毕竟，二十分钟后（或者无论多久），他们仍在那里，躺在病床上，显然还活着，所以他们从未真正死过。或者，如果你愿意的话，你可以说，也许他们死了，但是既然他们明显没有永久地死掉（毕竟，他们又起"死"回生了），又怎么能告诉我们永久死掉是什么样的？我们怎么能认为他们的体验就是关于往生的真实报道？我们想知道的是永久死掉是什么样的，而这些人从未永久地死掉，所以不管他们的经历有多么不寻常，他们讲述的都不是往生。

现在，我自己的观点是，这实际上不是一个我们应该认真对待的反驳。假设我们同意，严格来说，这些人没有死，至少没有永久死掉，就能推论说他们的体验不能证明往生的样子吗？我认为这是一个有误导性的反驳。

假如有人同我们讲，他们在法国待过二十年，现在又回到了美国，他们想告诉我们在法国是怎样的。现在想象一下有人反驳说："你知道，你没有真正永久性移居法国。所以你在法国的体验，不管是怎样的，再怎么有趣，都不能让人了解永久性移居法国是什么样子。"我们会认为，这是一个荒谬的反驳！第一个人虽然没有永久移居到法国，但他确实对法国有一些体验，实际上二十年中会有许多体验。他能让我们充分了解在法国生活是什么样子，即使他在余生中没有搬去那里，再未回去过。当然，如果你在回来之前，只在法国生活了几天，你就讲不出那么多，但你仍然能够说些相关的内容。

假如你从未去过法国；假如你只是站在边界上，看向法国，跟身处法国的人交谈。他们在边境的法国一侧，你在另一侧，但是你跟他们聊了一会儿，你从未进入法国境内。即便如此，关于在法国是怎样的，你也能说出一些有帮助的内容来。

如果关于法国的例子，这么说是正确的，那关于濒死体验的例子，为何不能这么说呢？即使这些人没有在第二个房间里待过，他们没有保持死亡状态（stay dead），但他们对死亡也有一些体验。这难道跟死后是怎样的无关吗？即使我们更愿意认为，严格来说，这些人根本没有死，他们只是待在另一个世界的边界上，探望了过去，这又怎样？他们在边界上看了过去！要说这样的体验是跟死亡无关的证据，就好像是说，我讲不出现在走廊上发生着什么有趣的事，因为我现在毕竟不在走廊里，我在我的办公室里。那又怎样？虽然我现在在办公室里，但我可以看到走廊里的情况，告诉你那里发生着什么。

所以我认为，试图以所谓的“哲学”立场来驳斥濒死体验是误入歧途，但这并不等于说我们应该根据濒死体验来接受关于灵魂存在的论证。因为问题仍然存在，什么是对濒死体验中发生的事情的最佳解释？如上所述，有一种可能，我们可以称之为“两个房间的解释”：有此生的房间，还有来生的房间，有过濒死体验的人要么短暂地在第二个房间待过，要么至少往里面瞥过。这是一种可能的解释。但是，还有其他的解释：一个房间的解释。这个世界上的生命就如一个房间，当你无上接近这一个房间的墙壁时，事物看上去、感觉上去跟在房中间时很不一样。

无疑，一个房间这个比喻并不完美，因为它马上会带来一个问题：墙的另一面是什么？物理主义者会提出，墙的另一面什么也没有。所以也许更好的说法应该是：生命是一个生物过程。对于这个过程，我们熟悉的只是它的中期。但在它的末期，会出现一些异常的生理过程（异常的意义是它们通常不会发生于生命的中期；但显然，它们在生命的终点很常见）。在一些罕见但并非闻所未闻的案例中，有些人开始经历这些异常的生物过程，但接着又回到了正常的生物过程，所以他们能够谈论在这个异常的生物过程中发生了什么。这一切只是说，我们要对濒死体验中发生的事情提供一个生物/物理学上的解释。

当然，这还不是一个物理学解释，这只是一张“期票”。但至少我们现在有了两个对立解释的轮廓：二元论者的解释，那个人进入了另一个世界，以及物理主义者用生物过程所做的解释（或者“期票”）。要承认的是，在对濒死体验的各个方面进行科学描述之前，比如白光和欣喜感，从远处看见你的肉体等，我们还不算做了什么物理学解释。这实际上是科学家的研究领域，我们可能只有一个初步的生理解释。比如，当肉体承受压力，好比说在走向生命的生物过程终点时，会释放出某种激素，这也许就解释了欣快感。类似地，当肉体受到压力时，大脑负责视觉的部分受到异常激发，这也许就解释了白光或者在隧道中压抑的感觉。

我不是什么科学家，所以我没有资格说：“瞧，这是这一解释的细节。”但是我说了，科学家们已经开始用生物学术语来解释濒死体验，所以你要凭自己的判断力做出决定：用肉体和大脑在临近死亡时受到的创伤性压力来解释这些体验，是不是更合理？或者更合理的解释是，那时灵魂部分在脱离它跟肉体的正常联结？我认为初步的科学解释够有说服力了。所以我认为，“为了解释濒死体验需要设定灵魂的存在”并不是一个有说服力的主张。

当然，我们还有其他各种可以诉诸的“超自然”现象。至此，我只讨论了濒死体验。降神会又该怎么说呢？我们如何解释一些人好像能够跟死人通灵这一事实？我们如何解释搞降神会的人知道只有你死去的叔叔才知道的你的过去？

二元论者也许能够通过诉诸灵魂来解释这些现象。你往生的叔叔的灵魂在跟那个搞降神会的人沟通，所以他知道只有你和你叔叔知道的事情。

物理主义者如何解释这些事情呢？简单来说，我不知道。我不是靠用物理主义、科学术语解释这些事情为生的人，但是确实有人从事这个，他们往往热心于给出解释。不要问我搞降神会的人是怎样做出如此令人惊奇的事情来的，问我就是在浪费时间。你该去问魔术师，他们的职业是欺骗人，让自己看上去像是能做出神奇之事的人！现在确实有职业魔术师专门从事揭穿那些声称能跟死人通灵的人，他们经常解释各种标准的魔术师诡计是如何"解读心灵"的，就像是在跟死人通灵。

当然，这并没有证明二元论者是错的。有可能真的存在降神会，有可能真的能跟死人通灵。跟以往一样，你要自己来做决定，你觉得哪个是更好的解释：是超自然的、二元论者的解释更有可能，还是物理主义者的解释更有可能？

假如你梦见你过世的母亲又回来跟你说话。一个可能的解释来自二元论者，说是你母亲的鬼魂，她非物质的灵魂，在你睡着时跟你沟通。但还有第二种可能的解释，物理主义者解释道：那只是一个梦。你当然是梦到了你母亲——你爱她！你要问："哪个是更好的解释？"

我无法花时间考察每一种传说中的超自然现象，但在原则上，我们应该那样做。我们应该考察每一类事件的情况，评论关于所发生的事情的各种科学解释。（有时，光是事实就存在争议，需要做出解释。）在这里我无法花时间这么做，但从我个人的观点来说，当我在评论证据时，最后我总是认为没有理由超出物理主义去加以解释。

所以我们再次概括一下：一群人要论证灵魂的存在，说为了解释某种东西，不管是日常的、司空见惯的，还是某种超自然的现象，我们都需要设定灵魂的存在。在有些情形中，我想承认，灵魂的存在也许是一切可能的解释的开端。但问题从来不是“那是不是可能的解释”，而是“那是不是最佳解释”。当我评论各种论证时，我最后认为物理主义者拥有更好的解释。

注意，我不想否认，对于一些事物，物理主义者还没有做出令人信服的解释。我已经承认，尤其是关于意识的本质、体验的定性方面，比如闻到咖啡、品尝菠萝、看见红色是什么样子，还存在着难解之谜，很难用物理主义的术语来解释。对此我们可以说，这仍然悬而未决。但我认为，我们不应该说更好的解释在二元论者那里。因为在我看来，只是设定灵魂的存在并不能真的提供解释，它只是给出了一个解释的许诺。所以，双方最多打了个平手，我们并没有不可抗拒的理由去接受灵魂的存在。

如果我们看到，对于这个或者那个事实，可以想到的物理主义解释都不成立，那就不一样了。但是，我认为情况并非如此。实际上，关于意识以及其他事物，我们还没有看出该如何去解释。但是，还没有看出如何用物理主义的术语去解释，不等于看出那不可能用物理主义的术语加以解释。

类似地，如果我们已经有了一个二元论者的解释——不管是对意识还是其他的谜——这个解释的一些细节确实行得通，也许我们就可以说，二元论提供了更好的解释。但是对我来说，对于真正的难题，与其说二元论提供了什么解释，不如说它只是在断言设定非物质的东西之后，解释起来情况就好多了。而我认为这个论证并不能说服人。

我的结论就是，我们考察的各种二元论的论证都不成立，至少从它们目前的立场来看。当然，也许某一天会发生变化，也许某一天我们将决定真的需要诉诸灵魂来解释（或给出最佳解释）某种需要解释的东西。但是现在，无论怎么说，至少在我看来，诉诸最佳解释推论没有给出设定灵魂存在的理由。

第四章

笛卡尔的论证

我们不断尝试用最佳解释推论来论证灵魂是切实存在的。不过，这些尝试都没有成功。这是否意味着我们就应该放弃二元论呢？不完全是这样的。因为还有另一种截然不同的二元论论证方式存在于世，而且值得加以探讨。

实际上，这种“新的”论证方式来自17世纪伟大的法国哲学家勒奈·笛卡尔的作品（我会用自己的方式将这种论证的细节讲清楚）。[①]笛卡尔论证的显著特征之一就是其纯粹的哲学方法。这种论证方式没有有效的实证前提，仅仅基于哲学反思。尽管这是一种纯粹且没有实践经验支撑的哲学思维范例，但许多人依旧认为这一论证非常令人信服。

在笛卡尔论证中，他首先要求人们想象一个故事。我将以第一人称的叙述方式，讲述一个关于我和我的早上的故事。不过，如果你把这个故事想成是关于你和你的早上，那么它也许会更具有说服力。无论如何，请记住，我从未声称我即将讲述的故事是真实发生的，这只是我虚构出来的而已。关键之处在于，我们大可以把这个故事想象成已经发生过的。实际上，这个故事看起来也有可能成真。

讲故事之前，我还要再多说一句。我说这个故事“可能成真”，并不意味

① 这是勒奈·笛卡尔《第一哲学沉思录》（*Meditations on First Philosophy*）的第六个沉思。

着说它在经验上可能（empirically possible）。我所说的可能性是一种逻辑上的可能（logically possible），因为这个故事在逻辑上是清晰明了且完整一致的。我们可以举一些类似的例子来帮助理解。比如，龙和独角兽的存在就具有逻辑上的可能性，我们能够合乎逻辑地想象出它们的样子，但是实际上这些生物在经验上毫无存在的可能。总而言之，我仅声明的是，我即将讲述的故事具有逻辑上成立的合理性。

假设，我在今天早上的特定时间醒来。我环顾房间四周，看到的场景一如我昨晚睡觉前漆黑的房间。我听到了房子外面汽车的声音、闹钟的响声等。我离开房间向浴室走去，准备刷牙。当我走进光线更强、更明亮的浴室时，我看了一眼镜子。就在这时，我发现了一件奇怪的事情——我在镜子里没有看到任何东西！正常情况下，当我朝镜子里看的时候，我可以看到我的脸、我的头还有我的身体的映射。但是现在，我什么都没看到。或者，更准确地说，我在镜子里看到了我身后的浴帘。通常情况下，我身后的浴帘应该被我的身体挡住，但现在我没有看到我的肉体。我有点儿吓到了，于是摸了一下我的头，或者应该说摸了一下我预想我的头应该在的位置，结果我什么都没有摸到。我低头看了一眼自己的胳膊，也没有看到它们。现在，我真的开始恐慌了！我开始尝试着触摸自己的肉体，但是依旧没感受到任何物体的存在。我不仅感受不到自己手指触摸的感觉，也感受不到肉体应该有的被触摸的感觉。

这个故事可以继续讲下去。当然，如果换成一个小说家来讲述，他肯定讲得比我要好很多。不过我希望我说的已经使你明白，我们想象的是一个我发现自己的肉体并不存在的故事。至少，我试图为大家讲述的就是这样一个故事。摊开了说，我正在让你想象一个故事，在故事中我的肉体并不存在！而且，不仅我的肉体不存在，出于某些原因，我还无法感受到自己的肉体。总而言之，故事中我的肉体压根儿就不存在。这看起来有可能，不是吗？

不过请注意，尽管在故事中肉体并不存在，但我的心灵却是真实存在的。毕竟我身处浴室之中，脑子里正想着诸如“为什么我看不到镜子里的肉体？为什么我摸不到自己的头？究竟发生了什么？难道我疯了？”之类的问题。我很恐慌，也很害怕。故事中，我能够思考各种问题，因此证明我的心灵是存在的。但是，与此相反，我的肉体并不存在。这就是我让大家构想的故事，而且看起来我们完全可以想象这种事的发生。

（再次申明，我认为故事具有发生的可能性，并不意味着类似的事情真的可能发生！我的心灵存在于世，但是肉体却消失得无影无踪，在经验上不太可能发生。而且，如果物理主义是正确的话，心灵脱离肉体而存在从经验上来说就不可能成立。但是，即使物理主义派也要承认，我所描述的故事有逻辑上的可能。也就是说，我的想象前后逻辑一致，合乎情理。这就是我讲述这个故事的意义，我想让大家理解它！）

我的心灵存在而肉体却不存在，这是我们想象出的故事。然而笛卡尔论证的精妙之处便是，他能从这个简单的故事中推导出结论：事实上，我的肉体和我的心灵之间一定存在差异。下面我来具体解释。

在我们之前想象的故事中，我的心灵存在，然而肉体不存在。这表明了什么？笛卡尔认为，这表明了事实上，人们的心灵和肉体不是同一个物体，它们在逻辑上必然已是两个不同的东西。理由就是，我刚才想象出了心灵不依赖于肉体而存在的故事。即使在想象中，我又怎么能做到心灵和肉体不同时存在呢？如果我的心灵只是我肉体的另一种说法，又怎么能做到即使是想象一下不存在肉体却存在心灵的场景呢？如果肉体和心灵真的如形而上学宣称的那样是同一个物体，那你压根儿不可能让两者分割开来，即使是在想象中也做不到的。

让我们考虑另一个争议较小的例子。此时此刻，我的桌子上有一支钢笔。现在，请你试着讲述一个这支钢笔存在，但是这支钢笔却又不存在的故事。你根本做不到！毕竟，这支钢笔本身是一个不可分割的物体，它只是一支钢笔而已。如果它只是一个物体，那你能讲述一个它存在的故事，也能讲述一个它不存在的故事。但是，你就是做不到讲述一个钢笔自身存在却又不存在而且合乎逻辑的故事。

相比之下，试着想象出一个世界，在这个世界中你的左手存在，而右手不存在。这很容易就能做到！为什么这么简单？因为我们思考的对象左手和右手是两个不同的东西。当然，这个想象并不意味着在现实世界中，两只手中一只存在而另一只不存在（我真心希望在现实世界中，你的双手是健全的）。但是，这的确表明，现实世界中你的双手是两个不同的物体。正因如此，我才能想象出双手并不同时存在的那样一个世界。

简而言之，如果我能讲述一个物体A存在但物体B不存在的故事，并且这个故事合乎逻辑，那么我就能得出A和B事实上不是同一个物体的结论。因为如果B仅仅是A的一个同义词，或者是表达A的另一种说法，接着，如果你要想象A存在但是B不存在，其实就是想象A存在且A不存在。你当然无法想象出一个能让A存在又让A不存在的世界。

反过来推论，我们可以得到相同的结论。如果我们能想象出A不依赖于B而存在，那么A和B在逻辑上必须是两个独立的物体，它们不可能是相同的。既然我能想象出我的心灵不依赖于肉体而存在的故事，那我就能得出我的肉体和心灵在逻辑上是两个独立物体的结论。它们不可能是同一个物体，因此心灵不可能就是肉体的另一种说法。物理主义的观点一定是错误的，二元论才是正确的。

这是一个非常棒的论调，而哲学家们钟情于这种论证。不过我不得不告诉你，直到今天，哲学界对这种论证能否成立还存在着争论。

重要的是，我们不应该误解了笛卡尔论证。尤其值得注意的是，这种论证并没有告诉我们，如果一件事具有逻辑上成立的可能，或者说如果我能合乎逻辑地将其想象出来，那么这件事就一定是真实的。这种观点明显是错误的！毕竟，我能想象出独角兽，但这并不表明独角兽存在于世。这种错误至极的观点并不是笛卡尔论证想要证明的，它想要证明的论点更为具体：如果我能想象出一个事物不依赖于另一个事物存在，那么它们一定是两个不同的事物。毕竟，如果你思考的两个事物只是同一个物体，那么你连想象出其中一个事物不依赖于另一个事物而独立存在的情况都不可能。所以，如果我真的能想象出一个事物存在而另一个事物不存在，那么它们一定是不相同的两个事物，而不可能是同一个物体。

当然，现实世界中可能出现一个事物必须依存于另一个事物的情况。两个事物之间可能存在某种形而上学的关联，导致它们被如此紧密地结合在一起，以至于你永远不可能脱离其中一个而得到另一个。但这并不是问题，关键在于，如果我至少能想象出一个事物不依赖于另一个事物而存在，那么事实上这两个事物必然是相互分离的物体。既然我能在最开始的故事中想象出心灵不依存于肉体的场景，那就能证明我的心灵和肉体是相互分离且独立存在的物体。否则，我怎么能想象出心灵脱离肉体而存在的局面？（我想象不出肉体脱离肉体而存在的情况，因为肉体和肉体本身就是一个东西！）如果心灵是肉体的一种说法，那我怎么可能想象出心灵脱离肉体的情况？事实是，我成功地想象出了心灵存在而肉体不存在的场景，因此可以得出肉体和心灵是相互分离的结论。综上所述，心灵终究不是肉体的一部分，它和肉体是不同的。其实，心灵就是灵魂。

想象在一个世界中，一个人的微笑存在，但他的肉体却不存在。你想象不出来，因为如果你想要微笑就必须先拥有一个肉体。这并不神秘，因为微笑和肉体本身就是无法分离的。如同我们之前提到的那样，微笑实际上只是关于肉体特定部位可以完成的表情的说法，两者没有区别。

你可以试着去想象一个脱离肉体而存在的微笑，但你做不到。在《爱丽丝漫游奇境记》当中，柴郡猫一点点地消失了。在这个过程中，最后消失的就是它的微笑。当然，在你仅仅想象柴郡猫留下的那个微笑时，你想象的其实还是它的嘴唇、牙齿甚至是舌头。如果你一定要想象出一个完完全全脱离肉体而存在的微笑，那只能是徒劳无功。因为，微笑和肉体是不可分割的，它必须依赖于肉体才能真实存在。

但是，当笛卡尔告诉我们试着去想象心灵脱离肉体而存在的时候，我们轻而易举就能在脑海中勾勒出画面。这证明，人的心灵和肉体一定不是同一个事物。事实上，它们必然是两个事物。这就是我们能想象出两者之一脱离另一者而存在的原因所在。

笛卡尔论证似乎向我们证明了，心灵是一种可以同肉体分离且与肉体独立的事物。心灵不是肉体的一部分，而是超乎肉体之外额外存在的。心灵是灵魂，这就是笛卡尔论证得出的结论。如我之前所言，直到今日，哲学家们对这种论证能否成立还存有争议。

就我个人而言，我认为笛卡尔论证是不成立的，我一会儿将给出一个反例来论证我的观点。更准确地说，我会提出一种和笛卡尔类似的论证，或者至少看上去类似的论证。通过我的举例，我们能够非常容易地发现我提出的第二个论证并不成立。因此，笛卡尔起初的论证也一定存在着不合理之处。

我举的反例并不是我原创的。你大概听说过昏星（长庚星。——编者注）。大致来讲，昏星是一个天体。至少在一年中特定的时间里，每当傍晚天色变暗时，第一颗可以被明显观测到的星辰就是它。你大概也听说过晨星（启明星。——编者注）。每当夜晚过去黎明到来，天色渐渐明亮起来的时候，天空中最后一颗可以被明显观测到的天体就是晨星。总体而言，在一年中的特定时间里，昏星是第一颗可以观测到的星星，而晨星则是最后一颗可以观测到的星星。在我们所生活的现实世界中，昏星和晨星都是存在的。

现在请你试着想象一个世界，在那里昏星存在而晨星却不存在，这看上去似乎是一件相当简单的事情。黎明来临之际我睡醒起床，环顾天空却发现晨星没有出现。也就是说，在晨星应该出现的位置（或者人们宣称它应该出现的位置），没有任何星辰的踪迹。但昏星是存在的。当我在夕阳西下、夜幕降临之际出门的时候，我能看到天上的昏星。如我所言，想象一个昏星存在但晨星不存在的世界并不困难。因此，我们就可以构建一个和笛卡尔论证相类似的论证。我们可以这样表述：如果我能想象出昏星不依赖于晨星而存在的场景，那么就表明昏星和晨星一定是两个不同的天体。这样的论证符合笛卡尔的思路，也就是说如果我们能想象A不依赖于B而存在，那么A和B一定是相互独立的。既然我们已经想象出了昏星存在而晨星不存在的场面，那么结论就一定是：这两者是相互独立的天体。

但是事实上，事情并不是这样的！昏星和晨星正是同一个天体。实际上，它们压根儿不是一颗恒星，而是一颗行星——金星。重要的是，这个故事里只有一个天体（金星），而不是两个天体。昏星和晨星并不是不同的天体，它们是同一个天体，名曰金星。只不过我们在一天当中的不同时间看到它，因此就起了不同的名字。实际上，“它们是同一个天体”这句话有一点儿误导性，更准确的说法应该是：“实际上只有一个天体——金星。”

这意味着，我们刚刚思考的那个类笛卡尔论证是站不住脚的。首先，最明显的问题在于，我们发现自己得出的结论是错误的：昏星和晨星不是两个天体，而应该是一个天体。这表明支持这一结论的论证（它们是两个天体）也是错误的。论证过程中，我们在一些步骤中一定出现了推导错误。

（实际上，有些人可能很容易就认为类笛卡尔论证的结论是正确的！这些人大概认为，既然昏星出现在傍晚而晨星出现在黎明，那么它们一定是两个不同的天体。不过，我认为这种观点并不正确。比如说，昏星并不只是出现在傍晚，它在一天当中的其他时间里也可以被观测到。在现实世界中，我们还可以在早上看到昏星，也就是金星，只不过那时我们叫它“晨星”。我们在早上和晚上看到的自始至终都只是一个天体，只不过它有两个名字罢了。）

真正关键的是，如果类笛卡尔论证的确出现了推导错误（因为它确实导致了错误结论的产生），那我们就有理由怀疑笛卡尔关于二元论的论证也存在疏漏和错误。就笛卡尔原始的论证和我们阐述的关于天文学的类似论证而言，两者在结构上具有平行性（structurally parallel）。所以，当昏星/晨星的论证出现问题时（而且我们已经知道它确实存在问题），笛卡尔关于心灵/肉体的论证就可能也存在问题。

我个人同意这样的结论，我认为笛卡尔的纯哲学论证并不能说服人。同时，我也认为昏星和晨星的反例告诉我们，笛卡尔关于二元论的论证是不成立的。至少，我是这么认为的。不过，我之前说过，有些哲学家不同意我的观点。部分哲学家认为，虽然我们提出的论证与笛卡尔的论证看起来具有结构上的平行性（两者看起来非常类似，因此一个不成立，另一个也应该不成立），不过，事实上两者也许并不具有这样的关系。两者之间也许存在细微但是重要的区别，如果我们没仔细对比两种论证，就会忽略这点从而导致错误的结论。当然，如我所说，直到今天哲学界还在争论。

哲学界之所以持续不断地争论笛卡尔论证是否成立，原因之一就是，要想确定究竟该论证方式哪里有问题是一件出奇困难的事。毕竟，证明笛卡尔的论证一定存在某种缺陷是一回事，确确实实地找到究竟是哪里有缺陷就是另一回事了。即使是那些拒绝接受笛卡尔论证的哲学家，他们也只是在“笛卡尔在某个地方错了”这个问题上达成了一致，而在“究竟错在哪里”这个问题上却是纷争不断。

实际上，即使是在昏星/晨星的论证过程中，我们也无法轻易地找到论证的漏洞究竟在哪里。我们都知道论证中一定有问题（因为结论有错误），但是除此之外，却不能在论证究竟哪一步骤有瑕疵上达成共识。

让我们考虑一种可能性更小的假设：如果我们能够清楚地知晓天文学的论证哪里出了错，也许我们就可以更理直气壮地说笛卡尔本身的论证在同样的地方上存在瑕疵。

我认为，将之前那个导致错误结论的天文学论证理解成具备三个前提将有所帮助：

（1）我能想象出一个昏星存在而晨星不存在的世界；

（2）如果我们能想象出一个事物，那么它具有逻辑上成立的可能性；

（3）如果一个事物可以脱离另一事物独立存在，并具有逻辑上成立的可能性，那么即使在现实世界中，这两个事物也一定是不相同的物体。

因此，通过三个前提的推导，我们能够得出结论：（4）（即使在现实世界中）昏星和晨星也一定是不相同的两个天体。

在天文学论证中，如果前两个前提成立，那么结论就是："昏星可以脱离晨星独立存在"这一情况具有逻辑上成立的可能性。不过，根据前提三的表述，我们又能得出"即使在现实世界中，昏星和晨星也一定是不相同的两个天体"这个结论。

我们已经知道这个结论是错误的，但这个结论完全是按照上述三个前提推导得出的。因此，有一个前提本身是错误的，到底是哪一个呢？

前提一认为，我能想象出一个昏星存在而晨星不存在的世界。事实的确如此，因为我确实能做到这一点。不过，一个关于论证方式错在哪里的可能的诊断提议说，虽然与现状看起来完全相反，但我压根儿想象不出这样的场景，我认为自己能想象出一个昏星存在而晨星不存在的世界，不过实际上我压根儿没有这么做过，我错误地描述了我想象的画面。

这个关于天文学的诊断绝不幼稚，说不定它就是正确的诊断。我也许确实没有想象过一个昏星存在而晨星不存在的世界。实话实说，在我想象的世界中，黎明之际没有唯一可被观测到的天体存在，但这是否意味着这个世界里没有晨星的存在呢？尚不清楚。毕竟，“晨星”只是一个特定天体（金星）的名字。也许我所做的不过是想象了一个世界，在那里金星在黎明之际是看不到的。不过，严格说来，这并不是一个“晨星不存在的世界”。在我想象的世界中，我们并不会使用“晨星”这样的名字，但这并不能证明晨星在那里是不存在的。这只能证明，在我想象的世界中，我们不用“晨星”这个名字称呼它而已。既然晨星就是金星，那么金星出现也就意味着晨星出现。即使在黎明之际我们看不到晨星，但它还是存在的。所以，也许我没有真正想象出一个昏星存在但是晨星不存在的世界，也许我想象出的只是一个即使晨星确实存在（昏星也存在），但黎明之际却看不到它的世界。

如果上述是关于天文学论证的正确解读，那我们是不是也能用类似的方法来解读笛卡尔的论证？我们能不能说，我没有真正想象出一个我的心灵存在而肉体不存在的世界？回想一下我之前讲述的那个早上起来没能在镜子里看到自己肉体的故事，我们是否能说，我认为我描述出了一个心灵存在而肉体不存在的世界，但是实际上我压根儿就没有做到。尽管我已竭尽全力，但我的确无法想象出一个这样的世界。

这也许就是我们应该承认的。然而，关于上述推论的一个简单事实是，大部分人很难认真对待这个关于论证出错的可能性提议。看起来，我确实想象出了一个场景，在那里我的心灵存在而肉体不存在。因此，我们很难理解为什么我们应该接受这个可能的提议，它说我压根儿就没去想象，只是不知不觉地错误描述了我实际要想象的场景。

（注意，假设我没能在天文学论证中想象出与之相应的场景，却在笛卡尔的论证中想象出了与肉体/心灵有关的场景。在这种情况下，即使天文学的论证方式如我们已知的那样最终不能成立，笛卡尔关于二元论的肉体/心灵论证还是能够成立的！其实，就是类似这样的问题，才导致人们对于笛卡尔论证各执一词。）

假设我们认定这第一个关于论证出错的可能性提议是错误的，我的确想象出了一个晨星不存在而昏星存在的世界。在这种情况下，天文学论证的前提一就是正确的。但我们仍然知道，既然这种论证方式最终的结论是错误的，那么除了前提一之外，究竟是哪里出了问题呢？

有些人倾向于质疑前提二。即使我真的能想象出一个昏星存在而晨星不存在的世界，这也并不意味着这样的世界具有真正逻辑上成立的可能性。也就是说，也许能够想象出来某种事物，并不一定代表该事物具有逻辑上成立的可能性。

不过，千万不要误解前提二所要表达的意思。前提二从未宣称，想象力能推导出在经验上成立的可能性。关于这一点，我们已经心知肚明。比方说，我可以轻而易举地想象出一个存在龙的世界，但这并不意味着龙在现实中是可能的（physically possible）。如我们之前说过的那样，能够想象出来仅仅意味着逻辑上存在成立的可能。所以，前提二表述的意思仅仅是，如果我能想象出某个事物，那么该事物至少具备逻辑上成立的可能性。这句话看起来似乎传达了“想象力是一种正确的向导”的想法。举例而言，我们都认为龙不可能在现实中存在，但这并不妨碍它们在逻辑上存在的可能。为什么我们对此如此笃定呢？恰恰是因为我们能够轻松地想象出一条龙来。综上所述，想象力是逻辑成立可能性的正确向导，也就是说，但凡我们能够想象出来的，便具有逻辑上成立的可能。

不过，想象力也许并不是一个绝对可靠的向导，也许存在着想象力引导我们误入歧途的情况。搞不好在某些情况中，我们能够想象出某样事物，但是它却不具有逻辑上成立的可能性。

可惜，我们很难知晓类似的情况是不是真的存在。我们不妨用一个不可能存在的事物来尝试一下，比如一个圆的正方形。你能想象出来吗？尝试下！在特定的心境下，我似乎感觉我能够开始想象它了。如果是这样，那就说明，

"想象力能推导出可能性"这种证明过程有瑕疵。有时候想象力推导出来的逻辑成立，可能实际上是错误的。

由此，我们就要否定前提二。在天文学论证中，我们就可以认为，即使我想象出了昏星脱离晨星而存在的世界，这种世界也不具备真实的逻辑成立的可能。也许从逻辑上而言，昏星和晨星不可能不相互依存。当然，这样得出的结论就不会说昏星和晨星是两个不同的天体了。如此一来，因为前提二的谬误，我们的类笛卡尔论证就站不住脚了。

这样一来，我们还可以说，笛卡尔关于二元论的论证也出于类似的原因而不成立。笛卡尔在论证中，也采用了能够想象出来便意味着逻辑上成立（心灵不依赖于肉体而独立存在）的论证前提。但是，如果"想象力推导出可能性"真的存在瑕疵，那么笛卡尔就不会得出"'心灵不依赖于肉体而存在'具有逻辑上成立的可能性"这种结论了。事实上，在这种情况下，笛卡尔无法证明肉体和思维是两种物体。他的论证不成立，是因为它太依赖于前提二了。可惜，前提二又是错误的。

如果我们真的认定"想象力推导出可能性"存在瑕疵，就能如上所述般分析笛卡尔的错误。但是我们能这样分析吗？我不能确定。我不确定是不是真的有这种情况，我们能想象出某样事物，但它却不具有逻辑成立的可能。我们再次思考一下之前提到的那个圆正方形的例子。圆正方形看起来的确不具备逻辑上成立的可能，但事实是我无法完全确定我能想象出它，只是大部分时间里，我看起来想象不出来。关于这点，显而易见的原因就是，圆正方形在逻辑上不成立，因此折腾到现在我们也许发现前提二是正确的：没准儿想象力是逻辑成立的可靠向导，但凡能想象出来的，就具有逻辑成立的可能。

但是，如果天文学论证中的前提一和前提二都是正确的，那还能在哪里出错呢？好吧，也许我们应该检查一下前提三是否有问题。我们也许应该认为，即使"某个物体脱离另一个物体存在"具有逻辑上成立的可能，但在现实世界中，这“两个”事物其实还是一个事物罢了。把这样的前提带入我们的天文学论证中，就是说：即使“昏星不依赖于晨星而存在”具有逻辑上成立的可能，由此在我们想象的那个世界中，昏星和晨星不是同一个天体，但它们在现实世界里还是一个天体，也就是金星（事实上，确实如此）。

通过这种方式否定前提三，便是认同物体的同一性是偶然的（contingent）。也就是说，无论A和B是两个物体还是一个物体，它们都能在逻辑上成立的不同世界中变化不定。比如说，在一个逻辑上成立的场景中，A和B是不同的物体，彼此一点儿也不相同。尽管如此，在其他逻辑上成立的场景中，A和B就是相同的物体，它们压根儿就不是两样东西，而是一样东西。尤其是，在现实世界里，A和B是同个物体（是一个物体，而不是两个物体）。即便如此，在其他合乎逻辑且逻辑成立的场景里，A和B就能实现“彼此分离”，成为两个物体而不是一个。实际上，否定前提三就意味着“如果A和B是同一个物体，那么无论如何，A一定与B完全相同”这种假设是错误的。

假设我们现在否定前提三的成立，接着就需要解释天文学论证哪里存在问题了。我们错误地认为，晨星和昏星在某些逻辑上成立的世界里是两个不同的天体，从而得出结论：它们在现实世界里也是两个不同的天体，而不是同一个（这是错误的）。这样一来，我们就能确定笛卡尔论证中也犯了类似的错误。笛卡尔要论证的是，在某些逻辑上成立的世界中，心灵是与肉体不同的物体；或者更具体地说，在某些逻辑上成立的世界中，我的心灵独立于我的肉体。尽管如此，我们无法得出“在这个世界中，心灵和肉体也是不同的物体”这一结论。因此，笛卡尔试图通过“在这个世界中，肉体和心灵存在差异”来论证二元论也就失败了。

如果我们否定前提三，并认可物体的同一性是偶然的，那么我们至少就会得出上一段中的结论。不过我不得不说，“同一性是偶然的”这种概念本身就是一个非常令人迷惑不解的问题。毕竟，如果A的确是B（也就是说A和B是同一个物体，而不是两个物体），那么它们怎么能做到“彼此分离”？又怎么能实现在某些逻辑上成立的世界中，“它们”是两个物体而不是一个呢？如果A和B的确是完全相同的，是同一个物体，那么的确就只有一个物体存在而已，根本就不存在“彼此分离”的说法。世界上只有物体A，它同时也就是物体B的另一种称呼。这个单一的物体怎么可能变成两个？简而言之，否定前提三并不能吸引并说服每一个人。

所以，究竟是哪里出了问题，导致我们的天文学论证最终未能成立？哪个步骤论证错误了？是我压根儿没想象出来自认为我应该想象出来的场景？是能想象出来却不能推导出逻辑上存在的可能？是物体的同一性在某种情况下是偶然的？尽管我们可以轻而易举地发现类笛卡尔论证（也就是天文学论证方式）出现了瑕疵（毕竟昏星和晨星是一个天体，都是金星的别名罢了），却很难发现错究竟在哪里。这就是这种类笛卡尔论证的奇妙之处。

不过，我们能确定的是，天文学论证确实在某些步骤上有瑕疵，因此这至少给了我们一些理由去怀疑笛卡尔关于二元论的论证也有问题。起码来说，天文学的例子告诉我们，我们很容易被类笛卡尔论证所误导。当然，就算天文学论证出现了问题，笛卡尔的论证也有可能是完美正确的。也许在更全面系统地检查了上述所有问题后，我们发现其实天文学论证方式在某些方面犯下了错误，而笛卡尔本人通过某些方式避免了。这种情况当然有可能发生。不过就我本人而言，无论是天文学论证还是笛卡尔对二元论的论证都是有瑕疵的。笛卡尔试图在肉体和心灵之间构筑一些区别，以使两者成为不同的物体，虽然这样的想法聪明绝顶且令人着迷，但他最终还是没能成功。①

---

① 事实上，我认为笛卡尔的观点最开始的前提就是错的。我想象的并不是在某个世界里我的心灵存在而肉体不存在，我其实想象的是在某个世界里，一个没有肉体的人错误地以为自己是我，存在于这一场景里的其实是他脱离肉体而存在的心灵，而不是我的。这或许可以说明他的心灵独立于其肉体，从而说明了可能会有灵魂（非物质的心灵在逻辑上是可能的），却无法证明我的心灵和我的肉体是不同的。所以，这一论证无法说明灵魂存在。

言归正传，我们用两章的篇幅分析了各种论证灵魂存在的方式。对我而言，其中一些论证的确很吸引人，但是它们都没能完成自己的任务。实际上，我个人觉得，即使我们继续讨论，不断检查、分析其他二元论论证方式，最后的结果依旧是二元论不能被证明成立。我认为，所有一切试图证明灵魂存在（灵魂是一个非物质对象，是意识的居所，它与肉体分离且同肉体独立）的论证方式，归根结底都不能成立。我的结论属于不可知论范畴：我们只是没有合理的理由去相信灵魂存在，就是这么简单。我们应该放弃二元论而选择相信物理主义的观点。

我承认，理性的人们可能不同意我的观点。也许你认为在我们考虑过的论证方式中，我对待它们存在不公平之处。我了解的范畴太狭隘，实际上这些论证方式更具有说服力。或者，你认为还存在比我们讨论过的更好的论证。当然，最终这是一个你需要为自己做出决定的问题。如果你真的相信灵魂存在，我希望你不仅仅是因为这样的想法更令人安慰而选择它。如果你真的相信灵魂，你需要问自己这样一个问题：我该怎么论证?

| 第五章 |

柏拉图：关于灵魂的不朽

当我第一次引入二元论的概念（在第二章）时，我注意到，即使一个人接受灵魂——一个非物质的不同于肉体的存在，也不能推导出灵魂是不朽的。事实上，它甚至不能推导出灵魂可以从肉体的死亡中存活下来。相反，情况可能是当肉体死亡时灵魂也同时毁灭了。

当然，我一直认为，我们首先没有令人信服的理由去相信灵魂存在。而且很明显，如果灵魂并不存在，它就更不可能是不朽的。所以，或许我们根本不需要去讨论灵魂的不朽。然而，一个简单的事实是，很多人确实相信灵魂存在，所以讨论不朽是值得的。为了讨论之便，先假设灵魂存在，那么我们有理由相信灵魂可以超越死亡吗？更确切地说，我们有理由相信灵魂不朽吗？

我想通过阅读柏拉图的对话录《斐多篇》来探究这个问题（柏拉图以对话或者说戏剧的形式，写下了他的哲学思想。在戏剧中，各种人物对哲学问题进行争辩）。这个对话恰恰发生在柏拉图的老师苏格拉底临死的前一天，也就是苏格拉底人生的最后一天。我相信你们知道，苏格拉底由于"败坏"雅典青年（他在和青年们讨论哲学问题）被审判并处死。苏格拉底被赐予毒芹，他喝下毒药后死去。

如今，这是一个历史事件了。苏格拉底拥有一群可以与之讨论哲学的朋友和门徒，他的门徒之一就是柏拉图。柏拉图写了诸多哲学著作，但是他没有出现在自己的对话录中（事实上，《斐多篇》中明确提到在苏格拉底死去的那天，柏拉图未与苏格拉底在一起）。所以，当我们阅读柏拉图的对话录时，我们如何知道，戏剧中的哪个角色代表着柏拉图的立场呢？对此简短的回答是，苏格拉底几乎总是代表着柏拉图的观点。也就是说，柏拉图，这部戏剧的作者，使用戏剧中苏格拉底这个角色来阐释自己的观点。

如果本书讨论的是古代哲学，我们就必须将答案复杂化，特别是如果我们试图重建历史中苏格拉底的实际观点的话。但出于我们的目的，我们不需要这样做。我们可以简单地设定，《斐多篇》中苏格拉底支持的每一个观点都是柏拉图所认可的。所以，我有时会说"柏拉图"秉持这样一个观点，有时候又会说"苏格拉底认同"什么什么，但我不会试图去将两者区分开来，因为对于我们的目的来说，它们都是等效的。

正如我所说的，《斐多篇》发生在苏格拉底生命中的最后一天。在这篇对话录的末尾，苏格拉底喝下毒芹，然后死去。意料之中的是，直到最后一刻他与朋友们做的事情是：讨论灵魂的不朽。这是《斐多篇》中主要讨论的问题。我们有充分的理由相信灵魂可以从肉体的死亡中存活下来吗？更确切地说，我们有充分的理由相信它是不朽的吗？苏格拉底相信灵魂不朽，所以他试图为这个观点辩护，并向那些怀疑灵魂并非不朽的门徒证明这一点。

你可能会认为，苏格拉底要从论证灵魂存在来着手证明。事实上，尽管对话中出现了相关提供证明的观点，它却不是柏拉图的主要意图。在对话的主要篇幅中，灵魂的存在被视为一件理所当然的事情，它在很大程度上是既定的。对话主要关注的问题不是"灵魂存在吗"，而是"灵魂能从肉体的死亡中存活下来吗？它是不朽的吗？"

柏拉图的形而上学

鉴于这是苏格拉底在地球上的最后一天，你认为他会很沮丧、很悲伤。但这篇对话最惊人的事实之一是，苏格拉底的心境实际上非常开心，甚至快活，他并不担心自己即将死亡这件事。事实上，他对自己的死亡持欢迎态度。这是为什么呢？首先，当然是因为他认为灵魂存在，并且将超越肉体的死亡。除此之外，苏格拉底认为，他死亡之时他的灵魂会去一个类似天堂的地方，他相信存在一个居住着众神及其他同道灵魂之域。如果你在地球上生活得安分守己，当你死后，灵魂就会进入这个神圣之域。苏格拉底认为自己已经做到了，所以他带着期待和兴奋来憧憬死亡。

为什么苏格拉底会相信这一切？要回答这个问题，我们首先需要一节关于柏拉图形而上学的速成课。很明显，我在这里只能快速而浅显地讲一下，但它足以给我们提供一些基本的观点。

让我们先从讨论美开始。世界上有各种各样美的事物，有一些比其他的更接近于美。可是柏拉图认为，世界上没有绝对的美。然而，尽管如此，我们可以考虑绝对的美本身。我们不妨这样说：普通的、单调的、日常的物理对象有些漂亮，但它们是片面的美。正如柏拉图主义者们有时所说的那样，这些对象“分有”（“participate”in）了美，它们在不同程度上分有了美，但是没有任何一个足以与美本身相混淆。

或者用正义来举例。在不同程度上，不同的社会制度可以是正义的或不正义的，不同的人在不同的程度上可以是正义的。但想必我们都一致认为，世界上不存在一个社会，或一个人是绝对正义的。无论绝对的正义是什么，它都不是可以在日常经验世界中找到的事物。正义显然是经验世界中的事物可以享有或不同程度分有的。尽管如此，我们不应该将经验世界中可以是正义的事物，比如一个在某种程度上可称为正义的人或社会，同绝对的正义本身相混淆。不过，尽管绝对的正义从未在这个世界上出现，但它确实是存在的，而且人可以对它进行思考。绝对的正义就是即使无法在日常世界中找到，人也可以对其进行思考和研究的事物。

或者用圆来举例。人的心灵可以想出绝对的圆，但是没有物理对象是绝对的圆。我们只有或多或少是圆形的事物。然而，我们同样可以思考绝对的圆，即使它不能在日常经验世界中被寻到。

很明显，心灵有一种特殊的能力，一种去思考、领会和理解我们一直谈论的非物质“事物”（如美、正义、圆）的能力。当然，人还可以思考许多其他类似的“事物”，即使它们并不存在于普通的日常世界中。

我们需要一个词为这样的“事物”命名。柏拉图给了我们一个词：eidos。有时这个希腊语单词被翻译成“理念”（idea），标志着心灵可以领会这些事物。但在英语中，至少“理念”这个词意味着一些主要存在于人头脑内部的事物，一些没有外在的存在、独立于我们思维的事物，而这当然不是柏拉图对于这些“事物”的看法。所以，我将使用替代的翻译——“形式”（forms）（国内又译作“型相”。因柏拉图的“理念”与“形式”互释，下文中的“form”均译作“理念”。——编者注），它很好地描述了这些提供着理想模板或标准的“事物”，从而使普通物件可以参照衡量。

无论我们称它为什么，关键的是，根据柏拉图的思想，这些理念是完全真实的。我们可以思考它们，研究它们，比如学习关于正义、健康、美或者善的知识。但是，理念自身并不是普通、日常的经验世界的一部分。可以肯定的是，普通、单调的日常事物能够不同程度地分有理念；它们可以分有绝对的正义、绝对的美、绝对的健康，或者绝对的善本身，等等。但是普通物质对象不应与柏拉图式的理念自身相混淆，因为理念不属于这个世界，它们不存在于这个世界上。尽管我们不能在这个世界中进入柏拉图式的理念世界，我们仍可以思考它们。我们的心灵可以领会它们。

问题是，我们被这个熙来攘去、喧闹异常的日常世界所干扰着，所以没能深入认识柏拉图式的理念世界。我们有能力思考它们，但我们太分心了。所以，根据苏格拉底的思想，哲学家试图做的事情，就是将自己从肉体带来的干扰中赦免，如对食物的欲望、对性爱的渴求、对快乐和悲伤的关注。所有这些肉体的欲望妨碍着对于柏拉图式的理念的思考。哲学家为了更专注于理念而做的事，就是忽视肉体，把它撇开，尽可能地将自己的心灵同肉体分离开来。这也就是苏格拉底所说的，他终其一生在做的事情。正因如此，他能够更好地领会理念。因此，他相信当死亡到来，肉体和心灵的最终分离到来时，他的灵魂会飞升到这个神圣之域（而不是被肉体的欲望拽落下来）。如今，哲学家有时谈论“柏拉图的天堂”，这是一个可以发现柏拉图式理念的超凡脱俗的领域。苏格拉底相信，当他死后，他的灵魂将抵达柏拉图的天堂，在那里他可以更直接地接触理念。

现在，我没有足够的空间去阐明为什么柏拉图式形而上学的基本观念值得去认真讨论。（事实上，不仅仅是柏拉图的理念论值得认真讨论，直到今天，许许多多哲学家认为像这样的事情一定是正确的。）让我举一个可能帮助你理解的例子。想想数学，想一些简单的数学论断，如2+3=5。当我们说“2+3=5”时，我们说的是一些我们的心灵能够领会的数字。但什么又是数字呢？它们当然不是物理对象。这不是说有一天，你打开一本《国家地理》杂志，它的封面故事上写道：“最后，探险家们发现了数字2。”数字2不是你可以看到、听到、尝到或遇到的事物。无论数字2是什么，它是我们的心灵可以领会，却不存在于现实物质世界中的事物。

就数学而言，我们大多数人都是柏拉图主义者。我们相信存在着数字。人的心灵可以思考它们，事物可以“分有”它们。举例来说，如果我握有两支铅笔，很明显这两支铅笔冠以数字2。但是，铅笔当然不是数字2本身！如果我折断铅笔，毁掉它们，我不会毁掉数字2。所以，数字2是柏拉图式的不存在于空间和时间中的“抽象对象”。这一道理显然同样适用于数字3、数字5，以及其他所有数字，它们没有一个是可以在现实物质世界中被发现的物理对象。

尽管如此，它们却是完全真实的，人的心灵可以思考它们。它们是柏拉图式的理念。

这就是我想表达的观点，它不是一个愚蠢的观点。关于数学，它看起来是个很有说服力的观点。数字不是物理对象，不是经验世界的一部分。我们不会做实证实验来检验1+2是否等于3，相反，我们要用自己的心灵去领会这些柏拉图式的理念的真理。

但柏拉图的观点是，万事万物都是这样的，不仅仅是数学。举例来说，正义本身就是这样的。世界上有正义或不正义的事情，但它们并不是正义本身。绝对的正义显然是心灵可以思考的，但它不存在于世界上。它是另一个抽象的实体，一种柏拉图式的理念。同样的道理也适用于善本身、健康本身、美本身等，所有这些都是柏拉图式的理念。

这就是整个构想。柏拉图的观点是，如果我们了解足够多的形而上学，就可以看到，存在着一个柏拉图式的理念王国，它独立存在于我们所熟悉的日常现实物理世界之外。尽管理念不是日常世界的一部分，我们却能思考它们，研究它们。我们要如何做呢？通过心灵。这不可能是一份肉体的工作，因为肉体仅限于五种感官的使用，它被限制于同现实世界的事物相接触，灵魂则能够思考柏拉图式的理念。

所以，普通的物理对象与理念之间的一个重要区别是，柏拉图式的理念不存在于经验世界，它在一个不同的领域超越了空间和时间。另一个区别是，不同于普通的事物，理念是绝对的。它们是永恒的，永远不会改变。举例来说，圆形的实体可能会产生或消亡，但圆本身不能被毁灭或改变。圆自身的本质始终是完全恒定的，永远不会改变，它是永恒的。同样，鹅的数量可能会增加或减少，但数字17的本质永远不会改变。它永远是奇数，永远比16大1。（这是一个永恒的真理，17=16+1。）类似地，还有其他各种理念。

相比之下，物理对象是不断变化的。事物可能在某一时间矮小，但在另一时间变得高大；在某一时刻丑陋，但在另一时刻美丽。想想安徒生童话中的丑小鸭：它开始时是丑陋的，但后来变成了一只美丽的天鹅。（毫无疑问，它后来死了，不复存在！）但美本身没有变化。绝对的正义永远不会改变，绝对的善良也永远不会改变。不同于经验世界，理念是永恒的、不变的。事实上，你越是从柏拉图式的视角来思考日常世界，我们生活的世界看起来就越疯狂。它几乎是荒谬绝伦的矛盾。

柏拉图认为它的确是疯狂的，就像梦一样。当你陷入梦中时，你不会注意到这一切是多么疯狂。但如果你后退一步反思它，你就能够意识到，"好吧，让我们看看，我在吃一个三明治，突然三明治变成了自由女神像，只不过自由女神像是我的母亲。她飞过大海，实际上她只是一根意大利面条"，这就是梦。当你深陷其中时，所有的一切看起来都是合理的。你身处其中，从来没有注意到其中的矛盾。但是当你退后一步，你就能够看到矛盾了，然后你说："这太疯狂了。"柏拉图认为经验世界之中有着那种疯狂和矛盾的事物，只是我们通常没有注意。"他是一个篮球运动员，所以他真的真的很高；可他只有6英尺（合1.83米——编者注）高，所以对于篮球运动员来说，他真的很矮。这是一只小象，所以它真的很大；但它是一只小象，所以它真的很小。"

世界在不断流转——这是一个柏拉图式的表述——从一种理念到另一种理念，它难以理解。相比之下，心灵能够准确地领会柏拉图式的理念：它们是稳定的、可靠的，就像法则一样。它们不会改变，它们是永恒的。这就是柏拉图式的观点。

现在，我的目的不是论证或反驳有关抽象实体的柏拉图主义。正如我在谈论数学的例子中所说的那样，这不是一个愚蠢的观点，即使柏拉图主义不是一个我们可以自动接受的视角。所以，为了讨论之便，让我们简单地假设，关于理念，柏拉图的观点是正确的。我们仍然要问："然后呢？"

柏拉图认为，下一步观点是我们有理由相信灵魂是不朽的。除此之外，鉴于灵魂是不朽的，我们有理由担心我们死后会发生什么。

当然，我一直在强调人的心灵也就是灵魂能够领会永恒的柏拉图式理念。但是，必须承认的是，至少我们大多数人通常不会花那么大工夫来思考理念。我们被自己的肉体所干扰，被对食物、喝酒、性爱、睡觉等的享乐所分心。但柏拉图认为，将一个人与肉体的距离拉开，灵魂就能更好地专注于理念。如果你擅长做这件事，在活着的时候不断练习将自己与肉体的欲望相分离，那么当你的肉体死亡后，你的灵魂就能够进入这种柏拉图式的神圣之域，与众神和其他不朽的灵魂亲密沟通并思考理念。相反，如果你活着的时候未能将自己与肉体分离，如果你太沉浸于对它的关切和欲望中，那么死后你的灵魂就会被吸回，转世到另一个肉体中。如果你够幸运，你会转世成为另一个人；如果你不那么幸运，你会转世成为一头猪、一头驴，或者一只蚂蚁，等等。

所以柏拉图说，你人生的目标应该是不断练习死亡，尽可能地将自己从肉体中分离出来。苏格拉底认为自己很好地完成了这件事。正因如此，即使他面临死亡，他对于未来并不感到焦虑，反而很开心。他高兴的是这最终的分离将要发生，他可以去往天堂了。

《斐多篇》以苏格拉底之死结束。他喝下毒芹，平静地死去。这是西方文学上最伟大的死亡场景之一，我读到它的时候总会被感动。因为对话录中关于苏格拉底的最后一句话是："凡是我们所认识的人里，他是最善良、最有智慧、最正直的人。"[①]（以上译文来自杨绛译本，特此感谢！——编者注）

在结尾到来之前，《斐多篇》中铺陈了大量的对话，其中一些试图去阐释并证明理念论，一些试图去批评形而上学观念。就在结尾之前，在死亡场景之前，有一段很长的神话，其目的似乎是想说明我们大多数人对现实本质的理解

---

① 对《斐多篇》的引用来自格鲁贝的译本（哈克特出版社，1977）。

都是错误的。（如果你读过柏拉图之后的对话录《理想国》的话，它应该会让你想起那个洞穴的比喻。）

但是在任何情况下，我们的焦点都要放在构成对话核心的那些主张上。这些主张正是苏格拉底捍卫他的信念，相信他会永生，他的灵魂是不朽的。不难理解，苏格拉底的朋友和门徒们怀疑这可能不是真的，所以对话的核心包含了一系列苏格拉底试图阐明他相信灵魂不朽的论证。这就是我想关注的部分。

然而，即使在这一部分，我也必须有所取舍，讨论苏格拉底的所有论证将占据太多篇幅[①]。相反，我要关注两个最有趣的论证。（其他论证可能会对柏拉图的形而上学观提出更多有关背景知识的要求，至少有一个论证引出了现今哲学家们所称的模态逻辑的专业区别。不过，我向你保证，我不认为任何自己要传达的论证是成立的。）

由理念本质引起的论证（The Argument from the Nature of the Forms）

好，我们已经很好地掌握了柏拉图式的构想。苏格拉底告诉他的门徒们，心灵可以领会永恒的理念，但要做到这点必须摆脱肉体的影响。所以，哲学家——那些训练自己轻视自身肉体享乐和贪欲的人——欢迎死亡的到来，因为那时他将真正从肉体中分离出来。

此时，围绕对话的明显困惑是：当肉体的死亡发生时，我们怎么知道灵魂不会随之毁灭？这是很自然的担心。或许我们需要做的就是尽可能地使自己免受肉体的影响，而不用彻底切断两者之间的联系。如果你把它想象成橡皮筋，

① 在网上课程的第7讲、第8讲、第9讲中，我对《斐多篇》的一些其他观点进行了讨论，读者可以在oyc.yale.edu/philosophy/death进行观看。

也许橡皮筋抻得越开越好，但如果你抻得太开，橡皮筋断了，就不是好事，而是坏事了。我们需要肉体，这样才能够继续思考。我们想使自己从肉体的干扰中解脱，但又不希望肉体死去，因为当肉体死亡的时候，灵魂也随之死去了。正如我们之前注意到的，即使我们是二元论者，即使灵魂是不同于肉体的事物，从逻辑上讲，也可能出现这种情况：肉体被毁灭了，灵魂也会被摧毁。

所以，苏格拉底的朋友们问他，我们怎么能相信灵魂会超越肉体的死亡？更确切地说，我们怎么能相信灵魂是不朽的呢？这是引出一系列论证的问题。

现在，我要考虑的第一个论证是“由理念本质引起的论证”，它的基本思想相当简单。正如我们已经看到的，理念，如正义本身、美本身、善本身等，这些事物并非物理对象。正义不是一个物理对象，数字3不是一个物理对象，善本身不是一个物理对象，绝对的圆不是一个物理对象，但苏格拉底认为这样可以直接推导出精神本身也是非物理对象。因为如果理念不是物理对象，那么苏格拉底认为，它们就不能被物理的事物所掌握，比如说肉体。既然心灵能够领会理念，那么就可以推导出心灵自身也必须是非物质的。也就是说，它一定是一个灵魂。

尽管苏格拉底全然相信这一切，但这并没有提供我们想要的。即使精神一定是一个灵魂，一定是非物质的并能领会理念；即使这件事为真，它也并不意味着灵魂会超越肉体的死亡。为了论证关键的最后一步，我们不仅需要引入“理念是非物质的”这一事实，也需要引入“理念是永恒的”这一事实。苏格拉底认为，正是理念永恒的本质决定了灵魂的不朽。

这里是逐步推导的论证：

（1）理念是永恒的、非物质的；

（2）人的心灵可以领会理念；

（3）永恒的、非物质的事物仅能被永恒的、非物质的事物所领会；

所以：（4）人的心灵一定是永恒的、非物质的；

因此：（5）更确切地说，由于人的心灵一定是非物质的，也就是说，它一定是一个灵魂；

所以：（6）灵魂是永恒的。

假设柏拉图的形而上学给了我们前两个既定的前提，自然，由它们可以推导出：心灵可以领会永恒的、非物质的事物。如果我们引入前提三：永恒的、非物质的事物仅能被永恒的、非物质的事物所领会，就会得出主要结论（见前提四），即人的心灵一定是永恒的、非物质的。当然，这里我们还可以得到两个进一步的次要结论：首先，人的心灵一定是一个灵魂，因为它是非物质的；其次，灵魂自身一定是永恒的、不朽的。

因为我们已经承认了柏拉图的前提一和前提二（只是为了讨论之便），对我们的目的来说，最关键的就是前提三。永恒的、非物质的事物仅能被永恒的、非物质的事物所领会，这到底是不是真的？如果是柏拉图，他就会得出结论：领会理念的心灵自身是非物质的，它会是一个灵魂，而灵魂会是不朽的，就像理念一样是永恒的。一旦我们给柏拉图提供前提三，所有的这些都会从他关于理念的观点中推导出来。

当然，柏拉图从没有这样来阐明前提三，但我认为他显然已经有所构思了。正如苏格拉底所说，“不纯洁的不能求得纯洁”。肉体是可以腐朽的、可被摧毁的、物理的、可以消逝的（它们在一段时间内存在，然后不复存在）。这些不纯洁的对象不能获得、领会、了解那永恒的、不变的、非物质的理念。

更重要的是，前提三基于一个习以为常的观点。如果我们用更现代的说法来阐明前提三，我认为柏拉图说的不过是事物只能被同类所了解（it takes one to know one），或者用一种柏拉图自己曾多次用过的说法：“同类的事物只能被同类的事物所了解（Likes are known by likes）。”

简而言之，柏拉图的论证可归结为：“我们所了解的是什么？我们了解永恒的理念。但是事物只能被同类所了解，所以我们自身一定是永恒的。”因此，基于柏拉图的形而上学（前提一和前提二），一旦我们给柏拉图提供前提三，“灵魂是不朽的”结论即刻就可推导出来。这是起决定性作用的前提。

不幸的是，据我所见，我们还没有理由相信前提三！尽管“事物只能被同类所了解”这个主张很流行，我不得不说这个说法在我看来是不成立的。考虑下面这个例子。一个动物学家可能去研究猫。如果事物只能被同类所了解，那么动物学家自己也必须是一只猫！这显然是错误的，你不必为了研究猫科动物而成为猫科动物。假如有人认为，你不可能身为加拿大人却研究墨西哥人，因为事物只能被同类所了解，这显然是一个愚蠢的观点。加拿大人当然可以研究墨西哥人，正如德国人可以研究法国人。为了理解法国的真谛，你不需要成为法国人，因为事物不仅仅能被同类所了解。又比如一些医生在研究尸体，啊哈！如果事物只能被同类所了解，那么为了学习和掌握关于尸体的知识，你自己必须是一具尸体。这显然是不正确的。因此，一旦我们开始考察例子，一旦我们开始质疑事物是否只能被同类所了解，答案是：至少作为一个一般性的主张来说，它是不正确的。通常，事物不仅仅能被同类所了解。

严格地说，这并不能证明前提三是存在谬误的。它仍可以说，虽然你不需要成为你所研究的或者为了研究的事物，但是在研究非物质和永恒的事物时，你需要变得非物质与永恒。也就是说，即使一般性的主张“事物只能被同类所了解”是错误的，特殊性的主张“永恒的、非物质的事物只能被永恒的、非物质的事物所领会”却是正确的。好了，这才是柏拉图论证成立所需要的特殊性主张。

有道理。但是，我要说的是：我们为什么应该相信前提三？就像我刚才论证的，如果X和非X之间的障碍可以被逾越，那么非X就能够研究X。可为什么在特例中，比如研究柏拉图式的理念时，这个障碍就变得不可逾越了呢？为什么灵魂是可朽的却也能够领会永恒的理念成了不可能呢？（这个问题也就是，为什么物理对象不能把握非物质的、永恒的理念呢？）我们需要一些理由去相信前提三，但就我所见，柏拉图并没有提供给我们。因此，即使我们同意柏拉图的理念存在，即使我们也同意灵魂存在并且可以被思考，我们还没有得到任何充分的理由去相信灵魂一定是不朽的。因此，柏拉图的第一个论证——由理念本质引起的论证——我认为是站不住脚的。

由单纯性引起的论证（The Argument from Simplicity）

柏拉图自己可能也认识到了第一个论证的不足，他笔下的苏格拉底避而提出了其他的论证。或者，柏拉图并没有认识到第一个论证的缺陷，他只是单纯地认为还有其他一些论证同样值得一提。无论是哪种情况，让我们考虑的都是一个关于灵魂不朽的别开生面的论证。（顺便说一句，如果柏拉图确实认识到了第一个论证的不足，可他为什么要提出它呢？他也许希望读者自己能意识到这个论证的缺陷。柏拉图也可能有意将他的对话录作为一种教学工具，从而帮助读者更好地理解哲学。）

我们的质疑，已经由苏格拉底的门徒们在《斐多篇》中反复提及，就是即使灵魂存在，也不意味着灵魂是不朽的。也许灵魂会与肉体一同死去，也许它面临着毁坏。为了消除这个顾虑，苏格拉底转向了形而上学的讨论，探讨关于可被毁灭的事物的类别。他思考了一些例子，并试图从中总结出一般性原则。然后，有了这个原则，他试图说服我们灵魂是不可摧毁的，因此是不朽的。所有这一切构成了一个相当有趣的论证，我把它叫作“由单纯性引起的论证”。

很明显，许多事物都可以被毁灭。举例来说，在我的办公桌上有一张纸，它可以被毁灭。事实上，我刚刚把它撕成了碎片。为什么一张纸是可以被摧毁的事物？显而易见的直接回答是，纸有许多的部分（part）。在打碎它、摧毁它的时候，我其实是将它的一部分从另一部分上撕开来。为了毁坏一张纸，我把它的各部分分开了。这里有一支铅笔。铅笔也是可以被破坏、被毁灭的。如果我这样做，我在做的是什么？我在把它的各部分分开。普遍来说，可以被毁坏的事物是由许多部分构成的，它们是复合的（composite）。肉体可以被毁坏，只要你拿一把剑把它砍成碎片的话。复合的事物可以毁坏，即有组成部分的东西可以毁坏。

哪类事物不能被毁坏呢？不出你所料，当柏拉图寻求永恒的、不可摧毁的事物时，他立即想到了柏拉图式的理念。用数字3来举例好了。数字3不能被毁坏！即使发生了核爆炸（比如那种总在科幻电影中出现的毁灭性连锁反应），地球上的一切都被原子化了、被摧毁了，数字3仍然岿然不动。它不会被动摇，3+1=4仍然是真理，你不能伤害数字3。同样，你也不能改变或摧毁绝对的圆，不能毁坏美本身。为什么呢？因为这些事物没有任何部分。这就是柏拉图的思想。柏拉图式的理念是永恒的，而他认为它们之所以是永恒的、不变的、不可摧毁的，是因为它们是单纯的（simple）——“单纯”在作为一个形而上学的概念时，意味着它们不由任何东西所构成。举凡一个由部分构成的事物，至少原则上，你都会担心这些部分会瓦解，从而被毁坏。但对于任何单纯的事物，它就不能被摧毁，它没有部分可供分解。

所以，可以被毁灭的事物是拥有着部分的事物。那么这些事物又是什么呢？为什么这些事物可以变化呢？即使有些事物是不能被摧毁的，又是什么预示着它可能是复合的呢？这个事实就是：它可以变化。假设我拿来一根金属棒，并把它折弯。我没有摧毁它，但我改变了它，我能通过重新安排各个部分之间的关系来改变它。同样，我的胳膊和腿、头及其他部位之间的关系在不断变化，所以我的肉身也在不断变化。你重新组合这些部分，事物就发生了变化。反之亦然，如果它发生变化了，它就包含着部分。如果它包含着部分，至少原则上它就可以被摧毁。

我们得到了一些具有说服力的概括：能改变的事物包含了组成部分；有组

成部分的事物可以被毁灭。那什么是（从原则上来说）你可以改变并毁灭的事物呢？正是我们在经验上司空见惯的物件，如纸片、肉身、铅笔、金属棒。

相反，还存在着无形的（invisible）事物，比如理念，这些事物永远不会改变。用数字3来举例，没人看得到数字3（我们可以思考它，但我们看不见它）。数字3从不改变。它昨日是一个奇数，明天是一个奇数，未来每一天仍是奇数。绝不可能说，明天它也许就有机会变成一个偶数了，它永远是一个奇数。类似地，当然，就昨天、今天或者永远来说，3+1都会等于4。这些关于数字3的事实永远不会改变，数字3是不变的。同样的道理适用于其他所有理念，它们是无形的、永恒的、不变的。理念是单纯的，单纯的事物不能被摧毁，它们永远不会改变。

这些就是苏格拉底在这篇对话录中提出的思想。当你将它们汇总在一起时，它们就会构成一个相当有意思的论证。以下是我对它们尽最大努力的清晰阐释：

（1）只有复合的事物可以被摧毁；

（2）只有变化的事物是复合的；

（3）无形的事物不会改变；

所以：（4）不可见的事物是不能被摧毁的；

然而，（5）灵魂是无形的；

所以：（6）灵魂是不能被毁灭的。

前两个前提是说，只有复合的事物可以被毁灭，而只有变化的事物是复合的。把这两者结合在一起，就可以推导出：只有变化的事物才能被毁灭。假如我们现在加上前提三，无形的事物是不变的，当然就可以推导出：无形的事物不会被毁灭。这就是前提四的内容。苏格拉底通过思考案例，得出了这些形而上学的原则。不过，它只是关于总体论证非常关键的一个次要结论，因为接下来苏格拉底将邀请我们去思考灵魂。灵魂是有形的还是无形的？他令人信服地告诉我们（在前提五中），灵魂是无形的。这样，如果无形的事物不会毁灭，而灵魂是无形的，那么灵魂就不会被毁灭，它必然是不朽的。

这就是我再现柏拉图“由单纯性引起的论证”的最好方式了。当然，这并不是说，柏拉图自己以这样标有序号的前提和结论阐述了论证，但我认为这是对他提出的论证相当忠实的一种再现。总而言之，其结论是：灵魂是无形的、单纯的，并且是不可以被毁灭的。

稍后，我将评估这个论证是否有说服力。但是，我首先必须承认：实际上，苏格拉底并不像我说的那样归纳了他的论证。在我所陈述的由单纯性引起的论证中，在（6）中我们得出的结论是“灵魂是不能被摧毁的”，但苏格拉底并不这样说。他的实际结论是：“因此，灵魂是不可或几乎不可摧毁的。”

这是一个奇怪的限定，“或几乎如此”。苏格拉底从他对于变化、无形、复合与单纯等的考察中得出结论：“灵魂是不可或几乎不可摧毁的。”

这个限定就引发了一种质疑，这个质疑由苏格拉底的门徒之一——齐贝提出。他指出，即使我们承认灵魂几乎是不可摧毁的，这也不足以让我们确信它是不朽的。接着他给出了一个极其有力的关于人和他的衣服的类比。一个人的一生穿过许多件衣服。从这个意义上来说，与任何衣服相比，人的肉体更接近于“不可摧毁”。但是，肉体不是不朽的，最终也会腐朽。所以，即便我们最终得出了结论，即灵魂“几乎”是不可摧毁的，摧毁它比摧毁肉体要花费更大的工夫，但这仍不足以让我们确信灵魂是不朽的。（也许灵魂由于不断转世循环经历了很多肉体，但最终也会被摧毁。）

这就是齐贝提出的反驳。据我所见，对话中奇怪的一点是，苏格拉底从来没有直接对此做出回应。柏拉图通过齐贝（这个角色）提出了反驳，但他从来没有回答它。苏格拉底，或者说苏格拉底这个角色，从来没有回答站在柏拉图的立场提出的反驳。相反，他试图通过另一个论证来为灵魂不朽辩护。

很难说这到底是怎么回事。可能柏拉图担心他还不能成功证明灵魂不朽；可能这个由单纯性引起的论证并非如预想中那么严密，因此柏拉图转而提供了另一个新的论证。但我想说，站在柏拉图的立场，或至少就这个论证来说，苏格拉底不能用这个奇怪的限定——灵魂是“不可摧毁的，或几乎是这样”——得出论证。他应该简单地认为灵魂是不可摧毁的，到此为止。

毕竟，如果我们有前提一、前提二和前提三，即只有复合的事物能被摧毁，只有变化的事物是复合的，无形的事物不能变化，那么你就有权得出我在（4）中给出的次要结论：无形的事物不能被摧毁。你不会得出一个更为谨慎的结论，如“无形的事物不能被摧毁，或者说很难被摧毁”。你不能这样，如果我们有前提一、前提二和前提三，就能大胆地得出结论：“不可见的事物不会毁灭，句号。”不过，如果（5）也是正确的，如果灵魂真的是无形的，我们有权得出结论（6），即灵魂是不能被毁灭的，句号。而不是：灵魂是不能被毁灭的，否则要毁灭它就需要花费大量的精力和时间。我们有权得出这一大胆的结论：灵魂不能被毁灭，句号，讨论结束。

尽管苏格拉底得出了一个相对无力的结论，但在我看来，一旦他给我们提供的论证确实成立的话，也将给予我们得出更大胆的结论的权力。即，不是说灵魂几乎是不可摧毁的，而是说灵魂就是不可摧毁的。柏拉图也许意识到了这一点，这可能就是他不费心地去回答齐贝的原因。它也许是一个邀请，让读者们意识到还有一个比戏剧中角色们提出的更好的论证存在。我不知道这是出于什么原因，我不知道柏拉图在想什么。

无论如何，我们的问题都不应该是“柏拉图在想什么”，而是“这个论证有说服力吗？”。当然，如果灵魂是不能被毁灭的，它就是不朽的。那么，我们现在有了一个支持灵魂不朽的有力论证吗？这个由单纯性引起的论证有说服力，还是没有说服力呢？

让我们通过思考另一个反驳来探讨这个问题。这次由西米——苏格拉底的另一个门徒提出疑问。西米说，我们无权得出灵魂是不可摧毁的结论（或几乎不可摧毁，无论怎样），因为我们不应该相信在（4）中给出的次要结论，即无形的事物不能被毁灭。相反，他说，无形的事物能够被毁灭。如果这是真的，我们当然就不能再为灵魂不可摧毁（或几乎不可摧毁）做论证了。因为，即使如（5）中断言的那样，灵魂是无形的，但如果与苏格拉底所声称的恰好相反，无形的事物能够被摧毁，那么或许无形的灵魂也能被摧毁。

西米并非轻率地断言无形的事物可以被毁灭，他还提供了一个无形的事物可以被毁灭的例子：和谐（harmony）。更确切地说，由一种弦乐器，比如说七弦琴弹奏的乐曲带来的和谐。事实上，西米认为这个例子极为贴切，可供我们来思考。因为据他所说，一些人认为心灵就与和谐相类似，心灵是肉体的和谐。更确切地说，心灵之于肉体就如和谐之于七弦琴。

在后面我会更多地谈到这个类比。但现在，无论从哪个层面上来说，我们的重点都是：和谐是无形的，但它可以被毁灭。因此，一方面，和谐当然是无形的，你看不到它；然而，与此同时，它显然又可以被毁灭。比如，这里有一把七弦琴，它弹奏着悦耳、和谐的音乐。之后你拿来一把斧头砍向它，毁掉了它，现在和谐也就被摧毁了。所以，即使和谐是无形的，你也可以通过毁掉它所依存的乐器来摧毁它。

现在，如果你接受和谐与心灵之间的类比，就会疑惑丛生。因为，如果心灵与肉体的和谐相类似，而你可以通过毁掉和谐所依存的乐器来摧毁它，那么当你毁掉心灵所依存的肉体时，或许就能毁掉心灵。所以，当肉体死后，心灵也会随之死去。很显然，这是一个不容轻视的质疑。

不过，现在关键的一点是，和谐为我们提供了相对于普遍观点，即“无形的事物不能被毁灭”的反例。和谐是无形的，但它可以被毁灭。如此看来，当苏格拉底说无形的事物不能被摧毁时，他可就说错了。因此，即使我们认同灵魂是无形的，也可能推导出灵魂是可以被摧毁的无形事物之一。

这是一个很棒的反驳，值得斟酌。奇怪的是，苏格拉底没有以他应有或所需的方式做出回应。相反，他花了一些时间来质疑心灵（灵魂）是否真的与和谐相类似，并用不少时间来批评和谐与心灵之间的类比。

在下一部分中，我将讨论苏格拉底关于类比的批评是否有说服力。但要注意，关键的是，即使它们是有力的批评，也无益于苏格拉底的论证。毕竟，即使我们说心灵一点儿也不像和谐，这个类比很蹩脚，那又怎样呢？由单纯性引起的论证仍然止步不前。因为，如果西米想给苏格拉底的论证带来麻烦的话，他所依赖的就是“和谐是无形的而且能被摧毁”这个主张。只要这个主张成立，我们就不能继续相信无形的事物不能被毁灭。

如果苏格拉底想拯救他的论证的话，他需要做的是证明和谐要么不能被毁灭，要么不是无形的。我并不是说这件事很容易办到，但如果他可以证明两者之一——事实证明和谐不能被毁灭，或者和谐不是无形的——那么我们就失去了一个关于“无形的事物不能被毁灭”的反例。然后，由单纯性引起的论证就可以继续进行下去了。

所以，这就是苏格拉底应该做的。他应该说：“你知道吗？和谐不是真正无形的。”或者说：“它不能被摧毁。”但据我所知，对话中没有只言片语。比如，苏格拉底从未说过：“西米，这是你观点的错误之处。和谐不能真的被摧毁，所以我们并没有一个反例。”相反，事实上，他纠结于和谐是否为关于思考心灵本质的一个有力的类比。正如我一直解释的那样，即使它不是一个有力的类比，即使心灵同和谐毫无可类比之处，只要和谐真的是无形的，而且真的可以被毁灭，它就拯救不了苏格拉底的论证。

为了否定西米所声称的反例，我们需要证明和谐不是真正无形的，或者和谐不能真正被摧毁。我认为，后者不是很有吸引力。我们明显看到，如果我们毁坏了七弦琴，那么从琴中发出的和谐也被摧毁了。因此，如果我们有一次回应西米的反驳的机会，我认为我们需要把重点放在第一个可选立场上，证明和谐其实不是无形的。这个主张能够成立吗？也许吧。

假设我们问：当我们说“无形的事物不会被毁灭”时，“无形的”在这里到底意味着什么？在我看来，至少存在三种不同的关于“无形”概念的可能含义。所以，取决于我们选取哪种含义，至少存在着三种不同的诠释苏格拉底之论证的方式。

这里是我们谈到“无形”时可能意味着的三种含义：

无形的=

（1）不能被眼睛看到；

（2）不能通过五种感官感知到；

（3）不能通过任何方法探测到。

说一件事物是无形的，取第一种含义，就简单地意味着它不能被看到，它对于眼睛来说是无形的；取第二种含义，就意味着它不能被感觉到，无论我们用上哪种感官；取第三种含义，就意味着我们没有办法探测到，无论再怎样尝试。

让我们厘清一下这些含义之间的区别。一些事物（比如颜色）可以被看到，另一些事物（比如气味）却不能。但有些不能被看见的（“无形的”第一种含义）事物，仍能通过其他方式被感知到。比如，尽管我们看不见咖啡的气味，但仍可以感知它。普遍来说，气味就第一种含义而言是无形的，但就第二种含义而言却并非如此。类似地，我们看不见声音，所以就第一种含义而言它是无形的。尽管如此，它当然可以被感知到，我们可以听到它，所以就第二种含义而言它不是无形的。相比之下，单个的放射性原子甚至就第二种含义而言也是无形的：我们不能看到它，尝到它，或者听到它，等等。但是，我们可以用盖革探测器探测到它，每个原子衰退时都会发出声响，所以就第三种含义而言它不是无形的。但是，正如我料想的那样，数字17是无形的，即使就上述所有含义而言都是如此。它不能用任何方式探测到：它没有给我们留下任何可以探测到其存在的偶然痕迹。

我们不用纠结于英文单词中“无形的”的意思，只用关注“它不能被眼睛看见”“它不能通过五种感官被感知”同“它根本不能被探测到”之间存在着区别就好了。我们要问自己：“当苏格拉底提出他的论证时，他用的是三者中的哪一种含义？”

最自然而然的方法就是从用第一种含义来诠释苏格拉底开始。那么，取这第一种含义，苏格拉底说，“无形的事物是不变的”（在前提三中），他的意思是说，你看不见的事物不会改变。如果我们继续用“无形的”这种含义来解释前提四，那么苏格拉底说的是：“如果你不能用你的眼睛看到，它就不能被摧毁。”

这种诠释的问题在于，和谐的例子表明了事实并不是这样的。和谐确实就第一种含义而言是无形的，你不能用你的眼睛看到它。尽管如此，它可以被毁灭。所以，如果苏格拉底所说的“无形”是第一种含义——不能被眼睛看到，那么这个论证就无法令人信服。和谐是这种诠释的一个很有说服力的反例。

这也许并不是苏格拉底用“无形的”所表达的意思。既然不是第一种含义，也许他使用的是第二种含义。当他谈到“灵魂是无形的”“无形的事物是不可摧毁”的时候，也许他指的是事物不能被任何五种感官之一所感知。事实上，我认为这才是他真正的意思。苏格拉底一直在谈论有形的事物（如树木、石头、马和衣服），以及无形的事物（如理念）之间的区别。然后他说，前者（树、马等）可以触摸到、看到，或者用其他感官感知到，但那些总是不变的（理念），只能由理智去领会。它们是看不见的，是无形的。所以，在我看来，很明显的是，当苏格拉底开始谈论有形与无形时，他并未让自己限于视觉，他是在谈论所有的五种感官。当他说“无形的事物不会被毁灭”的时候，他的意思是你不能看到、触摸到、听到、闻到或者尝到。这些都是不能被毁灭的事物。

不过请注意，如果我们以这种方式来诠释他的论证，和谐就不再作为一个反例了。当我们取第一种含义，即不能被看见的事物时，和谐可以算作无形的。如果我们采用第二种含义，即不能被感知到的事物时，它就不是无形的了。因为和谐的乐曲能够通过耳朵被感知到，在这种情况下它就不能成为一个相关论点的反例了。所以，当西米将和谐作为无形的、不能被摧毁的事物的案例时，苏格拉底应该这么来说，事实上，从“无形的”相关含义来说，和谐不是无形的。它或许不能被眼睛看见，但它毕竟能被感知到。由此，我们得知，就“无形的”相关含义来说，“无形的事物不可摧毁”实际上可以成立。

接下来，苏格拉底大可以指出在相关含义上灵魂是无形的，从而继续他的论证。你看不见灵魂，你尝不到灵魂，你不能触摸到它、听到它，或者闻到它。所以，如果我们以“无形的”第二种含义来诠释论证，看起来论证就可以继续进行了。西米的反例并不奏效，和谐在相关的意义上不是无形的，因此“无形的事物不能被毁灭”仍可能是正确的。又因为灵魂在这个意义上是无形的，所以我们仍能推导出：灵魂不能被毁灭。

然而，不幸的是，对柏拉图来说，即使西米关于和谐的反例失效了，那也不意味着我们能够接受由单纯性引起的论证。即使西米寻求反例的尝试失败了，仍有可能存在着更有力的反例。举例来说，假设我们不考虑和谐，而是考虑无线电波。无线电波就第二种含义而言是无形的，它们不能被感知到。你不能看见无线电波，不能触摸到它，不能闻到或尝到它。有趣的是，你甚至不能听到无线电波。但它们当然能被摧毁。所以，即使我们认同苏格拉底以“不能被感知”来定义“无形”所传达的含义，在听到西米的阐述后我们仍然不得不说：“你知道，前提四是不正确的。一些无形的事物就能够被摧毁。”即使无线电波在相关的意义上是无形的，它也能被摧毁。

当然，无线电波同理念不那么类似，而且很明显，在苏格拉底的思想中，特定的无形事物是理念。这个发现尽管可能是正确的，但它也不足以拯救苏格拉底的论证。无线电波是不可见的，就像理念一样。但与理念不同的是，它们可以被摧毁。这正是我们仍然不得不质疑灵魂的原因。显然，一些无形的事物（比如理念）不能被毁灭，但其他的（比如无线电波）就能。如果这是正确的，当我们指出灵魂也是无形的时候，就没有理由得出结论说，灵魂是无形的且不能被毁灭的事物之一。支持灵魂不朽的论证将会被拆穿。

我希望你能明白，我这里的主旨不是说："哦，柏拉图，你这个白痴！为什么你没有想到无线电波呢？"我们的问题不是说柏拉图是否忽视了他本应想起的事情。（我不认为他应该想到无线电波！）相反，我们的问题是：柏拉图的论证成不成立？无形的事物不能被毁灭，这是真的吗？在我看来，一些在相关的意义上无形的事物是能够被毁灭的，无线电波就是其中一个例子。所以，即使灵魂在相关意义上也是无形的，它也许同样可以被毁灭。

在这一点上，我能想到的柏拉图可以给出的唯一答案是说："看，我需要一个不同的'无形的'定义。我们不要取第二种含义，就用第三种含义。我们不要谈论我们能感知到的什么，而是谈论我们可以探测到什么。"假设柏拉图确实这么说了，那么我们不得不承认，从迄今为止我们所看到的来说，就第三种含义而言，无形的事物是不可摧毁的。

毕竟，无线电波就第三种含义而言不是无形的，它们可以被探测到。你所要做的就是打开收音机！如果无线电波经过，而且你打开了收音机，调到合适的频率，就会发现它！收音机会将无线电波转化成我们可以听到的各种声音。因此，基于无线电波对收音机的影响，我们可以从其他事物中探测到它。

简而言之，尽管无线电波可以被毁灭，但是一旦我们决定取"无形的"第三种含义而非第二种含义，它也不会对苏格拉底的论证产生任何影响。因为，据我们目前所知，第三种意义上，无形的事物可能是不可摧毁的。事实上，关于理念的思考可能会支持我们接受这种主张。毕竟，理念不能以任何方式探测到。盖革检测器无法告诉你数字17就在附近，或者它甚至存在着。理念没有给我们留下任何可供探测其存在的痕迹。而正如我们已经多次指出的那样，理念是不可摧毁的。所以，我们也许真的应该认同，在第三种意义上无形的事物不能被摧毁。

所以，如果柏拉图采用“无形的”第三种定义：不可探测的，或许他仍有权接受主张（4）。没准儿在这种意义上无形的事物真的是不可摧毁的。至少，我自己不能提出任何进一步的反例。

但如果这是“无形的”相关含义，那么对我来说，前提五就不再成立了。灵魂是无形的吗？它当然是，如果“无形”意味着不能被看见（第一种含义），如果无形意味着不能被尝到、触摸到或者听到等（第二种含义），它也成立。但如果无形意味着“不能被探测到”，它仍旧成立吗？灵魂真的不能被探测到吗？

我得说，对我来说它是不成立的。一旦我们用这种方式来解释“无形”，即不可探测的，那么我认为在相关的意义上灵魂就不是无形的，灵魂可以被探测到，就如同无线电波可以被探测到一样。你通过收音机探测到了无线电波，就可以说无线电波是存在的，因为收音机在发出声音。类似地，你通过肉体探测到了灵魂，就可以说灵魂是存在的，因为肉体受灵魂指挥而行事：它在和你讨论哲学。通过你朋友的灵魂对其肉体的影响，你探测到了你朋友的灵魂存在。

这意味着灵魂不是完全不可探测的。如果灵魂并不是不可探测的，它在相关的意义上就不是真正无形的。而如果它不是真正无形的（在某种意义上），那么即使无形的事物存在，并且这样的无形事物不能被摧毁，灵魂在某种意义上也不是无形的。再一次，我们不得不得出结论，柏拉图对于灵魂不朽的论证是不成立的。

事实上，问题是这样的。存在着无形的概念（前两种含义），使得“灵魂是无形的”这个主张看似可信。但正如我们所看到的，在这些意义上无形的事物仍能被摧毁。而且，还存在着另一种无形的概念（最后一种含义），使得“无形的事物不能被摧毁”这种主张看似可信。事实证明，灵魂从这种特殊意义上来说也不是无形的。所以，无论我们如何理解无形的相关概念，由单纯性引起的论证都是不成立的。

凑巧的是，这个论证仍存在着其他问题。柏拉图试图说服我们灵魂是无形的，因为他认为这意味着它不能被摧毁。但他为什么相信这一点？他这么认为，是因为他相信在无形的、不变的、单纯的和不可摧毁之间，存在着深刻的形而上学的关联。我一直在证明，我们应该对从链条的第一环（灵魂的无形）逐步推导到最后一环（它不可摧毁）的尝试保持怀疑。事实上，在一些介于中间的环节中，还存在着更多的特定问题。

比如，柏拉图显然想让我们相信灵魂是不变的。毕竟，推测起来，它的无形应该能表明它的不变，进而应该能表明它的单纯。但这远不足以表明灵魂真的是不变的。事实上，如果你仔细想想，哪怕从表面上来看，灵魂也确实在改变着。在一些日子中，你相信它是凉的；在另一些日子中，你又相信它是热的。有一天，你相信亚西比德（苏格拉底的密友，伯罗奔尼撒战争时期的杰出政治家和军事家。——编者注）是一个好人；第二天，你又不这么认为了。今天，你想学弹钢琴，明天你又放弃了。你的信仰、你的目标、你的意图、你的欲望，所有这些都在不断发生变化。因此，至少从表面上来看，根据受其庇护的思想和信仰，我们好像也可以说灵魂是变化着的（当然，前提是我们想要讨论灵魂）。

所以，当论证邀请我们基于灵魂的无形去为它的不变下结论时，我们应该持怀疑的态度。灵魂看起来当然不是不变的。此外，我们应该，或者至少可能对“灵魂是单纯的”这一主张保持怀疑。事实上，柏拉图本人在其他对话录中反对灵魂的单纯性。（当然，这并不意味着他在其他对话录中的观点就是正确的，但至少它暗示了我们不应为时过早地接受灵魂的单纯性一说。）在众所周知的《理想国》篇章中，柏拉图继续主张灵魂至少有三个不同的部分：有一个理性的部分，由理性主导；有一个激情的部分，与意志相类似；还有一部分关于欲望（对于食物、饮品、性爱等事的欲念）。因此柏拉图认为，灵魂根本不是单纯的。所以，我们不必感到吃惊，为何基于灵魂不变、无形的本质这一假设，他在《斐多篇》中为灵魂单纯性所做的论证根本没能成立。

最后，我们很可能怀疑起来，就算柏拉图可以证实灵魂的单纯性，他能否继而推导出灵魂是不可摧毁的？的确，在引入由单纯性引起的论证时，我试图说明为什么这是一个足够可信的主张。如果灵魂没有组成部分，那么你显然不能通过分解它来将之摧毁。尽管如此，我要给这个观点记下一笔，“单纯的事物不能被摧毁”不足够令人信服。

显然，单纯的事物不能被我们上述提及的毁灭之道所摧毁，比如把它分解开来。因为单纯的事物没有部分，你无法把它分开。但尽管如此，从理论上来说，它仍可能在下述意义上被摧毁：它不再存在。毕竟，单纯的事物是从哪里来的呢？从逻辑的角度来看，至少我们不难想象，在某个时刻，一个特定的单纯事物并不存在，然后下一时刻它就突然诞生了。在《创世纪》的开篇，上帝说：“要有光。”他也许还说过：“要有单纯的事物。”在一个特定的时刻，单纯的事物不存在；而下一刻，它们就在那里了。这看起来是有可能的。但如果是这样，那么也许一段时间后，上帝厌倦了单纯的事物，说：“让单纯的事物不再存在。”在一个特定的时刻，它们存在着；然后下一刻，它们就不复存在了。

这看起来同样是一种合乎逻辑的可能性。假设就是如此，那么即使我们认同灵魂是单纯的，即使我们认同到目前为止柏拉图论证中的所有其他观点，仍不能推导出灵魂是不朽的。我们还是会怀疑这种可能性，即单纯的灵魂可能在某一特定时刻突然就不复存在了，或许这一时刻就是肉体死亡的时候。单纯本身并不足以保证不朽。所以，我认为我们有理由得出这样的结论：柏拉图关于灵魂不朽的论证并不成立。

心灵就像是肉体的和谐

在我们不再讨论《斐多篇》之前，还有一件未完成的事情。回想一下西米的观点，即灵魂就像肉体的和谐。我们已经详尽地检验了和谐是否为苏格拉底论证的一个反例（和谐是无形的，但是它可以被毁灭）。但我们还没有就这个类比本身来做一番考察。以这种方式思考心灵是可信的吗？说灵魂（或者，更少受到争议的心灵）就像肉体的和谐到底意味着什么？

我个人认为，它的确是一个很有趣的类比。事实上，我认为，我们应该把它看作一次以物理主义来诠释心灵的初步尝试。正如和谐是由调好（well-tune）的乐器所演奏出来的，灵魂或心灵也是由调好的肉体所产生的。就像我所说的，这个关于物理主义者如何思考心灵的描述还说得过去。毕竟，根据物理主义，谈论心灵只不过是谈论肉体的一种说法。或者更确切地说，这是一种关于机能良好的肉体所具有的特定能力的说法。因此，在某种程度上，根据物理主义，心灵的确与和谐相类似。就像和谐的产生过程，悦耳的声音是在七弦琴良好运行时发出的；物理主义认为，人的思想、情感及其他精神状态也同样如此，即当肉体良好运行的时候产生的。简而言之，心灵就像是肉体的和谐。

所以，我将和谐的类比视作一个朝物理主义思想靠拢的尝试，而且这个尝试还不错。当然，我第一次试着让你掌握物理主义对心灵的描述时，举了关于电脑、机器人和类似事物的例子。柏拉图并没有用上述这些类比，这不足为奇，他可不知道会有电脑或机器人。不过，他举出了具备某种能力的物理对象，它的能力都取决于物理对象的良好运行。因此，我认为柏拉图看出了除了他的二元论外，还存在着一个重要的可选立场。他看出你可以成为一个物理主义者，宣称心灵依赖于肉体，心灵只是对良好运行的肉体能做什么的一种说法。这与和谐依赖于物理乐器是一样的。

我认为，柏拉图在这里做出了令人印象深刻的尝试，他试图去讨论自己的二元论之外的可选立场——物理主义。因此，我将快速浏览他如何反驳这种思考心灵的方式，结束我们对于《斐多篇》的讨论。正如我已经说过的，苏格拉底花了不少时间来批评和谐的类比。如果他能说服我们，灵魂不像肉体的和谐，那么我们就有理由怀疑物理主义的观点。毕竟，即使柏拉图支持灵魂不朽的论证不成立，他仍有其他一些有力的论证来反驳这一可选立场，即物理主义的立场。

但在考虑这些反驳时，切记，关于和谐的“类比”仅仅是一个类比。这个主张不是说，或者它至少不应该是说，心灵其实就是和谐。相反，这个观点是，心灵与和谐相类似。就像一个良好运行的乐器能够奏出乐章与和谐，一个良好运行的肉体能产生心灵的活动。这才是这个观点的意思。所以，即使我们证明在一些方面心灵并不完全像和谐，也不能说物理主义的观点是错误的。

让我们来看看柏拉图提出的反驳。第一个是这样的。苏格拉底指出，在和谐所依赖的乐器产生之前，和谐显然不存在。这完全是正确的。在物理意义上的七弦琴制成之前，它悦耳的声音是不能存在的。因此，如物理主义主张的那样，心灵是正常工作的肉体所产生的，那么很显然，心灵无法先于物理意义上的肉体而存在。然而，在早期的一部分对话中（我们并没有涉及），苏格拉底已经论证了灵魂确实先于肉体存在。如果这是正确的，如果灵魂真的在肉体之前存在，那么心灵显然不像和谐。物理主义必然是错误的。

我们完全可以看出，第一个反驳的关键取决于“灵魂先于肉体存在”的主张。为了对柏拉图公平起见，我必须承认我们没有考察过这个论证，所以我也没有向你说明我个人认为它谬误的地方。我只好告诉你，我不认为前面的论证是成立的：我不认为柏拉图确实给了我们相信“灵魂在出生之前已经存在”的令人信服的理由。因此，对于第一个反驳，我认为我们不必深究。

在第二个反驳中，苏格拉底指出和谐可以变化，乐器的和谐可以分出不同的方式、不同的程度，但灵魂似乎并不能按程度来划分。要么你有一个灵魂，要么你没有；要么你有心灵，要么你没有。如果这是正确的，那么无论心灵是什么，它也不像和谐。

我不敢说我们应该认同“心灵不能按程度来划分”这个说法，但至少看上去心灵的各个方面都能被划分为不同种类和不同程度。例如，我们可以有不同程度的智力、不同程度的创造力、不同程度的理性，或不同程度的沟通能力。所以，正如我们可以说，一把性能良好的七弦琴能够产生不同类型的和谐，达到不同程度上的悦耳。同样，我认为我们可以说，一个运作良好的肉体能够产生不同类型的精神活动，并将这些活动展现到不同程度。因此，对我来说，这个类比看起来很合理，而第二个反驳却不具有说服力。

在他的第三个反驳中，苏格拉底指出，灵魂可以是好的也可以是坏的。当一个人有好灵魂，或者为人善良时，我们会说他有一个和谐的灵魂。但是，如果灵魂之于肉体就像和谐之于乐器，而且灵魂可以是和谐的，看起来我们就能够谈论“和谐的和谐”状态。也就是说，如果灵魂就像肉体的和谐，那么正如我们能够谈论灵魂的和谐一样，我们也能够谈论“和谐的和谐”状态。但我们却无法谈论“和谐的和谐”状态。

我不是很清楚这个反驳想说的是什么。这也许正可以提醒我们，不能理解为灵魂（或心灵）其实就是和谐，我们只是假设它在某些特定的方面类似于和谐。确切地说，物理主义者认为，心灵与和谐相似，因为两者都是由运行良好的物理对象产生的。我们可以认同这个观点，承认和谐与心灵之间的类比，但不必接受一切符合和谐的都符合心灵，或者一切符合心灵的都符合和谐的说法。

不过，我认为，对于第三个反驳，我们还可以做出更多回应。正如我们可以谈论心灵或灵魂是好的或是坏的，我们也能够谈论各种类型的和谐。某些和谐比其他的更为甜美，而某些则更加刺耳、走调或不和谐。虽然我们一般不会去谈论和谐是多么和谐的，但看起来和谐可以划分为不同种类。如果这是正确的，那么它就证明了，关于心灵有一个可作类比的点：和谐和心灵都可以有不同种类的划分。所以，我认为这第三种反驳不足以令人信服。

最后，苏格拉底提出了另一个反驳。他指出，灵魂能够主管肉体，对它颐指气使，而且，事实上，它能够反抗肉体。举一个大家熟悉的例子，你的肉体可能想吃一块巧克力蛋糕，但你的灵魂不同意，就会说："不，不。你在节食，不要吃它！"你的灵魂可以反抗你的肉体。但是，如果灵魂只是肉体的和谐，它怎么可能这么做呢？毕竟，苏格拉底认为，七弦琴的和谐乐曲不能影响七弦琴本身。我们可以说，这里只有单向的因果关系。在七弦琴的例子中，七弦琴的物理状态产生了和谐，但七弦琴的和谐乐曲并不曾改变或影响七弦琴本身。相比之下，肉体不仅可以影响灵魂，灵魂也会影响肉体。这表明，灵魂与肉体之间的关系不像和谐与七弦琴的关系一样。

我认为这个反驳极为有趣。我们确实承认灵魂可以影响肉体，那么物理主义的观点怎么可能是正确的呢？如果灵魂只是关于肉体能力的一种说法，肉体的能力又如何能影响肉体本身呢？

就像我说的，这是一个有趣的反驳，但我认为我们能做出回应。物理主义者应该说，我们说灵魂或心灵能影响肉体，其实说的是肉体的特定部分，也就是那些产生肉体精神活动的部分，在影响肉体的其他部分。

从这个角度来看，现在我正在打字，我告诉我的肉体在键盘上以不同的方式扭动手指，我的心灵在给我的肉体发出指令。以物理主义的视角，又会认为这一切是如何发生的呢？大体是这样的：当我的心灵发出这些指令（"扭动我的手指”）时，那只是我肉体的一部分，即我的大脑，在给肉体的另一部分，即我手指的肌肉发出指令。所以，当我们谈论心灵能影响肉体时，严格来说，我们所说的是肉体的一部分在影响其另一部分。

七弦琴上有类似的例子吗？或许没有。七弦琴也许是一个太过简单的机器，它无法用自己的一部分来影响另一部分。如果真是如此，这当然也不会给我们以否定物理主义观念的理由。它只会让我们有理由相信七弦琴不是十分像心灵和肉体。思考七弦琴与和谐只是物理主义构想的开端，而不是整个体系。

不过，即使我们像上面那样来思考七弦琴与和谐，我认为我们仍能找出一些类似之处。假如我拨动七弦琴的一根琴弦时，发出了一个音符。正如我们所知，一根琴弦的振动也能带动其他琴弦的振动（这些是泛音）。所以，突然间发生了一个情况：七弦琴的一部分影响到了其他部分，一根弦的振动导致了不同的振动。诚然，这不是一个关于心灵指挥肉体的情况的精确类比，但它确实表明，至少大体上来说，类比在这里可能是成立的。

因此，我得出结论：柏拉图对于和谐类比的各种反驳都不成立。因为，他所说明的是，心灵确实与和谐类似，就像物理主义主张的那样。

尽管如此，对于柏拉图如此看重物理主义的观点并试图批评它，我想给予赞许。鉴于他写作之时，没有我们今日拥有的强大的电子计算机，所以他用简单的事物如乐器来勾勒物理主义构想的做法，就无可指摘了。事实上，这标志着柏拉图的智慧，当所有人都在朝物理主义的思想靠拢时，他看到了反驳物理主义的需要。所以，我想给他以赞许。与此同时，我也要表明，柏拉图提出的各种针对物理主义立场的反驳是不成立的。在这一天结束的时候，对我来说，柏拉图并没有给我们足够的理由来抛弃物理主义。

第六章

个人同一性

关于灵魂的不朽，柏拉图为我们提供了一系列论证。但我已经说了，尽管其中一些论证值得认真思索，却没有任何一个成立。想必我不需要再去提醒你们，我们对柏拉图的讨论是紧接着前两章而来的。在那两章中，我已经做出如下的论证，即那些证明非物质灵魂存在的尝试也以失败告终。就此而言，且不论不朽的灵魂，即便是关于非物质灵魂之存在的形形色色的论证，都是不可能成立的。

这并不是说灵魂的观念无论如何都是愚蠢的，也绝不是说二元论不值得我们去思索。只不过是说当我们扪心自问“是否有强而有力的理由去相信非物质的灵魂”，随后试图列出这些可能的理由时，随着更细致的观察，我们会发现这些论证不再那么令人感兴趣了。

所以，我已准备好得出“灵魂并不存在”的结论，仅仅是因为我们没有强而有力的理由去相信它们的存在。或者，我也许应该更谨慎地说，那些让我们相信灵魂存在的理由并不够充分。无论使用哪种措辞，我的结论都是一样的：灵魂不存在。

无论怎样，我将坚持以上结论，并贯穿本书的余下部分。我将继续带领大家思考死亡，但现在这种思考将采取物理主义的视角。我们对于死亡的思考将预设如下前提：肉体即我们所有的一切。我们讨论心灵，不过是把它当作肉体进行一种特定且特殊精神活动的能力。超脱肉体之上并没有额外的存在，并没有非物质的灵魂。

证伪灵魂?

到了这个份儿上，要控诉我持双重标准也算是合情合理，对二元论者是一种标准，对物理主义者又是另一种标准。但请想想我之前的论述，我把证明的全部任务都交给了那些相信灵魂存在的人。我告诉二元论者说："请给我一些理由，说服我相信你的立场。"而且我也说过，那些为二元论辩护的论证并不那么令人信服。那么，为了公平起见，我是否要对物理主义者故技重演？我难道不该转向物理主义者，然后说"请给我一些理由，说服我相信物理主义的正确性"？既然我要求二元论者给我提供理由，说服我相信灵魂的存在，然后又抱怨说这些理由好像站不住脚，那我不是应该转向物理主义者，要求他说服我相信灵魂是不存在的吗？难道我不该要求物理主义者去证明灵魂是不存在的吗？双方的公平不就该这么来吗？

那么让我们先停下来问问自己，该如何着手证明某物是不存在的？具体而言，如果要证明某物并不存在，我们需要什么？当我们面对自己不相信其存在的事物时，我们如何让自己的"不相信"站住脚？

比方说龙。假定你和我一样相信龙是不存在的。当然，要说龙真的存在的话，这在逻辑上不是行不通，但我们相信世界上没有龙。但是在你一步到位地相信龙不存在之前，难道你不应该先证伪龙的存在吗？可是你怎么做到这一点？你（或者任何人）怎么来证明世界上没有龙？

再比方说希腊神祇。我猜想如今没人会相信宙斯的存在，这不就意味着我们有义务去证明宙斯并不存在吗？但你怎么证明得了呢？哪有人可以证伪宙斯的存在呢？

当然，我实际上并不认为你有义务去证伪这些事物的存在。然而，这不意味着在此你就没有任何求知的义务。只不过当牵涉求知义务的时候，我们在表达上就得非常谨慎。回到龙的例子。想要使我们对龙的怀疑站住脚，我们需要做的有哪些呢？我认为你需要做的所有事情当中，最重要的便是反驳一切为龙辩护的论证。

我儿子有一本关于龙的书，上面有不少精美的照片和图片。所以，为了使我对龙的怀疑站住脚，我需要做的事情之一，就是“解释”这些照片和图画为什么是“虚假”的。我得解释为什么明明就没有龙存在，却有龙的图片。这算不上什么特别的难事。毕竟，有些图片不过是画出来的，众所周知，人们常常把他们想象中的事物付诸绘画。而那些“照片”，要解释起来也不难。如今我们有那么多电脑合成图和图像处理软件，想要制作一张酷似照片的图片并不困难，即便照片中的事物实际上并不存在。

再比方说独角兽。我该如何证明世上并没有独角兽呢？好吧，我会研究各种声称目击了独角兽的言论，然后试着解释为什么它们是虚假的。我可能会从历史入手挖掘出一些推测，解释关于独角兽的信念是如何产生的。（“想想欧洲人第一次见到犀牛的情景吧，它看起来就像是一匹头顶巨角的马。这也许就是形形色色关于独角兽的描述的来源。”）我会亲自检验各种资料中多样的“独角兽角”，或者查阅那些做出检验的专家报告，它们总是毫不意外地被证明是其他种类的动物的角（独角鲸的角，诸如此类）。简而言之，你得研究为独角兽说话的每一份证据，然后一个个拆穿它们。你得解释，说明它为什么不能令人信服。

做完这一切，你就有资格说：“你看，据我所知，世上并没有独角兽；据我所知，世上并没有龙。”可这并不意味着你得探访地球表面的每一处山洞，然后说：“没有，这里没有龙……这里没有龙……这里没有龙。”只要你能够拆穿所有关于龙的论证，那你对龙之存在的怀疑就稳住了脚。

现在，你可能还有些其他事可以着手去做。至少在某些案例中，你可以提出观点说你所谈论的这类事物，其观念本身就是不可能的。再比方说龙，我们不仅没有充分的理由去相信龙的存在，还可以论证说，龙这种观念在科学上就不合乎逻辑。毕竟，龙按说是从嘴里喷出火来，这难道意味着它们的肚子里有火？这些火在没有氧气的情况下，如何能在它的肚子里持续燃烧？这些持续燃烧的火怎么就没把它胃壁的黏膜给烧坏？我认为，你也能试图证明龙在科学上是不可能存在的。如果你确实证明了这一点，那么在相信它们不存在的道路上，你又多了一条理由。

但这并不意味着，要使你对它不存在的信念站住脚，你就必须得证明它是不可能的。我不认为独角兽这一观念是不可能的，我只是认为世上不存在这种生物。马当然可能在它的额头上进化出一根长长的角来，但世上就是没有这种生物。

具备了这样的观念，我们将回到关于灵魂的讨论中去了。我，作为一个相信灵魂——超脱肉体的非物质实体——并不存在的物理主义者，是否有必要去证伪灵魂的存在？（“你看，这里没有灵魂，那里也没有灵魂。”）没必要。我需要做的是考察那些为灵魂存在而辩护的论证，然后反驳它们，解释这些论证为什么不令人信服。我无须证明灵魂是不可能存在的，只需要拆穿那些支持灵魂存在的案例。如果我们没有充分的理由去相信灵魂的存在，这实际上构成了我们相信灵魂并不存在的理由。

如果你愿意，也可以进一步尝试去证明灵魂是不可能存在的，就用你证明龙是不可能存在的方式。但就我个人而言，我并不认为这种主张某事物不可能存在的言论特别有说服力。我不相信灵魂的存在，但这不意味着我认为关于灵魂这种非物质实体的观念一定是不可能的。

当然，有人会辩称说，假设某种非物质实体的存在，这就违背了科学，尤其是物理学，那么科学上的理由不就充分否认灵魂的存在了吗？然而科学常常又持续往复地发展，那些它原先认为不存在的实体和性质，常常又在后来承认其存在。也许，它只是还没有发展到能够确证灵魂的程度。此外，如果当今的科学排除了灵魂的可能性，我们也完全可以说："这么一来，科学的错更深了。"

所以，我不是那种声称我们可以证伪灵魂之存在的人。事实上，我并不认为我们能够证伪它们的现实性。无论如何，我都不认为灵魂的观念是不合逻辑的。当然，有一些哲学家持这样的观点，但我并不与他们为伍。

关键在于，为了使我关于灵魂不存在的信念站住脚，我并不认为我有必要去反驳灵魂的存在。独角兽并非不可能，即便如此，我认为"世界上不存在独角兽"的信念也站得住脚。为什么呢？因为所有指向独角兽存在的证据并没能整合成一个有说服力的例子。同样，灵魂并非不可能，即便如此，我认为"灵魂并不存在"的信念也是站得住脚的。为什么呢？因为当你研究那些试图说服我们灵魂存在的论证时，就会发现它们并不能令人信服。至少在我看来是这样的。

因此，从现在开始，我将假定我们坦然接受了物理主义观点，假定这一物理主义观点是正确的观点。当然，这并不意味着我们从此就完全不再讨论灵魂了。我会时不时地停下来，提问一个二元论者会如何考虑这些或那些问题。无论如何，每当我特意这样做的时候，目的在于更好地理解物理主义者的观点。因此，当我们回到关于死亡的种种问题时，最关心的将是如何从物理主义者的角度来完成对这些不同问题的最佳理解。

如果我已经说服你接受了物理主义的真实性（或者你本身就倾向于接受它），那就太好了。但如果你依然相信灵魂的存在呢？我想你得把接下来的大部分讨论当作不断延展的虚拟条件：假如灵魂不存在，这就是我们有关死亡所提出的观点。简而言之，如果你还没有被物理主义的真实性说服，不妨顺其自然吧。我已经尽力了。但我真心希望，你不仅仅是出于一时的兴趣，来了解如果我们站到物理主义者那边，认定人所有的只有肉体时所抱持的死亡观。

个人同一性

你也许会回忆起在本书的开头我曾说，如果我们想要正确地思考如何死后继续存活的问题，我们得弄清楚两件事。首先，我们得知道：我是什么？我由什么构成？我只是一具肉体吗？或者，我是物理肉体和非物质灵魂的结合体？（又或者可能只有一副灵魂？尽管它要与一具特定的肉体联系在一起。）在考虑这个问题后，我们将转向第二个基本问题：要怎样才能做到死后继续存活？继续存活的那个东西——一个类似于我的东西——究竟是什么？尤其在我们考虑死亡时，我们希望知道：我们的肉体死亡之后，一个类似于我的东西继续存活会是怎样一番景象？谈论人的死后继续存活，这真的讲得通吗？

你也许理所当然地认为最后一个问题的答案是否定的，至少在预设物理主义的立场下，答案看起来是否定的。如果我只是一具肉体的话，那么死后继续存活的观念不就自然而然地违背了逻辑吗？

正如我所言，这样的结论确实看似合情合理。但事实上，我们将会发现，这些问题比乍看之下要复杂得多。我并不觉得我们这个问题的最佳答案已经呼之欲出了。

在我们入手“死后继续存活是否具有合乎逻辑的可能性”这个问题之前，我觉得我们应当先厘清一个更为基本的问题：如果我真的要继续存活，会变成什么？那个继续存活的我到底是什么？

我们来考虑一个简单的例子。今天是周四，我在书桌前输入这些文字。毫无疑问，到下周一的时候，在我的书桌前也有某人，他可能会输入更多的文字。关于存活的问题，甚至可以基于这样一个简单的案例来设问：下周一坐在这里继续输入文字的那个人，和现在坐在这里正输入你此时读着的文字的人，是不是同一个人？这个正在输入文字的人，他能不能活过这个周末？

我当然希望自己能活过这个周末。但活过这个周末到底意味着什么？这一继续存活的条件是什么？

当然，在回答这个问题的道路上我们已经起步了。我们可以假定，要使我活到下周一，就得让某人在下周一还活着，而且最关键的一点在于，下周一的那个人，和本周四也就是今天正在输入这些文字的人，得是同一个人。毕竟，要是我在这周末不幸遭遇空难，然后某人接替我在下周一继续撰写这本书，那么到了下周一，我的书桌前确实有某个活生生的人正在写作，可是那自然不会是我，所以我们要厘清的问题就是：要想下周一的某人即本周四坐在这里输入文字的是同一人，这意味着什么？

我们可以把这个问题置于更宏大的背景，绵亘更长远的时间。假设那个“某人”在多年之后的2055年还活着，他还会是我吗？问我能否活到2055年，等于问那个2055年仍然活着的人和现在坐在这里输入文字的人是否为同一人。但是，要想未来的某人就是今日当下的此人，这意味着什么？这是我们需要厘清的一个问题。

由于这个问题探究人在不同时间点何以等同［数量上（numerically）等同］，因此哲学家把它称作个人的同一性问题。那么我们想要厘清的，正是人在时间跨度中的同一性问题。

但在考虑这个问题的时候，重要的是要避免一个易犯的错误。你可能发现自己很容易就做出如下言论：“你看，本周四那个撰写书籍的人头发还挺茂密的，也留着络腮胡。如果我们假设能活到2055年的那个人谢顶又驼背，且没留胡子，那么他们如何能够等同呢？一个有头发，一个没有；一个留着络腮胡，一个没留；一个站得笔直，另一个弯腰驼背。他们怎么可能等同呢？”

避免犯这样的错误对我们来说非常重要。那个活到2055年的人当然可以是我，即便“他”已然谢顶，而我的头发现在还好好的。用这样的思路去思考是错误的。

但这是一个极易犯的错误，而且我们也很容易在这个问题上犯糊涂。所以我想条分缕析地考虑这个问题。首先，我会从一些涉及同一性但并不令人混淆的案例入手。一开始举的这些例子甚至完全不涉及人，或者就这个问题而言，也不涉及时间。我们弄清了这些简单的案例，再回到那些更复杂的案例，那些同时涉及人和时间的案例。

假设你和我一同散步，我们看到了一列火车（见图6.1）。随着我们向火车踱近，我指着车尾（想象我们从画面左侧靠近火车）说：“看那列火车。”然后我们一路走啊，走啊，走啊，来到了火车的另一端，我指着车头说：“哇！你看看，这火车可真长啊！这是我五分钟前指给你看的同一列火车。这五分钟里我们一直都在沿着它走。”

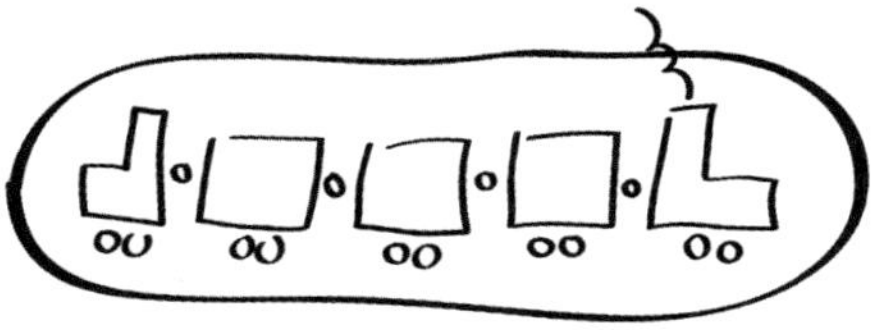

图6.1

我们再想象你如是回答：“这列火车跟我们五分钟前指认过的火车不是同一列。你现在指着的是车头，而五分钟前你指着的是车尾。毕竟，车尾和车头可不是同一件事物，你怎么能说它们是同一件事物呢？怎么会有人犯这种错误？车头冒着烟，车尾则不冒烟，诸如此类。它们之间有很多不同点，你怎么会犯这么愚蠢的错误？”

当然，你实际上并不会说出这么愚蠢的话来，但我们想象你这么脱口而出

苏德超

武汉大学哲学学院教授，博士生导师；珞珈特聘教授；武汉大学弘毅学堂学部责任教授、副院长；武汉大学通识教育中心副主任；武汉大学欧美宗教文化研究所研究员；澳门科技大学特聘教授。主要研究领域为形而上学与宗教哲学、德国古典哲学、语言哲学、中西比较哲学与文化。

好好活着，在该死的时候死去

我们的一生会有很多怕和爱。不同的人爱的东西不太一样。但说到害怕，绝大多数人最怕的大概就是死亡了吧。“蜉蝣之羽，衣裳楚楚。心之忧矣，于我归处。”（《诗经·曹风·蜉蝣》）蜉蝣羽翼又薄又亮，如此美丽的生灵居然朝生暮死，于是诗人便担忧起自己的生命终将走向何方。

死亡当真有那么可怕吗？要清晰地理解这一点，就需要知道什么叫“怕”。某人怕一个讨债鬼。讨债鬼一见到这个人就讨债，所以这个人总是躲着他。只要见不上面，也就不会被讨债。这就是说，害怕讨债鬼的实质是害怕见面时发生的事情，如果不见面，也就没什么可怕的了。莫非死亡就是这样的讨债鬼？平时锻炼身体，保持健康的饮食习惯，作息规律，生了病，赶紧去看医生，就是在绕着死亡走，不想跟它见面。

可是我们真的会跟死亡见面吗？按照伊壁鸠鲁的说法，我活着的时候，死亡还没有来，死亡来了以后，我已经不在了。把死亡比作讨债鬼，我在的时候讨债鬼还没来，讨债鬼来的时候我已经不在了，也就是说，我跟死亡这个讨债鬼永远见不上面。既然这样的话，那我们又为什么要害怕死亡呢？

关于为什么会害怕死亡，哲学中的一个常见解释是，死亡会带走我们的好东西。比如，活着的时候跟喜欢的人在一起，远足踏青，欣赏音乐，有无穷的乐趣，一旦死亡，这些乐趣就会统统消失。显然这种解释把人们对生命结束的害怕等同于儿童对假期结束的害怕。假期结束了，就不能睡懒觉，也不能自由自在地跟小伙伴们做游戏，必须回到课堂，规规矩矩坐着。小小的教室跟真实的世界相比，实在要乏味得多。

以上解释很可能误认了死亡的本质。生命结束跟假期结束有一个巨大的不同：假期结束了，我们还在，而一旦生命结束，我们就不存在了。既然我们都不存在了，也就没有单调乏味甚至痛苦的经历等着我们，当然也不存在一个去过更好生活的机会。换句话说，死亡之后不会有痛苦，也没有失去任何本可能的快乐。孩子担忧假期结束是合理的，但在同样的意义上，我们担忧生命结束并不合理。这么说起来，我们还是不应该害怕死亡的。

而且，卢克莱修还劝慰说，死后只是不存在而已。我们在死后不存在，在出生前也不存在。如果我们担忧死后不存在，为什么不担忧出生前不存在呢？要是出生前的不存在让我们释怀，死后的不存在想必也没有什么让我们意难平的了。

但很少有人会被以上说辞所打动，死亡的阴影一直笼罩着每个人。生命的阳光足够灿烂，死亡的阴影几乎不可见，但随着疾病的恶化或者年龄的增长，生命的太阳会慢慢西斜暗淡，死亡的投影将会越来越清晰。差不多每个人都害怕被死亡的黑暗彻底吞噬。

对这种害怕的一种合理解释是，我们不是害怕死亡之后，而是害怕死亡逼近。如果这种说法是真诚的，那么它肯定是不理性的。根据伊壁鸠鲁的说法，我们知道死亡虽然在逼近，但它永远不可能跟我们见面。在这方面，死亡更像是一个喋喋不休但毫无作为的对手，总是在一边嚷嚷着，威胁着，却永远也不会真正出现在我们面前。如果真的是害怕死亡逼近，直接打消掉就可以了，因为这种害怕只是一个错误。我小时候非常害怕地面突然陷落，被不幸地埋在土里。上了小学的“自然”课之后，这种恐惧就消失了。老师告诉我，这种事情几乎不会发生，我更应该去操心怎样提高考试成绩，以及回家如何帮妈妈种庄稼。

不过，在死亡来临时人们的恐惧相当真实。在电视上或者生活里，我们看到过很多人死亡：一些人死于非命，看着就很痛苦；另一些人躺在医院手术台上等着被抢救，身体被切开，插着各种管子。虽然并不知道当事人当时的感觉，但作为旁观者，那些场面深深震撼着我们的灵魂，留下了难以穿透的心理阴影。想着像那样死亡，我们会极度痛苦。

仔细想一想，这种痛苦依然可以被免除，只要生活足够谨慎，我们就不会遭遇横祸；只要医疗技术以正常速度发展，在不远的将来我们就可以换一种方式死亡。一些国家安乐死已经合法了，垂死之人可以无痛苦地、体面地离开人世。

而且，纵然死亡来临时是痛苦的，它还是无法解释人们对死亡的恐惧。很少有人会说，他们害怕死亡是害怕死亡来临时的痛苦。死亡来临时的痛苦跟经历一场不幸车祸之后手术的痛苦不会有太大的差别，可我们会选择去做这场手术以继续未来的生活。甚至都不用咬牙，痛苦就过去了，至少被当事人接受了。可见，对死亡的恐惧并不都源自死亡来临时的痛苦。

死亡之后并不可怕，死亡悄悄逼近也不可怕，死亡来临时同样不可怕。既然这样，死亡就没有什么好担心的。

如果以上说法成立，面对死亡，唯物主义者将比唯心主义者和身心二元论者更有优势。一个理智的唯物主义者大体并不害怕死亡，因为死后他就不再存在了。但唯心主义者没有这样的便利。他们相信生命之外还有生命，死亡只是另一段旅途的开始。这些人对死亡的恐惧更类似于我们对未来的担忧。现在过得很好，我们担心未来过得不好；现在过得不好，我们担心未来变得更糟。这样的担忧其实是一件好事，会让我们未雨绸缪，做一些必要的准备，以避免糟糕的事情发生。一些宗教信徒就是这么做的，他们乐于行善，安于忍恶，以期在死后能够升入天堂，而不是堕入地狱。吃不穷，穿不穷，算计不到要受穷。只要小心谨慎地活着，精打细算，唯心主义者或者身心二元论者对死亡的恐惧依然可以排解。无法排解的是非理性的预期焦虑：我们总是担心未来会有坏事发生，却不愿意去为避免这些坏事做准备；或者已经做了准备，依然在担心。这种担心除了破坏我们的准备工作和当下的幸福之外，没有任何益处。非理性的焦虑，是一种病态。有病需要治疗。

因此，无论是唯物主义者、唯心主义者，还是身心二元论者，害怕死亡似乎都不是一个明智的选择。

实际上，死亡不但不值得害怕，甚至很可能是一件好事。乍一听，这种说法显得突兀而不近人情。古代的帝王，大都想修仙，追求永生。普通人做帝王想的也很多。歌手韩磊在《康熙王朝》主题曲里唱道：“我真的还想再活五百年。”问题在于，500 年之后，是不是还期望第二个 500 年呢？然后是第三个 500 年？……照此下去，何时是一个尽头？要不干脆永生吧。于是永生的念头油然而生。

然而，只要理智地想一想，永生实在比死亡还要坏。一则，永生让我们难以逃避痛苦。死了死了，一死百了。没有死亡，不幸的事情也就没有终点。尤其考虑到我们的身体构造会因时间的流逝而衰老。衰老来袭我们却无处可逃，像晚期渐冻人一样忍受身体机能退化带来的痛苦，把灵魂封闭在一具无法活动的躯壳里，单纯这样想都让人窒息。如果认知机能随之坏掉，我们甚至连晚期渐冻人都不如。霍金之所以能挺下去，是因为虽然他的身体功能一直在退化，但他的认知能力是健全的。如果认知能力也日渐衰微，很少有人愿意选择继续活下去。再则，就算没有这些痛苦，我们的身体永远年轻，永生也会让我们对生活产生厌倦感。美妙的婚姻尚有 7 年之痒。就算生活待我如初恋，7 年后又是 7 年，无数的 7 年也会让我抓狂。或许我可以换着去过各种各样的生活，从而逃避厌倦。但问题在于，在无涯的生命长河里，我又有多少选择可做呢？前 100 年我做一位物理学家，下 100 年我做一个商人，接下来第 3 个 100 年，我做一名诗人……人类已知的生活选项跟生命无穷的时间空白相比，简直少得可怜。在那个时候，我拿什么去填补生命的空白呢？我依然会厌倦的，在生命倦怠的旋涡中我无所遁形。

也许，唯一的逃路是选择遗忘。每过一段时间，比如每100 年，我就强制性地忘掉某些事情。如此一来，倦怠感便不会伤害到我，但它会带来更加致命的伤害：我是一个没有过去的人，记不住自己深爱的人和深爱自己的人，记不住从前的经历。既然这样，在什么意义上我还是我呢？虽然是永生，但间歇遗忘的永生、记忆定期删除的永生，跟转世投胎又有什么差别呢？普通人所设想的永生显然不是完全记不住前世的转世投胎。我想记住对我们生命来说重要的人和事，如果记不住，如果一切美好终将消失在过去，我不得不像一个新生儿从头来活，或者像游戏重启后的角色从头开始，没准儿死了更好。说不定这就是死亡！记忆删除日，死亡来临时。我只活过第一个 100 年，其后的每个 100 年，都是另一个人在活着，他可耻地利用了我的身体。想想这种永生历程中的死亡，实在太可恶了。因此，正常死亡并不可怕，永生倒可能会更加可怕。

永生比死亡更可怕，这个事实绝不意味着我们应该积极投入死亡当中，越早死亡越好。索福克勒斯在一出悲剧中说：世界上第二好的事情是出生后马上死掉，最好的事情是从来没有生下来。人生最大的不幸不是死亡，而是想死而不得。这话虽然传播得广，但说服力很弱。只要我们心中还有想做的事情，还愿意去欣赏风景，看望亲人……我们就知道索福克勒斯这句话肯定错了。对绝大多数人来说，我们应该享受天年。虽然生命最后有一个终点，但终点之前的路段比这个终点更重要。我们应该怎样活着，这才是我们应该考虑的事情。我们终有一死，向死而活大体没错，但我们绝不是为了死才活着的。活着有它自己的价值。

什么样的人生才是值得度过的？享乐主义者会说，追求更多的快乐。吃自己喜欢吃的食物，看自己喜欢看的风景，听自己喜欢听的音乐，做自己喜欢做的事情，跟自己喜欢的人在一起。汉乐府《驱车上东门》中写道："浩浩阴阳移，年命如朝露。人生忽如寄，寿无金石固。"面对此情此景，如今已考证不出姓名的诗人劝说："不如饮美酒，被服纨与素。"这种回答有一个危险，那就是把快乐简化为内在的体验。所有的快乐最终必须兑现为我们能够感觉到的快乐，那才是真正的快乐。但如果以为我们能够感觉到的快乐就是全部快乐，那就把自己带进了坑里。我们可以设想，自己是一个缸中之脑，没有身体，一台超级计算机连接着脑神经，不断提供各种刺激，让我们以为自己在做数学题，在遨游太空跟外星人交流，当这一切发生的时候，旁边还有喜欢的人陪伴，整个人类都为我们鼓掌。这样的生活不但快乐，而且幸福。但问题在于，快乐倒是快乐，我们却不愿意过这样的生活。我们所想要的快乐，不只是快乐的感觉，而且是我们要真正去做那些让我们快乐的事情。我应该真的去做数学题，真的去遨游太空，真的跟外星人交流，并且真的跟喜欢的人待在一起。我要的是真的去做这些事情，而不单单是去做这些事情时的感觉。

所以，什么样的生命才是我们想过的？要快乐，并且这些快乐不是虚幻的，而是我们在做真实事情时所感觉到的快乐。除此之外，别的事情就没有那么重要了。

还有一个更简单的回答是：活着，哪怕不快乐。因为好死不如赖活着。活下去，顽强地活下去，无论经历任何苦难，都要活下去。就像余华在小说《活着》里描写的福贵。福贵因为赌博耗尽家财，父亲气死，母亲病死，儿子有庆因给县长夫人献血过量而死，女儿凤霞难产而死，妻子家珍病死，女婿二喜被石板压死，外孙苦根吃豆子被撑死。亲人和好运一个个离他而去，世事变幻，而福贵依然顽强活着。他买了一头老牛，给牛起了自己的名字“福贵”，他唤老牛的时候，依稀间仿佛有人在叫自己。人牛相依，让人唏嘘。单单用乐观解释福贵的行为也许并不够，很可能福贵还认定，就算生命没有多么快乐，活着也是值得的。活着不但有工具性的价值，而且它本身就有内在价值。就像我们用琥珀杯盛茶，茶好喝，杯子也很名贵。生命之杯有它自己的价值，就算里面什么都不装，我们也不能把它扔掉。

说实话，上面的说法我并不是特别喜欢。我宁愿相信，生命就像小说，不在于有多长，而在于有多好。一篇精彩的短篇小说，非得把它拉成长篇，乏味无趣，反而倒人胃口。做人 100 年精精彩彩；做海龟 800 年无精打采。又有谁愿意选择去做活 800 年的海龟呢？

好好活着，在该死的时候死去。不焦虑，不恐惧，享受生命，悦纳死亡。这就是我读谢利·卡根的《死亡哲学》得到的全部启示。阅读这本书，读者不一定能够完全克服对死亡的担忧，但多多少少会释怀一些。

从对死亡的害怕中解脱出来，方得大自在。

苏德超

了。然后我将向你指出，那个犯错误的人自然是你，而不是我。我自然同意车头和车尾不是同一件事物，但我从没如此声称它们是。在我们散步之初，当我指向车尾时，我所指的并非车尾，而是整列火车。我当时说："看那列火车。"我所指称的并不仅仅是车尾，还是那个整体的、一长列的、贯穿于空间之中的事物，即火车，而车尾只是它的一部分。现在，在我们散步的最后，当我指着车头说："看那列火车。"我再一次通过指向车头而指称了火车，即整列火车——那一长列贯穿于空间中的对象——而车头只是它的一部分。所以，当我说"我现在所指的这列火车和我五分钟前指给你看的火车是同一列"时，这种说法并没有确定和明显的谬误。具体而言，我表达的并不是说车头和车尾是同一个事物。我说的实际上是，我现在所指的这一整列贯穿空间的火车，和我五分钟前所指的那一整列贯穿空间的火车，它们是同一列。而这一声明完全没错，它是对的。

正如我所言，实际上我们谁也不会犯这种错误。但我认为，这是一不小心就比较容易犯的错误，当我们考虑时间跨度中的同一性案例时，犯这种错误的可能性就会高出许多。不过，我们先继续举一个火车的例子。

假设我们在散步，而火车的一部分被挡住了看不见，挡住视线的是一座巨大的货栈（见图6.2）。我们沿着轨道散步，看见了车尾。我说："嘿！有列火车。"然后我们又散了会儿步，但由于货栈挡住了，除了它我们什么也没看见。当我们走过货栈（这座货栈可长了）时，我看见了车头，我说："嘿！快看，有列火车。"然后我问你："你觉得这列火车和之前我指给你看的那列火车，它们是同一列吗？"

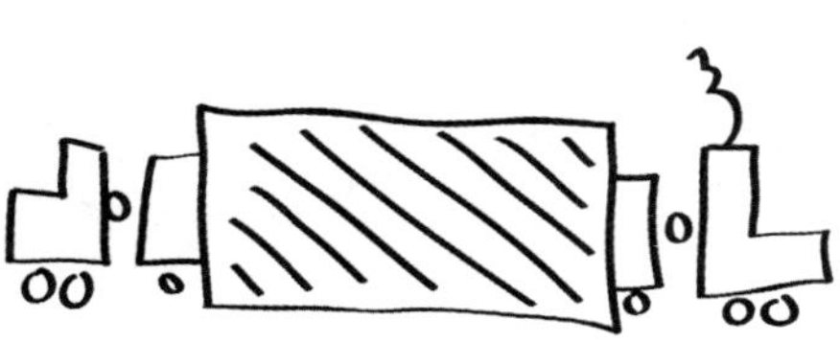

图6.2

同样，别误解这个问题，这非常重要。我并不是在问，现在所指的车头和早些时候所指的车尾是否为同一个事物。我要问的当然不是这个！车头和车尾并非同一个事物。这不是我要问的。我早先指向车尾时，所谈论的实际上是一列火车，我所指称的是一整列贯穿空间的火车。而现在，我通过指向车头来谈论一列火车，我所指称的也是一整列贯穿了空间的火车。所以，我所问的完全不是关于车头和车尾，而是火车，而我通过车头和车尾来分别指称它们。它们是同一列火车吗？或者它们是不同的火车？答案是："我不知道，我也分不清。"因为建筑物把视线给挡住了。

假设用X射线透视这栋建筑物，那么根据我们的所见，我们将得出两个不同答案中的一个。如果所见如图6.3所示，答案当然是我们看到的是仅有的一列火车（one single train）。在散步最后我所指称的那列贯穿空间的火车，和在散步之初我所指称的那列贯穿空间的火车，它们是同一列。

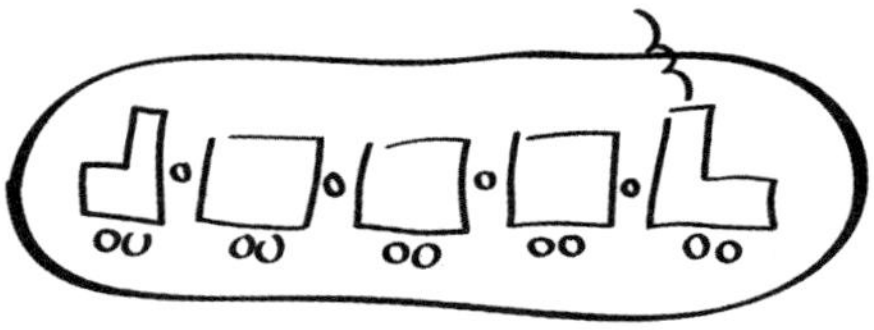

图6.3

情况也有可能并非如此。如果我用X射线透视所见如图6.4所示，那么答案将会是，这里有两列火车，而不是一列。我指向车头时所指称的那列贯穿空间的火车，和我指向车尾时所指称的那列贯穿空间的火车，它们并非同一列。

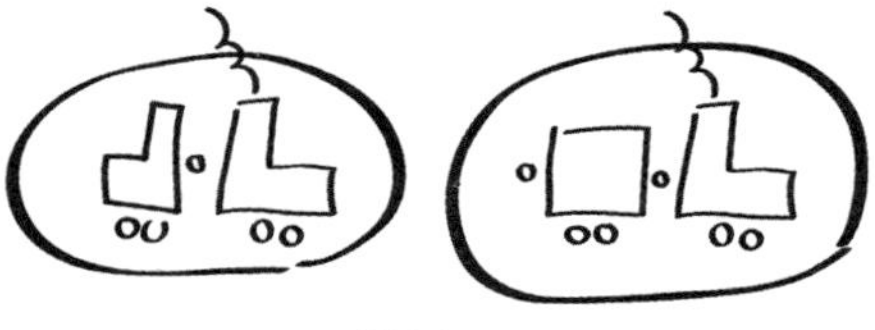

图6.4

当然，事实在于我并没有用X射线来透视，我并不知道这两个不同的形而上学假说中哪一个是正确的。但我们仍然明白了，答案如何才能为真，并了解到同一性是如何作用于火车的。

现在我们再来谈论一个稍微复杂一些的案例：汽车。我在1990年买过一辆汽车，那时我的汽车是崭新的，它新得发亮。但是开了几年后，车上就有了凹陷和擦痕。到1996年或者2000年的时候，它看起来没那么好了，车身已经不再发亮，有些地方还生了锈。这大概是汽车在2000年的情况。到2006年的时候，它有很多凹陷，引擎也有问题。这一年，我的汽车终于寿终了（见图6.5）。

图6.5

我先预设大家都理解如下声明的所指，即我在2006年所持有的汽车和我在1990年所持有的汽车是同一辆。当然，你在这里得小心，别误解了我的话。我们都知道到2006年的时候，这辆汽车上有很多擦痕，还有一侧被撞过，此时它身上伤痕累累、油漆斑驳、锈迹丛生，看起来可怜极了。与之形成对照的是，这辆车在1990年的时候表面光滑，崭新得亮眼。你也许会说，2006年时这辆汽车所处的“阶段”（stage）和1990年时所处的阶段并不相同，这有点儿像指出车头和车尾不是同一个事物。可是当我说那是同一辆汽车时，我想要谈论的并不是汽车的不同阶段，而是贯穿于时间中仅有的一个事物（a single thing）。

1990年时，我还是我那辆新车骄傲的物主，我说：“这可是辆好车。这辆车不会几分钟就完蛋，它将持续存在很多很多年。”（尽管那时候我并没有意识到它将持续存在16年，乃至更久。）当我在1990年提及我的汽车时，与所谓的汽车某个阶段或时间切片（slice）相反，我所谈论的是那个贯穿时间的对象。同样，我在2006年指向那堆破铜烂铁说道："这辆车我开了16年。"我所谈论的显然也不是汽车阶段或时间切片。我可没有经历16年长的汽车的某个阶段！汽车的某个阶段——如果我们真的要这样谈论它的话——也就以几个月或者最长一年为单位（或者也可能仅仅是几分钟，这取决于你把这些"时间切片"切得有多薄）。但当我谈论汽车的时候，我所指称的并不仅仅是汽车当前的阶段，更是那个贯穿时间的对象。当我说："这是同一辆车，我开了16年。"我的意思是："当我指向汽车此前阶段的时候，请考虑那个贯穿于时间中的对象。我在16年前指向彼时阶段时，我所指称的贯穿于时间中的对象和它是同一个。"阶段显然是互不相同的，但汽车是同一的。这是同一辆汽车。

接下来，让我们来设想一个相对复杂的案例。在2006年年底，我汽车的引擎报废了，于是我把汽车卖给了废旧品商人。假设我于2010年在废旧车场看到一辆我眼熟的汽车（见图6.6）。我说："哇！那是我的汽车。"那么它到底是不是我的汽车呢?

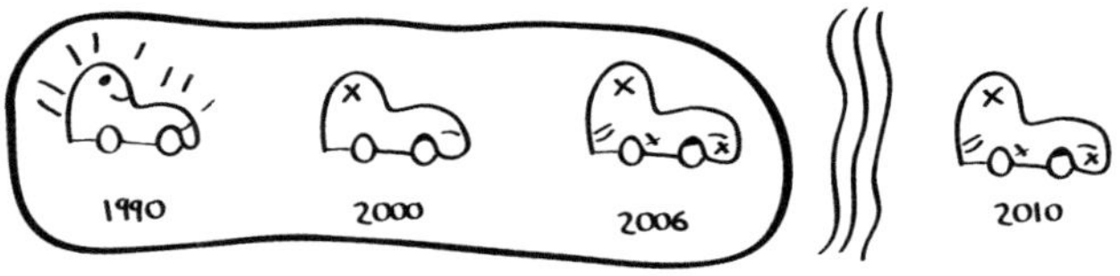

图6.6

这有点儿像我们先前讨论的问题，货栈挡住了我们的视线。可是这一次，挡住视线的并不是一栋建筑，而是一层时间的迷雾。从1990年到2006年，我每天都能见到我的汽车，这样能轻易掌握它的动态。可是到了2010年，4年的时间流逝了，而我对这期间发生的事件一无所知。所以我问，这还是同一辆汽车吗?

这一次，我想我已经不需要去提醒你们如何正确地理解我的问题了。但为了稳妥起见，我还是要澄清一下。我所提出的问题，并不是要问2010年的汽车阶段和2006年（我最后一次见自己的旧车）的汽车阶段是否相同。这显然不是我要问的。当我指向2010年的汽车阶段时，我指称的是整个贯穿于时间中的事物——一辆汽车。我所提出的问题是，那辆汽车，那个特定的贯穿时间的实体，和我过去拥有的那辆汽车（也是一个特定的贯穿时间的实体）是否相同。这才是我想要知道的。而答案是，我并不清楚！时间的迷雾挡住了我的视线。

虽然我并不清楚答案，但我知道存在着哪些可能性。一种可能性是，它确实和我的汽车是同一辆，我的汽车从废旧品商人那里辗转到了这个新场所。也许在这额外的4年里它折旧得更厉害了，但它仍然是同一辆汽车（见图6.7）。

图6.7

还有不同的可能性。在我把汽车卖给废旧品商人后，他也可能把它压扁，变成一堆金属，这就是我的汽车的最终命运了。在这种情况下，我在2010年看到的便是另外一辆有着自己历史的汽车了（见图6.8）。

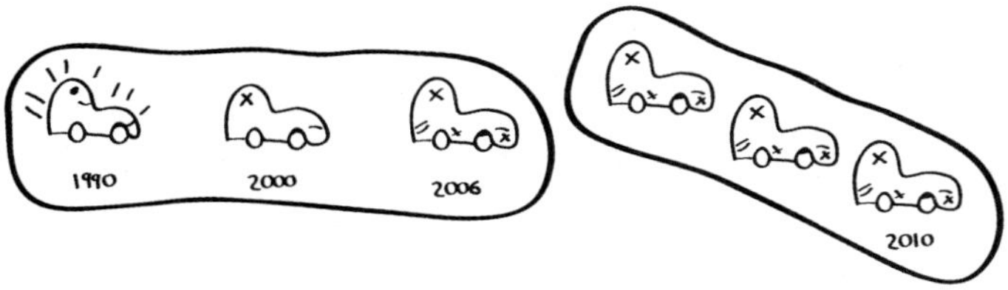

图6.8

现在我们要引进一个术语。看看图6.7，它所展示的是，我那仅有的汽车如何贯穿于空间与时间中。我在它不同阶段的四周画了一个圈，所想表达的事实是，尽管各个阶段互不相同，但我们所展示的确实是仅有的一个对象，它贯穿了空间和时间。整幅图看起来像一条虫，所以哲学家说我所画的图是一条时空虫（Space-time worm）。这当然是另辟蹊径，表达汽车本身贯穿了空间和时间的事实罢了。

当我于2010年目睹一辆些许形似我旧汽车（我在2006年最后一次见它）的汽车时，我想弄清楚的是如下问题：我所面对的是一条时空虫，还是两条？构成这辆汽车的时空虫就是构成我旧汽车的时空虫吗？当然，我们并不知道答案，也不知道必要的事实，但至少我们提出了问题。

现在关于我们已经开始讨论的形而上学的问题，事实上可以从一些不同的角度来考察。以火车为例，说火车由各种各样的车厢，比如车头、车尾等互相连接而组成，显得合情合理。一列火车有一点儿像一块三明治。从形而上学的角度来说，最基本的成分是车尾、车头和中间车厢。如果它们以恰当的方式“粘”在一起，就组成了火车。那么对于火车来说，正确的形而上黏合剂是什么呢？火车是由这些小小的车钩连接在一起的。

但这对于思考我称作“汽车阶段”的问题来说，可能并非正确的路径。当然从某些形而上的视角来看，汽车的情景和火车的情景并没有太多不同：汽车阶段便是形而上的基本成分，而汽车这个贯穿时间的物体，则由汽车阶段“粘”在一起构成了“三明治”。当然，如果我们接受了这个观点，就会问那个相关的形而上黏合剂又是什么。（形形色色的汽车阶段和火车车厢不同，它们尽管组成了汽车的整体，但没有钩在一起。所以，那个相关的黏合剂到底是什么？）但从其他形而上学的角度来看，先有汽车本身，而我们用“汽车阶段”这个说法不过是一种便利之举，通过它我们可以把汽车“切成”其基本要素。在这种观点之下，我们不应把汽车想象成三明治，它更像一根可以切开的意大利香肠。我们可以为了特定目的之便，谈论（或者创造）它的切片，这将有益于我们的目的，但是其形而上的基本要素是整条香肠。[①]

在考虑汽车的时候，我们是否应该说其基本要素是各个汽车阶段；从形而上学的角度来说，它们相互连接，像三明治一样组成了汽车？或者，我们应该认为汽车的基本要素即其本身，它贯穿时间之中，可以（为特定的哲学讨论的目的）“切成片状”来构成不同的汽车阶段？令人高兴的是，就我们的目的而言，我认为我们不需要去解决这个问题，它并不重要。只要我们能够接受整体的时空虫的说法，即汽车，又能够接受谈论它的切片或阶段，就不必询问到底哪个才是前提。两者都可以当作前提。

我也希望能够回避其他形而上学的争论。比如，我默许了如下类比，即以贯穿于时间来类比贯穿于空间。这也是我从火车这种空间例子出发，然后跳转到汽车这种时间例子的原因。有些哲学家认为这正是思考这个问题的正确路径（事物有时间组成部分，正如它们有空间组成部分一样）。但也有些哲学家认为，过度运用时间和空间的类比可能会产生误导（因为他们说，当物体贯穿于时间时，在每一个时刻整个物体都在场；而当它贯穿于空间时，在每一个给定的位置只有它的一部分在场）。这是有趣且艰深的问题，但就我们的目的而言，我并不认为需要去探究它们。

无论如何，我仍然会用时空虫的术语来帮助自己论述，即物体既贯穿空间又贯穿时间。而我也将继续把整条虫区别成形形色色的切片和阶段，要么它们组成了虫，要么可以把虫切成它们。在做出如上说明后，我一直强调的一点可以表述如下：你不应混淆组成虫的阶段和整条虫本身。阶段之间互不相同——至少数量不同，或许其质也不同——即便它们相互组成了仅有的一条虫。

可是要让不同的阶段相互连接成一条时空虫，具体需要具备哪些条件？相

---

① 这种类比（物体和各个阶段之间的关系是像三明治，还是像意大利香肠？）由加利福尼亚大学洛杉矶分校的哲学家戴维·卡普兰提出。

关的形而上黏合剂是什么？如我们所见，在火车的案例中非常容易答出是什么把车头、车尾和其他车厢粘在一起，构成了仅有的一列火车：即它们需要以正确的方式钩在一起。但这是空间组成部分的案例，而非时间组成部分的案例。如果要把“阶段”或“时间切片”粘在一起，我们该如何表述呢？以我的汽车为例子。1990年的汽车阶段何以与2006年的汽车阶段属于同一辆汽车，即同一条时空虫中？把这些阶段粘在一起的形而上黏合剂是什么？使得这两块切片属于同一辆汽车需要具备哪些条件？

我认为答案是这样的：如果它们是同样一堆金属、塑料和线路，那它们就是同一辆车。毕竟，汽车又能是什么呢？汽车不过是一些金属、塑料、橡胶和线路。这肯定已经是我汽车的全部了。我的汽车不过是其中特定的一堆，这同一堆从1990年起，到2000年，再到2006年都一直存在着。而黏合剂，即汽车处于时间流变中同一性的关键，就是那同一堆东西。（当然，如果这一堆东西被砸扁，没了汽车的样子，那么它就不足以称作一辆汽车了！对我的汽车来说，继续存活就意味着它作为同一堆东西一直保持着汽车的形态。）

但这并不意味着所有事物必须保持原子层面上的同一性，我们都知道这是不可能的。想想我的方向盘。每次我手握着方向盘驾驶时，都会带走成千上万个原子。明显的事实是，即便方向盘损失了一些原子，它仍然是同一个方向盘。那么，即便损失了这些原子，你所拥有的仍然是同一辆汽车。同样，我虽然不时地更换汽车轮胎，但是即便有这些改变，我的汽车仍然继续存在。为什么呢？因为从整体上来说，它仍然是同一堆东西。

以上讨论显然点出了一个有趣且重要的问题：可以改变多少组成部分却不至于改变一堆东西的同一性？如果这本书的主题谈论的是时间跨度中的同一性，那么这将是我们必须面对的一个问题。可我们只是通过同一性问题来引出我们真正思考的问题，即时间跨度中个人同一性的本质，所以我不会进一步深究这样的问题。我只想为你点明如下观点：即便其一部分的组成部分如原子在时间跨度中发生了改变，一堆东西的同一性仍然可以成立。即便你替换了比原子更大的组成部分（比方说头灯或轮胎），一堆东西的同一性也仍然可以成立。这正是我的汽车这一案例中的情况。我的汽车从1990年至少继续存在到2006年，其原因在于它保持了作为一堆东西的同一性。而当我于2010年在废旧品车场看到一辆汽车并问道："这是不是我的汽车呢？"问题变成了：我眼前的这一堆东西，和过去曾是我汽车的那一堆东西，是不是同一堆？我并不清楚它们是不是同一堆。但这个观念正是关键所在，这便是相关的形而上黏合剂。

由此，我们最终可以转向我们真正关心的案例了，即个人同一性的案例。我是谢利·卡根，正于2011年输入这些文字。现在，请想象某人活到了2055年，而你问道："那人是谢利·卡根吗？"我们还不知道答案是什么，为了安全起见，我们给那个阶段的某人取个名字，我们叫他"X先生"（见图6.9）。你指着X先生问道，他跟谢利·卡根是不是同一个人呢？

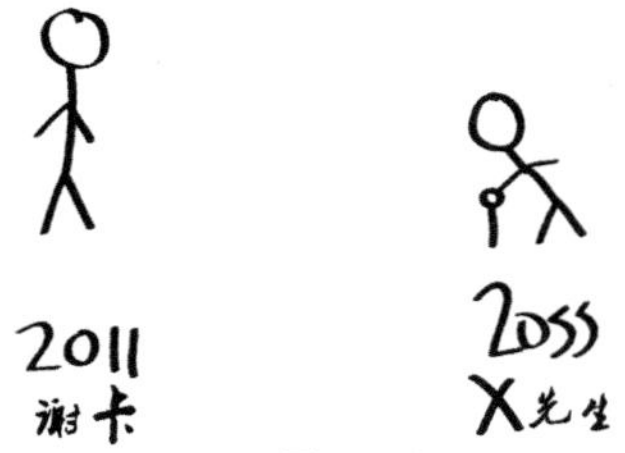

图6.9

到了这份儿上，我相信，你已经不会再犯那种我一直提醒的错误了，完全能理解问题的真正含义。我们所问的并不是人的阶段，并不是说X先生和你在2011年所指的人处在同一阶段。我们把这早先阶段的人叫作"谢卡2011"。（是不是听起来像一部计算机的名字？给我来一台谢卡2011！）结论不言自明，X先生和谢卡2011并不处于同一阶段。毕竟，谢卡2011头发茂密，有络腮胡，站得还算直；而X先生则恰恰相反，他已然谢顶，没留胡子，走路时弯腰驼背。我们所问的并不是X先生这个人的阶段是否和谢卡2011这个人的阶段相同。我们要问的实际上是：这里到底有几个人？有几个长久贯穿于时间的实体？你想弄清楚的是，X先生所属的那个人，和谢卡2011所属的那个人，是否为同一个人。

人的各个阶段显然是不同的，但通过观察不同的阶段，我们可以找出那个构成人的整条时空虫。你所问的正是那条特定的时空虫（你通过观察X先生而指称的那条），和你之前指称的那条（当你观察谢卡2011时），它们是不是同一条时空虫？

答案估计是：这取决于形形色色的阶段是否由正确的形而上方式粘到了一起。所以，我们要弄明白的一件事就是，要使两人所处的阶段组成同一个贯穿于时间的人，需要具备哪些条件。个人同一性的关键是什么？相关的形而上黏合剂是什么？如果我们可以弄清楚这个问题的答案，至少可以知道，如果要确定那是一个人还是两个人，需要去做哪些探究。

最终，我们当然想知道我是否可以在死后继续存活。我们先暂时回到一个更简单的案例：我能否活过这个周末？如何才能实现它？要活过周末，就得有某人在下周一还活着，而那个某人，必须和今天即本周四输入这些文字的人是同一个人。或者，从阶段的角度来看这个观念，即下周一得有个某人仍然处于活着的阶段，而那个阶段和当前阶段（本周四当前时刻，在我的书桌前）必须属于同一条时空虫。这些阶段必须以正确的方式粘到一起。

当然，在我们知道相关的黏合剂之前，没法判断这个问题的对错。但我预期——不仅仅是预期，我热诚地希望！——它的表述是对的。我假定下周一这里将会有个某人的阶段，它将会以正确的方式——无论这种方式是什么——与当前坐在我书桌前的这个人所处的阶段粘在一起。

假如我又问道：我能够在死后继续存活吗？我来做点儿乐观的预计，假定我能活到2040年，那时我还没到90岁呢！这可不是不着边际的乐观（这有点儿乐观，但也没乐观到不着边际）。现在我们再悲伤地假设，我的肉体于2041年死去。然后我问，2041年的时候我能够在死后，也就是说在我肉体死亡之后继续存活吗？这要如何才能成真？那么就得有个人，比方说在2045年还活着，而那个人必须和我是同一个人。同样的说法以人的阶段和时空虫等术语来表达，即2045年那个人的阶段，得和当前2011年坐在我书桌前的那个人的阶段，属于同一条时空虫（见图6.10）。

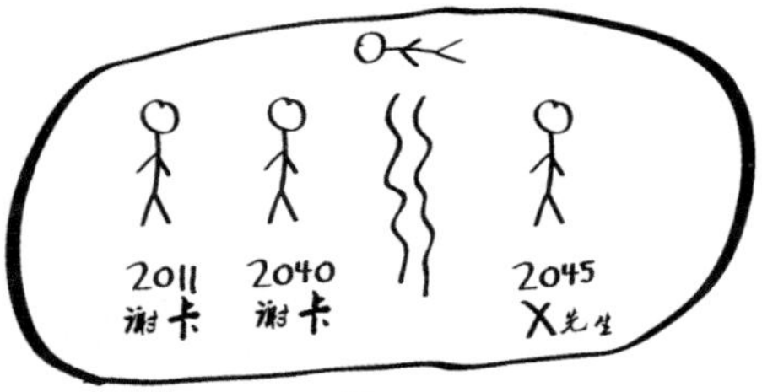

图6.10

这听起来可真不错，但这有可能吗？有可能会有某个人，即便在我肉体死亡之后，依然和我是同一个人吗？这真的有可能吗？不幸的是，我们还无法回答这个问题，至少在我们弄清楚如何在时间跨度中保持个人同一性之前，无法回答这个问题。当我们要处理的是人——既不是火车，也不是汽车，而是人——的问题时，那个相关的形而上黏合剂是什么？个人同一性的关键是什么？在我们回答这个问题之前，我们没办法说死后继续存活是极有可能的。

灵魂论（The Soul View）

假设我们相信灵魂的存在，就此自然会提出：个人同一性的形而上学，关键在于拥有同一副灵魂。

如果我是一位二元论者，我可能会说："现在坐在这张书桌前的是一具特定的肉体，但是一副特定的灵魂，即谢利·卡根的灵魂通过一种特别且紧密的方式和这具肉体相连。而下周一继续撰写此书的那个人仍然是谢利·卡根，取决于如下事实，即那仍然是同一副灵魂。只要下周一继续在这儿工作的是同一副灵魂，那么他就依然是谢利·卡根。然而，如果未来写下那些文字的是不同的另一副灵魂，那他将不再是谢利·卡根。”

如果我们相信灵魂的存在，那么如上推导便再自然不过了。它也许不是二元论者唯一可选的方案，但肯定是二元论者最可能做出的推导，即个人同一性的关键就在于拥有同一副灵魂。同一副灵魂，同一个人；不同的灵魂，不同的人。我们把这叫作个人同一性的灵魂理论（the soul theory of personal identity），或者简称为灵魂论。

那么想象上帝，或者魔鬼，或者你所知的其他神怪，出于任何古怪的原因，切断了我们肉体和灵魂之间的正常联结，然后再把线路连上，激活一个不同的灵魂，让它在下周一控制这具肉体。然后，我们再想象那个人出于任何古怪的原因——或许为了做些哲学阐释——决定下周一还是要来到我的办公室，然后撰写我的书。根据灵魂论，下周一写下那些文字的人将不会是我。为什么不是呢？因为我们刚才设定了那不是同一副灵魂，而是不同的灵魂。根据个人同一性的灵魂理论，个人同一性的关键在于拥有同一副灵魂。

根据这个观点，当我自问“我能活过这个周末吗”的时候，我所问的是：“下周一的时候我的灵魂还在吗？”只要我的灵魂仍然存在且仍在运作，那么那就依然是我，就是我还活着。事实上，看得更远一点儿，即便我的肉体在这个周末死去，只要我的灵魂继续存在，我就继续存在。毕竟，个人同一性的关键在于拥有同一副灵魂。只要我的灵魂继续存在，那就仍然是我，不管我的肉体是否还活着。

当然，正是这个原因，相信灵魂的人才主张死后至少有继续存活的可能性，我们只需把灵魂存在的信仰纳入个人同一性的灵魂理论中去即可。我们并不清楚灵魂是否在肉体的毁灭后继续存活，但这至少看起来像是一个真实的可能性。所以，即便我不能证明在我的肉体死去后，我的灵魂将会继续存在，至少我可以这么说：我有可能在死后继续存活。

相反，如果我们并不相信二元论，那么身后继续存活的可能性就不这么可观了。如果我们同意物理主义者的观点，认为人不过是一具拥有人格功能的肉体（参见第二章），那么在他的肉体死去后，他怎么可能依旧存在？死后继续存活的观念看起来十分不合乎逻辑。

我们会在稍后深入讨论物理主义者手头可选的立场，然而现在，我们还是回到灵魂论。正如我们所见，在这个观点看来，只要是同一副灵魂，我就仍然是我；如果灵魂改变了，那么我就不是我了。考虑一下以下的可能性：假设在周末的时候，周日凌晨3点，上帝在我熟睡时把我的灵魂换成了另外一副新的灵魂。他把那副新的灵魂塞进了我的肉体，然后把我所有的记忆、信念、欲望和意图都给予了那副作为替换的灵魂。假设上帝造就了这一切，那么接下来会怎么样呢？某人将会在周日的早晨醒来，说道："嘿，今天真不错。今天能活着真好。今天又是谢利·卡根美妙的一天。今天是工作的好日子。"但是这里出了岔子。他自称是谢利·卡根，但他不是。根据灵魂论，那个人不是我。根据个人同一性的灵魂理论，那个人必须得有我的灵魂才能成为我。而在这个故事中，他并不拥有我的灵魂。假设我的灵魂在周日凌晨3点被毁灭了，上帝创造了一副新的灵魂，所以那并不是我。这里确实有一个人存在着，那个人刚降生不久，也许他会活得很久很久。但他和当前正在写下这些文字的我——谢利·卡根——并不相同。因为根据灵魂论，只有拥有我的灵魂才能成为我，而在我们的设定中，那是一副不同的灵魂。

让我们来思考一下这意味着什么。如果上帝在周六晚上替换了我的灵魂，毁灭了原先的灵魂，那么我就死了，在周日早上醒来的那个人就不是我。当然，他自认为是我。他自思自忖："我和上礼拜写作哲学的那个人是同一个人。"但他错了。他和那个人不是同一个人，因为灵魂已经不同了。他已经错了，而且极为重要的一点是：他没有任何途径可以发现这一点。他可以审视自己的信念、欲望、记忆，但根据灵魂论，这些都不是个人同一性的关键，关键在于拥有同一副灵魂，而这是无从审视的，你无法看见灵魂以发现它是不是同一个。如果发生了我们假设的这种状况，在周日早晨醒来的那个人就不是谢利·卡根，不是在上一周曾写作哲学的那个人，然而他却没有任何途径可以发现这一点。

现在你需要问自己的问题是：你怎么知道这种事情昨晚没发生在你身上？你今天早上醒来，想着自己还是同一个人，还是乔、劳拉、萨莉，诸如此类，还和昨天阅读此书的那个人是同一个人。可你怎么弄明白呢？你怎么可能弄明白？如果上帝给你替换了一个新的灵魂，毁掉了原先的灵魂，然后把所有原先的记忆、信念、欲望、目标等都给了新的灵魂，那么昨天阅读此书的人就已经死了。现在阅读此书的人可没活到你的岁数，比如20岁、50岁，他在几个小时前才诞生，而你却没有任何途径可能发现这一点。

你如何弄明白，不仅仅要弄明白这样的事昨晚没有发生在你身上，更要弄明白这样的事不会每晚都发生、不会每时每分每秒都发生。上帝拽出了原先的灵魂，毁灭掉它，然后放进一个新的灵魂。说不定灵魂的寿命只有1分半钟！如果这是真的，那么根据灵魂论，人也将命如蜉蝣。肉体可以持续20年、50年、80年、100年，然而人却只能存活1个小时，或者1分钟，如果灵魂每分钟替换一次。而你将无法发现这一点。

这些质疑首先由英国17世纪伟大的哲学家约翰·洛克提出，他认为这个问题难以攻克，无法解答。[①]我们无法把这种提法当真，它说我们没有任何方法可以得知，今天明天，此时彼时，这一分下一秒，我还是不是我自己，这不合

① 约翰·洛克，《人类理解论》（*An Essay Concerning Human Understanding*），第二卷，第27章。

情理啊。这并非说这样的观点有任何不合逻辑之处，它并没有提出任何逻辑上自相矛盾的说法。你只需要问问自己："难道这就是个人同一性吗？就是说，我完全无法弄明白我是否从这一分活到了下一秒，从此时活到了彼时？"洛克认为这并非个人同一性的内涵，只要想到灵魂论所隐含的含义，你就没法把它当真。

请注意，这不是证明灵魂并不存在的论证。如果你觉得这一论证令你信服，它想要表达的是，即便灵魂存在，它们也不是个人同一性的关键所在。这一论证并没有反对二元论，它反对的是个人同一性的灵魂理论。所以我们得问自己的是，我们还有什么可取的主张？还有什么更好的提议？还有什么可能被我们指认为形而上的黏合剂，亦即个人同一性的关键所在？

肉体论（The Body View）

如果要另辟蹊径地去思考个人同一性的关键所在，最自然而然的替代提议便是：关键在于拥有同一具肉体，而不是拥有同一副灵魂。我们把它叫作个人同一性的肉体理论（the body theory of personal identity），或者简称为肉体论。请注意：即便你相信灵魂的存在，也不妨碍你接受个人同一性的肉体理论。二元论的规则中没有任何一条否定如下观念，即在时间跨度中保持个人同一性的关键是拥有同样的肉体。因此，即便你相信灵魂的存在，你仍然能够接受肉体论。从另一方面来看，如果你不相信灵魂的存在，那么除了接受个人同一性的肉体理论，你别无选择。

真实情况是，这一论断表面上具有欺骗性。对于物理主义者来说，除了肉体论以外还有别的主张可以采用。稍过几页，我们就会讨论这一主张，但首先，我们将条分缕析地考察肉体论。

在这个理论中，个人同一性的奥秘在于拥有同一具肉体。现在，我想你一定记得，在本章的前面，当我讨论如果我要活过这个周末需要具备哪些条件时，我一直指出那天是周四。假设那已经是昨天了，你现在读到的文字，是我在新的一天，即周五写下的。我们提出以下问题时需要更谨慎一些：我像刚才那样描述这个情况，是正确的吗？如果我说我和周四写下那些文字的人是同一个人，我正确吗？

根据肉体论，答案取决于当前正在写下这些文字的这具特定肉体，即这堆特定的肉与骨，和昨天写下那些文字的那具肉体是不是同一具。如果它们是同一具（顺便说一下，当然是同一具），那就是同一个人。所以，我正是昨天那个写着“个人同一性”的人，因为我和他拥有同一具肉体。这就是肉体论的观点。

此处和灵魂有所不同，灵魂是否替换了太过于神秘，根本弄不清楚，而要审视在场的是不是同一具肉体，就没那么深不可测了。尽管你并没有这么做，但你其实可以潜入我的房间，看着我的肉体入睡，直到第二天早晨醒来。你可以追踪这具肉体（follow the body），直到他坐下来开始输入这些文字。你可以在空间和时间中追踪这具肉体，并说：“嘿，你看，这和周四在写作的那具肉体是同一具。”同样，我们也可以（至少在原则上）在早先的例子中追踪汽车，然后说这是同一堆金属、线路、橡胶和塑料。我们可以在空间和时间中追踪某人，确认他是同一具肉体。如果这是同一具肉体，那就是同一个人。这便是个人同一性的肉体理论。

现在假设我们接受了肉体论，然后转向如下问题：我能否在死后继续存活？我能否在肉体死亡后继续存活？乍看之下，答案似乎必然是：“当然无法继续存活。”当我的肉体死去后，它就开始腐烂。它慢慢分解，变成微粒融进土里，诸如此类。我的肉体彻底分解要花去数年、数十年，甚至数百年，但一旦我的肉体死去后，它就不复存在了。既然我要继续存活就得有某人是我，而“某人是我”的条件是他拥有和我一样的肉体，那么我怎么可能在肉体死亡后继续存活？如果我要在肉体死亡后继续存活，那么我的肉体就必须依然存在，但它并不在场！所以，我没法继续存活。乍看之下，这便是应有的结论。

但是再看一看，肉体死亡后的继续存活至少还有一种逻辑上的可能性。我只需把我的肉体复原，即让肉体复活。现在我不会深究我们是否该相信肉体复活确实会发生的问题，我不过是想提醒大家注意，有一些宗教传统会教导并信奉这种可能性。尤其值得提及的是，早期的基督教就有信条类似于个人同一性的肉体理论，相信肉体复活将会在审判日这一天或之前发生。无论如何，神施行奇迹，把所有相关的微粒重新聚合，转化成我的肉体。我们肯定都能很好地理解这种可能性，即到了审判日，同一具肉体就复活了同一个人。值得强调的是，即便我们不相信灵魂的存在，只要我们愿意认同肉体复活，仍然能相信死后，也就是肉体死亡后继续存活的可能性，至少看起来是这样的。

让我们再深入考察一下。如上的讨论中，假设上帝在审判日重新聚合的肉体将仍然是我的肉体，这真的对吗？我倾向于认为这是对的。如果上帝把组成我肉体的所有特定微粒都集聚起来，以正确的顺序重新组装它们，比如把这个钙原子放到那个氢原子旁边，诸如此类，那看起来就应该是我的肉体了。（当然，关键在于上帝要以正确的方式重组那些微粒；如果他用一辆汽车的微粒重组我的肉体，那么得到的显然就不是我的肉体。）

以下这个类比会让你明白这些讨论的意义。假设我的表罢工了，我把它带到钟表匠处。为了清洁并修理它，钟表匠会把它拆开。他拭去了齿轮上的锈迹（现在的手表里面还有齿轮吗？我们想象那是一只老怀表），清洁了所有部件，把它们擦亮又打光，然后再把整个表组装回去。一周后，我回来问：“我的表呢？”然后他把它递给我。到目前为止一切都十分顺利。

现在再想象我对钟表匠说：“等等，伙计，没那么快。这不是我的表。它确实是由与我的表全部同样的部件构成的，那些部件确实都以我的表的顺序组装在一起，但它仍然不是我的表。”这么说听起来就大错特错了。相反，在我看来，这个例子中正确的说法应该是：那就是我的表。（当然，我的表被拆开了一段时间。我们也许可以说，我的表在那段时间里并不存在，但我并不确定。令人高兴的是，它又被重新组装回来了。既然这样，那就还是我的表。）

如果在表的问题上这才是正确的说法，而且据我所见这确实是正确的说法，那么上帝在审判日也可以做到同样的事情。他可以拿着构成我们的微粒，它们已然散布在地球各处，然后重新把它们组装回去，说："哈！这就是你的肉体。"如果个人同一性的肉体理论成真，那么，那将是我。至少在我看来是这样的。

但我们还得顾虑另一个不同的例子，这个例子似乎与这个观念，即肉体可以分解又重组的观念相左。当代的形而上学者彼得·范·因瓦根曾提及过一个例子。假设我的儿子用积木搭出了一座精巧的塔，这座塔实在是令人惊叹。[①]他说："妈妈回家的时候让她看看。"然后他就上床睡觉去了。在他睡觉后，我开始打扫房间，接着……糟糕！我把塔给碰倒了。我说："天哪，他要生气了。我答应他会小心的。"我要做的便是拿起积木再把塔搭起来，我搭出来的塔和我儿子搭的有着同一个形状和同一种结构。事实上，我非常小心——也许每块积木都有标号——我让每块积木都回到了我儿子第一次搭塔时放的同一个位置。

好了，我搭（或者重搭）好了塔。我妻子回家后，我说："看看我们儿子搭的东西。这是我们儿子搭的。"嗯，这听起来可不对。那不是我儿子搭的塔，那是我搭的塔。那是一座复制出来的（duplicate）塔。当然，如果我儿子醒来，我不告诉他真相，他也不会知道那是一座复制品。但是，当你把一座积木

① 彼得·范·因瓦根，"The Possibility of Resurrection"一文，载于*The Possibility of Resurrection and Other Essays in Christian Apologetics*（西景出版社，1997）一书。

塔打散然后再一块块搭回去，那搭出来的塔和你开始搭时复制的那座塔就不是同一座了。这就是范·因瓦根的观点，我得承认我认为他说得很对。如果我指着那座塔说“这是我儿子搭的”或者“那和我儿子搭的塔是同一座”，那么我就说错了。

因此范·因瓦根总结说，如果你有一个事物，你把它拆开，然后重新组装回去，你此时有的和你一开始有的就不再是同一个事物。即便审判日来临，上帝重组了所有微粒，复活了肉体，那也不再是你一开始所拥有的肉体了。如果个人同一性的关键在于拥有同一具肉体的话，那么这将不是同一个人。审判日来临，我们得到的不过是自己的一个副本，不是自己。这就是范·因瓦根对肉体以这种方式复活的反驳。

我不得不承认，我不知道该怎么回答这些形而上的问题。在考虑积木塔的案例时，我发现自己倾向于认同范·因瓦根的观点，认为那不是我儿子搭的塔；但在考虑表的案例时，我发现自己认为那就是同一块表。所以，我所能做的就是邀请你来思考一下这两个案例，然后问问自己，我们应该采纳什么样的观点。当然，对于那些认为前后两座塔是同一座的人来说，这里不存在任何问题。这种情况下，我们可以说表和积木塔两个案例中，重组后的事物仍然是同一个。由此，如果我们重组肉体，那依然是同一具肉体。同样，如果有人认为范·因瓦根关于积木塔的观点是正确的，基于此也认为他可以就表得出同样的结论，即重组后的表不再是同一块表，那也不存在任何问题。这样的人简单地认为肉体复活不能塑造同一具肉体，审判日醒来的也就不再是我了。

倘若你像我一样，在表和积木塔这两个案例上持不同的观点呢？我们能否在案例之间找出些重要的区别，说你重组一块表时，表还是同一块表，而你重组一座积木塔时，它就不再是同一座塔了呢？显然，一个重要区别并不足以支撑这种主张，我们需要一个充分的解释，来说明为什么这两件事物在重组的案例中以不同的机制运作。然后我们当然还应该深入考察肉体复活的案例：重组一具肉体到底更像表的案例，还是更像积木塔的案例？

我不得不承认，我并不清楚这些案例的最佳结论是什么。我倾向于认为：重组表，还是同一块表；重组积木塔，就不再是同一座塔了。也许其中有某种区别，但是我并不清楚。我没有一个清晰的理论来说明这种区别，由此我也没法断定，一具重组的肉体，到底是同一具肉体还是不同的肉体，我真的不知道。这个形而上学的难题等待着任何对阐明同一性理论有兴趣的人去解决。

一旦我们能阐明这一形而上学的理论，看似还是有可能去断定说，复活的肉体将会是同一具肉体。所以，我假设至少存在着肉体复活发生在我身上的可能性。

当我们接受肉体论时会得出什么结论？死后还可能有人存活吗？我还能够在自己的肉体死去后继续存活吗？就我所见，这种可能性仍然存在，尽管这条求知路上挡着一些未解之谜，令我看不透去路。我得提醒你，这并不是说我相信审判日将会来临，而上帝将在那一天重组人们的肉体，但至少这看起来像是一个合乎逻辑的可能性。

我们来完善一下肉体论。根据这个理论，同一个人得拥有同一具肉体。当然根据我们对日常事物的考量，我们知道事物要保持同一性并不需要在每一个最细微的部分都保持同一。我已经提醒你注意，我每次开车都会从我汽车的方向盘上刮走许多原子，但这没问题，它仍然是同一个物理对象。即便损失了一部分，也完全无损于方向盘的同一性。同样的道理当然也适用于肉体。当你被太阳晒伤时，你的皮肤会脱落，你会失去你肉体的一些原子，但这并不要紧，你还拥有同一具肉体。如果肉体是个人同一性的关键，即便我们常常得到或失去原子，也无须在意。

现在设想某人减去了大量的体重，她的感受也不同。人们对待她的方式有所不同了，她甚至可能感受到自己有所不同了。我们甚至可以不太严谨地说，仿佛她已是“一个全新的人”。但严谨说来，我们并不认为她真的成了一个全新的人。这可不像我们说：“可怜的琳达，她去那个水疗会所减了50磅（约22千克。——编者注）后死掉了。活着的是另一个拥有琳达所有儿时记忆的一个仿造者。”我们并不会说那是“一个不同的人”。我们会说：“那是同一个人，她减了很多体重。”

显然，这对肉体论并不成问题，就肉体论而言，问题在于是否为同一具肉体。那仍是琳达的肉体，即便她减去了那么多体重。同样，你在吃完晚饭后也仍然是你的肉体，即使一些新的微粒被你的身体吸收了，而它们之前并不在你的肉体中。因此，肉体中发生的一些改变，完全无损于肉体的同一性。

当然，这不意味着所有改变都适用。假设琳达上床睡觉，而我们在夜半时分把她的肉体分解成原子，然后给她放上一具新的肉体，那就发生了百分之百的改变，这显然就改造得过头了。但是，一些相对细微的改变是可以接受的，体重减少导致的较大改变看起来也不成问题。

什么样的改变会影响肉体的同一性，什么样的改变则不影响呢？尤其是我们如果把肉体当作个人同一性的关键，应该如何看待这个问题呢？在回答这个问题的时候，我认为肉体的各个部分并不具有同等的重要性。比如，你减去很多体重，减去了你肚子上的肥肉，那不成问题，你还是同一具肉体。

这里还有一个我喜欢用的例子。在《星球大战》电影中，黑武士亮出他的光剑，砍下了天行者卢克的一只手。“卢克，我是你的父亲。”黑武士缓慢庄重地说道。“不！”卢克尖叫道，他的手就“唰”地落了下去。但在紧接着的下一幕中——这总是令我惊叹不已——卢克的肉体接上了一只人造手，然后他们再也没有提过这件事！没人说：“噢，可怜的卢克，当黑武士砍下他的手后，他就死了。”

显然，并不是肉体的所有部分都至关重要。你在失去一只手后仍然能够继续存活，身体还是同一个，除却它少了一只手。假设黑武士的光剑对准上面砍下了卢克的整条手臂，那么卢克还是他自己，那还将是卢克的身体；或者做更坏的假设，黑武士砍下了四肢，那么卢克还是他自己，因为那仍然是卢克的肉体，即便它没有了手臂也没有了腿。

那么，身体到底哪一部分是至关重要的呢？现在假设卢克的大脑被毁坏了，在我看来，我们就会做出非常不同的论断了。假设黑武士使用原力——当然是黑暗面的原力——把天行者卢克的大脑变成了豌豆汤，我认为我们会说："唉，卢克不在了。"即便他们事后给他配上一个人造大脑，一个替代大脑，然后接通大脑和身体，那也不再是卢克了。

所以，肉体论的一个改良版本如下。根据这个版本，考虑个人同一性的关键问题在于是否拥有同一具肉体，但并非肉体的所有部分都具有同样的重要性。肉体最重要的部分是大脑。为什么是大脑呢？毫无疑问，这是因为（我们现在已经知道）大脑这个身体器官是我们所谓的人格（personality），即你的信念、欲望、记忆、恐惧、野心和目标等的居所。它们被容纳在大脑中。所以，大脑的这一部分是肉体保持个人同一性的关键所在。

这便是我倾向肉体论的最佳版本。我们可以零星地在各处找到这个想法，即"大脑即关键"的例子。让我来和你们分享一个。这是我兄弟几年前从网上找到并发给我的一个段子。据说它来自一场真实的审讯，其间一位律师盘问了一位医生。我并不知道这个段子是真的，还是什么人捏造出来的，但据称它是真的。

问：医生，在你验尸前，你查验过脉搏吗？

答：没有。

问：那你查验过血压吗？

答：没有。

问：那你查验过呼吸吗？

答：没有。

问：所以，当你开始验尸时，病人还有可能活着了？

答：不可能。

问：医生，你凭什么这样肯定？

答：因为他的大脑放在我桌上的罐子里。

问：即便如此，病人是否还有可能活着？

答：是有可能，他可能在哪里活着当律师。

这个段子的好笑之处在于，那个律师显然是个白痴。可为什么这个律师“明显”是个白痴呢？因为我们都认为“失去一只手，人可能还活着；失去一条手臂或一条腿，他也许还活着；但失去大脑，他就肯定活不下去了”。这甚至称不上哲学证明，它表明的不过是我们深信身体的关键部分是大脑。

我们来思考一下持有这种观点的含义所在。假设我们采纳了肉体论的这个版本，而我接受了肝脏移植手术。医生就在这里取出了我的肝脏，然后把琼斯的肝脏放进我的身体。那么，虽然我接受了肝脏移植手术，但我还是我自己。再假设医生取出了我的心脏，然后把琼斯的心脏放进去。那么，虽然我接受了心脏移植手术，但我还是我自己。再假设医生取出了我的肺，然后把琼斯的肺放进去。现在我接受了肺脏移植手术，可我还是我自己。最后，假设医生取出了我的大脑，然后把琼斯的大脑放进去。我接受大脑移植手术吗？不是的！事实上是琼斯接受了肉体移植手术。或者更准确地说，是躯体（torso）移植手术。如果我们接受肉体论的这个版本，就会认为，肉体保持个人同一性的关键部位并不是同一具躯体，而是同一个大脑。正如我们接受个人同一性的灵魂理论，就会说“追踪你的灵魂”（follow the soul）一样，如果我们接受个人同一性的肉体理论之大脑版本，就会说“追踪你的大脑”（follow the brain）。同一个大脑，同一个人；不同的大脑，不同的人。

正如我所说过的，我认为这可能是肉体论的最佳版本，但并非所有肉体论者都同意这个观点。比方说，有些肉体论者就认为肉体的关键部位是躯体。[①] 所以，如果你想要追踪自己，就得追踪躯体，而不是大脑。我并不认同这种观点。至少就我接受肉体论的基调而言，我倾向于认为你应该追踪大脑。即便躯体论者认为当你接受大脑移植手术时，你其实是接受了大脑移植手术，因为躯体还是同一具；但在我看来，当你接受所谓的大脑移植手术时，更合理的说法是另外那个人接受了躯体移植手术。如果你要追踪自己，你就得追踪大脑。

那么多少比例的大脑是必需的呢？我们是否需要整个大脑？也许不是，毕竟我们已经发现，其他肉体部位并不是人格居所的必要部位，我们并不需要追踪它们。我们可以自问，我们需要用整个大脑来容纳人格吗？

科学研究表明，大脑中有很多冗余部分，即便失去你的一部分大脑，你仍然是一个正常运作的人；尤其是左右半脑间有很多冗余部分。这是否意味着你可以毁掉半个大脑，却不会影响人体的正常运作，也不会导致你丧失自己的人格？可悲的是，事实并非如此。我们的左右脑并非所有的东西都是冗余的。

但是，我们假设确实有一半是冗余的。就像科幻小说中一样，设想我们的演化使一半大脑变作了备用安全器官，任何一半大脑都足以保证我们正常运作。现在，我们再深入考虑一下大脑移植手术的情况。

版本一：一场事故牵连了史密斯和琼斯。琼斯的躯体毁坏了，但他的大脑完好无损；史密斯的大脑毁坏了，但他的躯体完好无损。我们取来琼斯的大脑，把它放到史密斯的躯体里，接回所有线路，然后某人苏醒了。他是谁？如果我们追踪大脑，那是史密斯的躯体和琼斯的大脑，所以苏醒过来的是琼斯。

版本二：发生了另一场可怕的事故。琼斯的躯体毁坏了，就像版本一一

① 该论点由约翰·佩里的*A Dialogue on Personal Identity and Immortality*（哈克特出版社，1978）一书的主人公格特鲁德提出。当然，关于肉体理论有许多其他观点，在此不予赘述。

样，但这一次他的左半脑也毁掉了。令人高兴的是，他的右半脑完好无损。而史密斯的躯体还完好无损，但他的整个大脑都损毁了。我们把琼斯的右半脑放进了史密斯的躯体，正确地接通所有线路，然后某人苏醒了。他是谁？他是琼斯，因为我们追踪大脑。或者更具体地说，是追踪足以赋予你人格，即各种记忆、信念、欲望等的那部分大脑。要说一半大脑就足以赋予你人格，这可能不是真的，可假设一半就足够了，那么醒来的就是琼斯了。

所以，物理主义者可以这么说："个人同一性的关键在于肉体，保持个人同一性就在于保持肉体的同一性。"然后，我倾向于补充说，肉体论的最佳版本是大脑版本。这当然是物理主义者能够接受的一个立场，而且这个立场也可为二元论者所接受。毕竟，即便灵魂真的存在，灵魂观也不一定推导出它们是个人同一性的关键。虽然灵魂存在，但也许肉体的同一性（尤其是大脑的同一性）才是个人同一性的关键。

这是物理主义者和二元论者都可以接受的观点。但正如我先前提过的，物理主义者（对二元论者也是如此）可选的不止这一个立场。即便灵魂并不存在，我们也不必认为肉体的同一性才是个人同一性的关键。我们可以认为，个人同一性的关键在于人格的同一性。

人格论（The Personality View）

我们先回到洛克对个人同一性的灵魂理论的质疑中去。他要求我们想象一个灵魂不断被替换的案例，而其中记忆、信念、欲望、目标、野心和恐惧始终保持一致。即便灵魂确实不断地改变，我们也难以承认这个案例中的人不具有同一性。为什么我们这么肯定地认为这是同一个人？大略来说，因为其人格始终是同一个。

我们再深入思考一下肉体论。我表明过肉体论的最佳版本是大脑观，可它为什么合情合理呢？为什么我们不能说天行者卢克在失去他的手后就死去了？很明显，那是因为大脑是肉体中人格的居所。确实，我甚至还表明你可能并不需要整个大脑，只要足够的大脑就可以了。但是多少才足够呢？只要能存下人格就足够了。

假如我们认为此处真正重要的是人格，为什么我们不可以直接这样来表述呢？为什么不说个人同一性的关键在于人格？为什么不说假如某人拥有和我同样的信念、欲望、目标、记忆等，简而言之，拥有同一个人格，那他就是我呢？所以，这一新的提议认为，个人同一性的奥秘在于人格的同一性，而非肉体的同一性。我们把这个观点叫作个人同一性的人格理论（the personality theory of personal identity），或者简称为人格论。（需要说明的是，在如是陈述这个观点时，我把“人格”这个词用作一个术语，用来方便指代信念、欲望、记忆、目标等的总和。）

现在，请时刻记着，这个新观点，即人格论，可以相容于物理主义。毕竟，我们没说过，为了拥有人格，你得拥有一些非物质的东西。作为物理主义者，我们可以说任何既定人格的基础在于以特定形式运作的肉体。即便如此，保持个人同一性的关键还是在于拥有同一个人格，而不是拥有同一具肉体。当然，拥有同一个人格最常见的方式就是拥有同一具肉体。假如我们继续问：“那行使形而上作用的是什么？保持个人同一性的关键是什么？”我们可以说，即使肉体的同一性能赋予我们同一个人格，但个人同一性的根本仍在于人格的同一性。

那么，还有没有其他方式获得人格的同一性？即某种不通过拥有同一具肉体就获得同一个人格的方式？也许有吧。假设我罹患一种可怕的疾病，医生把这个可怕的消息告诉我，说我的病最终会把我的大脑变成豌豆汤。幸运的是，在病情恶化到这一步之前，他们可以取出我所有的人格，然后把它们植入一个人造的替代品大脑中。就像你可以拥有人造心脏、人造肝脏或是人造肾脏那样，你也可以拥有人造大脑，并把相关的人格刻录上去。所以，在我的大脑变成豌豆汤之前，他们会取来一个人造大脑，赋予其我的人格。它会拥有所有和我相同的记忆、信念、欲望、恐惧和目标。

显然，至少在今天，我们离做到这类事情还非常遥远。这不过是一个科幻故事，但它展示了肉体和人格如何能够分离。至少在原则上，我们似乎可以不通过拥有同一个大脑来拥有同一个人格。如果个人同一性的关键确实是人格的话，那么换过人造大脑的那个人将还是我。

不管怎么说，我要强调的是，即便我们是物理主义者，我们仍然可以接受个人同一性的人格理论。而作为物理主义者，我们当然会坚持说，这一切都有着物理的解释，即通常和肉体挂钩，以此来解释我们为什么有着自身的人格。但即便如此，个人同一性的关键仍在于拥有同一个人格。

同时值得注意的是，即便是二元论者也可以接受人格论。比如，相信灵魂存在的现代人格理论之父洛克，在他看来，个人同一性的关键就不是灵魂。所以，你也许认为当物理主义者认为人格存在于肉体，或者基于肉体时，他就错了。因为你是一位二元论者，认为人格存在于非物质的灵魂。然而，即便如此，二元论者可以既不违背自身教义，又认同个人同一性的关键并不在于拥有同一副灵魂，实则在于拥有同一个人格。我们再次回到洛克的例子。即便上帝每十分钟替换一次我的灵魂，只要他每次这么做时都把同一个人格刻录在替换的灵魂上，那个人就仍将是我。（所以情况就变成了，即便灵魂始终被替换，它也和上帝替换我部分原子那样无关紧要。）简而言之，个人同一性的人格理论既可以被二元论者接受，也可以被物理主义者接受。

现在我们来理一下思路，我们已经列举了个人同一性的三种基本理论，有灵魂论，有肉体论，还有人格论。我们还没有尝试——或者说苦苦尝试——在它们之中做出选择，但最终这是我们需要做的，我们会在下一章中做出选择。

而现在，我们先完善一下人格论。

我相信我们都同意如下观点：即便身体的一部分有去有来，我们仍然能够拥有同一具肉体。有些原子会加入，有些原子则会失去。天行者卢克失去了一只手，萨莉阿姨换了一个骨盆……但并不是所有的肉体改变都会产生新的肉体。（当然肉体在质的方面并不等同，但在数量方面是等同的，即还是同一具肉体。）

而在人格方面，我们的观点也是类似的。即便你人格的某些成分发生了改变，你所拥有的还是同一个人格。毕竟，我对“人格”的定义是信念、记忆、欲望、目标等的总和。我现在有的种种记忆很多都是我在10岁时没有的。比方说，我还记得我结婚的情景，而我在10岁时肯定还没结婚。那么，人格论者会说：“噢哦，这是一个不同的人格。那个曾经是孩子的人不再存在了，那个人死了。他结了婚，改变了记忆，就死了。”如果我们接受这个说法的话，那我们的生命就非常短暂了。毕竟，我现在也有些“我”在2小时前所没有的记忆，还有些“我”在20分钟前，甚至15秒前所没有的记忆。如果每一段新的记忆都给你带来一个新的人格，且我们接受人格论的说法，认为拥有同一个人格是继续存活的关键，那么没有一个人可以活过几秒钟。

下面大概将是人格论的最佳版本，它不要求人格总是拥有同一套信念、记忆、欲望等的总和。相反，只要有足够的重合（overlap）部分就满足条件了，只要改变是渐进的就行。

你的人格可以随着时间的推进而改变和发展（evolve）。当我还是个10岁的孩童时，我也有特定的欲望、回忆、信念。随着年岁的流逝，我获得了一些新的记忆，也失去了一些过去的记忆，我对某些事物改变了看法；我获得了新的信念，同时也失去了一些过去的信念，我的目标也发生了改变。比如说，当我10岁时，我想长大后成为一名垃圾清理工。（那是我选的第一个职业！）但在成长的某个阶段，我放弃了那个目标，不再想成为一名垃圾清理工。同样，当我10岁时，我对幼儿园有着历历在目的记忆，而现在我对幼儿园的记忆已经非常模糊了。但这并不是突然之间发生的，它是渐进的。因此我的记忆、信念、欲望始终都在改变，但关键的是，它们都在渐进地改变着。比如说，我在人生中失去了很多记忆，但它们从来都不是突然一并丢失的。我的人格随着年岁的流逝而缓慢地发展着。所以，当人格论者认为个人同一性的关键在于拥有同一个人格时，他们的意思并非说你得拥有完全相同的一套信念、欲望等，而是同一个缓慢发展中的人格。

我们来看一个类比。假设我有一条绳子，可以从房间的一头一路拉到房间的另一头。这当然是单独的一条绳子，这一头和另一头是同一条绳子上的。而绳子是由什么组成的呢？如你所知，绳子基本上是一捆纤维，这些极细的纤维以特定的方式编织在一起。有趣的是，那些纤维本身其实没有那么长。它们可能有几英寸长，至多一英尺长。所以，没有任何一条单独的纤维可以一路拉到头；或者，即便有少数几条确实一路拉到头了，但大部分纤维并非如此。这一事实使我们不得不问："啊，所以头尾并不是同一条绳子吗？"不是的，我们完全不必认同这样的说法。我们所认同的其实是，只要这些纤维以互相重合的模式延续下去，那么就是同一条绳子。在某些点，一些纤维就到头了，但大部分的纤维仍在继续延伸，一些新的纤维又会加入，它们也会持续一段距离。最终也许这些纤维到头了，但同时新的纤维一直在加入。我们可以让老的纤维停止，新的纤维开头，只要这一过程并不突兀，那么就还是同一条绳子。反过来想，我取出我的剪刀，从中间剪掉了一英尺，那么我们就得承认这不再是正确的重合和延续模式了。我们事实上将得到两条绳子：一条在这头，一条在那头。假使反过来说，正确的重合和延续模式依然存在——只要我没有去剪绳子，这就是我们原有的情况——那么，那就是同一条绳子，从房间的一头一路拉到房间的另一头，即便它没有一根纤维能够单独从头拉到尾延续着。

人格论者需要做出这样的类比。即便和10岁的时候相比，我没有或只剩下很小的一部分记忆仍然和那时相同，这并不成问题，我们仍然可以说这是同一个人格，同一个发展的人格，只要其重合和延续的模式一直存在。新的记忆会加入，而有些记忆则会失去；新的目标会加入，而有些目标则会失去；新的信念会加入，而有些信念则会失去。即便有的话，也只是很少数的信念、欲望或目标会从小持续到老。但只要正确的重合和延续的模式一直存在，我们就拥有同样的人格。而根据人格论，保持人的同一性只要求我们拥有同一个人格，我们不必留存任何特定的信念、欲望或是记忆。

|第七章|

两种理论之间的选择

两个案例

在上一章中，我介绍了关于个人同一性的三种对立的理论：灵魂论、肉体论和人格论。但是，哪一种是正确的呢？因为我本身不相信灵魂，所以要说我不支持灵魂论，你们一定也不会很惊讶。所以，对我来说，这个问题就变成选择肉体论还是人格论。当然，在现实生活中，肉体和人格是形影不离的。至少，在一般情况下，如果我们有同一具肉体，就会有同一个人格，反之亦然。所以，两种理论都会说那是同一个人。再者，不论真假，如果你相信灵魂的话，你可能也会相信，这两种案例中讨论的是同一副灵魂。所以，普遍来说，在且仅在你有同一具肉体的时候，或者在且仅在你有同一个人格的情况下，你会有同一副灵魂（如果确实有灵魂的话）。简而言之，一般情况下，三种理论可能在判断你是否为同一个人的时候结论一致。

因此，如果我们想弄清楚三种理论中哪一个才是理解个人同一性的关键，就需要考察一些案例，也许那是稍许离奇的科幻小说情节。其中，肉身与人格不再形影不离。在我们要讨论的情况中，可以说肉体和人格天各一方。（因为我不相信人有灵魂，所以我不担心它们去哪儿了。）

接下来我要开始分析了。我会告诉你一个故事，在这个故事里最终你的身体处在一个地方，而你的人格待在另外一个地方。

我请你去思考这两个最终产物（resulting end product）到底哪个是你。一旦你决定哪个是你，就能知道你接受的是肉体论还是人格论。

那么，指导原则是什么呢？这有点儿令人毛骨悚然：我要折磨两个最终产物中的一个。（不是在现实生活中！这是一个科幻故事。）我会问你，你想让哪个被折磨？或者更恰当的说法是，你想让哪个不被折磨？我会假定，对你来说，不被折磨才是迫切的！那么，通过了解你想保护谁，将有助于我们发现你认为哪一个是你自己。

当然，我必须确定你的思维方式正常。我不认识你，但你很可能是一个正派、有同情心的人，而且你不想任何人被折磨。如果我对你说："啊，我要折磨那边的琳达。"你很有可能说："别，别。不要折磨琳达。"像我说的那样，你是一个足够正派的人。不过，如果我对你说："我要折磨你。"你肯定会说："别，别！不要折磨我！"你说这话的时候，声音里会存在某种细小的额外的东西，对吧？

当我在讲故事时问你："好，你想谁被折磨，这个人或那个人？"我请你考虑那个细小的额外的东西，我要你从一个我们都熟知的独特的利己主义角度去思考这个问题。如果必须有人被折磨，你希望是哪个？你真正关注的人是谁？这就是引导我们在两种对立的理论间做出选择的原则。

那么，请先把折磨别人或者同意折磨别人而可能产生的道德顾虑暂时放到一边。现在就我们的目的而言，相关的想法是这样：如果我把你和一个陌生人拖到我隐秘的实验室去，然后问你想让我去折磨谁，你或者那个陌生人？你的回答应该是折磨那个陌生人。"让那个人受折磨"应该是你的答案，你说："别折磨我。"我希望你可以这么来思考我接下来要讲的故事。

然而事实上，我要讲的故事是关于我自己的，即谢利·卡根。这样我更容易进入角色。但是，像往常一样，我想请你在思考这个故事的时候身临其境地代入自己，这样可能更容易触发相关的直观反应（intuition）。

好，那么，接下来就是第一种案例。[1]疯狂的科学家劫持了我，他说了以下的话："你可以看出来，我已把你囚禁了。如果你往那边看，在实验室的另一端，你会看到我的另一个囚犯，琳达。为什么我要劫持两个人呢？因为我一直在研究意识转移机器，我准备试试这个机器。我要把你们俩跟我的机器接通，然后互换意识。更准确地说，我要这么做：首先，我将读取你大脑中的记忆、信仰和欲望（等等），接着把你的大脑完全'擦洗'干净，不留下你之前的信仰和欲望一丝一毫的痕迹。然后我将读取琳达大脑中的记忆、欲望和信仰（等等），过后也擦洗干净。接下来，我要把琳达的记忆和信仰等电子传输到这儿，植入这个大脑，也就是你的大脑。然后我将你的记忆、信仰等移植到那边琳达的大脑里。当然，我进行这些程序之前会让你俩昏迷。你以为我是什么，恶魔吗？但是接下来，之后你醒来的时候，你将在那儿醒来，在琳达的身体里。"

疯狂的科学家接着说："想想你在那儿醒来的时候会发生什么吧，就在实验室的另一端。起先你会很困惑。你会说，'我在这个新的身体里做什么？我的胡子怎么了？我为什么会用女人的高音说话？'但最终你会缓过神来。你会说，'哦，我知道了，是这个科学疯子劫持了我，他还置换了我们的意识。不会错的，我，谢利·卡根，栖居在琳达的身体内。我想那个机器确实管用！'哦，对我来说，那将是多么辉煌的时刻啊！"疯狂的科学家哈哈大笑："我的所有努力都将被证明是正确的。"

在我理解他说的话的时候，疯狂的科学家停了一会儿。我最后明白他的意思了。在他对我俩进行操作之后，我们会醒过来。处在这儿的人将拥有我的身体——谢利的身体——和琳达的人格，那个人会想："我——琳达——怎么会到这儿来？我怎么会有胡子？我怎么会到谢利的身体里了？"在那儿醒来的

① 在此我要举的两个例子，均来自伯纳德·威廉姆斯。他是一名英国哲学家，于几年前逝世。在*Problems of the Self*（剑桥大学出版社，1973）一书中，他于"The Self and the Future"此篇文章中举了这两个例子。

人，就在实验室远远的另一端，将拥有琳达的身体和我的人格，即谢利的人格。那个人会想：“哦，我猜我——谢利——终究还是被传输到琳达的身体里了。”

一旦科学疯子确信我懂了，他继续说道：“那么一旦传输结束，我就会折磨你们中的一人。毕竟，我不只是一个科学疯子，还是一个邪恶的科学疯子，我会折磨你们中的一人。但是，因为我是一个大度而邪恶的科学疯子，我会给你一个选择。告诉我，我应该折磨谁，这由你决定。”

现在，在思考这个故事的时候，我再一次请你们从第一人称的角度去思考，所以是你们遭遇所有的事情。我发现我想说：“当置换结束后，折磨在这边醒来的人（谢利的身体，琳达的人格）吧。”所以，对我来说这就相当清楚了，我会在那边醒来，在琳达的身体里，因为发生的一切而感到害怕，因为琳达受到折磨而害怕，但至少会因为不是折磨我而高兴。这就是我思考这个案例时的直观反应。

毕竟，试想一下，假如他确实折磨了在那边醒来的人，那个人就会想：“我是谢利·卡根。我怎么会落到这个诡异的境地？我在想他是否真的可以……哦，疼，疼啊！不能再疼下去了！让它消失！”我当然不希望那种事情发生在我身上。但是，相比之下，如果这边的这个人受了折磨，也许会很恐怖，但是至少没人会私下想：“我是谢利·卡根，我感觉好疼。”所以，我希望是这边的这个人被折磨。

想想那种直观反应的含义。我一直在说，我——谢利·卡根，会在那边醒来。因为，在置换意识后，我希望在那边的人是安全的，所以我觉得那个人是我，即在琳达原来的身体里醒来的那个人。谢利·卡根原来的身体会留在这儿。因此，肉体并不是决定个人同一性的关键，而人格才是关键。因为那儿的那个人将拥有我的人格——谢利·卡根的人格——我成长于芝加哥尔后成为一名哲学家的记忆，我希冀我的孩子会怎么怎么样，我很害怕不知道怎么向妻子解释这件事，等等。简而言之，如果那儿的那个人将是我——而且这确实是我的直观感受告诉我的——那么我赞同的就不是肉体论，而是人格论，它给我们以正确的个人同一性的描述。

你的直观反应是这样的吗？或者说，当你讲述这样一个涉及自己的故事时，你有相应的直观反应吗？我认为大多数的人都会。如果你也会的话，那么就意味着你直观上觉得合理的是个人同一性的人格理论。

现在我们来看一个不同的案例。这是另一个我们要思考的例子。疯狂科学家再次劫持了我和琳达。他告诉我说："谢利，我有些消息要告诉你。我要折磨你。"我说："不，不要！求你别折磨我！求你了，求你了，不要折磨我！"他思量了一下，回答说："嗯，要知道，我在做疯狂的科学实验。这就是我的工作，所以我要折磨你。不过我是个大度的科学疯子，在我折磨你之前，我会让你失忆。我要将你大脑的记忆完全清除，这样你就记不得你是谢利·卡根，也记不得你是在芝加哥长大或者决定成为一名哲学家，还有你结婚生子的事了。事实上，我不仅会清除你的记忆，还有你所有的欲望、信仰、目标和恐惧，一切都会被清除得干干净净。在我折磨你之前，你将完全丧失记忆。这感觉好点儿了吗？"

没有，我没有感觉好点儿。我依然会被折磨，现在只是雪上加霜罢了。我不仅会被折磨，还会失忆，根本没有任何安慰。"好了，"他说，"我让你好过点儿。我清除你的记忆之后，在折磨你之前，我会让你发疯，然后让你相信你就是琳达。我一直在研究她，她就在实验室远远的另一端。我一直在观察她的脑电波，研究她的心理，现在我知道她所有的信仰、欲望和记忆。我将把这些传给你，我会迷惑你，让你相信自己是琳达。你将拥有琳达在宾夕法尼亚长大的记忆，你会记住她的家庭，而且像琳达一样，你想成为一名深海潜水员，等等。你会想，'哦，我——琳达——在这儿了，又一个棘手的情况'。之后，我才会折磨你。现在开心了吧？"

不，我现在不开心。首先，我还是会被折磨；其次，我会失忆；再次，他要让我发疯，迷惑我，让我以为自己是琳达。这完全没有任何安慰作用。“好，”他说，他有点儿恼了，“你真是不可理喻，只能这样了。你发疯后我会迷惑你，让你以为自己是琳达，然后我会对琳达做一样的事情。我会清空她的大脑，让她发疯且相信自己是谢利·卡根，我会给她你的记忆、信仰和欲望。这样我再折磨你总该行了吧？”

不，不行。他要让我受折磨、失忆和发疯就够糟的了，让另一个人也同样失忆、发疯，实在好不到哪里去。不管怎样，我还是不想让他折磨我！如果他一定要折磨谁的话，我宁愿他折磨她。我知道，这样想不是很好，但是在无法同情别人的状况下，这确实是我的反应。不要对我这么做，对她；不要折磨我这个身在这儿的人，折磨身在那儿的人，不幸的是，她会疯狂到以为自己是谢利·卡根。

这就是我思考第二个案例时的直观反应。而且我猜，如果你来讲述这个涉及自己的故事，也会有同样的直观反应（或者说，相应的直觉反应）。但是，思考一下这对个人同一性理论的意义。我并不想让在这儿醒来的人被折磨，因为我认为那会是我自己。但这个人如果是我的话，那么决定个人同一性的关键因素是什么呢？不是人格。毕竟，在这儿醒来的人不会有我的人格，即谢利·卡根的人格。是的，谢利·卡根的人格会到那边去，留在这里的不是谢利·卡根的人格，而是他的肉体。如果我不希望在这儿醒来的人受折磨，就意味着我当然是相信了个人同一性的肉体论。所以，要追踪某个人，你要追踪的是其肉身，而不是人格。（即使疯狂的科学家置换了我们的人格，他折磨的依然是我。）这是我思考第二个案例时的直观反应。

情况是，从哲学的角度看，我们现在确实遇到一些麻烦了。当我们思考第一个案例的时候，直观反应似乎认为人格是决定个人同一性的关键所在；但是当我们思考第二个案例的时候，直观反应貌似又说肉体才是个人同一性的关键所在。所以，我们的两种直观反应互相矛盾。至少我是这样的，因为我思考两个案例时确实有那样的反应。所以，我就遇到了一个哲学问题：针对同一个问题，两个不同的案例给出了截然相反的答案。如果你跟我一样，也有同样相反的直观反应，那么你也遇到了这个问题。

但是，实际问题比上面提到的还要严重。如果我们仔细审视的话，就会看到我们实际上根本就没有两种不同的情况，只有一种情况。就是说，同一个故事被讲了两遍。毕竟，两个案例中在各种意识清除和置换操作之后及折磨开始之前，在这边醒来的都是谢利·卡根的身体和琳达的人格，在那边醒来的都是琳达的肉体和谢利·卡根的人格。然后我们被问到，希望这两种最终产物谁受折磨？其实，完全是同一个方案。我只是把故事说两遍，强调不同的元素来操纵你的直观感受，但它们完全就是同一种情况。

很明显，不可能在一种情况中我们该追踪肉体，而在另一种情况中我们该追踪人格。这不可能是对的！如果它们实际上是同一个故事，这就不可能！

要弄明白这些非常困难。这两种互相矛盾的直观反应，我们要选择相信其中一个，有什么样的理由呢？选择哪一个？为什么？

下面是一个有趣的提示：在这两个案例中，我的反应就好像肉体论和人格论是脱节的，因为两个人的身体都保持原位不动，而人格被置换了。但是有可能这并不正确。毕竟，我之前曾提议说最好的肉体论版本可能是大脑论，在这个理论中，最关键的问题不是躯体发生了什么，而是大脑发生了什么。有人可能会说，当疯狂的科学家把我的人格装进琳达的身体时，他必须调整琳达的大脑，让它更像我的大脑。那么，搞不好在这个过程的最后，真的是我的大脑在那边，在琳达的体内！如果是这样的话，人格论和肉体论（至少是肉体论的大脑版本）应该一致认为我会在那边醒来，带着我的人格和大脑一起。那么，这可能给我们以理由去支持如下的结论：我在两种案例中都移动了——因为在两种案例中我的大脑和人格都被移动了——这证明了两种直观反应中，第一个是正确的。实际上，这个提示说明当我思考第二个案例的时候，我过于在意我躯体的位置，对大脑的位置关注不够。这就是为什么我们有理由不再考虑第二个案例中产生的直观反应。

正如我所说的那样，这是一个有趣的提示。但是我认为它是错的！我认为说我的大脑被移动了，这并不正确。假若你问我：置换意识之后，谢利·卡根的双腿在哪儿？它们仍在这儿。我的心在哪里？还在这儿。那么同样，我的大脑在哪儿？也还在这儿。毕竟，疯狂科学家做的并非打开我的颅骨，把我的大脑取出来。不是的，整个过程是电子传输的。他没有换掉琳达的大脑，他只是改变了它的程序。

下面这个类比可能有助于我们的理解。想一想计算机和保存在该计算机上的程序及文件之间的区别。某个人的人格有点儿像某种特殊的程序和数据文档。疯狂科学家做的实际上是完全清除了琳达硬盘上的内容，然后从谢利·卡根的电脑上下载了各种程序和文件，但是中央处理器和硬盘不变。在我看来，大概就是这样的。

当然，在传输之后，琳达的大脑确实在某些重要的方式上跟谢利·卡根的大脑（传输前）是相似的。但是，如果我们问谢利·卡根的大脑最后会在哪儿，答案仍旧是在这儿，它一直在的地方，而不是在那儿。

因此，在我们的故事里，身体的确是原地不动的（包括大脑），而人格是移动的。因此，两种个人同一性的理论，即肉体论和人格论，在关于哪个最终产物是我的问题上的确有分歧。但问题是，当我思考这个故事的时候，我发现自己做出了两种不同的反应，确切来说，这取决于我怎么讲述这个故事——尽管从形而上学的角度来看，二者看起来完全是同一个故事。

结果是这样的。至少对我本人来说，思考这“对”案例并非真的那么有帮助。如果我们要在肉体论和人格论之间做出选择的话，也许我们需要考虑另一种不同的论证。

复制

如果要在对立的理论中做出选择，另一个独辟蹊径的方法是以反驳人格论开始的。这个观点认为，人格论似乎存在某种我们无法接受的含义。如果真是这样，我们就应该舍弃人格论，转而接受肉体论。

反驳如下（也许你已经知道了）。根据人格论，某个人是我取决于他是否有我的信仰、记忆等。比如，我相信我是谢利·卡根，耶鲁大学哲学教授。当然，我并不是个特别有意思的人。那么让我们戏剧化一点儿，来想一下拿破仑。或许你读过这种故事：时不时就会有个疯子认为自己是拿破仑。想象一下，现在密歇根精神病院里有个人有了这个想法："我是拿破仑。"那么，反驳观点是：显然，这个人只不过是疯了，对吗？他不是拿破仑。他是大卫·史密斯，在底特律长大，疯狂地以为自己是拿破仑。但是，根据人格论的说法，他真的就是拿破仑，他有着拿破仑的信仰和人格。所以，这一反驳的结论是：因为这样说很明显是不对的（他不是拿破仑），我们应该否定人格论。

别那么快下结论。人格论并没有说一旦某个人拥有我全部人格里的一个元素就是我，拥有同一个信仰显然不足以说明问题。你看，我们都相信地球是圆的，但这不足以让别人成为我。当然，相信"我是拿破仑"是一个更少有的想法。我假定你没有这样的想法，我当然也没有。可以肯定的是，拿破仑这么想，密歇根的大卫·史密斯也这么想。但是，那又怎样呢？根据人格论，一个想法，甚至一个非常罕见的想法，也不足以让某人成为拿破仑。要成为拿破仑，你必须要有完全相同的全部人格，也就是一个非常大且复杂的想法、欲望、野心和记忆的合集。

大卫·史密斯没有那样的合集。密歇根精神病院里的大卫·史密斯没有当皇帝的记忆，没有征服欧洲的记忆，也没有战败、流亡厄尔巴岛的记忆，他完全没有这些记忆。而且，拿破仑说法语，可大卫·史密斯不是！诸如此类，拿破仑所有其他的记忆、信仰、欲望、目标和打算他都没有。简而言之，大卫·史密斯并非真的拥有拿破仑的人格。

大卫·史密斯的案例并没带来麻烦，它并不是真正的人格论反例。因为人格论说的是，要成为拿破仑，你必须得有拿破仑的人格。所以，我们可以说，尽管大卫·史密斯认为自己是拿破仑，他实际上不是拿破仑，甚至人格论的支持者也能同意此结论。所以，这个例子并没有对人格论造成任何影响。

但是，我们可以改进这个例子。有些人格论的否定者可能会让我们想象，密歇根的那个疯子现在的确有了拿破仑的人格。他有加冕为帝、征服欧洲、战败等记忆；他讲着流利的法语，拥有所有拿破仑的想法、欲望、目标和恐惧。事实上，当我们这样设想的时候，既然在努力想象这个人真的有拿破仑的人格，而不是拿破仑和大卫·史密斯二者人格的奇怪混合体，那么最好也假设精神病院的那个人没有任何大卫·史密斯原先的记忆、野心或者目标。比如，他不记得自己长在底特律等。（拿破仑怎么可能会有长在底特律的记忆？拿破仑是在法国长大的！）那么，反驳观点会说，即使这个人的确拥有和拿破仑一模一样的人格，他仍旧不是拿破仑。所以，人格论是错误的。

这次，我们正确地讲述了这个故事。这次，人格论确实得说这个人就是拿破仑。然而，我现在不那么确定这样说就是不对的了。

让我们从拿破仑的角度来想象这个情况。在19世纪，他被加冕成为皇帝，征服了欧洲，最终战败。他被流放到厄尔巴岛，死在圣·海伦娜。真的拿破仑拥有所有这些生病和病入膏肓的记忆。光线渐渐暗淡，他失去了意识，然后他醒了过来——或者至少我们试着这么来描述——他在密歇根醒来。他想："你好！我是拿破仑！"剩下的思想活动我将用英语写，但请想象他这么想的时候用的都是法语："我是拿破仑！我在密歇根领土上做什么呢？我记得的最后一件事是我病得很重，在圣·海伦娜岛的床上睡觉。我怎么会到这儿？我想知道我是否有机会重组我的军队，然后征服世界。”

你能想象出这个场景吧。我们接着加入如下的细节：有个人在密歇根，但是现在他获得了一个人格，完全与拿破仑的人格连贯重合。

如果真是那样，我压根儿就不清楚说“他是拿破仑”是否不对了！我的意思是，那多奇怪呀。这样的事并不会真的发生，但我怀疑如果类似的事的确发生了，我们也许会说拿破仑以某种方式重生或转世了。通过某种“附身”的过程（我们可能这么说），拿破仑接管了大卫·史密斯的身体。以前它是大卫·史密斯，现在它是拿破仑。我发现自己觉得这么说可能是对的。

当然，这时候，有人可能会担心我们操之过急。比如，这个人真的有拿破仑的记忆吗？这难以说清。毕竟，拿破仑——真正的拿破仑——经历过加冕，但这个人并没有。也许我们应当说他以为他记得他登基为皇帝的经历，但那是假的记忆。其实那是幻觉，或者可能是错觉——是类记忆（a quasi-memory），如果你愿意这样想的话——但是不管怎样，他并非有真的记忆。要想有真的记忆，他必须得真正是那个加冕称帝之人。但他不是，拿破仑才是。

那么，这就是我们可能会说的，但在我们认定他不是拿破仑之前，还不应该这么说。毕竟，如果他真的是拿破仑，这些就不仅仅是类记忆，更是真正的记忆。如果你笃信它们不是真记忆，而是幻觉，那一定是因为你不认为他是真的拿破仑。在这种情况下，你会发现自己根本就不相信人格论。（但是谨慎起见，也许我们应该从类记忆的角度来阐释人格论，这样一来我们就不必先确定某个人是谁，然后决定他是否有相关的人格。）

为什么他不是真正的拿破仑？如果你认为他不过是个被迷惑的冒充者，而不是真的拿破仑，一定是因为你认为关键在于他没有拿破仑的肉体。至少，这是肉体论者希望你说的。我们可以尽可能地制造像拿破仑一样的人格，但这并不能达到目的。要想成为拿破仑，你还得拥有拿破仑的肉体。

正如我所说，我不确定那样说是不是对的。假如密歇根的那个家伙有一个记忆（或者类记忆，如果你更愿意有所保留地如此表达），这个记忆来自拿破仑的生活，但他从未跟任何人说过此事，也从未在日记里写下过，也没有在任何讲话里提及。密歇根的那个人想：“我记得我小时候在法国玩耍，我埋藏了自己的玩具小军刀。”假如我们开始在法国挖掘这个军刀，且肯定的是，找到了那把军刀！假如这个人熟知各种只有拿破仑自己才知道的事情，我发现自己在想，这样的话，他就可能真的是拿破仑。

或者，假如像拿破仑这样的案例每天发生。每隔几天，就有人被“附身”了，一个新的人格取而代之，原有的人格了无踪迹，且这个过程从未逆转。想象一下，若对于这整件事做出某种详细的物理解释，我们会说什么呢？如果这种事发生得足够频繁，我想我们很有可能会说一个“新”人——这个人的人格现已就位——已经接管了之前由另一个人占据的身体。我怀疑我们就不会追踪肉体，我们支持的是人格论。

就个人而言，我并不认为拿破仑的例子有力地反驳了人格论。老实讲，基于各种直观反应我准备接受人格论，但我对这些直观反应并无十足的把握。尽管如此，思考这个案例也不会让我完全摒弃人格论。

但我们可以再改进一下拿破仑的例子！以前法国有个拿破仑，有他自己的记忆、信仰等。死神来了，他失去了意识。之前我讲了一个他在密歇根醒来的故事，或者至少他的人格以某种方式传输到了密歇根。但是，如果这种事可以在密歇根发生，我想它也能在纽约发生；如果既可以在纽约也可以在密歇根发生，我想这种情况在纽约和密歇根都可以发生。因此，让我们来想象一下，现在有两个人有了拿破仑的人格，其中一个在密歇根，另一个在纽约。

呀！那么我们现在该说些什么呢？人格论对此又怎么讲？

我认为画图有助于我们厘清自己的选择。让我们画一幅拿破仑的人格来到密歇根的图，仅到密歇根。我完全不确定如何画人格，所以实际上画了一种小棒人；不过我所指的是人格阶段，而不是身体阶段（见图7.1）。在图的左半部分，我们看到的是拿破仑在欧洲时不断发展的人格。让我们假设，就在这条线的左侧，拿破仑的人格跟死前别无两样。然后在线的右侧，拿破仑的人格得以继续，只不过现在我们发现它到了密歇根！

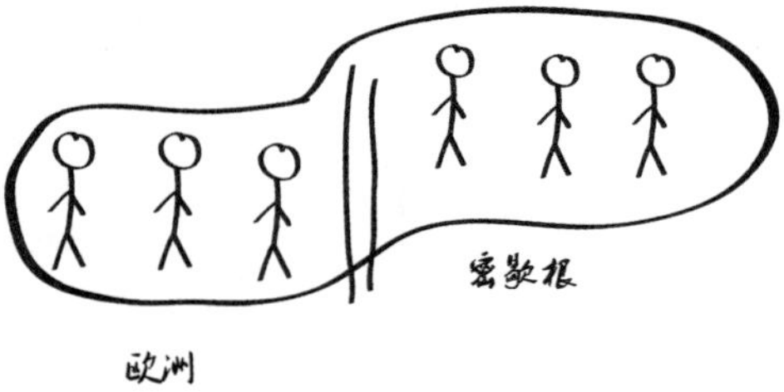

图7.1

我可能应该在此提及一个观点，因为之前我对此不是很明确。就在线的右侧，当拿破仑的人格首次出现在密歇根的时候，这个阶段的人格当然跟线左侧的那个阶段非常相似，也就是他死前的人格，其记忆、信仰、目标等几乎会完全一样，这两个阶段的人格将完全“吻合”。但是，随着时间的继续，人格当然会继续改变和发展。身在密歇根的那个人将继续学习新的事物，获得新的记忆，树立新的目标。随着时间的流逝，身在密歇根的那个人的人格阶段与身处欧洲的拿破仑的人格阶段，两者之间的差异会越来越大。但是，这对线右侧那个身在密歇根的人是且一直是拿破仑的主张，不构成任何威胁，很多支持人格论的人都赞同这个说法。毕竟，历史上真正的拿破仑其人格也是不断发展的。当然，需要记住的是，我们要把人格视为可以随着时间而发展的，可以允许它改变，只要不是特别突兀，有着相似的重合和延续模式。

既然我们想象与讨论的例子里确实有这种重合和延续模式，那么线右侧身在密歇根的人和线左侧的拿破仑有着相同的不断发展的人格，这种说法就是恰当的。当然，这就意味着，如果我们接纳了人格论，不仅线左侧的，而且线右侧的也确实是拿破仑。这就是为什么我把所有不同的人格阶段，不管是线的左侧还是右侧，都用一个圈圈起来，以此来标注一个事实，那就是我们在这里看到的是同一个人，即拿破仑。

下面，让我们来想象一个新版本的拿破仑案例，除了密歇根的某人有了拿破仑的人格，纽约的某人也有了拿破仑的人格（见图7.2）。那么，对于这种情况，我们的看法又是怎样的呢?

图7.2

当然，如果没有密歇根的那个家伙，我——如果我支持人格论的话——就会在身处欧洲和纽约的不同人格阶段周围画一个圈，以标明在线的两侧我们看到的是同一个不断发展的人格。我会说："哦，看哪，拿破仑在纽约转世了。"这就是基于人格论的说法，如果纽约的那个人是唯一在今天仍拥有拿破仑人格的人的话。

当然，问题是，我们现在设想的情况并不是拿破仑的人格只在纽约继续存活，也不是只在密歇根继续存活。而是，密歇根的某人有了拿破仑的人格，而且纽约的某人也有了拿破仑的人格。拿破仑的肉体在欧洲死后，如今他的人格有两份副本继续存活。那么，现在我们该怎么看？我们讨论的是几个人？一个？两个？还是三个？答案一点儿也不清楚，所以我没有画上圈去关联相关的人格阶段。在这个例子中，我们要讨论的是几个人就不清楚了。

那我们的选择是什么？我们能怎么说？我想，一种可能性是说在纽约的人是拿破仑，在密歇根的不是。密歇根的那个人不过是个恰好拥有拿破仑人格的疯子。你可以这么说，但这样的答案很难让人接受，因为看起来好像反过来说也合理：纽约的那个人不是拿破仑，密歇根的那个才是。显然，没有理由要偏爱纽约的人，就像没理由去偏爱密歇根的人一样。所以，说一个是拿破仑另一个不是，看起来不是有说服力的答案。这样的立场很难让人信服。

好吧，那么有别的可能性吗？我想另一种可能性是说他俩都是拿破仑！（见图7.3，我在该图里画了一个圈，目的是正确表达这个观点。）虽然够怪诞的，但拿破仑通过某种方式一分为二了。拿破仑现在有两个身体，二者均是同一个拿破仑的部分。现在重点是理解这个说法有多怪诞。这一主张并不是说现在有两个“拿破仑”，他们当然并不是完全一样（虽然他们暂时的心理状态可能非常相似）。不，情况不是这样的，我们只有独有的一个拿破仑。这个拿破仑曾经同一时刻只能身处欧洲的同一地方，现在却同时存在于美国的两个地方。一个拿破仑，将同时在两个地方继续生存，直到其中一个新身体死去。

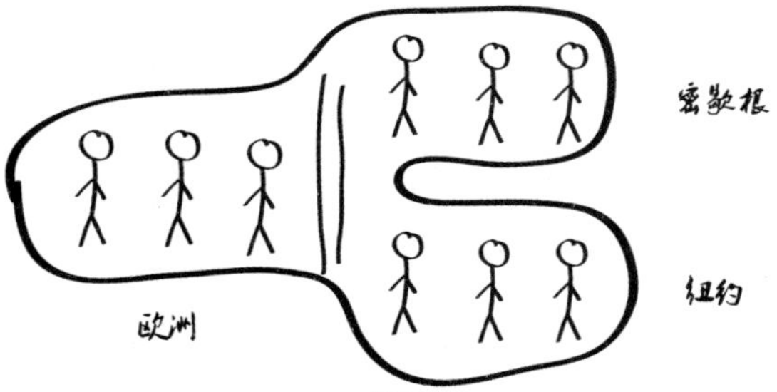

图7.3

这看上去令人难以置信。从形而上学的角度来说，这个答案似乎违背了我们关于人类存在的基本概念。我们肯定会说，人不能同时存在于两个地方！但是，说不定我们需要摒弃那个形而上的说法。相反，我们也许应该说，正常情况下，人们不能同时存在两个地方，但在适当的情况下，他们可以。因此，在我们的例子中，密歇根的那个人是拿破仑，纽约的那个人也是拿破仑——尽管这可能让人难以置信——密歇根的家伙跟纽约的是同一个人。纽约人和密歇根人实际上不是两个人而是一个人——仅此一人（a single person）。在实际生活中，这种事当然不会发生，但没准儿也可能发生。如果发生的话，我们也许就会说：拿破仑现在同时在两个地方。（那么，基于这种观点，图7.3所示的人格的所有阶段只构成仅此一人。这就是为什么这个圈会囊括所有阶段，因为图中只显示了一个人。）

这也许就是我们应有的看法。但是尽管如此，正常情况下，我发现这样付出的代价过大。人不可能同时在两个地方，说人是贯穿时空的时空虫是一回事，而说人可能是Y型时空虫是另一件事。后者似乎违背了我们关于人之“存在”基本的形而上学理念。

然后，我必须警告你，这些选择中没有一个是那么有吸引力的。当我说“你并不想这么说，你并不想那么说”的时候，就像我一直说的那样，想一想这个警告吧：你快没有可能性了，可选的立场都没那么吸引人。或许，这才是你最终想说的。

拿破仑在密歇根不在纽约的说法似乎并不十分吸引人，他同时身处两个地方的说法似乎也没有非常吸引人。

但是，有其他的可能性吗？如果拿破仑不是两人中的任何一人，那么唯一的可能性就是他谁也不是。这样的话，两人谁都不是拿破仑（见图7.4）。相反，我们得到了三个不同的人。拿破仑是一个人，一个最终在欧洲寿终的时空虫。另外还有两个人：一个是目前身在密歇根的时空虫，一个是目前身在纽约的时空虫，但这两人谁也不是拿破仑。在我看来，这当然是我们能得到的最吸引人的选择了。

图7.4

但是注意，如果我们这么说——二者都不是拿破仑，尽管他们都有拿破仑的人格——那么个人同一性的人格论就是假的，它被驳回了，我们会摒弃它。毕竟，人格论说，如果你有了拿破仑的人格，你就是拿破仑。但现在我们的观点是，就算这两人确实有了拿破仑的人格，他们也不是拿破仑。如果我们说二者都不是拿破仑，那么人格论（“追踪人格”）就是错的。但是，我们刚刚看到，“二者都不是拿破仑”的说法是所有选择里最好接受的。因此，我们必须摒弃人格论。

我想这就是正确的结论。人格论必须被摒弃，至少我目前所陈述的人格论必须被摒弃。但这并不代表我们不能改进它，也许我们可以在保留原有版本精神的基础上修订它，并通过某种方式避免我们刚刚发现的问题。

那么，接下来就是我认为可以改进人格论的最有希望的方法。人格论的支持者应该会说，我们过度简化并错误理解了情况。当我们说“追踪人格，如果你有了拿破仑的人格，就足以让你成为拿破仑”时，事实上，那样还不够。我们一直在讨论“分支”（branching）和“分裂”（splitting）的例子，此时就需要加入额外的条件。大致说来，我们需要说如果将来某人有了我的人格，那个人就是我了，但必须只有一个人得到了我的人格。如果你有了多个副本，比如通过分裂、复制，那么变成谁也不是我。（更确切地说，如果将来的某个时候，多个人在其所处的阶段都拥有我的人格且不分伯仲，而这些人的阶段同时存在，那么所有人的阶段都不能算是我的部分。）

原有的人格论说，拥有相同的人格就足以说明是同一个人。在此基础上，新的版本加入了一个条件：没有竞争者，没有分支。新的版本说，有了相同的人格可以是证明同一个人的充分条件，但必须没有分支；如果有分支，那么分支中就没有一个是我。（可以用一些方法来改进这个说法，但是这对我们的讨论足够了。）

如果我们接受了禁止分支的规定，那么我们就可以说，在原先的故事（密歇根的某人拥有了拿破仑的人格，而纽约没有这样的人）里，密歇根人确实就是拿破仑了，因为他有了拿破仑的人格，而且没有相关的竞争者。同样，如果纽约的某人有了拿破仑的人格，而密歇根没有，那个纽约人就是拿破仑，因为他有拿破仑的人格且没有竞争者。但是，在有分支的那个例子里，密歇根和纽约都有人拥有了拿破仑的人格，这违背了不能有分支的规定，所以我们只好说他俩都不是拿破仑。

如我所说，这对我来说似乎是现有的最佳的人格论改良版本。但我们仍需要问一个问题：我们可能相信这个修订版吗？我们可能接受禁止分支的规定吗？不幸的是，禁止分支的规定本身看上去就相当怪诞。

请思考一个我们习以为常的情况。当然，我跟上周在写这本书的那个人是同一个人。根据人格论或者改良的人格论，这是因为我的人格相同。这个人上周认为自己是谢利·卡根，而且是哲学教授。我认为我是谢利·卡根，而且我相信我是个哲学教授。这个人上周拥有关于童年的各种记忆，我也有相同的记忆。他想要完成这本书，我也有同样的心愿。诸如此类，我们有同一个人格，所以是我。这就是人格论的观点。我的结论是：嘿，那是我。我知道你怀疑我是否可以活过周末。好消息是：我做到了。

我到底做到了没有？或许我应该问："他做到了吗？"是的，上周这儿有个人（谢利·卡根），现在这儿也有个人；是的，现在的这个人拥有和上周在这儿的人一模一样的人格。但是，根据禁止分支的规定，我们还不能肯定我就是那个上周写这本书的人。在我们确实没有其他的竞争者前，不能做出那样的判断。如果今天我是唯一拥有卡根的人格的人，那么很高兴地，我实际上和上周在写书的那位是同一个人，即谢利·卡根。但如果我不知道（假定你也不知道），现在密歇根有个人也拥有了谢利·卡根的人格，那么我们不得不说，这样一来我根本就不是谢利·卡根！他也不是，我们谁也不是谢利·卡根。谢利·卡根死了。

那么，我到底是不是谢利·卡根呢？不幸的是，在知道密歇根的情况之前，我们无法做出判断！这看上去非常令人难以置信。要决定现在的我跟上周在写书的那个人是否为同一个人，似乎与密歇根正在发生的事没有关联（因为我是在康涅狄格州写下这些文字的）。直观反应告诉我们，我是不是同一个人取决于上周写书的那个人的情况，以及今天为你写下这些文字的这个人的情况，也许还有一些关于那个人和这个人之间的关系，但是跟密歇根发生的事无关！（或者，我们还可以这么说，我是不是同一个人取决于早期的人所处的阶段、当下的人所处的阶段，以及这些阶段之间的关系，跟别的没有任何关系。）

我是谁这个问题怎么可能触及密歇根发生的情况呢？我跟上周写这本书的人是不是同一个人，怎么会跟宾夕法尼亚，或者澳大利亚，甚至火星上发生的事相关呢？用哲学术语来说的话，同一性的本质似乎应当仅取决于我自身内在的（intrinsic）因素；或者，可以说，只取决于我的各个阶段之间的关系。它不应取决于外在的（extrinsic）外界因素，不应取决于其他地方发生的事情！但是如果我们接受了禁止分支的规定，那就意味着，我们是否有某种同一性的确取决于别处发生的事。在禁止分支的规定下，同一性的界定就不再严格地由内因（internal affair）决定，部分得由外因（external affair）决定。正如我所说，这非常令人难以置信。如果你不想接受这种说法，看起来你当然就要摒弃人格论了。

裂变（Fission）

让我们快速回顾一下似乎已对人格论产生毁灭性打击的问题。简而言之，这个问题是因为可能发生的复制而产生的，人格可以被复制——同一个人格同时存在多个副本——人格论怎么解释这样的情况？看起来唯一合理的说法是，如果发生了复制的情况，任何一个复制品都不是原来那个人，即使他们有同样的人格。如果要避免完全摒弃人格论，我们就要对其进行改进，所以采用了禁止分支的规定。但这种改进的问题在于，禁止分支的规定本身看来非常反直观反应，因为它将同一性变成了一个外因的事情，而不是严格的内因的事。因此，我们似乎真的要摒弃人格论了，人格论者不能找到可行的办法来解释复制的问题。

在人格论经历所有这些绝望的迂回曲折，应对复制问题又难以成功的时候，肉体论的支持者们度过了极好的旧日时光。我总是想象肉体论者站在这里，旁看所有的一切，大笑。“哈！”他们说，“你们这些可怜的笨蛋。个人同一性的人格论是不成立的，正因为存在复制的可能性，正因为人格可以被复制。（的确，如果可以复制成2份，又有什么能阻止我们将其复制成100份、1000份甚至更多份呢！）”但是肉体不能分裂！肉体不能形成分支！所以，如果摒弃人格论，拥护肉体论，我们就可以将复制的问题避免得一干二净。

思考一下肉体论者的说法。肉身不能分裂，它们不能分成几个部分或者分支。比如，你兄弟的身体不可能在一夜之间分裂成两个完全相同的身体，这就轻易地避免了困扰着人格论的问题。肉体论者无须思考要是一个肉身出现多个副本该怎么办，因为不可能出现多个副本。当然，也许会出现另一个肉身，它看起来跟我的非常相似，比如我有个双胞胎兄弟。然而不管另一个肉体跟我的多么相似，没有人能真正拥有我的肉身：与人格不同，肉身不能同时出现在两个地方。因此，如果我们想知道未来某个人是否与我是同一个人，我们所需做的就是追踪这一个不能分支的肉体，看看它最终出现在哪儿。基本上，这就是一件很直截了当的事。

所以，偏向肉体论看似有极具说服力的理由。人格论无法解释人格复制的情况，但肉体论根本无须解释，因为肉身不能分裂。

至少，肉体论者可能会这么说。可真是这样吗？肉体论真的不存在复制的问题吗？肉身真的不会也不能分裂吗？这里的关键词当然是“不能”。毕竟，人格在现实中也不能分裂。尽管我之前一直在讨论科幻小说的例子，其中人格确实是可以分裂的（以至于最终拿破仑的人格出现了两个精准的副本），这个例子的确只能在科幻小说里出现。如果使用科幻小说去思考人格分裂的可能性是正当的，那么用这种方式去思考肉体分裂的可能性也就是正当的了。我们来试试看。

事实上，在实际生活中，我们已经熟知一些低级生物的肉体分裂。毕竟，阿米巴变形虫就会分裂。（当然了，阿米巴虫是一种特殊的单细胞有机体。）假如你有一只阿米巴变形虫，它活着，在某一时刻它开始分裂，它大体上是将自己拉开的（我不会去阐明生物学细节）。它将自己的两个半身拉得越来越开，直到——嘣！——原有的一个细胞成了两个细胞，阿米巴变形虫分裂了（见图7.5）。

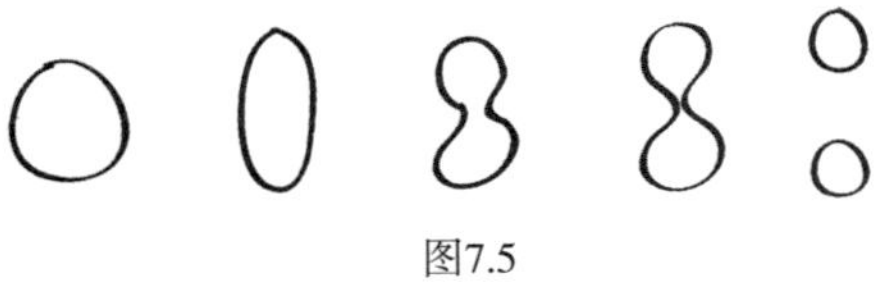

图7.5

人类的肉体跟阿米巴变形虫不同，不可以裂殖。但是，也许生物学里并不排除这种可能性。想象一下，明天我翻开《耶鲁每日新闻》，看见“耶鲁阿米巴研究中心”取得重大突破，科学家发现了如何以阿米巴变形虫的方式复制和分裂人类的身体，这种可能性当然是合乎逻辑的。所以我们就可以质问肉体论，它要怎样应对这种情况？它该怎么处理肉体分支的问题？

但是，先不探讨这个例子，让我来介绍一个稍微不同的情况，这个例子在哲学文献中已被讨论过了。当我们讨论肉体论的时候，请回想一下，我说过，肉体论的最佳版本实际上并不需要拥有整个身体，只要有一样的大脑就足够了（“追踪大脑”）。但我们进一步推论说，也许我们甚至都不需要整个大脑，只需足够装下人格的大脑就行了（不管要多少）。最后，我让大家假设——貌似实际生活中并非如此——只要大脑的一个半球就够了。想象一下大脑的冗余部分足够大，即使你的右脑被毁坏，左脑的容量也足够保存所有同样的记忆、欲望、信仰等。当然，同样，如果你的左脑遭毁坏，右脑也足够用。显然，这就意味着我要讲的不过是另一个科幻故事。但不管怎样，它思考起来是很有趣的。

那么，假设下周我会遭遇一个可怕的事故。我的身体受到毁灭，但是医生们继续维系我大脑的生命，给它供氧，这样就可以用我的大脑和一些备用的躯体做极端的移植手术。（那些肉体打哪儿来呢？也许有些人——史密斯和琼斯——他们得了极为罕见的脑病，大脑突然液化。因此现在我们有两具备用的躯体可以使用。）不幸的是，脑移植手术的失败率很高，为了谨慎起见，医生把我的大脑一分为二，将每个半球移植进不同的体内，他们认为这样能让我的存活率加倍。

图7.6可以帮助我们厘清思路。图中央的是我，即谢利·卡根。我身体的大部分盖在那个大叉下面，以表示我的身体已经被毁坏了。当然，颅骨里是我的

大脑，至少这是大脑在移植之前待的地方。好了，下面一组外科医生取走了我的左脑，将其植入了琼斯的体内，如图左侧所示。与此同时，另一组医生取走了我的右脑，将其植入史密斯的体内，如图右侧所示。两队医生都连接上了相关的“线路”（神经元、静脉、动脉等），然后他们开始等待。

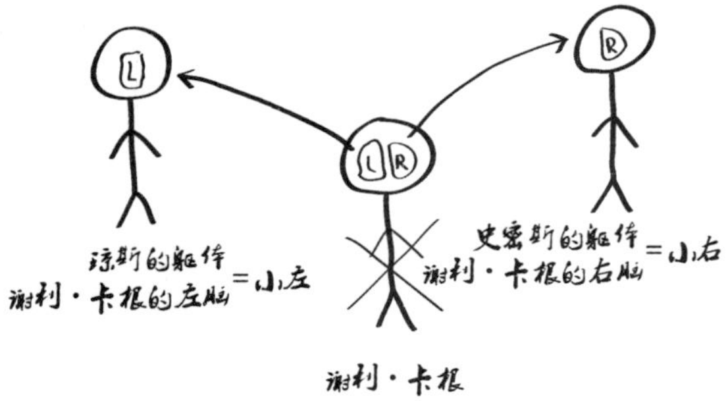

图7.6

让所有人都惊讶的是，手术大获成功！真是极大的成功，两个“最终产物”都醒了过来。拥有琼斯的身体、谢利·卡根的左脑的那个人醒了过来，拥有史密斯的身体、谢利·卡根右脑的那个人也醒了过来。现在我们要问的是，谁是谁？

我们需要以某种中立的方法来讨论这些人，因此让我们给两个最终产物命名，这样就不会有太多的问题。我们把有谢利左脑的人叫作“小左”，把有谢利右脑的人称为“小右”。当然，我们要做的是分辨出小左和小右是谁！

手术大获成功，小左和小右都醒了。由于我们假定两个半脑都足够支撑我的人格，因此小左和小右都有了我的人格！他们都认为自己是谢利·卡根。他们都记得（或类记得）在芝加哥长大，都相信自己已婚并育有三个孩子，还都想写完下一本书。诸如此类，他们拥有我人格的所有元素，都认为自己是谢利·卡根。但我们要问的是：按照肉体论的说法，哪一个才是谢利·卡根呢？

存在哪些可能性呢？一个可能性当然是说小左是谢利·卡根，小右不是；

小右不过是个被迷惑的冒充者。但是，肉体论没有提供一个如此选择的理由。当然，小左确实得到了谢利·卡根的左脑，而且这样是“足够”的（也就是说，足够拥有谢利·卡根的人格），但小右也得到了谢利·卡根大脑的一半，似乎那也足够了。我们没有理由说小左是谢利·卡根，而小右不是。当然，同样，肉体论也没有提供理由，让我们认为小右是谢利·卡根，而小左不是。

那么其余的可能性又有哪些呢？我想我们可以试着说他们都是谢利·卡根。那么，谢利·卡根继续快乐地生活着，不过现在他可以同时在两个地方快乐地生活了。毕竟，肉体论者会说，我的大脑有足够多的部分继续活着，只是现在它同时在两个不同的地方继续活着；而只要拥有我大脑足够多的部分就足以成为我。所以，从现在起，谢利·卡根这一个人，同时身在两个不同的地方。假设小左去了加利福尼亚州，小右搬去了佛蒙特州，那么从现在起，谢利·卡根就身在两个海岸。

好了，我们可以这么说，但它看起来就是不太对。记住，现在的说法不是有两个人，他们很相像（非常像原来的谢利·卡根）但不是同一个人。不是的，现在的说法是小左和小右都跟谢利·卡根是同一个人，所以他们完全是同一个人。根据这种说法，只有一个人从这场事故中存活了下来，即谢利·卡根，只是他现在可以同时处在两个地方。这样的结论看起来令人难以置信。

那么，肉体论者还能有什么说法呢？也许我们应当说小左不是谢利·卡根，小右也不是。谢利·卡根在那个离奇、恐怖的事故中死了。尽管我们现在确实看到有两个人，小左和小右，每一个人都有半个谢利·卡根的大脑，以及谢利·卡根所有的记忆、信仰和欲望，但他们都不是谢利·卡根。我们当然可以这么说，这似乎是选项中最能让人接受的。

但是如果我们真的这么说了，那么我们就摒弃肉体论了。因为肉体论毕竟说的是，要成为谢利·卡根，只要有足够的谢利·卡根的大脑就行了。在我们设想的例子中，小左和小右都有足够的谢利·卡根的大脑。如果我们断定他们谁都不是谢利·卡根——看起来这的确是最好的说法——那么我们就摒弃了肉体论！或者，稍有保留地说，基于我们目前讨论的情况，我们摒弃了肉体论。

你可能看出接下来要发生什么了。在我看来，目前对于肉体论者来说，只好添加——这毫不令人惊讶——禁止分支的规定！肉体论者要说："决定个人同一性的关键就是要拥有同样的身体，即同样的大脑，即足够多的大脑以保证人格得以延续，但条件是没有分支，没有分裂，没有相应的竞争者。"（我们又可以用"人格阶段"来更加精确地阐释这个条件，但这里就不麻烦了。）

我们刚刚讨论的例子在哲学文献里被称作裂变案例（因为有点儿像核裂变，一个大原子分裂成两个原子）。那么，假如肉体论增加了禁止分支的规定，我们就可以说，如果裂变的情况发生，就违背了禁止分支的规定。大脑分裂了，因此小左和小右都不是谢利·卡根，尽管他们都有足够多的我的大脑。

让我们来看一下与之相反的普通、平凡的例子。为什么现在的我和上周写这本书的那个人是同一个人呢？因为在我颅骨里的大脑（我看不到它，但我知道它在那儿！）跟上周写这本书的那个人颅骨里的大脑是同一个大脑。而肉体论让我们去追踪身体，尤其是大脑。在通常情况下，这就够了。但是，在特定的裂变情况下——分裂发生——光有足够量的大脑是不够的，所以小左和小右都不是我。

如果我们来改进肉体论，增加禁止分支的规定的话，那么这就是肉体论的看法。然而，这也恰好将我们带回已知的问题，即禁止分支的规定本身似乎就不合直观反应。如果我们最终接受了禁止分支的规定，那么我和上周写这本书的人是不是同一个人就取决于——在我无从知晓的情况下——周末是否有人移走了我的半个大脑，然后把它安在其他人的躯体上，对此事并不知情的我就被复制了。但是，那又有什么关系呢？根据禁止分支的规定，如果有人移走了我的半个大脑，然后扔了它，那么我还是会跟上周写这本书的人是一个人；然而，如果他将其成功地植入另一个身体，我跟上周写这本书的人就不能是一个人。怎么会这样呢？我是谁怎么能跟数里之外某一部分大脑的状况有关呢？同一性应该是一种内因的事，不是吗？

但是，如果你无法接受禁止分支的规定，那么作为一个肉体论者，你就陷入麻烦了。你遇到的麻烦跟人格论者一模一样。两种理论在涉及分裂的情况中都面临了一个问题，两种理论都可以通过设定禁止分支的规定来避免该问题，而且两种理论都得承认，禁止分支的规定确实不那么有吸引力。

事实是，分裂的案例既是肉体论的绝佳反例，也是人格论的绝佳反例。在事故发生前，谢利·卡根是一个拥有一整套信仰、欲望、记忆、目标等的人。在事故发生后，有了小左和小右，两者都有谢利·卡根的记忆、信仰、欲望和目标。大脑的分裂基本上展示了人格是如何分裂的，所以同样的情况给肉体论和人格论造成了同一个问题。我能想到的唯一的解决方法，至少是我能想到的，就是采用禁止分支的规定。如果你不喜欢禁止分支的规定，你还能有什么选择就不得而知了。或者这么说：你知道有哪些选择，就是不知道哪个选择更好。

在我们给肉体论和人格论排演问题的过程中，灵魂论者在户外玩了一天。我们很容易就能想到灵魂论者会说什么："看哪，你们这些家伙，你发现自己因为分裂的问题，需要采用禁止分支的规定了吧，可这规定看着就愚蠢且不合理。我们现在都已看到，人格和肉体都可以分裂。但是，只要你醒悟过来，支持灵魂论，那么所有这些问题都可以避免。因为跟肉体和人格不同，灵魂是不能分裂的。"

当然，你知道，我其实首先是不相信灵魂的，所以我无法去拥护灵魂论。但我们暂时别管这个了，假设确实存在灵魂，灵魂论真有优势吗？它真的可以避免复制和分裂的问题吗？我不确定。

让我们来问问灵魂论的支持者，他们会对裂变的案例说什么。离奇的事故发生了：我的大脑分裂了，一半装进了琼斯的体内，一半装进了史密斯的体内。手术之后，小左醒来以为自己是谢利·卡根，小右醒过来也以为自己是谢利·卡根。那么，灵魂论者怎么看这个情况？

记住，根据灵魂论，成为同一个人的关键在于拥有相同的灵魂。在我们讨论的普通例子中，比如，我和上周写这本书的人是同一个人，因为我拥有和他同样的灵魂。灵魂赋予今天打这些字的肉体以生命，现在这个灵魂跟上周赋予写书的那个身体以生命的灵魂是同一副。这就是为什么我前后是同一个人。

但是灵魂论者怎么看裂变的案例？我不是很确定，部分是因为要回答这个问题，我们就要先看一个形而上学的问题，之前我们有所触及但还未回答：灵魂可以分裂吗？分裂的情况给人格论和肉体论都提出了一个问题，因为基本上二者都可以分裂。但是灵魂又怎样呢？它们能分裂吗？

当然，我也不知道到底能不能，所以让我们两种情况都考虑一下。

第一种可能性：就像肉体和人格一样，灵魂也是可以分裂的。假设发生了灵魂分裂。我们开始只有一个灵魂，即谢利·卡根的灵魂，但在发生了奇怪的事故并做了神奇的手术这个过程的某个点上，谢利·卡根的灵魂分裂了。因此，小左的身上有了（或连接到他的身上）谢利·卡根的一个灵魂，小右的身上也有了（或连接到身上）谢利·卡根的一个灵魂。（当然，这里不存在不够量的灵魂；不，每一个都是完整的、运行着的谢利·卡根的灵魂。）

好了，现在我们可以问自己：“根据灵魂论，哪一个是谢利·卡根？”到了这个时候，你当然可以将所有的可能性都想一遍！比如，我们可以说，小左跟谢利·卡根是同一个人，小右不是，但是灵魂论里没有支持这种说法的根据。小左和小右各拥有谢利·卡根原来灵魂的一半且不分伯仲，所以没有理由说小左是谢利·卡根而小右不是。当然，同样也没有理由说小右是谢利·卡根而小左不是。

说他们都是谢利·卡根不是更好吗？即，只要有（分裂后的）谢利·卡根的灵魂之一，你就是谢利·卡根。但是这样一来，小左和小右就都是谢利·卡根了，此人现在身处两个海岸，一部分在加利福尼亚州，一部分在佛蒙特州。我们可以这么说吗？谢利·卡根只是一个人，但他现在可以同时出现在两个地方？这样说似乎并不让人满意。

还有什么选择呢？对于灵魂论者来说，最好的选择似乎他们都不是——小左或小右都不是——谢利·卡根。但是，如果二者谁都不是谢利·卡根，那么谢利·卡根就死了。灵魂论者会怎么回应这样的情况？小左和小右都有了（足够的）谢利·卡根的灵魂，至少这是我们想象的情况。如果他们都不是谢利·卡根，也就意味着就算有（足够的）谢利·卡根的灵魂还是没用。这样一来，我们就只好摒弃灵魂论了。或者说，基于我们目前讨论的情况，我们只好完全摒弃灵魂论了。在灵魂可以分裂的情况下，如果我们要避免完全摒弃灵魂论，那么此时灵魂论者（你也看到这一刻会来的，是不是？）似乎只好接受禁止分支的规定！“啊，”灵魂论者要说，“追踪灵魂，除非灵魂分裂，这样一来我们追踪的两个人就都不是谢利·卡根了。”

当然，问题是，我们发现禁止分支的规定非常不合理，它看来是反直观反应的。但在这个时候，你可能会想，也许我们就需要接受它！如果人格论、肉体论和灵魂论都需要添设禁止分支的规定，搞不好我们就无法摆脱禁止分支的规定了，不管我们是否喜欢它。如果我们摆脱不了它，它当然就不会反驳任何一个采纳它的理论者。不管怎样，如果我们相信灵魂可以分裂，这就是灵魂论者可能会说的话。

但是，我们仍然需要考虑灵魂不能分裂的情况，也许灵魂论者的这个选择是其他理论支持者没有的。假设谢利·卡根的灵魂不能分裂，那这意味着什么呢？这就意味着，当我的大脑分裂的时候，我的灵魂将出现在小左或小右的身体里，不会有两者都出现的情况。如果我的灵魂不能分裂，那么就不可能两者都有。

为什么灵魂不能分裂？也许是因为它不存在任何组成部分！也许灵魂很单纯，而非复合物。众所周知，这是柏拉图在《斐多篇》里的论点。我并不同意他的观点，但是先不管了，没准儿灵魂就是单纯且不能分裂的事物。如果单纯的东西不能分裂，而灵魂又是单纯的，那么结论显然就是：灵魂不能分裂。

这也许是一个承认我其实并不知道单纯的东西是否真的不能分裂的好场合。从形而上学的角度来讲，我就是不确定是否存在那种可能性，但我们暂且把那种怀疑放在一边。我们来设想，不管是什么原因——无论跟单纯性或者其他的是不是有关——灵魂就是不能分裂。现在，有了这个假设，我们就要问，在裂变的案例中，谁是谢利·卡根？小左还是小右？

当然，答案取决于谁最终拥有谢利·卡根的灵魂。既然灵魂不能分裂，他们不可能都有我的灵魂，所以只有其中的一人有。你想知道哪一个才是谢利·卡根吗？就是那个最终有了我的灵魂的人！如果小左最后得到了我的灵魂，那么他就是谢利·卡根，小右就是一个被迷惑了的冒充者。小右以为自己是谢利·卡根，但他不是，因为他没有谢利·卡根的灵魂，而小左有。当然，另一方面，如果小右有了我的灵魂，那么小右就是谢利·卡根，而小左是冒充者。

不幸的是，从外在来看，你无法区分这两人谁才是谢利·卡根，因为你当然无法看出谁最终得到了我的灵魂。假如他们中的一人真的得到了我的灵魂，那个人就真的是我，但是你无法找出那个人是谁。

有趣但也更让人震惊的是，即使从内在来看，我们也无法区分。小左会说："行了，当然我是谢利·卡根了，我得到了谢利·卡根的灵魂，当然我才是那个人。"但是小右也会说："行了，当然我是谢利·卡根了，是我得到了谢利·卡根的灵魂，当然我才是那个人了。"如果灵魂不能分裂，其中一个人就肯定弄错了，但他们没办法知道谁才是那个上当受骗的人。

现在，你可能愿意接受这种假设了。如我们所看到的那样，所有理论都有自己的问题，这也许就是你准备接受的困难。裂变案例的正确答案是什么？可能你愿意相信它取决于谁得到了谢利·卡根的灵魂，但这无从知晓。不管怎样，它就是这个形而上问题的答案。

（如果二者之中没有人得到了谢利·卡根的灵魂，又会怎样？如果那样的话，他们就都是冒充者。这有点儿像我们刚开始思考灵魂论时，约翰·洛克提出疑问的例子。要是昨天夜里上帝摧毁了我的灵魂，又在我身上放了一个新的灵魂，会怎样？根据灵魂论，谢利·卡根死了；另一方面，如果灵魂没有被摧毁，只是完全移到了另一个地方，那么也许我们没有见过的某个人就是谢利·卡根！）

如我所说的，灵魂论至少可以提供一个不必使用禁止分支条件的回答。如果灵魂是单纯的、不可分裂的，那么一个灵魂就不可能同时跟两个事物相关，我们就不需要通过添设（反直观反应的）禁止分支的规定来改进灵魂论。只要我们相信灵魂，这当然是灵魂论的一个潜在优势。但与此同时，我必须指出，裂变也对灵魂论构成了一个不利情况。

假设上帝告诉我们一个形而上的秘密：小左得到了谢利·卡根的灵魂。基于灵魂论的观点，小左当然就是谢利·卡根了，而小右是个上当受骗的冒充者。小右以为自己是谢利·卡根，他有谢利·卡根的记忆、信仰和欲望，但他不是谢利·卡根，因为他没有谢利·卡根的灵魂。而小左恰巧得到了。对于裂变问题，这是一个很好的回答，但请注意，对最早辩称灵魂存在的论证来说，它就引起了麻烦。

在第三章中，我们思考了关于灵魂存在的一系列重要论证，这些论证囊括了最好的阐释和推理。论证是人类某些习以为常的特性需要从灵魂层面上进行解释。你需要相信灵魂才能解释为什么肉体有生命，或者为什么人是理性的，他们为何具备创造力，或者拥有自由意志，或者有意识。不管我们要解释的是什么，你都需要先相信灵魂才能解释一切。

如果的确如此，小右的例子是怎么回事？小右是有意识的，小右具有创造力，小右有自由意志，小右有计划性，小右是理智的，小右的身体是有生命的。按照许多二元论者的说法，我们需要相信灵魂才能解释你成为一个人。但是小右是个人，尽管他缺少灵魂！二元论者如何来解释这个现象呢？（上帝又创造了一个新的灵魂，然后植入小右的体内了吗？可能吧。但是上帝为什么要自找麻烦呢？为什么就不能让小左带着我的灵魂醒来，然后到此为止呢？）

所以，“灵魂不能分裂”的假设给裂变的案例提供了一个很好的回答，但同时却坏了灵魂论者的好事，它驳回了二元论信仰最早的一些重要辩词，给灵魂论者来了个釜底抽薪。毕竟，如果小右可以是一个人——虽然不是谢利·卡根，但确实是一个人——一个没有灵魂的人，那么有灵魂和没灵魂也许对我们来说是一样的，这当然跟物理主义者说的一样。

让我来说说另外一种可能性，那是一种相当有趣的情况。[1]假设，灵魂论者对最后这个反驳做出的回应是：“不可能发生的。”是的，他承认，如果小右可以醒来并没有灵魂，那么相信“灵魂是存在的”将会出现问题。但是，既然我们假设谢利·卡根的灵魂最终将落在小左的身上，小右就不会醒来。或者，当然啦，也可能是小右醒来，小左没有。他们中的一人可以醒过来，但是只有一人可以。

的确，假如我们不断做大脑移植，之后发生的一系列情况如下：转移整个大脑，病人醒来；转移一个半脑，病人醒来；转移两个半脑，一个或者另外一个病人醒来，但绝不会两个都醒过来。如果是这样的话，我们就有一个很好的灵魂存在的新论据。如果我们不用把大脑的两个半脑都转移，一个半脑通常就

① 德瑞克·帕菲特，《理性与人类》（*Reasons and Persons*，剑桥大学出版社，1984），第三部分。

足够了，那么如何解释其原因？如果我们把两个大脑半球都转移了，其中一个会有效，但永远不会是两个同时有效，那又是为什么？解释可能是什么？灵魂可以解释这个现象。如果灵魂不能分裂，那么所有的灵魂都只会追踪一半大脑，随便哪一半，但绝不会是两个大脑半球同时都有灵魂。

如果我们发现了这样的结果，就有了论证灵魂存在的新的有力证据。当然了，前提是一个巨大的“如果”。请别想着我刚刚说的就是，这是一个灵魂存在的新证据。我们实际上不能移植大脑，更不要说移植一半的大脑了。我们根本没有任何这样的实验说明如果真的做了这种半脑移植手术，结果只会有一半的大脑醒来。我说的是，如果某天我们做了这样的大脑移植手术，发现了这样的结果，那个时候我们就有了灵魂存在的新证据。

好了，让我再一次撇下灵魂论，我之所以探索它的原因是思考它的含义很有意思。但是既然我不相信灵魂，我只想在肉体论和人格论之中做出选择。如我们所见，这两种理论都需要添设禁止分支的规定。如果要其中某个理论成立，似乎就需要加入禁止分支的规定。我没有看到任何合理的其他选择。

当然，这样也并未让禁止分支的规定显得不那么怪异，它看起来仍旧极其违反直观反应。但如果两个理论都受限于此，那么也许我们就顺其自然好了。它至少说明，在分裂、复制和分支等问题上，我们无法试着在人格论和肉体论之间做出选择。两种理论都面临对应的问题，并以同样的方式处理那些问题，即添设禁止分支的规定。

那么，我们应该支持这两种理论中的哪一方呢？肉体论还是人格论？二者中哪个是更好的个人同一性理论？我的回答是，我不确定。

在我的哲学生涯中，我徘徊在二者之间犹豫不定。当然在很长的一段时间里，我觉得人格论（加上合适的禁止分支的规定）是更好、更合理的理论。当然，这个理论在当代哲学界里也有很多拥护者。但在其他时候，我又发现肉体论（加上合适的禁止分支的规定）是更合理的理论。当然，在当代哲学家中也有人支持肉体论。

不管有没有价值——我实际上不认为我要说的那么有价值——现在有时候我更倾向于肉体论。我倾向于认为决定个人同一性的关键是有同样的肉体，只要没有分支和分裂。但是，你完全可以认为人格论是更强有力的理论，我无法下定论，关于这个问题我没有更多的哲学论据可露一手了。

不过，我确实有另外一个值得考虑的观点。尽管我倾向于认为肉体论可能是决定个人同一性的最佳理论，但我也倾向于认为它并非真的重要。

什么才是重要的?

我们一直在问下面这个问题：什么让我得以存活？但我现在想说的是，这可能不是我们真正应该思考的问题！诚然，我承认，只有我们认识了个人同一性的几个主要理论后，我们才能看到这一点。但是现在我们到了这里，最终可以问出这个关键的问题：我们该问怎样才能活下来吗？或者我们该问存活下来时什么才是重要的吗？

在提出这个新问题的时候，显然我已假设了我们可以区分这两组问题："我活下来了吗？未来会有某个人是我吗？"和"当我想要活下来的时候，我想要的是什么？对于一般情况中的存活来说，什么是重要的？"我的确认为这些问题是不同的。更重要的是，我认为答案很可能也是不同的。

要理解这一点，我们以再次思考灵魂观开始，假设灵魂是存在的。我不相信灵魂，但是我们可以想象，假设灵魂是决定个人同一性的关键，那么得到了我灵魂的人就变成了我。我得以存活，只要我的灵魂存在于某个人的体内。那么百年以后，我依然存在吗？是的，如果我的灵魂还在，我将存活下来。这就是灵魂论的观点，我们假设它是真的。

现在考虑下面的可能性。假设人们可以转世，也就是说，他们死的时候，他们的灵魂——激活，占据，联结——接管了一个新生的肉体。但是，跟大众文化中讨论的转世不同，在那些例子中，至少在适当的情况下你可以记起自己的前世。而我们现在设想的是，当灵魂转世的时候，它被完全清洗干净了，不留有任何前世的痕迹。我们根本没有办法重新获得之前的记忆，不存在将来可能再度显现出来的潜在人格，没有类似于前世今生因果报应的人格存在，或者任何类似的情况。灵魂只是从头开始，干净得像一张空白的黑板。我们把它想成一块完全擦干净的黑板：它是同一块黑板，不过现在我们开始写的完全是新的东西。请设想一下，这就是转世的方式。

所以，如果有人问你："1000年后，你还会存在世上吗？"回答是：是的。我将依然存在，因为我的灵魂将转世。1000年后，将有一个人拥有现在赋予我身体以生命的同一副灵魂。当然，这副灵魂不会记得他曾经是谢利·卡根。它不会有任何前世的记忆，不会有谢利·卡根的欲望或雄心或目标或恐惧。（同样，未来的人格也不会通过因果报应，以我此生存在的某种方式出现。）将来的那个人将是我，即谢利·卡根，因为他将拥有谢利·卡根的灵魂，但是不存在人格、记忆、欲望或任何其他东西的重合。

当我在思考这个例子的时候，我想说，谁在乎啊？我会在这些情况下存活的事实根本没有让我觉得它有什么意义。如果没有相似的人格、记忆、信仰，或者可以从前世恢复的元素，那么告诉我"我将存活"（"毕竟，灵魂是决定个人同一性的关键"），对我来说没有任何安慰。如果是这样，是我又怎样？

如果你感受到这个想法的力量，就能明白为什么"我将存活下来吗"这个问题，可以从"什么是重要的？我们关心的是什么"这些问题中分离。如果只有我的灵魂存活下来，即使它是个人同一性的关键因素，那也不会给我想要的东西。

这还不如你说"知道这是指关节骨吗？你死后，我们将做指关节骨手术，将那个指关节骨植入另一个人的体内，而它将存活下来”，更让人安慰和满足。我会答道：“哦，有点儿意思，从现在起我的指关节骨将存活100年或1000年，但是谁在乎呀？”如果有人提出了个人同一性的指关节骨论，并说：“哦，是的，但是你看，那个现在拥有你指关节骨的人将是你，因为决定个人同一性的关键就是拥有完全一样的指关节骨。”我会说：“好吧，他是我。谁在乎啊？”只有指关节骨存活下来，对我来说不重要。

个人同一性的指关节骨理论是一个非常愚蠢的理论。相比之下，个人存活的灵魂论并不愚蠢。尽管如此，它也没有给我想要的。当我们思考只有被清洗干净、空白的灵魂才能存活的时候，发现存活下来并不是我们真的想要的结果。我们想要的——至少是我想要的，而我也请你去问自己你是否想要同样的东西——不仅仅是存活下来，而且是带着同一个人格存活下来。所以，即使灵魂论是成立的个人同一性理论，也不足以给我什么重要的东西。重要的不仅仅是存活下来，而且是带着同一个人格存活下来。

接下来，让我们来思考一下肉体论。假如肉体论是正确的，只要将来有人拥有我的身体，我就将存活下来。我们也假设肉体论的大脑版本是最佳版本。现在，想象一下明年将有人得到我的大脑。但是，试想大脑已被清理干净了，所有的记忆痕迹都完全被清除。现在我们讨论的是完全不可逆转的失忆，彻底擦除大脑硬盘的内容。想象一下，那个大脑里不存在我的人格痕迹，没有只要走对了程序（做对手术，经历正确的心理治疗）就可以恢复的记忆、欲望、计划或者信仰。没有了，一切都消失了。

在完全不可逆转的失忆后，那个人醒来，无疑他将最终发展出新的人格，拥有一套信仰和记忆。假设没人知道他是谁，只看见他在大街上闲晃。他们叫他某约翰。某约翰最终将有一套自己的世界观，他会制订计划，获得一些记忆。根据肉体论，那就是我。如果个人同一性的人格理论成立的话，那么天哪，他就是我。

但是，当我思考这个例子的时候，我对于他是我这个事实的反应是：谁在乎？我存活下来了，但又怎样呢？如果是我的那个人没有我的人格，那么从现在起我仍将活50年的想法也难以给我慰藉。

只有肉体存活下来不足以给我想要的东西。比起肉体的存活，我想要更多的。我想以同一个人格存活下来。即使个人同一性的肉体论是个人同一性的正确理论，我想说，那又怎样？真正关键的问题不是“我活下来了”，而是“当我想存活的时候，我得到自己想要的了吗”。事实是，拥有同样的身体并不能保证我能得到想要的。我不想只是存活了下来，我想带着同一个人格存活下来。

那么，我们真正需要弄清楚的问题就是：存活中什么才是重要的？当然，在正常的存活例子中我得到了这种重要的东西，这么设想看起来是合理的。毕竟，这可能就是我们这么关心存活的原因，因为它通常提供给我们重要的东西。尽管如此，我们可以看到，在反常的例子中，仅仅生存下来（mere survival）——基本存活下来（bare survival）——实际上并不足以给我们重要的东西。

如果我活下来了，但是我没有正常活下来时的所得，那么我就没得到重要的东西。在这种情况下，我并未真正得到我存活下来时想要的东西。尽管如此，在典型的存活的案例中，我仍可能得到了额外的重要的东西，不管那是什么。我们可以想一想这种情况，如果我存活下来，但是没有得到那个额外的东西，那么对我来说其他一切事物都不再重要了。所以，也许我们应该说，仅仅存活或基本存活下来并没有真正给我重要的东西。我想要的是生存加上更多的东西。

但什么是那额外的东西呢？什么是“更多的东西”呢？我们迄今讨论的例子表明，我想要的是带着同一个人格生存下来。这是正确的结论吗？在存活中，重要的不仅仅是活下来，而且是带着同一个人格生活下来。我认为这很接近事实，却也不太正确。

要理解它，让我们再来看一看人格论。假如人格论成立，那么它会保证我不仅存活下来，还得到了重要的东西吗？我并不这么看。

回想一下，按照人格论的说法，生存下来不会要求我的人格永远不变，我似乎不必将我所有的信仰、欲望和记忆保持不变。当然了，如果人格论有这样的要求，那么我们不得不要说，只要我一有了新的信仰，就是要死了！只要我一忘了20分钟前所做之事的任何细节，就是要死了！事实是，根据人格论的说法，个人同一性并不要求我人格的每一个元素必须保持不变，而是随着时间的变化，我的人格要保持同样的发展方式。我可以获得新的信仰、新的欲望和新的目标，我可以丢失之前的一些记忆和信仰。这都没问题，只要它是同一个缓慢发展的人格，有着正确的重合和延续模式就行。

想一想接下来的例子。我快60岁了，我有一套自己的信仰。比如，我认为自己的名字是“谢利·卡根”，而且是教哲学的；我有一套关于在芝加哥成长、娶了我妻子等记忆；我有各种欲望，比如我想写完这本书。但是当然，我会变老，我的人格也会改变。我会获得新的信仰、新的记忆，我会产生新的欲望，树立新的目标。那么想象一下，我变得越来越老。假如我非常老了，确实非常非常非常老。我100岁、200岁、300岁，甚至更老。

假如在我200岁左右的时候，我的朋友给我取了一个昵称，他们叫我约约（Jo Jo）。谁知道为什么，他们就叫我约约，最终这个昵称传开来了。到了我250岁的时候，所有人都叫我约约，没人再叫我谢利。到了我300岁、350岁、400岁的时候，我已经忘了有人曾叫过我谢利，不再记得我是在芝加哥长大。当然，我确实记得一些“年轻”时的事，它们发生在我还是个150岁的小伙子时。但我回忆不起早期是什么样的，也就是我20多岁或30多岁或40多岁时的情形，就像你记不起自己3岁、4岁时的样子。设想当所有的这些继续下去，当我变得越来越老后，我的人格也会以各种其他方式改变。一路上，我失去了对哲学的兴趣，喜欢上之前我根本从未关心过的事，可能是有机化学。我对有机化学的细节产生了很大的兴趣。

我的价值观也发生了变化。现在，今天，我是一个善良的、有同情心的、热情的人，我关心被压迫的人。但在我300岁左右的时候，我开始失去我的同情心。在400岁的时候，我说的是："被压迫的人，谁需要他们？"到了我500岁的时候，我变得完全自私，成了一个邪恶、残酷、卑鄙的人。我还会活到800岁、900岁，甚至更老。

《圣经》里的玛士撒拉活到了969岁，他是《圣经》中最高寿的人。所以，我最终也活到了969岁。

让我们将其称为玛士撒拉案例。关键在于，我们假设一路上我的人格并没有发生戏剧性的变化，而是逐渐且缓慢地发展，就跟实际生活中正常发展的方式一样，只不过我活了很长很长很长时间。我快要死去的时候，比如说差不多700岁、800岁时，我变成了我们所说的"完全不同的人"。当然了，这并不是字面上的意思。我的意思是说，就好像我是一个完全不同的人——这要看我的人格变得多么不同。

现在请记住，根据个人同一性的人格论，要让一个人成为我，他得和我有同一个随着时间发展的人格。假设这是同一个发展的人格，从现在起600年、700年后，那个人仍将是我。（为防止你在细节上钻牛角尖，让我也假设没有分支的情况出现，所以真的是我。）

但是，当我思考玛士撒拉案例的时候，我说："那又怎样？谁会在乎？"当我思考那个案例的时候，我发现自己想说，即使假设700年后我还是我，那也没有给我想要的东西。那个人已经完全不像现在的我了，他不记得自己是谢利·卡根，他不记得我的家庭，他有完全不同的兴趣、品味和价值观。我发现自己想说："那是我没错，但是又怎么样呢？这并没有给我想要的东西，它没有给我觉得重要的东西。"

当我思考我想要什么的时候，不仅仅是想，有某个人存在于我人格发展的末尾。我想要那个人像我，又不仅仅是我。（更确切地说，当然，我想要那个人像现在的我，像这个人所处的特定阶段，但是我不会一直明确地增加这个条件。）不幸的是，在玛士撒拉的案例中，我最终的样子根本不像我。所以，那个例子也没有给我想要的，即使我的存在伴随着同一个发展的人格。

简而言之，当我思考我想要什么的时候，我想要的不仅仅是存活，不仅仅是带着同一个随着时间发展的人格存活下来。大致说来，我想要的是带着相似的人格存活下来。当然不必一项一项完全相同，但是必须足够接近，跟我现在的人格非常相似。如果给我这个结果，我就得到了存活中我认为重要的东西；不给我那个结果，我就没得到。当然，你可能发现自己想要的东西不同。我只能请你问自己想要的是什么，存活中什么对你才是重要的。但是，当我思考我想要什么的时候，差不多就是我说的那样。

事实上，我想再进一步。一旦未来某个人，他有着和我非常相似的人格，我认为这也许就是一切最重要的了。所以，我目前为止的阐释就会令人误解。我一直在说只是存活下来并不够好：你需要存活并加上额外更多的东西。但是严格说来，也许最重要的就是那个额外更多的东西。一旦我得到它了，我就有了重要的一切，即使我没有存活下来。

比如，假设灵魂真的存在，且灵魂是个人同一性的关键所在，而洛克担心的事确实发生了：每天午夜的时候，上帝摧毁原有的灵魂，然后用一个新的灵魂取而代之，这个灵魂和午夜前的灵魂拥有同样的人格，如同样的信仰、欲望等。如果我通过某种方式发现这些形而上的事实，我会说："哈！事实证明我今晚不会活下来，我会死去。但是谁在乎呢？明天将有一个人存在，他有和我一样的信仰、欲望、目标、雄心、恐惧和价值观，这够好的了。我真的不在乎我是否将存活下来，我关心的是是否有人以正确的方式跟我相似，也就是与我目前的人格相似。现在正有这样的人。”

因此，很可能我们一直关注的“我要怎样才能存活下来”这个问题是一种误导。真正的问题可能不是“我要怎样才能存活下来”，而是“什么是重要的”。当然，在正常情况下，得到重要之物与存活下来是同时存在的。通常来说，存活下来是我们获得重要之物的唯一途径。但从逻辑上说，至少这两件事可以分开。真正重要的，或者对我来说重要的，根本不是存活本身，而是有相似的人格。（我相信，很明显，我的意思并不是说，无论如何这都是唯一重要的东西！我只是说，这是我思考存活时觉得重要的东西。）

想象一下，今晚所有人都在熟睡时，上帝用一个看起来和我一样的肉体取代了我的肉体，并且给了它一个和我睡前一样的人格。因为我倾向于把肉体论作为个人同一性的正确理论，既然新的肉体明显不是我的肉体，所以我认为，明天将醒来的那个人并不是我。我不会活过今晚，我会死去。但是没关系，对我来说重要的不是存活本身。是的，根本不是存活，而是让某人拥有和我足够相似的人格，这样就可以了。

所以，想象一下当我们死的时候，事情会这样：就在我死之前的那一刻，上帝取走了跟我人格相关的所有信息，然后他在天堂里创造了一个新的肉体（也许是一个新的天使的身体），它拥有和我完全一样的人格。既然肉体论是正确的，所以我认为那个人不是我。（在天堂里的不是我的肉体，我的肉体正在地球上腐烂。）那么，结果是我们没有在死后存活下来。但是，我发现自己仍然想说，那又怎样呢？不管怎样，存活下来永远不是重点。即使在天堂里的那个人不是我，这仍可能给了我重要之物。

简而言之，物理主义者不必绝望。我们一开始本就能想到，物理主义者也可以相信死亡不会剥夺我们认为重要的东西。一方面，如我们看到的，如果物理主义者接受了人格论，那么就算是我肉体的死亡也不能让我的死亡在逻辑上成为必然。仍然有可能的情况是，我的人格会继续存在，因此我也将继续存活。另一方面，即使物理主义者接受了肉体论，我的肉体一死我就不复存在了。但即便如此，仍然会有一个人拥有与我足够相似的人格，这可以给我重要的一切。

那么，在我死后，至少存在一种逻辑上的可能性，即我仍将得到重要的东西。事实上，我也可能存活下来，如果肉身可以复活的话，或者正确阐述个人同一性的是人格论而非肉体论的话。但是不论真假，事实上我并不相信其中任何一个假设将会发生。特别是，对我来说，并无理由相信我的肉身死后我的人格会继续存在。所以，就我所见，也没有理由相信我的肉身死后，我仍会得到重要的东西。

当然，这些问题部分涉及了神学内容。我不会在此试着跟你争辩，把你从神学的信仰中拉出来，比如上帝会复活你的肉体，或者会将你的人格移到某个新的天使体内。如果你相信，就相信好了。我在此的目的，不是去辩论以此来支持或反对这些神学上的可能性。

其实情况是，我自己并不相信那些神学上的可能性。我不认为死后我的肉体会复活，或我的人格将被移植。相反，我认为死亡正是最终的结局。它是我的终结，也是我人格的终结。在我看来，这是一个简单的事实：死亡将是最终的结局。

第八章

死亡的本质

依物理主义者所言，一个人只是一个正常运作的人体，一个可思想、可感知、可交流，有爱、有计划，理性自知的人体。我时常这么来讲这个观点，一具具有P功能（P function）的肉体。按物理主义者所言，一个人就是一具具有P功能的人体。

倘若我们接纳了这一观点，那死亡于我们是何意义？从物理主义者的角度出发，死亡究竟是什么？这些就是我接下来要探讨的问题，且我们可从另一个相近的问题开始着手：我在何时死亡？

答案似乎再简单直白不过了。一般说来，至少物理主义者认为，我拥有一具具有人格功能的肉体时，我就活着；而当我们不再拥有这样的肉体，当肉体功能开始损坏并停止正常运作的时候，我便死亡了。于我而言，这一说法从物理主义者的角度多多少少看似正确，但是随后我们就会发现，这一说法还须完善。

那么，首先，我们要问：在定义死亡时间时哪些功能是至关重要的？试想一具运行正常的人体，比如说，你的身体。你的身体此刻正进行着大量的功能活动，其中一部分仅是单纯的食物消化、肢体移动、心脏起搏、肺叶开合等活动，我们称此类活动为肉体功能（body function），或B功能。当然，除此之外还有一系列较高层次的认知活动，我一直称其为P功能，即人格功能（person function）。好，那么大致说来，肉体的功能停止时我即死亡了。那么，具体哪些功能是相关的呢？是B功能还是P功能？或者二者皆有？

这一问题的答案并非显而易见，因为正常情况下，人格功能自然同时随着肉体功能的终止而终止。科幻小说里的情节暂先不议，人格功能是依附于肉体功能而存在的。因此，通常我们不会自问与死亡时刻有关的功能究竟是哪一种，我们几乎是同时丧失两种功能的。

图8.1所示即为这种情况，我在图中勾勒了我身体的演变过程，从身体形成之始（左侧）至身体消亡为终（右侧）。我们可将这一过程分为三大阶段，A阶段、B阶段与C阶段。在A与B这前两个阶段中，我身体的各项功能运行正常，至少肉体功能（消化、呼吸、运动等）发挥状态上佳。然而，在最初的A阶段中，肉体具有运行上述此类功能的所有能力，不能进行的是较高水平的认知活动，即人格功能。因为在人体形成之始，脑部并未发育完全，还不能进行交流、推理、创新、自我认识等活动。因而B阶段前，我并未拥有人格功能。而到了最后的C阶段时，我的身体已不再具有人格功能与肉体功能了，不能再进行任何功能运作了。我徒有一具尸体罢了。（更精细的划分方法当然是有的，只是这几阶段足够表达主旨了。）

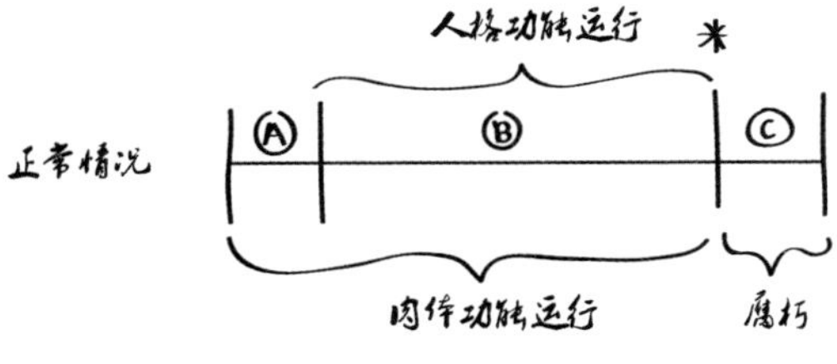

图8.1

以上是正常情况。身体开始存在之时，在A阶段的一段时间内，人是不具备人格功能只具备肉体功能的。继而两种功能均可进行，即进入B阶段。较长时间段后，功能均停止。我的生命可能终结于交通意外、心脏病突发或者癌症，具体缘由可能千差万别，而我的身体都将不再具有肉体功能与人格功能。当然，我的肉体将继续存在，至少短暂时间内依然存在，但最后沦为尸体，这便是C阶段。

那么，我死于何时？一个合乎常情的回答是，我死于B阶段的末尾处，那时我的肉体停止了运转，于是图示中我在此处标记了星号。因为我们思考的是正常情况，即肉体功能与人格功能同时停止。那么我想，星号所示时刻为我死亡发生时刻是毋庸置疑的。我死于此时。

但我们依然可以提出问题，比如，哪一功能的丧失更为严峻呢？是人格功能的丧失还是肉体功能的丧失？哪一功能的丧失与我死亡时刻的界定更为相关？这一问题的答案无法自两种功能同时停止的正常情况中寻求。我们假设一个反常的情况，我罹患重症，丧失了所有隶属人格功能的较高层次认知行为能力，而——重点来了——患病一段时间（数年或数月）后，我的身体依然可以进行普通的肉体功能行为。当然，我的身体最终也将丧失肉体功能，但在我假设的这种情况之下，人格功能的停止远早于肉体功能。图8.2展示了这一情况。

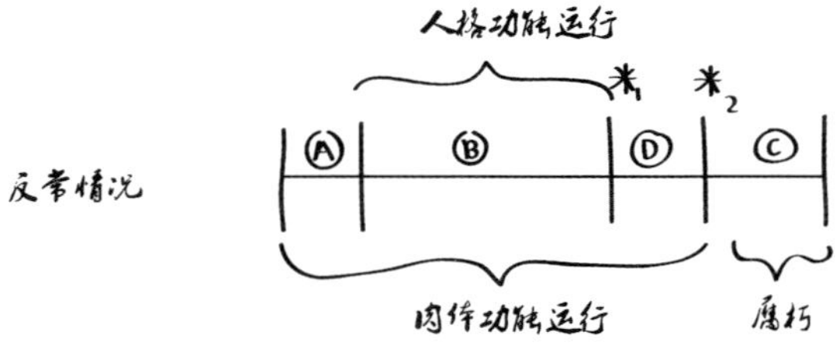

图8.2

这次我将我的身体演变进程划分为四个阶段。同样，A阶段中可进行肉体功能，不可以进行人格功能；B阶段二者均可进行；C阶段两种功能均丧失；但这时增添了一个新阶段，即D阶段。这一阶段中，人格功能已停止，但身体依然可进行肉体功能行为。（显然，这几个阶段已不再按字母顺序排列了，我将D

阶段插入中间，以便其他三阶段可保持名称不变。）

这一情况中，人格功能与肉体功能相互分离，肉体功能于D阶段末尾处停止，人格功能于B阶段末尾处停止，这些是清楚的。但死亡是在什么时间发生的呢？我何时死亡？似乎有两个选项值得斟酌，我也都以星号标记了。死亡不是在人格功能停止时，就是在肉体功能停止时发生。而有趣的是，何种答案更可信，取决于我们接受的是肉体论还是人格论。

假设我们接受人格论，那么倘若有另外一个人是我，那么他必须与我有着同一个发展中的人格。当然这就意味着，我存在，我的人格就必须相伴存在。

这一观念简单来说就是，C阶段中我不存在。因为C阶段与我的人格无关，不存在一个人认为自己是谢利·卡根，没有人拥有我的记忆、我的信仰、我的欲念、我的追求。那么已经很清楚了，从人格论看来，我在C阶段中并不存在。当然，如果我们大而化之地去定义，可以说我已是一具尸体。但这样说可能令人误解，因为事实表明我仍然存在着——以尸体的形式。然而，严格来说，这样是不正确的。更准确地来说，我残留的唯一部分就是尸体。在C阶段中，我不再存在。

那么D阶段呢？这一阶段中我的身体依然在运作中，或者准确来说，进行着肉体功能行为。可尽管如此，我的人格已经不复存在，我的信仰，我的记忆，我的欲念、恐惧及抱负都已不复存在。然而根据人格论，如果我在一段既定时间内存在，那么其间必有某些事物与我有着同一个人格，但D阶段却并非如此。概括地说，因为我的人格随着B阶段的终止而消失，相信人格论的人会认为，我在B阶段结束时已经死亡了。我的死亡时间便是第一个星号标记处，即我的身体丧失人格功能之时。

这些都相对浅显，但仍然暗藏着一个复杂的问题，假设我们的问题不是我存在与否，而是我是否活着（alive），D阶段似乎就越发含混不清了。

假定我们都承认，我的身体在D阶段中是活着的，毕竟身体还在全面进行着肉体功能行为。那我呢？我是活着的吗？试想我们可能这么说：我不存在（exist），但我是活着的！简直不可置信，这个结合了两者的观点恐怕令人难以接受。如果我都不复存在了，还怎么能是活着的呢？那么似乎就不得不说，D阶段中我们并非活着的了，我不仅不存在，而且也不是活着的。

尽管我并未活着，但我的身体活着，因此人格论者需要把我活着与我的身体活着给区分开来。正常情况下，即图8.1中，我停止存活之时，我的身体即刻不再活着。但是反常情况下，即图8.2中，两种死亡相脱离，我身体的死亡发生在第二个星号处，而我的死亡发生在第一个星号处。

若我们接受的是人格论，至少会得到这样的结论。但是，如果我们接受的是肉体论呢？那就有意思了。

根据肉体论，倘若我在既定时间内存在，那么此间必然有人以我的肉体存在。这个人不必有我的人格，只拥有我的肉体已足够（“追踪肉体”）。再回到C阶段中考虑，我残留的只有尸体。但尸体又是什么呢？它自然是肉体，我的尸体就是我的肉体。因为我的尸体依然存在，那么我的身体也仍存在。因此，依照肉体论观念判断，我依然存在。我虽然已死了，但是我依然存在。

（为何肉体论认为我在C阶段中才死亡？与人格论不同，肉体论不必去甄别我活着与我的身体活着，既然我的身体在C阶段中并不存活，那么肉体论一派有理由认为我并非活着。）

让我们回顾本书伊始提出的问题，你死后还能继续存活吗？肉体论给我们的回答有好有坏。好消息是，你可以在你死后继续存活；坏消息是，你会是一具尸体。尽管听起来像个拙劣的笑话，但如果肉体论的说法是正确的，那这一推论就丝毫不是玩笑，而是确凿的事实。[①]我在我死后一段时间内将继续存活。

① 弗雷德·费尔德曼在*Confrontations with the Reaper*（牛津大学出版社，1992）一书第六章中提到了肉体论的这一论点，并将这种情况比喻成一个拙劣的笑话。

当然我的身体将最终消亡，腐烂分解为分子、原子，那时我的肉体便不复存在，我也不再存在。但至少在一段时间内，在C阶段内，肉体论一派可以说："是的，谢利·卡根依然存在。他存在，但他并未活着。"

这恰恰重申了我在上一章结束时表述的观点，关键不是继续存活，而是你在继续存活中想要得到什么。而我在继续存活中想要得到的之一就是活着。显然，根据肉体论，我在C阶段中是依然存在的，但是我并未活着，于是我没有得到重要的东西。这一点应该就是肉体论一派会声明的一点。（相反，根据人格论，当我仅剩一具尸体时，我根本不存在了。）

那么，肉体论一派自D阶段中会得出什么结论呢？差别不大。这里我依然存在，因为我的身体是存在的。然而不同的是，与C阶段相比，在D阶段中我依然活着，因为我的身体也是活着的。可惜我已不再是一个人。我的身体无法进行人格功能活动，因此这种情况下，我仍然没有得到重要的东西。我不足以存在，我亦不足以活着。我宁愿做一个活着的人，而那只发生在B阶段中。

简而言之，根据肉体论，我在第二个星号标记处死亡，即我的身体死亡之时。但是，我在第一个星号标记处失去了重要的内容，这时即我不再为人（being a person）之时。

"我不再为人之时"，这一措辞相当古怪且令人感到意外。我想我们大多数人都认为，一个人直到不再存在时，才能不再是一个人。用哲学术语来说，成为人是我的本质属性（essential properties）之一：只要我存在，我必须具有这一属性。但如果我们接受了肉体论，似乎就不得不认为，成为人不是我的本质属性之一了。我可以停止为人，但继续存在着。

然而，我实际上是一个人，但是照肉体论的说法，我就不一定一直是人了。当我是一具尸体时，我不是一个人，但是我仍然存在。而如果我落入反常情况——我的身体依然进行着消化、供血、呼吸等行为，但已不能思考推理了——此时我们不得不说，我存在，我也确实活着，但我已不再为人了。

那么，根据这种观念，作为人是你可以做一段时间然后不再做的一件事，不再做这件事并不会导致你不存在。就像一段时间内，你作为一个孩子或者教授。你可以在一段时间内是某物，然后不再是了，但你并不会不再存在。我曾经是一个小孩，但是我现在不是了，而我仍然存在着。孩子只是我经历的一个“时期”（phase）。同样，以肉体论来看，成为人只是我——或者说我的肉体——经历的一个过程，成为人只是我的身体在一段时间内可以进行的一件事。A阶段中我的身体并没有这样做，C阶段中自然也是不会做的。而如果我处于反常情况之中，D阶段中我的身体也不会这样做。成为人并不是我的本质，我为人只是我存在的一个方面；且自然地，只是我生命的一个方面。以上至少是肉体论所说的。（而人格论与之相反，成为人似乎确实是我的本质属性之一。除非我为人，否则我并不存在。）

我忽然想到，如果我们接受了这种状况，那么衡量我们前几章所讨论的一系列问题的哲学标准就令人误解了。我们一直在纠结个人同一性的本质，即对他人来说何谓“成为我”。但看一看这个标签本身，“个人同一性”，似乎无论答案是什么，其中已经暗含着我都将作为一个人的假设（且因此，相关问题其实只是既定对象与我会不会是同一人）。但如今，结果证明，这一假设——恰是这规范化的标签（standard label）本身已经暗含的意义——可能是错误的。肉体论认为，即便某些事物并非为人，也可以成为我。也许，哲学家不应将我们的难题命名为“个人同一性”，应该简单命名为“同一性”问题。（我们就个人同一性的讨论中，先前部分有可能也就同样令人误解。比如第六章中我曾说道，倘若未来有人是与我相同的人，那么我就存活。但是现在我们知道了，这一条件超出我的基本存活的要求。）

除了我们一起探究的关于生命终结的问题，其实还有一些生命起始的相应问题。尤其对于A阶段，即身体进行肉体功能而大脑却并未具有人格功能的时候，我们应该作何评论呢？这一阶段中我是存在还是不存在？如果接受肉体论，我们就可以说A阶段中我们确实存在。显然，A阶段中我还未成为人，但是没关系，我们也已证明，在肉体理念中我可以存在而非为人。相反，人格论中，我们就要说，A阶段中我还未存在，即便我的肉体已存在，因为在我的肉体之始我的人格还未形成。此处还有更深层的复杂问题有待界定（比如，我的肉体具体何时开始存在），但因为生命的起始从严格意义上来讲并非我们的讨论内容，我不得不割爱。

我们还是再来研究研究D阶段。试想我的肉体启动人格功能的能力遭到破坏，但它开展肉体功能的能力却并未受影响，于是我的肉体就那么躺在医院病床上，心脏在跳动，肺部在呼吸，肠胃在消化，诸如此类，但再也不能从事思索、推理、交流、爱与感知的行为了。

接下来想象有人需要进行心脏移植手术，器官组织的匹配测试结果表明，我是合适的捐赠者。你现在需要知道的就是：将我的心脏从我身体中取出，在道义上是否被允许。

当然，正常情况下，当我们判断从一个人的身体中取出心脏是否合乎道德时，我们只需要问："潜在捐献者是否活着？"毕竟，如果捐献者是活着的，而你将他的心脏取走，那么他将死亡，你就杀死了他，这显然是不应当的。每个人都享有生存权，其中必然包括免于被杀死的权利（以及其他权利）。

但对反常情况的思考让我们明白，一旦深入研究，事物就不像看上去那么简单。例如，假设我们接受的是人格论，那么如我们已证明的，对于D阶段我们似乎可说，我不再存活，但我的肉体依然活着。这自然就意味着，即使你从我的胸膛中取出我活蹦乱跳的心脏，你也不会杀死我——毕竟我早就已经死亡——你杀死的只是我的肉体。从道德上说是否允许这样做就不明显了。

毋庸置疑，从一个活生生的身体中取出跳动的心脏，至少可以说，我们中的大部分人都会对此感到不大舒服。仅仅盘算这么做，都让人感到不道德得令人发指。但可能我们只是庸人自扰，因为我们未能把来龙去脉梳理仔细。

假设我们需要判断的是谁有权利去杀人，或者此权利究竟是什么。我拥有生存权吗？还是只有我的身体有那种权利？（再或者有两种权利，一种是我的，一种是我身体的？）一方面，如果我的身体有生存权，那么取走我的心脏就一定是非道德的了，即便我已经死了！另一方面，如果只有我拥有生存权，如果权利的所有者是人而非身体，那么取走我的心脏从道德上来说是被允许的（也许在征得我的家人同意之后），即使这会杀死我的身体，因为此举并不会侵犯我的生存权。于是，接受人格论显然无法解决这一问题（那样的话，我们需要对道德哲学做长篇大论）。仅仅是将大门推开一道缝隙，说杀死身体是被允许的，因为杀死身体并没有真的杀死人，这也足以令人瞠目。

那么，如果我们接受的是肉体论而非人格论呢？根据肉体论，我在D阶段仍然活着。那么，显然，我们要说，拿走人的心脏是错误的，因为这样做将杀死我的身体，从而也杀死了我。我们会说，如果说有什么事侵犯了我的生存权，在我仍活着时取走我的心脏肯定算一件，因此它是道德所禁止的。

但即便在这里，问题也没那么简单。如我们所知，活着也并非像说的那么好。就得到重要的东西而言，关键问题也并不是我是否活着，而是我是否为人。而在D阶段中，尽管我依然活着，我也已不再为人了。对这一情况的深入反思让我们逐渐明白，所谓“生存”权有些误导人。也许我并不拥有多少免于被杀死的权利，因为我拥有的是免于“非人化”（depersonified）的权利，即我的人格免遭破坏的权利。如果这一权利是真正的权利，那么只要我的人格已被销毁，从我身体中取走心脏就没有什么不可接受的了。可以肯定的是，在正常情况下，杀死他人确实也将他们的人格毁坏了，这么做就是不道德的。但在我不再为人却依旧活着的反常情况下，也许杀掉我最终能在道德上得到辩护。

我希望你们明白这些问题的确重要且复杂。但在这里，我们并没有足够的空间详尽探究答案。在指明几个可能的答案的方向之后，我就要把更进一步的问题撇在一旁了。

能力

正如我们所见，如果我们接受了人格论，死亡时刻就需由人格功能而非肉体功能界定。大致说来，只要我的身体进行着人格功能，我就是活着的；如果我的身体并未进行人格功能，即便我的肉体依然活着，我也并非活着，我死了。

在人格论下，可以肯定的是，这一思路上的内容就是我们关于死亡的想法，但它不一定如其所示那样确定无疑。让我们试着回忆昨夜，假设昨夜凌晨3点20分时你在熟睡之中，你正处于深度无梦的睡眠，你未思考，未推理，未交流，未回忆，未计划，未创造，你并未运行任何形式的人格功能。

如果我们接受“肉体停止人格功能行为即为死亡”的观念，就必须勉强承认，昨夜凌晨3点20分时你已死亡，尽管我们不这么认为。的确，因为你经历了无梦睡眠接着做梦的各种循环，那么我们就不得不说，你死了，后来又活了，又死了，整夜不停地转换。这样当然是不正确的。因此，我们在定义时需要更谨慎些，不能简单地说身体并未进行人格功能活动就死亡了。我们需要更细致的思考。

人格论者一个合乎常情的提法是，你没在运行人格功能也没关系，只要这只是暂时的。倘若你的肉体过去进行过人格功能活动（你已是一个人），且你在未来将继续进行，那么你仍然是活着的，即便此刻并无人格功能活动进行。这样无梦睡眠的问题就巧妙解决了。即使你在凌晨3点20分时并未运行人格功能，你后来将回归此行为，于是我们可以恰当地说，你在无梦睡眠过程中仍然是活着的。那么根据此结论，达到死亡状态不仅需要人格功能的缺失，还需要它永久地消失。

但这一修订也说不通。一些情况依然会被错误归类，比如我们直观反应中认为仍活着的却要说是死了，直观反应中认为是死了的却要说是活着。就前一种情形而言，可以对无梦睡眠的情况稍加修改，假设弗兰克昨夜凌晨2点至2点30分处于无梦睡眠之中，不巧的是，凌晨2点30分他心脏病突发，在睡眠中死去，再也没有恢复意识，再也没有继续运行人格功能。根据我们当前的提议，弗兰克死于凌晨2点，因为他此时已经最后一次停止了人格功能活动。然而直观反应告诉我们，这好像是一个错误的答案，弗兰克在2点15分时依然活着，虽然他处于无梦睡眠之中，但他直到2点30分心脏病发作时才死亡。因此，单单就人格功能停止活动不再恢复这一事实，还不足以界定死亡。

而且这也不是死亡的必要条件，至少在若干构想出的案例中，即使人格功能最终可恢复，人也可以死亡！比如，审判日到来，上帝令死者复活，且复活后将有人（仅一人）具有你死前同一个人格。如我们所知，根据人格论，复活后会有人成为你。你又活着了，你被复活了。我们同样可以假定，于其他人也是如此，所有的死者都将再次存活。

这也是我们想要说明的，但据我们当前的提议，这样说是错误的。不管我们如何认为，这些人没有一个曾死去过！毕竟，复活之后，所有之前的“死”者将重新具有人格功能，这也就意味着尽管人格功能停止——某些情况中会停止千百年之久——但仍然不是永久性停止。人格功能的丧失同无梦睡眠一样只是暂时的，只是时间段较长些。所以，所有人一直都是活着的，他们从未死去。

这是当前提法的结果，且这一结果似乎并不正确。审判日来临时上帝复活死者，他并不是仅仅将他们从极深极沉的“睡眠”中唤醒，因此当前的提议，即死亡是人格功能的永久性（而非暂时性）停止，似乎也并不正确。

另有一种提法不尽相同，我认为它是最接近事实的一个。我们同样始于对睡眠的重要观察，这种观察认为，即使你没有切实进行人格功能活动，然而你仍具有人格功能活动的能力。比如，当你睡觉时你没有在算乘法表，但你仍然有做乘法的能力，我们如何知道有无能力？只需把你叫醒！我们叫醒你后问：“3乘3是多少？”你骂完我们之后，便会说：“是9啦。”同样，如果你会说外语，比如法语，那么即便你在睡眠中并未使用这种语言，但睡着的你有说法语的能力是不争的事实。我们可以把你叫醒，问你这个以及那个动词怎样变位，你都可以变出来。推而广之，即便你在睡眠中并未进行人格功能活动，毋庸置疑的是，睡着的你有能力进行人格功能活动。

能力并非总在施行中。你的人格功能此刻在施行中，因为你现在在思考，但在不思考的时间内你并未失掉思考的能力。那么，假设人格论一派认为，若你有进行人格功能行为的能力，你就活着；不能进行此功能，就是死亡。而你不能够的原因是什么？可能因为支撑人格功能的大脑认知机制已损坏，不能运行。当你死亡时，你的大脑是毁坏的，你不仅暂时无法进行人格功能活动，而且已经不再能够进行了。

按这个思路进行解释，似乎可以很好地应对各种情形。在无梦睡眠中，即使你没有进行活跃的人格功能活动，你仍然有此能力，所以你并未死亡。即便是不幸在睡梦中死于心脏病的弗兰克，直到心脏病发作之前，他并没死亡，因为在最后半个小时的无梦睡眠中，他仍然能进行人格功能（即便他什么功能也没有运行）。这种解释不仅没有不合情理地误将生者判死，也没有不合情理地误将死者判生。如果上帝会在最终审判日将死者复活，那么他们将在未来某时重新进行人格功能活动，但说死者们此时能够进行活动是不正确的。相反，他们此刻是不具有此种能力的，他们的大脑已损坏，或者更糟。因此，在上帝弄好他们之前，或在上帝复活他们之前，如我们认为的，死者真的死了。

按这个思路进行解释，对研究其他可能艰深难解的案例也有指导作用。以昏迷中（in a coma）的人为例，他已不再进行人格功能，让我们假设他的身体依然是活着的（心脏仍跳动，肺叶仍呼吸，等等）。但我们疑惑，此人是死是活？他没在进行活跃的人格功能活动，这是肯定的。但我们如今意识到，相关的问题是，他们是否具有人格功能的能力？

回答这个问题前，我们需要了解其更多的内在生理状况。答案取决于细节。相关认知结构是否还在？或者已经被损坏或摧毁了？再想想睡眠的情形，当一个人在睡梦中时，我们需要做些什么才能将他唤醒，将人格功能的开关打开。他的认知结构健在，但开关是关闭的。可能处在昏迷中，或某几种昏迷中的人也是类似情况。我们应该这样思考，昏迷案例一：跟人格功能相关的大脑认知机制均正常，只是开关处于关闭状态（或者稍微转换下喻体，开关上了锁），于是我们不能以一般方式启动开关。摇晃处于昏迷中的人，说“吉米，醒一醒”并不能起作用。尽管如此，即便开关卡在关闭状态，倘若大脑的认知结构仍可以确保开关开启后，个人可以进行人格功能活动，那么我们应该就可以说，此人活着。

昏迷案例二则与之相反。（我并不确定这一案例是否可从医学角度定义为昏迷，但此处不必细究。）假设情况是，可支持认知活动的大脑结构已衰退，那么这就不仅仅是开关处于关闭状态，而且是大脑不再能够进行较高水平的人格功能行为了。其损毁情况十分严重，此时正确说法就可能是，人已不再存活。其肉体可能还活着，但人已死亡。

简而言之，倘若我们接受人格论，用人格功能的丧失来定义死亡，似乎最合理的说法是，死亡需要丧失进行人格功能的能力。如果只是丧失了人格功能本身——只是停止了人格功能，即便是永久性停止——都不足以定义死亡，只要他仍保存着运行人格功能的能力。

如果我们接受的是肉体论而非人格论，又当如何呢？死亡时刻似乎就由肉体功能来界定，而非人格功能了。那么我们可以说——至少把它算作“一传”

（a first pass）吧——只要我的身体仍可进行肉体功能，我便活着；如果它并未在肉体功能运作中，那么我并非活着的，我是死的。

这一解释是否同样有待完善呢？这里只考虑相关功能的丧失，而不考虑运行功能的能力丧失，是否也是不该的呢？肉体论一派是否应从肉体功能的能力丧失定义死亡？抑或说身体停止肉体功能时就是死亡也已足够？（在任何情况下，假设我们都不甚愿意承认，一旦死亡则肉体功能永久停止。因为一旦承认此说法，即使不情愿我们也不得不说，如果上帝当真将在审判日复活我们的身体，那么这些死者就从未死过。）

到这里就不知该如何解释了，部分是因为思考身体停止肉体功能却留有肉体功能能力的案例很费脑筋（对肉体派而言，从深度无梦睡眠的案例中找不到明显可类比之处）。倘若身体在长时间内停止肉体功能活动，功能退化将迅速发生于整个身体，不久肉体功能依然会消失。

当然，想象一两项肉体功能停止运作而其余持续进行的状况，这并不困难。假设有人突发心脏病，其心脏一段时间内停止跳动，后来用心脏起搏器使之继续跳动。其人在中间的时间段内是死亡的吗？我们有时会这样说，但我不知道肉体论一派是否该如此认为，尤其如果其他一系列肉体功能在相关时间内是持续运行着的。我们需要的案例是，所有的肉体功能都已停止，但进行肉体功能的能力却出于某些原因并未被摧毁。

你看这样如何，假设我们将某人置于完全假死状态（suspended animation）中，将他的身体冷却，使各项新陈代谢活动彻底停止。假设我们将身体加热回正常温度时，肉体将再次正常运作。我们现在当然还不能在人类身上实践这一切，但也没有明显理由否定这一可能性。因此，想象我们终将知道如何对人类进行操作，我们挑选了西蒙，将他置于完全假死状态中，他死了吗？

老实说，当我思考这一情况的时候，我不知该说什么，肉体论一派将作何论述我也不清楚。有些时候我感到我有说西蒙已死的念头，另一些时候我想说他还活着。（还有些时候，我发现自己在考虑增添第三种情况，完善这一案例：可能西蒙既非死亡也非存活，他被悬在那里。）我想很多人同我一样毫无头绪，无论如何，让我们来看看两（大）可能性。

如果我们想要说西蒙在假死状态中是活着的，肉体论一派很可能摆出死亡的定义，并基于此定义“死亡必丧失肉体功能的能力”。毕竟，假死案例中我们假设了他并没有任何肉体功能活动。如果肉体功能的停止足以说明死亡，那么我们就可以说西蒙在假死状态中是死亡的。（因此将他加热，使其复生的激活行为就能让他重获生命，起死回生。）相反，如果我们以丧失肉体功能的能力定义死亡，那么我们就可以说西蒙是活着的，尽管他处在假死状态。毕竟，（支持肉体功能运作的）大脑和其他相关肉体结构依然正常，毫无损坏。假死状态明显与昏迷案例十分类似，开关都卡住了，即真正冻住了！冻在了关闭状态。激活西蒙并不能让他恢复生命，因为他从未死过，激活行为仅仅恢复了肉体（以及人格）功能。

另一方面，如果我们想说西蒙在假死状态中是死亡的，那么肉体论一派一定会紧抓死亡的定义不放，即肉体功能的停止足以说明死亡。这一论点中西蒙的身体仍存在，或原则上可以进行肉体功能已经不重要，既然身体并未进行任何肉体功能，那么我可以说，他已死亡了。

要注意，有时候，从人格论者的角度来看，假死状态也很令人费解。如果说人格论一派以丧失人格功能的能力定义死亡是正确的，那么我们似乎可以说西蒙在假死状态中是活着的。因为我已经指出，尽管在假死状态中，从某种意义上而言，西蒙的身体仍然具有进行一系列功能（包括人格功能）的能力。但如果人格论一派想说，相反，西蒙在假死状态中已死亡，那又会怎样？因为人格论一派并不能说明进行人格功能行为是活着的必要条件之一（如果他早已这样说了，你也就死在了无梦睡眠中）。人格论一派很可能需要证明，从相关的能力意义上而言，假死状态下的西蒙已经不再具有人格功能的能力。他可能——在重新激活的情况下——再次获得此能力，但在假死状态下他的能力是缺失的。理解这种立场显然还需要进一步的研究：我们需要区别能力的不同概念，而且需要解释为何处在昏迷中的人还具有某种相关能力，而假死状态中的人却不具有。在我看来，相关区别是可判断也可辩护的，但此处我不会深入探究。

实际上，除了如何正确地给假死状态归类的问题之外，在我看来，只要我们是物理主义者，死亡就不是什么深邃神秘的东西。一具健康的人类身体可以进行各种不同的功能活动，只要相关的低级肉体功能活动也在发生（或可以发生），则身体就是存活的。当然，如果一切正常，身体也足以进行较高级的认知活动，即人格功能活动，那么我们眼前就是一个活生生的人（a living person）。如果身体不幸开始损坏，丧失了人格功能，这时我们眼前的人就不再是活生生的。而最终——可能同时，也可能滞后——身体也会进一步损坏，肉体功能也将丧失，此即肉体的死亡。

以上诸多细节在专业科学角度当然还有待深究，但从哲学的角度来看，已经没什么神秘难解的了。人体运作着，接着垮掉了。死亡就是如此。

| 第九章 |

关于死亡的两个惊人言论

不相信我将会死去

像无数人经历过的一样，我的身体最终会垮掉，因此我终将会死去。事实上，关于我们所有人都会死去的说法，我认为它是老生常谈了。我们都知道这一点，或者说看似知道。但是有时候，刚才那个观点，即“我们都知道我们会死去”会得到否认。事实上，一些人认为，从某种程度上来说，没有人真正相信自己会死去。这个说法让人惊讶，我们是否有充足的理由去相信它呢？

当然，我们已经区分过我所说的个人之死（the death of the person）和肉体之死（the death of the body），我们还需要分辨这个惊人言论的两种可能性解释。它所指的到底是什么？是说没有人真正相信自己作为一个人不复存在，还是说没有人真正相信自己的肉体会死去？让我们考察一下这两种可能性。（普遍来说，毫无疑问，人们区分不了这两种审慎的说法，也无法清晰了解它们所指的到底是什么。）

没有人相信自己会停止作为一个人（一个有意识、可思考的存在）而存在，关于这个观点，最常见的论据多以如下形式来展开：它首先表示人们无法描绘（picture）其死亡状态（being dead）。也就是说，我无法描绘我自己的死亡状态，你无法描绘你自己的死亡状态。但是如果我无法描绘自己的死亡，我就无法想象（image）它。例如，我无法想象自己不存在。所以，这个论点的结论便是：我无法真正相信我将不复存在。

显然，这个论点认为，倘若你无法描绘和想象它，你便无法相信其可能性。首先，要指出的是，这种假设是可以反驳的。事实上，我认为我们不应该相信这个有关信念的理论：如果要相信某件事情，你必须能够在你的想象中描绘这件事情。我认为这种观点在“什么构成了信念”上，包含着一个令人误解的看法。但是，为了讨论之便，我们先认同这个假设，假设要相信某件事情，你必须能够描绘它。然后呢？我们如何从中得出结论说，我不能相信我将死去，我作为一个人将不复存在？当然，这个论点的另一个前提是，我无法描绘和想象自己的死亡。

这里有必要区分一下。我可以想象自己抱病：我躺在病床上，身患癌症，生命垂危，身体变得越来越虚弱。我甚至能想象出自己临死的那一刻：我跟我的家人和朋友道别；一切都变得愈渐灰暗和惨淡；我越发难以集中精神；然后，就什么都没了。我已经死了。由此看来，我似乎能够描绘自己的死亡过程（dying）。

但这跟之前提出的观点无关。这一观点指的并不是说我无法描绘自己的抱病过程或死亡过程，而是我无法描绘自己的死亡状态。试试看，试着描绘自己的死亡状态，死了是什么样的？

有时候，人们说这是一个谜。他们说，我们不知道死了是什么样，因为每次我们去想象它时都无果而终。我们做不到。假设你给自己设定一个目标，以第一人称的角度去想象你死了是什么样的。你也许首先会剥离你知道死后将不再有的那部分有意识的生命：你什么也不会听到，什么也不会看到，而且无法思考，等等。接着，你试着想象无法思考、无法感受、听不到、看不到会是什么样，但你无法做到。于是你两手一摊说：“哦，我不知道死了是怎样的，我无法想象。它太神秘了。”

但是，以这样的方式思考这个问题让人感到疑惑。这其实一点儿都不神秘。假设我问，作为我的手机是什么感觉？当然，答案是：什么感觉都没有。这里重要的是，不要误解这个答案。它指的并不是作为一部手机，它有一种特别的体验，和其他体验不一样，而且难以形容。不，完全不是这样。手机不会有任何体验，没有什么可以描述或想象的。作为一部手机，它没有任何内在感受。

假设我问自己，作为我的圆珠笔是什么感觉？我可能会先想象自己变得非常僵硬，如果你是一支圆珠笔，可没有弹性。然后，我会想象自己非常非常无聊，作为一支圆珠笔，你是没有任何想法和兴趣的。我可能尝试做这一切。但以这样的方式来思考作为一支圆珠笔的感觉，显然是完全错误的，因为存在一个很简单的事实，作为一支圆珠笔什么感觉也没有。没有什么可以描述，也没有什么可以想象。作为一支圆珠笔的感觉，正如作为一部手机一样，没有什么神秘可言。

同样，我希望你明白，处于死亡状态并没有什么神秘可言。它不像任何其他感觉。同样，这里需要强调的是，切莫误解了这个反驳。我的意思并不是说死亡状态像某种感觉，某种不同于其他一切的感觉。事实上，我是说，没有任何感觉可以形容。当你死了，你的内在什么也不会发生，没什么好想象的。

假设这是正确的。那么，我们是否可以得出结论说，我们现在有了上面提到的论点所需的另一个前提？毕竟，如果没有任何东西可以想象，那么我当然无法想象了。既然我们已经假设（出于讨论之便），若我不能描绘和想象，则我无法相信，那么根据目前的讨论，我们不是应当得出结论说，这个论点是合理的，而你真的无法相信你将死去吗？

不，我们不能断定。要注意，你不仅无法描绘处于死亡状态中的内在感受（from the inside），还无法描绘处于无梦睡眠中的内在感觉。考虑到这个事实，我们就会发现，我们的论证肯定在某处出错了。毕竟，当你处于无梦的睡眠中时，你并没有在体验和想象任何东西。处于无梦睡眠中并没有任何感觉，因此你无法描绘它的内在感受。同样，我们当然也不可能描绘和想象昏厥后和完全无意识后（没有任何感知、感觉）是什么感觉，因为我们没有什么可以描绘和想象的内在感受。

那么，根据这一点，我们可以得出结论说，没有人真正相信他们曾经处于无梦的睡眠中吗？或认为没有人相信他们之前曾失去知觉吗？显然，这是一个愚蠢的结论。当然，你一定相信有时你是处于无梦睡眠中的。当然，某个间歇性陷入昏厥的人也会意识到，有时候他也会失去知觉。反之则会非常荒谬。

仅从你无法描绘其内在感受这一事实来看，是无法得出没有人相信自己曾处于无梦睡眠中这一结论的。仅从你无法描绘其内在感觉这一事实来看，是无法得出没有人相信自己曾昏厥这一结论的。那么，同样，仅从你无法描绘处于死亡状态中的内在感受来看，无法得出“没有人相信自己会死去”这一结论。

但我一开始不是说我认同这个假设（为了进行讨论）吗？即你只能相信你能够描绘的东西。而且，我刚刚不是说了“看，你无法描绘自己的死亡状态”吗？我难道在收回刚才说的一些话吗？如果我坚持认为你能相信自己将会死去，然而又认同你无法描绘它的内在感受，那我不是在收回我的假设，即要相信某样东西你必须能够描绘它吗？

其实不然。尽管我对“形成信念需要借助描绘”这一说法仍持有怀疑，但为了讨论之便，我还要继续认同这一假设。其实，我想说的是，你可以描绘自己的死亡状态，只是你无法描绘它的内在感觉。这并不存在什么问题，因为你仍然可以描绘死亡的外在状态。

我们再来看看无梦睡眠的案例。我可以轻易地想象我处于无梦睡眠中。事实上，我现在就正在这么做：我脑海中有个画面，我的身体躺在床上，无梦入睡。同样，我能轻易描绘昏厥过去或失去意识。我只需描绘我的身体躺在地上，不省人事。当然，同样，我也可以轻易地描绘自己的死亡状态。我能在我的脑海中看到，我的身体躺在一个棺材里，没有任何生命机能。就这样，很容易做到。

那么，即使形成信念确实需要借助描绘，即使你无法描绘死亡状态的内在感受，这并不意味着你无法相信你将会死去，你所要做的只是描绘其外在状态。因此，我得出这样的结论：你可以并一定要相信你将会死去。

但对于我刚才提出的论点，很多人可能会以这样的措辞来反驳："假设我去描绘我死了的外在状态，我会描绘一个世界，在其中我不是作为一个人而存在，我不再有意识，不再能体验到任何东西。比如，我会描绘自己的葬礼。我当然可以做到这点。然而，当我这么尝试时，我发现自己在观察这个葬礼。我在注视它，看着它。总之，我还在思考。因此，我并没有真正想象一个我不复存在、我无法思考和观察的世界。我又将自己代入，成为这个葬礼的观察者。事实上，每次我试图描绘自己的死亡状态时，我就会将自己代入作为一个有意识的人，因此'我'完全没有死亡。我也许能想象我肉体的死亡状态，但我从未真正想象出自己作为一个人而死亡。鉴于我们'形成信念需要借助描绘'的假设，接下来，结论就会是，我真的不相信我将处于死亡状态。我不相信，因为我无法想象。"

这论点在不同的场合出现过，我仅提一下其中一个例子。西格蒙德·弗洛伊德在著作中，一度说了以下的话：

> 毕竟，一个人的死亡是超乎想象的，每当我们试图想象它时，我们都可以看到自己作为旁观者而存活。因此，精神分析学派会有这种名言：说到底，没有人相信自己会死亡。或者这么说也一样：在潜意识里，我们每个人都相信自己是永生的。[①]

① 转引自*The Faith of a Heretic*（道布尔戴出版社，1961）一书第356—357页，瓦尔特·考夫曼在《死亡》（"Death"）一文中对弗洛伊德的引用。

这是弗洛伊德的说法，基本上就是我刚才概括的论点。当你想象自己的死亡状态时，他说，你是把自己作为一名旁观者重新代入了。弗洛伊德认为，某种程度上，没有人真正相信自己会死去。

我认为这是一个糟糕的论点，我当然希望你不会相信它。为了弄明白这个论点肯定是不合理的，让我们来思考一个争议较少的例子。假设你是某个俱乐部的一名成员，今天下午将有一个你无法参加的会议。问问你自己，没有了你，你相信这个会议会举行吗？乍一看，似乎很明显，你相信会议将举行。但现在想象一下，有人提出了弗洛伊德式的论点，表明你终究并不真正相信。他们会这么说："试着想象那个你将错过的会议，也许你会在脑海中想象会议室的情景，一些人围绕桌子坐着，他们也许在讨论俱乐部的业务。但是等等！你是在脑海中看到这所有一切的，也就是说，你把自己作为旁观者代入了。（如果你像我一样，也许是从一个角落或一堵墙俯视，以一种苍蝇的视角。）但这意味着，你并没有真正去描绘那个你不在场的会议，你做不到。当然，这意味着，你并不是真的相信这个会议将在没有你参与的情况下举行。"

我相信你也同意，这论点肯定在某处出错了。显然，我们都相信，就算没有我们，这个会议也将照常举行。但这仅仅表明，在某种意义上，我把自己作为一名观察者代入，并不足以表示我确实不相信我试图想象的这种可能性存在。我可以相信，没有我会议也将举行，即使（在某种意义上）当我描绘它时，我会把自己代入。同样，我可以相信一个没有我的世界存在的可能性，即使（在某种意义上）当我试图描绘这样一个世界时，我会把自己代入。

但是，这论点到底是哪里出错了？实际上，我认为，如果要明白这个答案，我们需要记住两点：第一点，当你看着一幅画时，你需要区分你确实在看着这幅画这个不可否认的事实，以及一个更深一层的截然不同的问题：你是不是这幅画当中的一分子？第二点，要记住这幅画总是（或至少通常是）人们从一个特定的角度、一个特定的位置来观看的。

假设我拿着一张画着无人海滩的画，那么，这幅画表现出我了吗？尤其是，它表现出我处于那个沙滩上了吗？当然没有。我们已经说明了，那是一幅没有人的海滩画，包括我也不在。诚然，无论是实际上，还是在我的脑海中，当我看着这幅画时，我自身必须存在！如果我不与之同时存在，我就无法看到或想象一个画面。尽管如此，要做到这一点，我不需要成为这画面中的一样东西；它并不非得是有我的画面。因此，这论点出错的地方在于，其错误地引导我们，从一个不可否认的事实，即“当我描绘某个没有我的画面（一个海滩、一个会议或一个世界）时，我必须存在，我必须在观察那画面”，得出一个截然不同的（因假设错误得出的）结论：我本身是这画面当中表现的一样东西，这是一个有我存在的画面。事实当然不是这样。我可以轻易地描绘一个会议，在没有我出席的情况下以各种方式举行。当然，在描绘一个死后没有我存在的世界时，也是一样的。

为什么这错误会如此迷惑人？我想或许跟第二点相关：想象一个海滩（或一个没有你的会议，或世界）的画面，就要从空间中的一个特定角度来展示这场景。这个角度可能沿着海岸（或在墙上，或在葬礼的后面），因此你很容易就认为，看到这场景的人，必定也在空间中一个相关角度，他才能做到这点。然后，由于我就是那个在看的人，因此很容易就会认为，无论是在海滩上，或在会议室中，或在这个世界里，我自己在某个特定的位置上——简而言之，我根本没有死去。就像我说的，我认为类似的原因解释了为什么我们很容易感到困惑。事实上，如果我们只用想象其外在状态，对于构想一个没有我的世界来说，这种困惑就无关紧要了。因此，即使形成信念确实需要借助想象或描绘，我们依然很容易就能想象死亡状态。

在这一章的开始，我区分了“没有人相信他们将会死去”这一言论的两个可能性解释。到目前为止，我们已经讨论了第一个解释。据它所说，没有人相信他们作为一个有意识、可思考的存在会不复存在。正如我刚才解释的，这个想法最主流的论点并不成立。但是，没有人相信他们的肉体会死去，这第二个可能的解释又如何呢？如果这个解释说得通，我们是否有充分的理由去相信原有的那个说法呢？

首先，我们应该指出，这样的提法有多怪诞。人们看起来确实相信，他们的肉体将会死去。毕竟，即便你相信说你那不朽的灵魂总有一天会上天堂，你将作为一个有意识、可思考的存在而永存，你也会承认一个不可否认的事实，即你的肉体终将死去。当然，我们都承认，我们的肉体最终将停止运转，或者将成为一具需要埋葬或火化的尸体，等等。

确实，如果人们并不真正相信他们的肉体将会死去，那么他们做出的一些行为就非常难以解释。比如，人们购买人寿保险。为什么？大概是因为他们（确切）相信，他们很有可能一段时间内将会死去。也就是说，他们的肉体会死去，他们希望自己的孩子和家人得到很好的照顾。如果你真的不相信你将会死去（也就是说，肉体的死亡），为什么要购买人寿保险？同样，人们写遗嘱，安排他们死后如何处理他们的资产。如果你真的不相信你将会死去，为什么要花工夫写遗嘱？因为很多人都写遗嘱，或购买人寿保险，诸如此类，似乎可以合乎常情地得出结论：很多人，可能大多数人都认识到了，他们将会死去。

为什么我们还会有其他的想法？其中的原因是，生病甚至病入膏肓这种事，似乎常常让人们措手不及，所以我们没有完全摒弃这些其他想法。在托尔斯泰的短篇小说《伊万·伊里奇之死》（*The Death of Ivan Ilyich*）中可以找到一个著名的文学典型。在这个故事里，伊里奇摔倒并弄伤了自己，他的伤势并没有好转，每况愈下，他最终死去。令人惊奇的是，伊里奇发现自己终有一死（mortal）时大为震惊。当然，托尔斯泰是想通过这个故事向我们阐述，并说服我们：我们大多数人实际上都跟伊里奇一样，口头上承认自己会死去，但某种程度上，我们并不当真相信。

为了说得更清楚些，我想强调一点，这里相关的信念，或者说信念的缺失，涉及肉体的死亡。这就是让伊里奇感到惊讶的事。让他吓一跳的是，他发现他的肉体终有一死。毕竟，我们都知道，伊里奇始终相信灵魂的存在，相信他的灵魂会上天堂。让他愣住的并不是他身为一个人的死亡预期，事实上，他或许并不相信他将会作为一个人而死去。相反，让他惊讶的是，他的肉体将会死亡。托尔斯泰刻画了一个高度真实可信的人物形象，他对自己终有一死感到惊讶。

当然，尽管如此，我还是假设伊里奇已经留下遗嘱。就我所知，伊里奇也买了人寿保险。因此，在这里我们就遇到一个难题。伊里奇的一些行为表明，他确实相信他终是凡人，并完全意识到他终有一天会死去。然而，与此同时，当他真的得病并面临死亡时，震惊和意外还是会压倒他，这强烈地表明他的想法是诚实无欺的，即他完全不相信自己会死去。

这怎么可能呢？这是一个难题。甚至在探讨这种案例到底有多普遍之前，我们自己也会对其中发生的事感同身受，这确实让人迷惑。一个人怎么会同时相信又不相信自己终有一死？

也许我们需要区分某个人显意识里相信和潜意识里相信的东西。不是说伊里奇显意识中相信自己是会死的，但在潜意识里，他认为自己是永生的。我们需要区分他口头上说的和他真正从根本上相信的那些东西。没准儿伊里奇只是口头上声称他相信自己会死。如果你问他："你会死吗？"他会说："哦，当然会。"因此，他也购买了人寿保险。但他确实彻底相信自己会死吗？也许不是。无论如何，如果要理解伊里奇案例的意义，我们需要做一些这样的区分。

现在，假设我们认为伊里奇是一个完全可信的例子。也就是说，我们认为有人在某种程度上并不当真相信自己会死去，这是有可能的。但我也认为，托尔斯泰不仅仅是提出可能存在这样一种人。（"你看他是多么奇怪，让我给你形容一下他。”）更应该说，他指出伊里奇的情况是很典型的。或许我们所有人，或者说大多人都像他一样。至少，我们很多人都是那样的。如果我们许多人在这方面都像伊里奇一样，那么他就不仅仅是一个有趣的怪人了。

但对于这样的说法，我们需要提供什么证据呢？由于我们大多数人，或者说所有人都可能坚持认为，我们真的相信自己会死去，那要提出什么样的论点才能证明我们是错误的呢？

我认为，我们需要的论证是这样的：假设有某种很多人都做出的行为，并假设这种行为需要我们做出解释；然后，假设要得出关于这种行为的一个合理解释，我们必须承认，从根本上来说，我们并不真正相信我们口口声声说相信的东西。如果这一切都成立，我们就有充足的理由承认，我们并不真正相信我们说自己相信的东西，只是口头上说说而已。

现实中也有这类例证，就拿某个患有洗手强迫症的人来说吧。我们问他：“你的手脏吗？”他可能会回答：“不，当然不脏。”然而，他又回到了洗手间，再次洗手。可以说，对这一行为的唯一解释是，在某种程度上，他的确相信自己的手脏，尽管事实上他说不脏。那么，同样，如果我们发现自己的某些行为有待解释，而最可能的解释是，在某种程度上，我们并不真正相信自己会死去，那么我们有充分的理由认为：我们并不真的相信自己会死去，即使我们说我们相信。

比如，假设你真的从根本上相信你会死去，这种意识带来的恐惧会让你开始尖叫，无法停止。（在伊里奇的病加重到某个程度时，他开始尖叫，并一直持续尖叫，几乎直到他死亡。）如果这是真的，即一旦你认真对待你将会死去这个想法，你就无法停止尖叫，那么我们的论点就说得通了。当然，事实上我们大多数人都不会尖叫。但是，如果你真的相信你终将死亡，你真的将尖叫起来，那么我们就会发现，我们并不真的相信自己终将一死。就像我说的，我们的论证就合理了，但是当然它只针对完全相信自己终将一死并不断尖叫的人才成立。很显然，我们根本没有充足的理由相信类似的行为。

不过，你可能会问，是否有其他一些行为同样支持这个假设，即我们并不真的相信自己会死去。以下是我认为对这个假设最合理的解释。正如我们所知，有些人曾和死亡擦肩而过。比如，他们可能在一次事故中差点儿送命，结果却毫发无伤；或者他们可能心脏病发作，在手术台上经历了很长一段时间，经过心外科手术等，他们被救回来了。现在，当人们拥有这种濒死经历时，他们对这终有一死的感受会更为深刻，脑海中的画面会更加真实。死亡是他们无比确信的。有趣的是，当人们拥有这样的经历后，常常会说："我要改变我的生活。我要少花些时间在工作上，花更多时间陪陪我的家人。我要做对我来说更重要的事情，不再浪费时间担心如何出人头地、如何赚钱。我要告诉我爱的人，我爱他们。"

让我们假设这对我们所有人，或者说大多数人来说是真的：当我们对终将一死的认识变得深刻时，当我们完全承认我们终有一死这个事实时，就会改变对事情轻重缓急的判断方式。我们不再投入所有的时间和精力，试图在激烈的竞争中获得成功；我们将花更多的时间跟所爱的人一起，做对我们来说重要的事情。假设这个说法是真实的，那么根据这个说法，我们可能会注意到，大多数人确实花了很多时间试图获得成功、赚很多钱，我们没有花足够的时间做我们真正认为最重要的事情。我们没有告诉朋友和家人，他们对我们来说是多么重要，我们是多么爱他们。那么，这些事实该如何解释呢？也许其解释就是，尽管我们口头上说我们终有一死，但在某个更根本的层面上，我们并不真正相信它。或者说，这信念对我们来说并不深刻，我们"自始至终"都不相信。

我认为，这个论点还是有可能成立的，在我看来是如此。我不完全确定它是正确的，但至少它不是完全不可能的。确实，有过和死亡擦肩而过的经历的人，看起来往往会以一些显著的方式改变他们的行为。因此，那些异于平常的表现方式，让我们有理由相信，在某种程度上，我们并不完全或充分或从根本上相信自己会死去。就像我说的，我不确定这个论点是否正确，但它至少值得重视。

独自死去（die alone）

现在，让我转向另一个和死亡相关的言论，即每个人都会独自死去。也就是说，尽管我们可以一起吃饭，一起度假，一起听音乐，但死亡是我们必须自己做的事：我们都将独自死去。如果这是真的，似乎它提出了一种对死亡本质的深刻理解，给人深奥之感，告诉了我们一些有关死亡本质的有深度且重要而有趣的东西。

然而，据我所见，我认为这种说法是不正确的。当然，同样，我们很难清晰地解释这个说法。但在我看来，无论我们怎样解释，最终都是不合理的，或错误的，或乏味的。所以，我会对这个说法严加斥责。

尽管我要大加挞伐这个说法，但有时候我甚至不确定它是否值得讨论。事实上，几年前我已经决定在我的死亡课程中停止讨论这个说法。我认为，人们并不真正认为我们都会独自死去，因此，何必浪费时间研究这个说法呢？我不骗你们，就在那个下午，我看到一句引言，正表达了这个说法的想法！一两天之后，我女儿给我看了另一句引言，也是如此。事实上，一旦你开始寻找这个想法，就会发现它无处不在。因此，我想这毕竟是一个相当普遍的想法，确实值得研究。

这里有两段引言。第一段来自民谣歌手卢顿·温莱特三世的歌曲《地球上最后一个人》（*Last Man on Earth*）："我们学会共同生活，然后我们独自死去。"[①]我们独自死去。不可否认，这是一个有趣的说法，看上去它道出了一

① 卢顿·温莱特三世，《地球上最后一个人》，来自其专辑《地球上最后一个人》（红房子唱片，2001）。

些有关死亡本质的重要东西。另一段引言来自克里斯托弗·鲍里尼的儿童读物《长老》（*Eldest*）。"'多么可怕'，伊拉贡说，'独自死去，甚至远离你最亲近的人。'"他得到的回应是："每个人都是独自死去的，伊拉贡。无论你是在战场上的王，还是躺在家中床上的卑微农民，没有人能陪你到那个世界去。"[①]每个人都独自死去。

就像我说的，这是一个相当普遍的观点。我只给你们看了两段引言，当然，我还能找到更多。因此，我们要问的是：我们能找到关于这个言论，即每个人都独自死去的一些解释，而它们也是真的吗？

实际上，这需要更多论据来说服我。假设由于一些奇异的巧合，人们都在星期一死去。我们没有理由解释为什么他们不能在其他日子死去，事情就是这么凑巧。这确实是一个有趣的事实，但它并不会真正告诉我们关于死亡本质的任何深刻道理；同样，人们在星期二死去，也无法喻示什么，如果此类情况只是一个意外的话。总之，每个人都在星期一死去了。我想，我们寻找的是一些关于死亡的必然真理（necessary truth）。那么，同理，如果人们恰好都独自死去，并不足以满足我们。毕竟，如果恰好每个人都在各自的房间里独自死去，而且他们死亡的瞬间没有人在场，这肯定会相当有趣，我们可能会想为什么会这样。但如果没有人在那里，只是一个意外，那么这就不是对死亡本质的深刻理解，就不足以证实这论点是真的。我们需要一个必然真理。

还有一点：我们如果正确理解了这个言论的所指，它最好是说了一些有趣的事！如果我们解释"每个人都独自死去"这一言论时，最后只是以一个稍微做作的方式说，每个人都会死去，我们可能回应说，即使这是真的，是一个必然真理，也不是什么特别惊人的真理！这并不是对死亡本质新颖的、深刻的理解。我们都知道，每个人都会死去。如果你把这习以为常的事实用误导性的语

① 克里斯托弗·鲍里尼，《长老》（克诺夫出版社，2005），第441页。

言包裹，并以“每个人都会独自死去”这样的词句表达出来，那么我只能说，你只是在装作向我们提出对死亡本质的深刻理解。

最后，当我们说每个人都会独自死去时，它应该告诉我们关于死亡的一些特别意义。它可千万别像是在说，每个人都是独自地做着每件事——无论“独自”这个词的含义是什么。每个人都是独自地做每件事，这么说可能会很有趣，可能会非常重要而有见地，但如果变成每个人也是单独（与“独自”相关的含义）吃午餐，那么你说的就不是什么关于死亡特别有趣的事了。不可否认，这可能对有关死亡的这个说法过于严苛了，使其变成死亡完全独有的。或许我们也独自做其他事情，但最好不是独自做每件事。

我已阐明所有这些条件，因为我认为人们总是自欺欺人地认为，当他们宣称每个人都是独自死去时，自己是在说一些有关死亡深奥而深刻的——以及真实的——东西！但我认为恰恰相反，这里面并没有任何深刻的真理。事实上，我认为发表这个言论的大多数人都没有认真思考过，自己到底是什么意思。一旦你以此逼问他们，使他们就范，你最终得到的回答要么是不真实的，要么是不必要的，要么是无趣的，要么是对死亡来说并不独特的。

这里我想到了一个最自然、直接、明白和坦率的解释。就是说，人独自做某件事的意思是，他们做这件事的时候身边没有别的人。以某个独自居住的人睡觉为例，如果卧室里没有其他人，他就是独自睡去。那么，对于“每个人都独自死去”这一说法最直接的解释，就是说我们每个人，他或她死去的时候身边确实都没有其他人。如果这是真的，将令人惊讶。我们可能会思考这是一个必然真理，还是只是一个意外，但它至少有些意思。

但这当然不是真的。我们都很清楚，有些人会在他人的陪伴下死去。比如，苏格拉底喝下毒芹，在他朋友和学生的陪伴下死去；他并不是独自死去的。当然，正如我们所知，在很多情况下，人们都在朋友、家人和他们所爱之人身边死去。所以，这个说法的第一个解释，说我们都是独自死去的，显然不是真的。如果这就是“每个人都会独自死去”这个说法所指的意思，那么这个说法就是假的。我们要找到关于这个说法其他更充分的解释。

接着是第二个可能的解释。也许当人们说每个人都会独自死去时，他们并不是否认你可能会在别人身边死去。相反，他们说的是，即使有其他人和你在一起，死去也是你独自在做的事情。别人没有在垂死，只有你。比方说，苏格拉底的朋友和学生并没有在死去，他是唯一快要死去的。那么，或许每个人都会独自死去指的是这个意思。

如果这种解释是真的，它也是一个有趣的说法，但它不是真的。比如，在许多战场上，人们和其他人都一起死去。琼斯正在死去，但并不是独自死去；史密斯同时也在死去，就在他的旁边。所以，如果这就是人们说“每个人都会独自死去”时所指的意思，那么这种说法显然也是错误的，我只能假设这种解释不是人们所指的意思。但是，他们想表达的到底是什么?

我们可以得出更好的解释。我们可以指出，即使在战场上，史密斯和琼斯“一起”经历死亡，但这种行为并不是合作性的共同事业。这里没有协作，没有计划，没有人是和别人合作死去的。这种情形类似于，当你走在人行道上时，西尔维娅碰巧同时走在人行道上。即使你们都走在人行道上，紧挨着对方，但很明显，你们并不是一起走在人行道上。当然，你也可以和别人一起走。你转向内森说：“嘿，我们去图书馆吧。”然后你们一起走在人行道上。走路是某件你可以和其他人一起做的事，在某种意义上，这是一个共同的行为，一个共同的事件。

那么，这一说法或许指的是，死亡并不能作为一个共同事业，以合作的方式完成。即使你在病房里或战场上，人们就在你的左右两边，像你一样同时死去，死亡也不是你们共同完成的。

这可能就是人们说“每个人都会独自死去”所指的意思。但如果是这样，那么我只能再次说，这看上去还是错的。

诚然，共同死亡远比独自死亡少见得多，但请记住，我们正在寻找一些对死亡本质的深刻见解。而上面这种说法只有在共同死亡是不可能的条件下，才能得到一个深刻的见解。然而，共同死亡并非不可能的，比如自杀契约。事实上，这里有一些例子，尽管听起来很可怕，但确实有过一群人一起喝毒药，以免独自死去的事例，他们期望作为一个群体死去，共同死去。还有一些听起来没那么可怕但仍然悲伤的例子，就是相爱的恋人一起跳崖殉情，他们可能不会独自死去，而是彼此相伴共同死去。在我看来，这样的案例时有发生。所以说，共同死亡当然是有可能的。因此，如果有人说，死亡作为共同行动，即一起死去是不可能的，那他们便是说错了。

共同事业有点儿像用弦乐四重奏演奏室内乐。（实际上，这是共同行动的一个标准哲学例子。）这是你和他人一起做的事情。它并不是说这些人恰好都在拉小提琴、中提琴、大提琴。不，不是的，这不仅仅是一个巧合，他们是有意地彼此协作，一起演奏这音乐的。共同行动在弦乐四重奏的例子中是可能的，在集体自杀契约的例子中也是可能的。

但是，一个相信“我们都会独自死去”这一言论的人可能会这么回应：“在弦乐四重奏的例子中，尽管我确实是在和其他人一起演奏，但是别人可以替代我做小提琴演奏。相反，当我死去时，就算我和其他人一起死，也没有人能替代我的位置。”那么，这也许就是每个人都会独自死去所指的意思：没人能替你经历你的死亡，没有人可以替代你的位置。

现在，如果这才是人们说“每个人都会独自死去”时所指的意思，那么至少我想指出，他们并没有清晰地表达自己。在我看来，当某人说“每个人都会独自死去”时，我们就要认识到他们的意思是指，“没有人可以替我死去，没有人能替代我的位置”，这太强人所难了。在我看来，这是一个相当误导人又毫无帮助的阐明论点的方式，但让我们稍微放下这些反驳之词。

没有人能替代我，这是真的吗？人们当然可以代替我演奏弦乐四重奏。那么，没有人可以代替我死亡就是真的吗？我不是很清楚。我希望你读过查尔斯·狄更斯的《双城记》，你也许没有读过，我只有剧透一下了。故事的主线是这样的：小说的主人公爱上了一位女子，但她并不爱他，呜呼！她爱的是另一个人。呜呼！这另一个人在法国大革命期间被判死刑。故事就这么发生了，因为我们的主角和另一个人长得很像（毕竟，这是小说），当另一个人被押到断头台上行刑时，我们的主角代替了他。接着诞生了那段著名的演讲："这是我一生中最乐意做的事。"我们的主角牺牲了自己，好让他爱的那个女子能和她爱的男人在一起。就我们的目的而言，这爱情罗曼史不是关键。我们的目的是搞清楚这里的情况，我们的主人公代替了某个即将死去的人，就像别人代替我演奏弦乐四重奏一样，似乎别人也可以代替我走上断头台。

在美国内战时期，曾有过强制征兵的事，但如果你有钱，可以雇用别人来顶替你的位置。那么，假设你的部队在某场战斗中，周围的人都被杀了。想象一下，部队里的每个人都被杀了，如果你在那里，你也会被杀；但相反，你雇用的人代替你被杀了。在这样的情况下，我就可以说他代替了你，为你死去。那么，如果这种说法认为没有人可以为我死去，没有人可以代替我死去，似乎依然是错误的。

这种观点的支持者可能会再次反驳说，尽管《双城记》的主角代替另一个人上了断头台，但最后的结局还是我们的主角独自经历了他自己的死亡，他没有代劳另一个人的死亡。毕竟，另一个人的死亡直到二十年、三十年、四十年后才发生！同样，在我的死亡中，没有人能代替我；如果他们代替我，他们最终经历的实际上是他们自己的死亡，而不是我的死亡。我的死亡只有我自己能经历。因此，这也许是当人们说"每个人都会独自死去"时指的意思，即没有人能代替我经历我的死亡。

如果这是人们实际上所指的，那么我想再一次指出，用"独自死去"这个词来阐述我们讨论的说法是相当误导人的。这似乎是以相当令人困惑的方式来表达观点。不过，我们先撇开这个不谈，回头看看这解释。且不论其表述上的不妥，似乎它是真的，我们每个人都必须经历自己的死亡，而不是别人的死亡。事实上，它似乎是一个必然真理，没有人可以代替我经历我的死亡。最后，这一事实——它似乎是一个事实——貌似揭示了跟死亡有关的一些有趣和深奥的东西。

但我认为这种表象，即我们终于捕捉到对死亡本质的深刻理解，却是一种误导。我不认为我们在这里能够了解到任何关于死亡的独特之处!

想想世俗的事务，比如在理发店剪头发。现在，在理发店你的位置可以被其他人代替。某个人出现说："我赶着去约会，要迟到了，你介意让我先剪发吗？"你是一个大方的人，回答道："没关系，我可以等。去吧。"所以，从某种严格意义上说，他已经代替你剪了头发。当然，最终他并没有代替你剪了你的头发，只是剪了他的头发。剪发便是如此：没有人能代替我去剪我的头发，我是唯一能经历自己剪头发这件事的人。如果有人试图代替我剪发，他们最终只是自己剪了头发。

当然，关于剪发并没有什么特别的。那就再想想摘除你的肾结石这件事。没有人可以代替我去摘除我的肾结石，我是唯一能经历摘除自己肾结石的人。或者想想吃午餐。没有人能替我吃我的午餐，如果别人想替我吃我的午餐，那只是吃他们的午餐。他们吃的是他们的午餐。除了我，没人能替我吃我的午餐。

如果你仔细想想，相同的情形几乎在每件事上都成立。也许，真的是每件事。如果你强调"我的"这个词，那么没有人可以代替我做任何事情，只要这是我的事。简而言之，即使"没有人能代替我经历我的死亡"是真的，这也不是什么有关死亡本质的深刻见解。这只是"我的"这个词含义上无关痛痒的语法点而已。

到目前为止，我们还没有为“每个人都会独自死去”这一言论找到有趣的（而不是无关痛痒的）和真实的解释！但也许在我试图理解其所说的话时，漏掉了什么。我一直在为这个言论寻找一个在字面上说得通的解释，但或许“我们都会独自死去”这个说法，根本不是字面上的意思。相反，这也许是某种隐喻。这句话并不是说我们都真的会独自死去，而是说当我们死去时，仿佛我们是孤身一人，或者说，就像独自一人。或许“我们都会独自死去”是一个心理上的说法：当我们死去时，我们便会处于类似孤独（loneliness）的心理状态，就像我们有时候会感觉到的孤独。

想象有人快要死去了，我们可以假设他并不是字面上的“独自一人”。相反，当他临终前躺在床上时，他的身边围绕着许多人。然而，尽管如此，他感到与他们非常疏远了，有距离感。即使在人群中，他也会感到孤独。这也许就是人们想说的“独自一人”。

当然，我们周围有很多这样的案例，人们感觉远离他人而离去。托尔斯泰的伊里奇也许正是这样。伊里奇逐渐疏离他的家人和朋友，他从心理上疏远他们了，并带着生疏感和距离感面对他的死亡。他并不是字面意思上的“独自一人”，这只是一个比喻，但这比喻也是对他心理的重要洞察。

因此，我们必须问自己，类似的情形是否对每个人都是一样的？请记住，我们正在寻找的是关于死亡的必然真理，即对其本质的深刻见解。我们要找的不是某样在一定比例的案例中成立的事。我们需要知道的是，是否每个人都在这种心理下独自死去？我所能说的是，这似乎不是真的。

首先注意，很明显的一点是，有时候人们在睡眠中意外地死去，他们并没有生病，只是在睡觉时死于心脏骤停。这样的人死去时显然没有感到孤独或疏远。当然，刚才那种观点可能指的是，每个经历死亡时清醒的人，都会伴随着这种孤独感和疏远感死去。但这也不是真的。假设你正在过马路，一边和你的朋友交谈，进行激烈的讨论。事实上，你们那么投入，以致没有注意到卡车正朝你开来。那辆卡车撞上你，你在无痛苦中立即死去。在你的最后时刻，你是否感到被疏远和孤独？不，当然没有。所以说，每个清醒着死去的人并不都有特定的心理感受。

也许我们需要再次完善这种说法。这种说法也许指的是每个人在意识到自己快要死去时，都会有孤独感和距离感。说不定所有意识到自己垂死的人，都会“孤独”死去。这个限制条件（意识到他们垂死的人）解决了睡眠的案例，也解决了卡车的案例。加上这个限制条件，这一说法仍然很有趣，但这是真的吗？幸运的是，这不是。

回想苏格拉底。苏格拉底和他的朋友进行着哲学探讨，他知道自己快要死了。他喝了毒芹，坐在那里跟每个人告别。他并不像是被疏远了，也并不像是感觉到了隔离和孤独。每个知道自己将要死去和面对死亡的人都感到孤独，这个说法看来也是不正确的。

另一个例子是哲学家大卫·休谟。休谟快死时也很善于交际。在患病临终时，休谟邀请所有人坐在他的病榻前谈话，他到最后也很快乐、开心。据我所见，没有任何理由认为，休谟感觉到了孤独或被陪伴着他的人们所隔离和疏远。简而言之，对这一说法的心理学解读并不比任何之前的解释要合理。

当然，还可能有另一种解释值得考虑，但我不知道这解释究竟是什么。所以我想请你们自己思考这个问题。我们都会独自死去，这是真的吗？有什么办法可以解释这个言论，向我们展示死亡本质的真实洞见？这样说来，那我找不到这一答案。[①]尽管人们经常说我们都会独自死去，但我认为这个言论是无稽之谈。我反而担心的是，人们说话时不经大脑，不去思考他们所指的是什么。

---

① 如何从宗教观点对此进行阐释呢？“我们都独自死去”这一说法的意思是我们都会独自进入天堂，还是我们会独自接受上帝的审判，不会有别人为我们求情？或许一些宗教有类似的教义，可能那就是这一说法的根源。但无论如何，如果人们否认了相关宗教观点的话，我们就很难找到“我们将独自死去”这一说法的可信（以及真实）解释。

第十章

死亡的坏处

让我们评估一下现在的状况。总的来说，我们已经做了一些形而上学的探讨。我们试图弄清楚人的本质，好让我们明白生存的本质含义，以便理解死亡的本质。

当然，我认同物理主义的理念，即从本质上讲，我们都只是有着机能的肉体，我们能够进行人格功能。抛开其他细节，死亡只是肉体垮掉了，以至于不能再进行相关功能。当然，正如我们看到的，这取决于你接受的是关于个人同一性的哪种理论，在“我的肉体之死是否代表我不再存在”这个话题上，大家的意见会有所差异。我们或许需要区分肉体之死和个人之死，等等。但抛开其他细节，以下说法是站得住脚的：当肉体破坏时，我不再作为一个人而存在。即便在逻辑上，我们不否认肉体死后继续存活的可能性，但我们还是没有充分的理由相信这些逻辑上的可能性会真实发生。

就我所见，我认为当我的肉体死亡时，一切就结束了。当然，作为肉体论的支持者，我相信我还是会存在一段时间，我将作为一具尸体而存在。但这样的存在对我来说并没有给我重要的东西，因为我所希望的不仅仅是存在，或者是活着，而且是作为一个人，一个带着我原有相同的人格的人。而事实是，当我的肉体死亡时，一切都已成为过去。

因此，从形而上学的角度来说就是这样。总结起来就是，我死了，我就不复存在。当然，这有点儿令人误解，根据我之前阐述的理论，即便我死了，我依然会作为一具尸体存在一会儿。但是，这些问题并不影响我们接下来的讨论。为了简化接下来的讨论，我提议我们暂时放下这些难题。让我们假设，我的身体在我死去的那一刻即被毁坏。也许一颗炸弹在附近爆炸，我当场死去，我的身体被炸得灰飞烟灭，我将愉快地上路。如果是这样，那一刻就是我的肉体、我的存在、我的人格以及对我来说一切重要之物的结束。死亡就是终结，句号。当然，在其他相对复杂的情形中，这些事情不会同时发生，但死亡仍是终结。但正如我所说，这些细节都不会影响我们接下来要讨论的话题。

那么，在剩下的章节里，我们要做的是探讨价值观。在这本书的前九章里，我们试图弄清楚那些形而上学的事实。在那之后，现在转向道德和价值的问题，根据我们（稍微简化）的结论，即死亡就是终结，来探讨它们。比如，我们都认为死亡有坏处，但为什么死亡有坏处？死亡怎么会有坏处呢？如果死亡有坏处，那我们永远活着会更好吗？我们很快就会发现，这里面有很多问题需要探讨。

剥夺解释理论（The Deprivation Account）

我们要思考的第一个问题是：死亡怎么会有坏处？坏在哪里？我想，我们大多数人都会认为死亡有坏处。（或者至少说，如果死亡真的是结束，那将会有坏处。）所以，我们要问的第一件事就是，死亡是否正如我们通常认为的那样，真的有坏处？如果有，那么是什么让死亡有坏处的呢？

当然，在思考这个问题时，我假设（从现在起）我所阐述的形而上观点是正确的，即物理主义是正确的。肉体之死是我作为人而存在的终结，死亡是我的终结。但如果这是正确的，我死去这件事怎么会有坏处呢？毕竟，一旦我死了，我不再存在。既然我不再存在，我死了对我来说怎么会有坏处呢？

当然，如果你认为你在死亡后依然能存活，那么很容易便能解释你为何担心死亡的坏处。比如，如果你相信灵魂，那么你有理由担心，当你死去后你的灵魂会发生什么。你要到天堂吗？你要去地狱吗？你可能会担心死后情况将变得怎样。这个问题非常有道理。然而，相反地，人们都认为，正如我所假设的，死亡真的是结束，那么死亡其实对我来说就没有什么坏处了。我死了，还有什么事情能对我有坏处？我们可以合理地说，如果我已经不存在了，死亡就不可能再对我有坏处。

有时候，人们会这样来回应这种想法，说死亡对已经死去的人没有坏处，而是对活着的人有坏处。弗雷德的死对弗雷德没有坏处，但是对爱他且在他离开后不得不活着的人有坏处。换句话说，弗雷德的死对他的朋友和家人有坏处。当有人死去时，我们失去了继续与这个人交流的机会。我们不能再跟他们交谈，花时间和他们在一起看电影、看日落、开怀大笑；我们不能再分担我们的困难并得到他们的建议。当一个人死去时，一切都没有了。

或许，这就是死亡的主要坏处，它不是对死者本身的作用。死亡对死者没有坏处，而是对生者来说有坏处。

我不想贬低当某个我们在乎的人死去时，我们所经历的难过与痛苦。死亡夺去我们这些生者的朋友和爱人，这当然是死亡的一个主要和突出坏处。有一首诗强调了这个想法。这是来自德国诗人克洛卜施托克的著作，名为《分离》（*Separation*）：

> 当尸体运送经过我们时，
> 你是那么严肃。
> 你害怕死亡吗？“哦，不害怕！”
> 那你在害怕什么？“害怕垂死。”
>
> 我一点儿都不害怕。“那你无所畏惧吗？”

唉，我心存畏惧……“畏惧什么？”
离开我的朋友。
不仅仅是我的离开，还有他们的离开。

所以当尸体
经过我们时，
我才变得严肃，
更胜于你，深入灵魂。[①]

根据克洛卜施托克所说，似乎死亡主要的坏处就是失去朋友。当他们死去时，你失去了他们。我已说过，我不想以任何方式贬低此类主要坏处，但我并不认为它触及了死亡坏处的最核心部分。换句话说，我并不认为这就是死亡有坏处的主要原因。为了说明这一点，我希望你们比较以下两个故事。

第一个故事：你的朋友要登上一艘即将去探索遥远太阳系的宇宙飞船，他一去就是很多年。事实上，到宇宙飞船回来的时候，100年都已经过去了。（根据“相对论”，到那时你的朋友可能只增长了10岁，但你已经死了很久。）更糟的是，飞船起飞20分钟后，地球方面与这艘飞船之间的所有无线电联系都被切断了，要想有任何交流只能等他们回来。因此，你所有跟你朋友未来交流的可能性都被永远切断了。这很可怕。你失去了你最亲近的朋友，不再能跟他说话，得到他的见解和建议，告诉他你生活中的事情或得知他的事情。这和克洛卜施托克说的那种分离是一样的，这很可怕，也很悲伤。这就是第一个故事。

① 由瓦尔特·考夫曼在“Death Without Dread”一文中对其进行英文翻译，收录在*Existentialism, Religion, and Death*（新美国图书馆出版社，1976）一书中，第227页。

第二个故事：飞船起飞，不幸的是，25分钟后，它在一次可怕的事故中爆炸，飞船中的所有人当场死去，包括你的朋友。

我认为第二个故事更糟，其中更可怕的事情发生了。但什么才是最糟的？不可能是分离。显然，第二个故事中也有分离，你将来不能再跟你的朋友交流，他也不能和你交流，但这种结果和第一个故事是一样的。如果说，第二个故事有更糟的地方——我想很明显，这里确实有更糟的地方——那么它不会是分离本身，而是你的朋友已经死去这一事实。不可否认，这事实本身对你来说非常糟，因为你在乎你的朋友。但他的死让你如此伤心的原因是，他死去对他有坏处。这里的坏处不仅仅是分离，因为在第一个故事中我们已经经历过这种情况了：你无法和他交流，他也无法和你交流。

如果我们想要了解死亡主要的坏处，在我看来，不能关注分离的坏处和对于生者的坏处。我们必须去考虑，死亡确实会对死者本身造成坏处。这才是死亡的主要坏处，也是我将要集中讨论的方面。但上述讨论只为我们指引了正确的方向，并没有回答我们的问题。死亡对死去的人有坏处，这怎么会是真的呢？我的死亡或我即将死去这个事实，到底是什么使其对我有坏处的呢？

在思考这个问题时，我们要弄清楚我们问的到底是什么，这是非常重要的。特别是，我们不是在问这个死亡过程是否有或怎么会有坏处。我可以假设，死亡的过程将非常痛苦，关于这一点人们毫无争议，也不觉费解。比如，假设有一天我被孟加拉虎撕成碎片，那么这个死亡的过程就很可怕了，这将是无比痛苦的。因此，认为死亡过程可能给我带来的潜在坏处就是合情合理的。

但与此同时，我们必须承认，这个过程不一定是特别痛苦或者对我有坏处的。毕竟，我可能在睡梦中死去，在这种情况下，死亡过程本身并没有不好的。无论如何，我假设对我们大多数人来说，尽管我们都曾担心死亡可能是一个痛苦的过程，但在面对“终有一死”这个事实时，这不是我们关心的主要问题。

当然，同样，我们中许多人发现死亡的前景时很是不快。也就是说，对我来说，死亡的坏处之一就是，当我预想到我会死去时，就有了一些不愉快的想法。但同样，这也不是死亡的主要坏处。只有死亡本身对我有坏处时，我对死亡的展望或痛苦或不快才站得住脚。我会因想到我将死去而产生恐惧、焦虑、担心、后悔、痛苦或其他可能的情绪，正是因为逻辑上我们已接受了一个先在的念头：死亡本身对我有坏处。否则的话，我就不可能有恐惧、焦虑、担心、后悔、痛苦或其他诸如此类的情绪。

假如我对你说："明天将有事情发生在你身上，它奇妙无穷，绝对令人难以置信，绝对美妙。"你回答说："好吧，我相信你，但我得告诉你，一想到这事，我就感到恐惧和不祥。"这根本就不合理。只有在你预想事情本身不好的情况下，你会被恐惧或不祥等情绪笼罩才合乎情理。比如，如果你认为去看牙医是很痛苦和不愉快的经历，那你感到害怕就是合乎情理的；但如果看牙医本身并非令人不愉快，那你想到此事而感到害怕就说不通了。

因此，如果我们要考虑死亡的主要坏处，在我看来，我们必须专注于自己的死亡状态。我的死亡状态对我来说有什么坏处？当我们提出这个问题时，答案看起来是简单明了的。当我死了，我就不复存在。（记住，撇开"我作为一具尸体而暂且存在"这种令事实变得复杂的情况，为了简单起见，假设我在一场爆炸中死去，我的肉体同一时间被摧毁了。）我们现在不就得出了死亡有什么坏处的答案了吗？当我死了，我就不再存在，这不就直接解释了为什么死亡有坏处了吗？

事实上，我想说的就是这个。我确实认为，"我不复存在"这一事实，为弄清楚"死亡有何坏处"以及"为何有坏处"提供了关键线索。但我认为，这种论述还不是很明确。正如我们所看到的，要讲清楚"不存在"对我到底有多不好，还是需要花些工夫。而且即使弄清楚了，我们还会留有一些难解的疑惑。

可以肯定的是，一开始这个基本的想法似乎非常简单明了。当我死了，我就不再存在。不存在对我来说很坏，这一点难道还不清楚吗？很快我们就会发现，这个答案似乎并不令人满意。不存在怎么会对我有坏处呢？毕竟，不存在的全部意义就是你不存在！当你不存在时，怎么会有东西对你来说有坏处呢？如果有东西对你来说是有坏处的，这不是暗含某种逻辑条件，即你必须置身其中，承受这种坏处吗？比如，头痛对你有坏处。当然，在头痛中你是存在的。头痛不会对那些不存在的人有坏处，因为他们不能体验、身受或承受头痛。当你不存在时，怎么会有什么事对你有坏处？特别是你都不存在了，不存在对你来说又有什么坏处呢？

所以，就像我所说的，诉诸不存在来解释死亡的坏处，并不是那么简单、自然，它转移了我们对问题的关注。如果我说，死亡对我来说是坏事，因为当我死了，我就不复存在，那么我们仍然会发现自己困惑于：不存在怎么会对我有坏处？

我想这个反驳意见的答案，能从区分某事对我有坏处的三种不同方式中得到。首先，从一种绝对的、稳固的、内在的意义上说，某样东西本身就对我有坏处。比如头痛和其他疼痛，好比说碰伤了脚趾，或者被刺伤、被折磨。痛苦的坏处是本质上的（intrinsically bad）。它本身就是不好的。由于它本身，我们想要避免它。一般来说，那些对你有坏处的事情，它们的坏处是内在的，由于其本质而具有坏处。

其次，许多事情的坏处是结果上的（instrumentally bad）：某样事情本身也许并不坏，但坏在其会引起或导致坏的结果。特别是，这类事情可能会导致一些其本质上为坏的事情。比如，失去你的工作本质上并不坏——它本身并不坏也不包含坏，但其结果是坏事，因为这会导致贫穷和债务，并由此导致痛苦、磨难和其他本质上的坏处。

对你来说，有些事物还有另一种坏处，这第三种方式很容易被忽视：有些事情的坏处是相对的（comparatively）。某些事物不好可能是因为你在接触这个事物时，就无法接触其他更好的事物。这是由经济学家所说的“机会成本”带来的坏处，而不是因为它本质上是坏的，或其结果是坏的：它是坏的只因为在做这件事的时候，你放弃了更好的。

这是怎么回事呢？让我们举个简单的例子。假设我在家里看某个电视游戏节目。我因收看这个节目而度过了美好的时光，这对我来说怎么会有坏处呢？按照第一种坏的概念，即本质上是坏的，那么这件事并不坏，它是一个打发半小时时间的愉快方式。我们可以想象，按第二种方式来说，这件事的结果也不坏。（假设看半个小时的电视不会导致任何对我有坏处的事。）但是，尽管如此，按第三种方式来说，这件事可能是有坏处的。比如，除了待在家里看半个小时电视外，我可以去参加一个很棒的派对。那么，我们就会说，我宅在家里看电视这件事，从比较的意义上来说是坏的。这并不是说它本身是个打发时间的不愉快方式，也不是说它会导致不愉快的事情，而是说（如果我记得的话）我可能还有更好的方式打发时间。因为我放弃了“更好”的好事，于是相对来说，我待在家里看电视就成了坏事。我缺失了更好的选择。缺失本质上并不是坏的，其结果也并不一定是坏事，但在第三种意义下，从比较的角度来说，它仍是某种坏事。缺失了好事，从比较的角度来说，对我就是坏的。

同样，假设我拿出两个信封，说：“选择一个。”你选择了第一个并打开说：“嘿，看，有10美元！这不是好事吗？”当然，有10美元是好事。诚然，这不是本质上的好（其本身并不值得拥有），但它的结果是好的（例如，它可以帮助你买到冰激凌，让你感到愉快）。然而，这种好是基于你不知道另一个信封里有1000美元！然后，我们就说：“看，选第一个信封对你来说是不好的。”从什么意义上来说是不好的？就是从比较的意义上。如果你选了第二个信封，你会得到更多的钱。你本来有更大的好处，或更多的好处。

现在，我希望你们都能明白，在第一个意义上，不存在不会对我有坏处。不存在本身并不是坏的，我们不需要因为其本身而回避它。当然，如果不存在是痛苦的，那它是坏的，就能说得通。但当你不存在时，你没有痛苦的感觉，不存在其本身没有任何东西让我们唯恐避之不及。同样，不存在从第二个意义上对我来说也并不是坏的。比如，它没有让我感到痛苦，也没有引起其他本质上的坏事。因此，不存在不能导致坏的。但是尽管如此，从比较的意义上来说，不存在对我来说还是坏的，因为这里涉及了缺失。当我不存在时，我便缺失了东西。

我缺失了什么？当然，我缺失的是生命，具体来说，是生命可以给予我的美好事物。不存在就坏在牵涉机会成本的问题。众所周知，W.C.菲尔茨在他的墓碑上写道："我宁愿待在费城。"处于死亡状态的坏处是，你再也不能体验和享受生活带给你的各种美好事物。

所以，不存在确实指向了理解有关死亡坏处的关键。为什么死亡有坏处？因为当我死了，我不复存在。如果我们问，不存在怎么会有坏处？答案是，因为我缺失了生活中的美好事物。当我不存在时，我得不到这些我还活着时本可以得到的东西。死亡有坏处，因为它剥夺了我生命中那些美好的事物。

这是如今被称为关于死亡的害处和坏处的剥夺解释理论，因为这种解释认为，死亡的主要坏处在于剥夺了你生活中本应该得到的美好事物。在我看来，剥夺解释理论说得没错。诚然，我认为死亡还有一些方面，一些高于并超出剥夺解释理论所关注的其他方面，也可能导致其坏处，我们将在后面一章中进行讨论。不过，在我看来，剥夺解释理论正确地将我们指向死亡的主要坏处。当我死了，我就得不到生活中那些美好的事物，我将被剥夺这些东西。这就是死亡有坏处的主要原因。

伊壁鸠鲁

尽管剥夺解释理论总体来说是合理的，但这种解释的提出并不是一帆风顺的，我们仍要面对各种各样的反驳。有些人认为这些反驳是如此有压倒性，以致他们无法接受剥夺解释理论。事实上，他们中有人论证了一个让人惊讶的结论：实际上，死亡对我来说一点儿都不坏！

第一个反驳从一个普遍的形而上学原则开始：如果某件事是真的，那么肯定在一段时间内，无论所谈及的是什么事，它是（或曾经是，或将会是）真的。也就是说，事实从时间上可考（be dated）。比如，我——谢利·卡根——正在输入一些有关死亡坏处的文字，这是一个事实。它什么时候是真的？就在我打字的时候吗？即现在：2011年8月16日，星期二，晚上10点30分。还有另一个事实：托马斯·杰斐逊曾是美国总统。这件事什么时候是真的？从1801年3月4日到1809年3月4日。事实是可以确定其发生时间的。

好了，这看起来是对的。但如果是这样，那么我们立即就有一个疑惑：我的死亡对我来说真的（或曾经，或将会）有坏处吗？毕竟，如果我的死亡对我来说有坏处，这就是一个事实。因此我们就可以问，这个事实什么时候是真的？死亡什么时候对我有坏处？我们似乎不能回答说，它现在就对我有坏处。死亡现在对我没有坏处，我现在没有死！那么，或许当我死了时，死亡对我有坏处吗？但这看起来很难令人相信。我的意思是，当我死了，我就不存在了，彼时怎么可能有东西对我来说有坏处？显然，你必须存在才会有东西对你有坏处。所以，我们就有了确定死亡产生坏处的时间这个难题。

现在，这个关于死亡坏处的时间和日期的问题，也许正是古希腊哲学家伊壁鸠鲁心中所思考的。接下来，我正想跟你们分享，下面这段话让人们疑惑了两千多年。伊壁鸠鲁似乎找到了关于死亡真正令人费解的一些东西，但我们很难确定到底是什么在困扰着他。下面就是我想到的伊壁鸠鲁的篇章（译文参考周辅成、苗力田等译本，特此感谢。——编者注）：

所有一切恶中最可怕的——死亡——与我们全不相干，我们活着时，死亡尚未来临；死亡来临时，我们已经不在了。因而，死亡对于生者和死者都没有什么干系。因为对于前者，死亡还未到来；对于后者，一切都已不再。①

正如你们所见，这里没有完全清楚地说明伊壁鸠鲁为什么所困，但一个可能的解释是，他在思考我们的疑惑，即有关死亡何时有坏处的问题。死亡现在不能对我有坏处，因为我还活着；当我死了的时候，死亡也不能对我有坏处，因为在那时我已经不存在了。（彼时，死亡还怎么会对我有坏处？）但如果没有任何时间中死亡对我是有坏处的，那么所谓的事实，即“死亡对我有坏处”就不能成为一个真正的事实。换句话说，与我们通常认为的相反，死亡对我来说并没有坏处。

不管这是否真的是伊壁鸠鲁所想的，我们都要问自己，该如何回应这一论点？当然，一种方法是接受它，并得出结论说：死亡对我来说真的没什么坏处。一些哲学家确实接受了这个结论（包括伊壁鸠鲁）。然而，我们大多数人都坚持认为死亡真的有坏处，这就需要我们找到这个论点的错误之处。就我所见，如果我们要摒弃这个论点，只有两种方法。其中一种是，迎难而上，认同事实确实有其发生的时间，然后说明死亡什么时候对我有坏处。另外一种方法是，辩驳“所有事实都有其发生的时间”这一假设。

① 伊壁鸠鲁，《致美诺寇的信》（“Letter to Menoeceus”），引用于D.J.恩莱特编写的*The Oxford Book of Death*一书。

让我们从第二种方法开始。会不会有什么事实是我们不能确定其时间的？也许吧。如下是一个可能的例子。假设星期一的时候，我开枪打了约翰。我枪里的子弹伤到了他，但没有直接伤到心脏。他只是开始流血，慢慢失血。他受伤了，危在旦夕，但没有在星期一死去。接下来，想象一下我在星期二心脏病发作并死去了。约翰还流着血，但他还活着。星期三，失血过多终于要了他的命，约翰死了。这顺序是：我在星期一枪击了约翰，我在星期二死了，而约翰在星期三死了。

我杀了约翰，我认为我们都同意这一点。如果我没有开枪打他，他就不会死去。我杀了他，这是一个事实。但我是什么时候杀死他的？我是在星期一开枪打他那天杀了他的吗？这似乎不太正确。他星期一又没有死，我怎么会在星期一杀了他呢？星期二就更不用说了：约翰在星期二还活着。约翰直到星期三才死去。那么我是星期三杀了他吗？但是这怎么可能呢？星期三时我甚至都已经不存在了！我在星期二就已经死了，我怎么能在死了之后杀了他？所以我没有在星期一杀死他，也没有在星期二杀死他，更没有在星期三杀死他。那么我是在什么时候杀死他的？

答案也许是，我在什么时候杀死他的根本没有确切的时间。尽管如此，我杀死他这件事是真的。为什么这是真的？因为星期一我开枪打伤了他，星期三他因伤去世。但我是什么时候杀死他的？也许我们不能确定日期。如果我们不能，那么就存在无法确定其发生时间的事实，就像我杀死约翰这个事实。如果存在你无法确定其发生时间的事实，也许就存在另一个事实：我的死亡对我来说是有坏处的。我的死亡什么时候对我有坏处？这一事实也许无法确定其发生时间，尽管如此，它确实是一个事实。所以，辩驳这一论点的其中一种方法是：推翻这一假设，即所有的事实都可以确定其发生时间。

当然，“所有事实都可以确定其发生时间”这个想法非常有说服力。你自己在思考这个例子时，也许会想出一个可以接受的答案，回答出我是什么时候杀死约翰的。也许再三思考后，你认为所有事实都可以确定时间，这是真的。（当然，除了我刚刚举的例子，还需要考虑其他可能出现的困惑。）如果你认为，所有的事实都有确定的发生时间，但还是坚持认为我的死亡对我来说有坏处，那么你需要采取其他方法，并想出一个死亡产生坏处的时间来。我们能做到吗？我们能说出死亡什么时候对我有坏处吗？

我认为，声称死亡现在对我有坏处并不太有戏。我现在没有死，所以对我来说，我很难看到死亡对我的坏处。但我不能百分之百确定，另一种情况同样也不可接受。为什么不能说当我死了的时候，死亡对我来说是有坏处的？例如，头痛什么时候对我来说有坏处？当然是头痛发生时。同样，为什么不能说死亡对我有坏处是发生在我死了的时候呢？

根据剥夺解释理论，死亡的坏处在于当你死了，你便被剥夺了生命中那些美好的事物。那么，死亡什么时候对你来说有坏处？也许正是你生命中美好的事物被剥夺时。好吧，你生命中美好的事物什么时候被剥夺呢？当你死了的时候。这剥夺实际上是什么时候发生的？当你死了的时候。所以，我们也许应该对伊壁鸠鲁（如果这真是伊壁鸠鲁的观点）说："你是对的，伊壁鸠鲁，所有事实都必须确定其发生时间。我们可以确定死亡产生坏处的时间，我的死亡在我死了的那个时候对我来说是有坏处的，因为在这一时间里我被剥夺而失去了生命中美好的事物，但如果我还活着，这些我都本应得到。"

这看起来是对这个论点的一个可能的回应。但是，它立即把我们带回了一个早先的困惑：死亡怎么会对我来说有坏处？当我不存在了，死亡怎么会对我来说有坏处？当然，我必须存在，这样事物才能对我有坏处，或者这样事物才能对我有好处。要想让事物对你有好处或坏处，难道你不需要存在吗？

这个思路就把我们指向了对伊壁鸠鲁论证的另一个可能的解释。或许他心中的论点是这样的：

（1）只有你存在，事物才会对你有坏处；

（2）当你死了的时候，你不复存在；

所以：（3）死亡不可能对你有坏处。

这里再次引用伊壁鸠鲁的话：

> 所有一切恶中最可怕的——死亡——与我们全不相干，我们活着时，死亡尚未来临；死亡来临时，我们已经不在了。因而，死亡对于生者和死者都没有什么干系。因为对于前者，死亡还未到来；对于后者，一切都已不再。

当然，伊壁鸠鲁这段话的意思还不甚明了，但也许他心中所想的正是像这样的新论证：（1）只有你存在，事物才会对你有坏处；（2）当你死了的时候，你不复存在；所以（3）死亡不可能对你有坏处。

不管这是不是伊壁鸠鲁所想的，我们对这一新论证作何解释？就我们的目的而言，我们认同（2），即当你死了的时候，你不复存在。那么一旦我们接受（1），结论（3）“死亡不可能对你有坏处”，就会顺理成章。因此，（1）就成为存在性必要条件（existence requirement）。只要你存在，事物就可能对你有坏处，或对你有好处。这就是坏处和好处的存在性必要条件。

如果我们接受这个存在性必要条件，似乎就必须接受这个结论：死亡不可能对你有坏处。我们作何解释？也许我们应该摒弃这个存在性必要条件。诚然，在典型情况下，像痛苦、失明、瘫痪、失去工作等情况下，当你存在时，坏事才能对你有坏处。确实，在日常的情况中，你必须存在才能去承受坏处。但也许那只针对日常的情况，而不是所有的情况。也许对于某些种类的坏事，你并不需要存在，它们就会对你有坏处。

什么样的坏事会是那样的呢？可以说，剥夺的相对坏处就是这样。毕竟，你不需要存在就能缺失某些东西。事实上，也许正是你不存在这一事实解释了你为何被剥夺。当然，并不是所有的缺失都是这样。还记得看电视的例子吗？你在看电视，但你本可以参加一个很棒的派对。显然，当你看电视并被剥夺参加那个派对的机会时，你是存在的。同样，在选信封的例子里，当你仅仅得到10美元而非1000美元的时候，你是存在的。所以，有时剥夺和存在是同时发生的。但关于剥夺的关键一点是，你不必非要存在才能被剥夺。不存在本身就决定着你被剥夺了某些事物。

所以，也许我们应该摒弃存在性必要条件。也许我们应该说，当我们谈论缺失时，当我们谈论剥夺时，（1）是错误的。即使你不存在，事物仍能对你有坏处，存在性必要条件是说不通的。这就是对伊壁鸠鲁论证第二种可能的解释的回应。通过摒弃存在性必要条件，我们可以保留认为死亡是有坏处的想法。

不幸的是，摒弃存在性必要条件的某些含义可能会难以理解。想想我们摒弃了存在性必要条件，就会说某些事物，比如不存在，可能对某些人有坏处，尽管他们已不复存在。这就是死亡对我来说是有坏处的原因。但如果不存在可以对某些即使不存在的人有坏处，也就可能对从未存在的人有坏处。比如，不存在就会对某个可能成为人，某个本应该存在但从未真正出生的人有坏处。

很难想象有这样的人，所以让我们试着更具体一点儿。我需要两个志愿者，我需要我读者中的一名男性志愿者和女性志愿者。好，很好。现在我想让你们两人这样做：去做爱，然后生孩子。

让我假设这件事不会真的发生。不过，我们可以考虑在某个可能的世界里，这事确实发生了。我们可以考虑如下这个不会实现的可能性：这名男性和这名女性做爱，然后生下孩子。他的精子和她的卵细胞结合，形成受精卵，受精卵发育成胎儿。这胎儿由37号卵细胞和4000309号精子结合而产生。胎儿出生了，那婴儿慢慢长大。以上这一切都不会发生，但它本可能发生。

因此，这个本可能出生的人事实上并没有出生。对于这个本来可以出生的人，我们叫他拉里好了。拉里是一个可能存在的人。他可以存在（我的两名读者可以做爱），但他不会存在（他们不会做爱），这就是为什么拉里只能是一个可能的人。现在，我们中有多少人为拉里感到遗憾？可能没有人。毕竟，拉里从未存在过，我们又怎么会为他感到遗憾呢？

当我们接受存在性必要条件，即“只有你存在，事物才会对你有坏处”时，这个回答就言之成理了。既然拉里从未存在过，那么没有任何事对拉里来说是有坏处的。但是一旦我们放弃了存在性必要条件，一旦我们说即使你从未存在过，也有事物对你来说有坏处，那么我们就不再有任何理由去克制对拉里的同情了。我们会说：“哦，我的天哪！想想如果拉里生下来了，他生命中本可以拥有的美好吧。”但他从未出生过，所以他被剥夺了这些美好。如果死亡对我有坏处，是因为它剥夺了生命中的美好，那么不存在对拉里来说也有坏处，因为他被剥夺了生命中的所有美好。我太惨了，我要死去了。但是拉里更惨，我们真的更应该为拉里感到遗憾。但是，我敢打赌你们都没有为拉里感到遗憾，因为这个人从未出生过。

在考虑这个问题时，我们千万莫走回二元论的老路上。尤其不要一开始就想象拉里拥有灵魂，迫切希望自己能出生。我想，在《荷马史诗》中有一个场景，某种祭祀在进行，所有死者的灵魂四处徘徊，渴望重生，希望自己可以尽情享受食物的味道和香气。如果你想到了如下的画面，那些不存在的、有可能出生却从未出生的人以某种鬼魂般的状态存在着，并希望托生，或许你应该更同情他们。但这个场景绝不是基于我所设定的物理主义，不存在的人没有以某种让人毛骨悚然、希望自己托生、像鬼魂一般的状态而存在。他们只是不存在，句号。一旦我们对于拉里有这种想法，就很难为他感到遗憾。

当然，我一直在絮叨他会如何如何被剥夺掉生命中所有的美好，也许你们已经开始为拉里感到遗憾了。所以，有必要澄清一下，将潜在的人未能出生当作坏事对待，这意味着什么。我想让你们大概有个概念，这世界上有多少潜在可出生的人。不仅只有拉里一个人是我们同情的对象，他只在我们把37号卵细胞和4000309号精子结合在一起时才会存在，却没能出生。不，我们需要为许许多多潜在的人感到遗憾。事实上，这世界上有多得难以想象的潜在可出生的人。

有多少？很多。具体多少？我曾经试图计算过，最近稍微又更新了一下。正如你们将要看到的，这完全是粗略的计算，不需要复杂的演算，它从各方面来说完全不充分。但至少它会给你们一个概念，关于到底有多少潜在的人。

让我们先保守一点儿，问：我们这代人能制造出多少可能的人？正如我在2011年计算的，那时人口大概有70亿人。大约有一半是男性，一半是女性。

下面我们想知道的是，这35亿男性和35亿女性一起会制造多少可能的人？思考这个问题的关键是，明白每一次你把一个不同的卵细胞和一个不同的精子结合，都会产生一个不同的人。你把同一个卵细胞和不同的精子结合，就会得到不同的基因编码，也就形成了不同的人；或者你把同一个精子与不同的卵细胞结合，也会形成不同的人。因此，如果我的父母早了或者晚了五分钟做爱的话，别的精子和那个卵细胞就结合了，那个出生的小孩就不会是我，而是别的兄弟姐妹。换个卵细胞，换个精子，你就会得到一个不同的人。所以，我们真正要知道的是，这大概70亿人当中有多少种精子和卵细胞的组合？

让我们来看看。有35亿女性。一名女性能有多少卵细胞？我们将发现，精确的数字并不重要，我们可以取近似值。一名女性每年大约排出12个卵细胞，大概持续30年。这就是每个女性排出的卵细胞数量。实际上，在做完这个计算后，我发现可能的卵细胞数量远远高于这个。女性大概会在其生育期内排出这个数量的卵细胞，但我推测，实际上还有许许多多其他细胞本可以成长为卵细胞。所以，潜在的卵细胞数量远远高于这个数字。但用这个数字来计算就可以达到我们的目的：30年时间，一年12个卵细胞。

接着是男性，大约有35亿人。每个男性能够产生精子的时间更长。我们这里就取个大概数字，他的生育时间为50年。男人一天能做多少次爱？显然不止一次，但我们保守一点儿，就当一天一次。这就是50年乘以一年365次。男人每次射精都射出很多精子。有多少精子？很多。碰巧，我有次查了一下，取一个大概数字，男人每次射出大约4000万精子。我们需要将男人一辈子射精的次数乘以这4000万精子。

好了，我们考虑了现存的所有男性和所有女性，请问：有多少可能的卵细胞和精子的结合？这会给我们一个大致的概念，关于我们这一代人能制造出多少可能的人。当然，其中大多数人都不会出生，但我们要的是这些可能出生的人的数量。

有多少可能的人？这里是计算公式：

> 35亿名女性×每个女性排卵30年×每年排12个卵细胞×35亿名男性×每个男性生育期50年×一年365天×每天4000万精子=大约30万兆京个人（3×10^{33}）

我在这里做了大量的估算，包括最后一步计算中，但在这个非常粗略的条件下得出的结论是有30万兆京个可能的人，即3×10^{33}。大致说来，在这下一代人里，我们就会有这么多可能的人；但很显然，只有很少一部分人得以出生。关键的是：如果你要为拉里感到遗憾，你必须为每一个可能的人感到遗憾，每个本来能出生却从未出生的人，也就是说，那3×10^{33}个可能的人。

当然，实际上我们仅仅做了一点儿表面研究。现在，我们需要考虑所有可能的人，并考虑所有他们可能有的孩子。我们用起初的70亿人算得了这个数字。想象一下，如果我们计算有多少可能的下下一代的话，这将是一个怎样的数字！（总数大约是6×10^{80}）我不是说我们可以同时让所有这些人都存在，但他们每一个人都是有可能存在的人。而且，这只是两代以后的数字！如果你算到第三代，所得到的数量将会比已知宇宙中的粒子数量还多。到第四代人就更多了。所以说，如果我们想想本可能存在却从未出生的人，这些人的数量将会匪夷所思。

然后，假设我们摒弃了存在性必要条件，换句话说，即使你从未真正存在，事物也会对你有坏处，那么我们不得不说，这无数个万亿可能的人从未出生简直太悲伤了，因为他们都被剥夺了生命中的美好事物。如果我们摒弃了存在性必要条件的话，那么这些未出生的可能的人，其困境就是一个动摇人心的道德悲剧。即使是人类历史上最严重的道德恐慌，也根本不能与这些从未出生的可能的人的损失相提并论。

现在，我不知道你们怎么想，但当我想到这一点的时候，我能说的就是，我没有被这个道德灾难吓到。对于这数不清的万亿人的损失，我没有感到痛苦、悲伤和惊愕。但如果我们摒弃存在性必要条件，并诉诸剥夺解释理论来解释死亡的坏处，就不得不承认那无数个万亿没出生的人是一个难以形容的道德悲剧。

如果我们不认为那是一个道德悲剧，就只有通过回到存在性必要条件来避免这个问题。不过，如果回到存在性必要条件，我们就回到了伊壁鸠鲁的论证：当你死了的时候，你不复存在，所以死亡不可能对你有坏处。

现在，我们真的把自己困在了一个哲学困境里，不是吗？如果我接受存在性必要条件，就会得到这个论点，即死亡对我来说没有坏处，这相当惊人，令人难以置信。或者，我可以摒弃存在性必要条件，继续坚持死亡对我来说有坏处的观点。但是，如果我摒弃存在性必要条件，就不得不承认拉里和那无数个万亿人被剥夺了生命。这看起来不可接受。那么我们该怎么办？我们应该作何解释？

再一次，这里的问题就是：如果我们不用任何存在性必要条件，就不得不为那无数个万亿未出生的人感到遗憾。这似乎难以接受。如此看来，我们需要某个存在性必要条件。但是一旦引入存在性必要条件，我们最终只有说，死亡对我并没有坏处，因为当我死了，我就不存在了。这似乎也令人难以接受。但没准儿我们一直曲解了存在性必要条件。这件事也许并没有我们意识到的那么复杂。或者以稍微有所不同的术语来分析，我们就可以区分两种不同版本的存在性必要条件，一个激进的和一个稳健的版本，我们已经不知不觉地假设了激进的版本，而稳健的版本则会让我们避免不可接受的影响。

我认为这是一个大有可为的想法，所以我建议用两种不同的方式来理解存在性必要条件。

稳健的（modest）：只有你在某时存在过，那个事物才会对你有坏处。

激进的（bold）：只有你和那个事物同时存在时，它才会对你有坏处。

这就是对存在性必要条件的两种不同的理解方式。稳健的版本之所以稳健，是因为它要求少，它只要求你在某时存在，那个事物就会对你有坏处。激进的存在性必要条件增加了一个更进一步的条件，它要求你和对你有坏处的那个事物同时存在，它才会对你产生坏处。这里就有了一个同时性的条件。如果某事对你有坏处，你必须在有坏处的那个事物发生之时也同时存在。这就比稳健的存在性必要条件更加苛刻，稳健的存在性必要条件不需要你和不好的事物同时存在，只要你某时存在。

假设我们接受这个激进的说法，即只有你和那个坏事同时存在，它才能对你有坏处，那么死亡就不能对你有坏处，因为你死了的时候，你就不存在了。我们大多数人都认为这个结论不可接受。然而，如果我们接受稳健的存在性必要条件，一切看起来就不一样了。只要你某时存在，那个事物就会对你有坏处；你不需要和那有坏处的事物同时存在。当然了，我确实在某个时间存在——毕竟，我现在就存在着。所以，死亡对我来说有坏处。诚然，当我死了，我就不存在了。但没关系，稳健的存在性必要条件并不要求我和对我不好的事物同时存在。激进的版本要求这样，而稳健的版本则不需要。所以，根据稳健版本的存在性必要条件，我们可以说，死亡对我有坏处。

但要注意，关键的是，稳健的版本没有说不存在对拉里是有坏处的，因为拉里根本就没存在过！拉里从未存在过，他甚至根本就不满足稳健的存在性必要条件。所以，不存在对拉里或者数不清的万亿个未出生的人没有坏处。

简而言之，完全抛开存在性必要条件，我们就不得不说，这无数个万亿人的不存在是有坏处的。这个结论看来令人无法接受。但是，在激进的存在性必要条件下，我们就不得不说，死亡对我没有坏处。这似乎也令人无法接受。相反，如果我们接受稳健的存在性必要条件，我们就能说，不存在对拉里没有坏处，但死亡对我有坏处。因此，最合理的立场似乎就是接受稳健的存在性必要条件。

如果我们接受稳健的存在性必要条件，就会说，为了使某事对你有坏处，你必须在某个时刻——这个时刻或那个时刻——存在，你必须至少短暂存在，才可以加入我们所谓的“俱乐部”中去，即由我们在道义上在乎和担心的人组成的俱乐部。为了加入这个俱乐部，你必须存在一段时间（过去、现在或将来）。但一旦你加入了这个俱乐部，某些事情就会对你有坏处，即使你并不恰好在某个特定的时刻存在。

如果我们接受稳健的存在性必要条件，就可以说，拉里的不存在并没有坏处，因为拉里没有加入这个俱乐部。为了加入让我们怜悯的那个俱乐部，你必须在某个时刻存在过。但拉里和数不清的万亿个潜在的人从未真正存在过，不满足这个“存在一段时间”的条件，所以我们没必要为他们感到遗憾。尽管如此，我们会为上周去世的10岁孩子感到遗憾，因为他确实存在过，即使只是很短暂地。这样的孩子可以归入这个我们为之遗憾的俱乐部。他不能继续活着对他有坏处。（想想如果他还活着，他可以得到生命中所有美好的事物！）所以，稳健的存在性必要条件让我们避免了非此即彼的极端，似乎我们应该接受这种立场。

不幸的是，即使是稳健的存在性必要条件也蕴含着违背直观反应的含义。以某个人的生命为例，假设某人寿命很长，自出生起活了10年、20年、30年、40年、50年、60年、70年、80年，直到90年，多么圆满的一生。现在，想象一下，我们提出下一种可能：他不是活了90年，而是寿命稍短一点儿，比如10年、20年、30年、40年、50年。我们让他在50年后死去，而不是他本来可能拥有的90年寿命。当然，这对他来说是更糟了——只活了50年，而不是80年或90年。如果我们接受稳健的存在性必要条件，就可以说，不管他活了50年还是90年，毕竟他确实在某时某刻存在过，所以他失去了40年本来可以拥有的寿命，这件事对他有坏处。好，这样就给了我们想要的答案，这个答案并不违背直观反应。

现在想象一下这个人没活到50岁，他只活了10年或20年以后就死去了，这就更糟了。想想，如果他没有这么年轻就死去的话，他将得到更多额外的美好事物。如果我让他在20年后就死了，而不是50年或90年后，我就把情况变得越来越糟。接下来，想象一下，我让他只活了1年就死去，这就更糟了。这些都符合人的直观反应：生命越短暂对他来说就越坏，他的生命中被剥夺的美好事物就越多。

简而言之：90年的寿命，还不差。50年的寿命，有点儿糟。10年的寿命，更糟。1年的寿命，更糟。1个月的寿命，更糟。1天的寿命，更糟。1分钟的寿命，更糟。1秒钟的寿命，更糟。

最后，想象一下，我不让这个人曾存在过，那就没事了。

什么？这怎么会没事？但这就是接受稳健存在性必要条件的含义。如果我彻底缩短他的寿命，让他根本就不曾出生过（或者，更准确地说，让他从未存在过），那他就不满足曾在某个时刻存在过的条件。因此，尽管我把生命缩得越来越短，让事情变得越来越糟，越来越糟，但当我剪掉最后那一秒钟的时候，结果是我没有让事情变得更坏。到最后，我没有做任何有害的事。看来，这就是我们接受稳健的存在性必要条件所得出的结论。

当然，如果根本没有存在性必要条件，我们可以说最糟糕的其实是从未出生过。但是一旦你这么说，就要为拉里感到遗憾，为那数不清的万亿个从未出生的人感到遗憾。

所以，总的来说，哪个观点是最合理的？注意，这里的最合理并不意味着它是完全合理的！我认为，在思考这些谜团时，每一个选择似乎都有不同的缺陷。也许我们最应该问的是，哪个是最不合理的？事实是，我并不十分确定。

卢克莱修

让我再说另一个有关剥夺解释理论的困惑。不管我们是否接受存在性必要条件，这个困惑始终都会出现，因为我们要面对的都是确实在某个时刻存在的人，比如说你或我。这是一个来自罗马哲学家卢克莱修的困惑。[①]卢克莱修是认为“死亡对我们有坏处”这种说法有错的人之一。他认为我们大部分人一想到自己的死亡就难过得不知所措。当然，他承认我们大多数人都对自己会死去这个事实感到难过，因为我们认为死亡是有坏处的。为什么？当然，就我自己的情况来说，这是因为死后我就不会存在了。正如剥夺解释理论指出的，只要我还活着，我就能享受生命中美好的事物。

卢克莱修说，有道理，但等一下，我死后的时期并不是我不存在的唯一时期，这并不是唯一使“如果我还活着，就能享受到生命中美好事物”得以成立

① 卢克莱修，《物性论》（*On the Nature of Things*）。

的时期。还有另一个我不存在的时期：那就是在我出生之前。可以肯定的是，这一时期就像我死亡后不存在的时期一样，是无穷无尽的。而意识到这一点，让我感到沮丧。正如我所指出的，我存在之前的时期也是无穷无尽的。卢克莱修说：根据剥夺解释理论，如果不存在是如此糟糕，那么对于我们出生之前也面临着永恒的不存在这个事实，难道我们不该觉得难过吗？

但是，卢克莱修说，这结论太愚蠢了，对吗？没有人会对自己出生之前的永恒不存在而难过。在这种情况下，他总结说，我们也毫无理由为死后的永恒不存在而感到难过。

卢克莱修并非将这当作一种困惑而提出来。相反，他提出这一点来论证，我们不应为我们将会死去这个事实而担忧。然而，不出所料，大多数哲学家都不认同卢克莱修推导出的这个结论。相反，他们坚持认为，这个论证在某个地方一定有问题。我们要找出这问题出在哪里。

我们有哪些可选的可能性呢？当然，一种可能性是绝对认同卢克莱修，即在我出生之前的永恒不存在没有坏处。那么，同样，在我死去后的永恒不存在也没有坏处。尽管这样选择的话，我们大多数人就得认同，死亡对我来说没有坏处。这当然是一种可能性，即完全同意卢克莱修的观点。

第二种可能性是部分认同卢克莱修。也许我们的确需要同等看待这两种永恒的不存在，但除了卢克莱修的说法，即“出生前的永恒不存在没有坏处，所以死亡后的永恒不存在也没有坏处”；相反，我们也许应该说，我们死后的永恒不存在有坏处，那么我们出生前的永恒不存在也一定有什么坏处！也许我们应该坚持剥夺解释理论，不要对它丧失信心。剥夺解释理论告诉我们，在我们死后的这段时期，不存在对我们有坏处，因为但凡我们没有死亡，就仍可以享受生命中的美好事物。那么，同样，也许我们应该说，在我们存在前的这段时期，不存在对我们有坏处。毕竟，我们此时存在，就能够享受生命的美好。所以，也许卢克莱修对在他告诉我们必须把两个时期一视同仁，但他错在认为两个时期都没有坏处。我们也许应该认为两个时期都是有坏处的，这也是一种可能性。

还有其他可能性吗？我们可以说，当卢克莱修指出有两个自我不存在的时期，而不是只有一个时，他是对的；但是，我们有充分的理由去区别看待它们。搞不好这两个时期之间有一个重要的区别，轻重有别，它能够解释我们为什么看重其中一个，而忽略另一个。

大多数哲学家想以这最后一种可能性为突破口。他们说，我们有理由解释，为什么在意我死亡后的永恒不存在，而不在意我出生前的永恒不存在是站得住脚的、是合理的。当然，随后的困惑指向了是否存在一个差异，它能证明对于这两个时期而言，我们有理由区别对待。说我们有理由区别对待这两个时期，这很容易；但其中的哲学挑战是，如何指出能够解释或提供合理理由的证据。

一个常见的回应如下。考虑一下我死后的时期，彼时我不再活着，我失去了我的生命。相比之下，在我出生之前的时期，尽管我不是活着的，但我没有失去我的生命，因为我还不曾有过生命。当然，你无法失去一些你从未拥有的东西。所以，死亡后的不存在包含损失，而出生前的不存在没有损失。因此（论证如下），我们可以看到为什么更在乎死亡后时期胜于出生前时期会更合理，因为一个涉及损失，另一个则没有。

就像我说的，这是一个很常见的回应。但我倾向于认为，这不是一个恰当的回答。当然，死亡后的时期涉及损失，而出生前的时期没有，这是说得通的。毕竟，根据“损失”的定义，要失去某样东西，你必然是没有了你之前曾拥有的东西。鉴于这个定义，自然可以确定死亡后的时期涉及损失，而出生前的时期没有。毕竟，正如我们观察到的，在出生前的时期，尽管我没有生命，但我之前也未曾拥有过生命，所以我没有失去任何东西。

当然，还有一个事实在出生前的这段时期也说得通，即我没有生命，但我将要获得生命，我还没拥有我将来会拥有的东西。而死后的时期不一样，死亡后我就失去了生命，但这一时期，我不会没有生命，然后在未来得到生命。所以，死后这段时期跟出生前的时期并不是很像：在死亡后的时期，我没有处在这么一个状态，即我还没获得我将会拥有的东西。这是一个有趣的差异。

凑巧的是，我们没有一个词可以表示这个状态——你还没获得你将拥有的东西。在某种程度上，这类似损失，但又不是很像损失，我们称之为“或得”（schmoss）吧。当我失去了某样东西时，那么，我没有拥有它，但我之前曾拥有它。当我“或得”某样东西时，我还没有拥有它，但我将会拥有它。

事情是这样的。在死亡后的时期，我们失去了生命，但没有“或得”生命。而在出生前的时期，我们没有失去生命，但“或得”了生命。现在，作为哲学家，我们要问：为什么我们更在乎生命的损失，而不是生命的“或得”？为什么我们失去了曾经拥有的事物，要比无法拥有我们可能拥有的事物更糟糕呢?

我们很容易就忽略了这两个对等的概念，因为我们有“损失”这个现成的词，而没有“或得”这个词。但这什么也解释不了，只是指出了需要解释的问题。为什么我们更在乎失去我们之前拥有的东西，而不在乎我们将会拥有的东西呢？这是相当令人费解的。

人们提出了各种观点，来解释我们对待这两个自我不存在时期的态度差异。其中一个来自当代哲学家托马斯·内格尔。[①]内格尔首先指出，想象寿命更长这种可能性是轻而易举的。假如我享年80岁，也许我被车撞了。然而，试想一下，如果这时我没死，我会继续活到90岁甚至100岁。这看上去确实也很有可

① 托马斯·内格尔，《死亡》（“Death”），收录于*Mortal Questions*（剑桥大学出版社，1979）一书。

能，即使事实上我将在80岁时死去。事实上，我将在80岁死去是一个偶然事实（contingent fact），不是一个必然事实。所以，我很容易想象自己推迟死亡而活得更久。这就解释了当我的死亡来临时，为什么我会感到难过：我本可以活得更久，让死亡来得更晚。

相比之下，内格尔指出，如果我要为我出生之前的不存在感到难过，那我必须想象自己再早些出生，从而活得更久。这可能吗？我出生在1954年，那么我会为了自己不是在比如说1944年出生而难过吗？

无论如何，内格尔认为，我不应该为我不是在1944年出生而难过，因为事实上，让我早些出生是不可能的。我的死亡日期对我来说是偶然事实，但我的出生日期不是偶然事实。好吧，这并不完全正确。我们可以稍微改变出生的时间，也许是通过早产或剖宫产之类的方式让我早些出生。当然，严格来说，关键时刻是我开始存在的时刻。让我们假设这是卵细胞和精子结合的时刻。内格尔的想法是，这不是我人生中的偶然时刻，而是我人生中的一个基本（essential）时刻。

这怎么可能？我们无疑能设想我们的父母早十年发生性行为，不是吗？当然可以。但请记住，如果他们早十年发生性行为，那就会是不同的卵细胞和不同的精子结合，所以就不会是我。那将是我另外的兄弟，凑巧的是，他们从没出生。很明显，我的其他兄弟姐妹可能在1944年存在，而我不会在1944年存在。我们想象中那早些出生的人不会是我。内格尔指出，这意味着尽管我们可以说“如果我早点儿出生”，但这句话不是真的指向了一个形而上意义的可能性。所以，为你开始存在前的不存在而感到难过是毫无意义的，你无法因早些存在而活得更久。（相比之下，正如我们所看到的，你可以晚些死去从而活得更久。）

我必须说，这个建议很诱人，但我认为这个答案不完全正确。或者至少说，它不能完全作为解开卢克莱修之惑的答案。我认为，在某些情况下，我们无疑可以想象早些存在的可能性。假设有一家生育诊所，储存了一些精子和卵细胞。他们让它们冻结，直到准备使用它们之时。然后他们在2025年解冻了一双，让卵细胞受精，并且那个人最终出生了。在我看来，那个人就完全可以说，他本可以早些存在。他可以回顾说，如果他们早十年将孕育自己的精子和卵细胞结合在一起，自己就可以早十年存在。那个人不会是他的兄弟姐妹，正是他。毕竟，那是相同的精子和卵细胞，孕育出的是同一个人。所以，如果他们早十年结合这对精子和卵细胞，他就会早十年存在。

如果这是正确的——在我看来，这似乎是正确的——那么内格尔说早些出生不可想象就错了。至少在某些情况下，我们可以想象。然而，即使我们构想出这样的人，这种生育所培育出的后代，然后问："他们是否会为没早些出生而难过？"似乎大多数人仍然会说："不，当然不会。"所以在我看来，内格尔的答案还不够全面。

这里还有另一个可能的答案，来自另一名当代哲学家弗雷德·费尔德曼。[①]如果我说，"要是我晚些才死去"，那么我是在设想什么？假设在2034年，当我80岁的时候，我被车撞了。我们当然可以设想，如果我当时没死会发生什么。我们可以想象到什么呢？我想是这样的：我不仅活到了80岁，我们还可以想象我活到了85岁或90岁。我们在想象更长的寿命。当我们设想我晚些死去时，就会想象我的寿命更长。

但当我说"要是我早些出生"时，我在设想什么？根据费尔德曼的说法，你想象的不是活得更久，你只是将整个生命向前平移，让它早些开始。毕竟，如果我让你想象自己在1800年出生，而不是你实际出生的那年出生，那么没有

---

① 弗莱德·费尔德曼，*Confrontations with the Reaper*（牛津大学出版社，1992）一书，第154—156页。

人会想："如果我出生在1800年，我还活着，我将有200多岁！"相反，你会想："如果我出生在1800年，我会在1860年或1870年死去。"

当我们设想早些出生的时候，并没有想象更长的生命，只是更早的生命。当然，根据剥夺解释理论，早些出生，生命也没什么更好之处，所以你没必要为你没有早些出生而惋惜。但与此相反的是，当我们设想自己晚些死去时，并没有把生命向后平移。我们没有想象晚些出生，然后保持相同的寿命长度。不，我们想象的是更长的生命。费尔德曼说，难怪你在乎死后的不存在，而不在乎出生前的不存在。当你设想晚些死亡时，你就是在想象更长的寿命，更多生命的美好；但当你设想早些出生时，你没有想象你生命中有更多的美好，你只是在想象生命于不同时期发生。

这也是一个有趣的建议，我认为这可能是对卢克莱修之惑的完整回答的一部分。我不认为这是完整的，因为我们实际上可以想象这种情况：这个人可能认为，如果他早些出生，他本可能拥有更长的寿命。

让我们假设下周天文学家发现了一个可怕的事实，有一颗小行星将要撞击地球，毁灭一切生命。假设它将在明年1月1日撞击地球，现在有一个目前30岁的人。这个人自思自忖，自己只活了30年，如果他早10年出生，在死去前他就会是40岁，而不是30岁；如果早20年出生，那他会是50岁，而不是30岁。在我看来，这个想法是完全可以理解的。所以看起来，如果我们认真思考，就能找到一些案例，其中早些出生确实使得生命更长，而不只是做生命的平移。在这种情况下，似乎我们可以想象往"出生前"的方向延伸，而不是往"死后"的方向延伸，从而拥有更长的生命。

这能告诉我们什么？我不确定。当我想到这个小行星的例子时，我发现自己在想，也许一视同仁是正确的。说不定在这样的情况下，这出生前的不存在和死亡后相应的不存在是一样有害处的。说不定费尔德曼是正确的，他认为通常情况下，当我们思考更早出生时，我们只是在平移而不是延伸生命。但是，一旦我们谨慎地报告了一个案例，其中提早出生对我来说意味着真正的更长的生命，那么我没更早出生确实是有坏处的（费尔德曼可能会同意）。

还有人对卢克莱修之惑做出了回答，他是另一个当代哲学家德里克·帕菲特。[①]回顾一下，即使出生前的不存在不涉及损失，但它涉及了“或得”。所以，如果我们能解释为什么损失比“或得”更糟糕，这似乎对于我们的讨论将有所帮助。为什么比起后者我们更在乎前者？实际上，帕菲特的想法并非出于随心所欲的偏好；相反，这是整体模式的一部分，即相比过去，我们更在乎将来。这是人文关怀的深层现实。我们面向未来，担心会发生什么事；与此同时，却不挂念过去。

帕菲特有个很好的例子能说明这一点。他让你想象自己患上了重病，这病会让你丧命，除非你做手术。所以，你必须做手术。不幸的是，为了更好地进行手术，我们不能给你麻醉。你必须一直保持清醒，也许是为了告诉医生：“是的，这里痛。”在手术过程中你必须醒着，而这是一个非常痛苦的手术。此外，我们又不能给你止痛药，因为那样你就无法告诉医生哪里在痛。简而言之，在你受折磨时，你必须保持清醒。当然，这仍然是值得的，因为这将治愈你的病痛，让你活得更久。但在手术期间，你会痛得生不如死。

由于我们不能给你止痛药，也不能麻醉你，因此我们能做的是：手术结束后，我们会给你一种强效药，它会引起局部失忆，抹去你最近的记忆。你不会记得任何有关手术的事，特别是你不会再回想起这段被折磨的可怕记忆，所有这样的记忆都会被抹去。实际上，过去24小时的所有记忆都会消失。总之，你

---

① 该例子摘自德里克·帕菲特《理性与人类》（剑桥大学出版社，1984）一书，第165—166页。然而需要指出的是，此处帕菲特并未对卢克莱修之惑进行明确的讨论，我只在此借鉴了他的有关思想（帕菲特对于这一谜题的讨论见于《理性与人类》一书，第174—177页）。

将接受一个可怕的痛不欲生的手术，其间你要保持清醒。但手术后你可以服用让你彻底忘记手术痛苦的药物，实际上，你会忘记这一整天的事情。

因此，你在医院里醒过来，问自己："做完手术了吗？"当然，你不知道，你肯定记不得有过手术这件事，但你无从确定：一方面，如果你还没有做手术，那你自然没有印象；另一方面，即使你已经做了手术，之后服用了药物，那你现在也没有了印象。于是你问护士："我做手术了吗？"她回答："我不知道，我们今天来了几个像你这样的病人，其中一些已经做完了，另一些安排在今天晚些时候做。我不记得你是哪一批了，让我去看看你的病历，一会儿就回来告诉你。"她走开了，并会在一两分钟后回来。当你在等待她回来时，问问自己，你想要什么样的答案？你关心你是哪一批吗？你想自己已经做过手术了，还是还没做？还是你无所谓？

现在，如果你同意帕菲特的说法，那么你会说你当然关心此事。我当然希望我已经做了这个手术，我可不想自己还没做手术。

我们可能会问，这有什么意义？你早晚会做手术。在你人生的历史中，这手术早晚都会发生。在你生命中的某一时刻，你都要承受同样的痛苦和折磨，不管你是昨天做手术的人，还是今天晚些时候做手术的人。但是，帕菲特说，事实显而易见：我们确实在乎。我们想让痛苦已经在过去发生，不想让痛苦在未来发生。我们更在乎未来发生的事，而不是过去发生的事。

得出这种结论后，就不难理解我们为什么在乎未来的不存在，而不是过去的不存在了。所以，这也许就是我们对卢克莱修的回答：过去并不如未来重要。

这也是一个有趣的提议，而且这对我们厚此薄彼的态度提供了一个令人信服的解释，但我们仍然怀疑这个答案是否给我们提供了任何合理的证明。据我所见，我们对时间有着根深蒂固的厚此薄彼的态度这个事实，并不能证明这个态度是否合理。说不定是进化使得我们更在乎未来胜于过去，这体现在很多地方，包括帕菲特的医院例子中，以及我们倾向于损失而不是“或得”的态度中，等等。事实上，我们有这种态度，不能说明这就是合理的态度。

我们要如何证明这是合理的态度？我们也许必须做一些晦涩烦琐的形而上学的讨论（如果我们目前说得还不够烦琐不够晦涩），需要谈论过去和未来在形而上学层面上的区别。毕竟，直观地说，过去已无法改变，而未来一切皆有可能；而时间都有一个发展方向，从过去到未来。我们可以把这些东西综合起来，解释我们对时间的态度为什么合理，但我不打算去讨论这些。我想说的是，这些可能性都不是解答卢克莱修之惑的最佳答案。

所以，当我讨论剥夺解释理论，并提出死亡的主要坏处是剥夺了你生命中的美好事物时，我并不是指对于剥夺解释理论来说，一切都是美好而轻松的。我想这里还留有一些困惑，关于死亡是怎么有坏处的，问题还没有完全解决。

但尽管如此，在我看来，剥夺解释理论是正确的方向，这说法确实触及了死亡的主要坏处。从根本上来说，死亡的坏处在于，当你死了，你不会再经历生命中的美好事物。死亡对你有坏处，正是因为你没有了你未死之时生命能赋予你的东西。

第十一章
永生

如果死亡有坏处是因为它剥夺了我们生命中美好的事物，这是否意味着，最好的事就是永生？鉴于剥夺解释理论说死亡是有坏处的，这是否意味着我们最好是永生不朽？

我们很自然就会这么想。比如，假设我下周被卡车撞死了，根据剥夺解释理论，这有坏处，因为如果我没有被卡车撞，我或许能多活20年或30年，就会得到未来几十年的美好事物。对我来说，后一种情况好多了。当然，假设我在80岁的时候死于癌症，这依然对我有坏处。因为如果我没有死于癌症，我或许能再多活10年、15年或20年，并得到更多生命中美好的事物。相反，假设我在100岁时死去，或许是死于充血性心力衰竭，这对我来说仍然有坏处。如果我没有在100岁时死去，就会得到更多生命中的美好事物。

很显然，我们可以不断重复这种假设：如果我没有在120岁时死去，如果我没有在150岁时死去，如果我没有在500岁时死去。不管我什么时候死去，只要我接受剥夺解释理论，我都会说，如果我当时没死去，就会享有更多生命的美好，不是吗？因此，不管你何时死去，死亡都会对你有坏处。由此可见，对你来说，最好的事就是永远不死——永生。

实际上，这里我们需要问两个问题。第一个问题是，是否存在这种逻辑一致性，它要求那些接受剥夺解释理论的人必须相信永生是一件好事？如果我接受剥夺解释理论，但否认永生的价值，那我是自相矛盾了吗？第二个问题是：

即使单单是逻辑一致性并不能使我们肯定永生的价值，那么永生真的是好事吗？我想从第一个问题开始讨论，我认为它比较容易回答。

如果我接受剥夺解释理论，是否就必须认同永生是有价值的主张，否则就是自相矛盾？一点儿都不。永生的价值并不单单是根据剥夺解释理论这一逻辑问题得出的。毕竟，剥夺解释理论所说的是，由于你被剥夺了生命中的美好事物，因此死亡对你有坏处。如果你没有被卡车撞到，你会成为一名专业舞者或一名建筑师，拥有一段精彩的人生；你会组织一个家庭，环游世界，和你的朋友在一起，或做出重大的科学发现。不管是什么，生命都会给予你美好的事物，而当你被卡车撞到的时候，你就被剥夺了这些美好。这就是你在那时死去会对你有坏处的原因。也就是说，死亡是坏事，它坏在你被剥夺了生命中的美好。

但若假设生命并没有给予你更多美好的事物呢？我们现在还不知道这是否真的会发生，但至少我们可以考虑这种逻辑上的可能性。假设生命没有给予你更多美好的事物，那么当被死亡剥夺生命时，你没有被剥夺任何美好的事物，这么说来，你死了对你没有坏处。根据剥夺解释理论，只有在本可能有美好的事物出现在你生命里时，死亡才有坏处。或者，严格来说，你接下来本可以拥有的生命权衡下来对你是有好处的（所谓的福祸相依）。如果这是真的，即你接下来的生命总体上将是美好的，这种情况下，失去未来这部分人生对你就有坏处。

但如果最后我们发现，在此之后你本可能经历的生命并不美好，反而苦不堪言，那你逃脱了这段生命就对你没有坏处。实际上，逃过这段生命可能对你有好处。因此，即使我们接受剥夺解释理论，也不能认准死亡总是有坏处的。我们必须看一看：生命到底能给予我们什么？单单是逻辑推论，加上剥夺解释理论，并不能迫使我们说永生是一件好事。

毕竟，我们必须理解的关键一点是，对你好处有限的事物，一旦你得到的越来越多、越来越多时，就会对你有坏处。比如，我喜欢巧克力。假设有人拿着一盒高迪瓦巧克力出现在我面前，并给我吃几块。我会说："太棒了！我爱高迪瓦巧克力。"然后他们给了我更多，接着又给更多。10块巧克力、15块、20块。等我吃了20块巧克力时，我不确定自己是否还想吃第21块，但他们一直给我更多。30块巧克力，40块巧克力，100块巧克力。在某个时刻——实际上我没吃过这么多的巧克力，所以我不知道是在什么时刻，但总有某个时刻——我会说，尽管前面的10块、15块或20块巧克力很好吃，但再给我第21块或第30块或第50块巧克力时，它就不再好吃了。从逻辑上来讲，这至少可能会发生。

那么，同样，或许生命也是这样。至少从逻辑上讲，或许短短的生命是美好的，比如50年、80年、100年，但在生命的某个时刻，过长的生命会变得对我们有坏处，就像填鸭式地吃下越来越多的巧克力。如果这种漫长的生命确实变成对我们有坏处的东西，那么根据剥夺解释理论，我们可以说，在这个时刻，死去对你没有坏处。

所以，单单是逻辑推论并没有要求我们必须相信永生是一件好事。但是，永生仍有可能是一件好事。因此，我提出第二个问题。我们问，我们该如何面对永生不死的前景？我们活得越长就会越好吗？我们假设，如果某人在10岁的时候死于一场可怕的车祸，那么他如果能40岁才死去会更好吗？如果某人在40岁时死去，那么他如果能80岁时才死去会更好吗？如果某人在80岁时死去，那他100岁、120岁、170岁或更晚死去会更好吗？生命真的是越长越好吗？

在问这个问题时，我们必须谨慎地弄清楚我们设想的到底是什么。现在有一个方法来描绘永生。假设年龄的增长主要按照现在这样的方式发展，随着人们日渐变得年长，身体会不断经历目前的所有老化。但那些老化不会让你在80岁、90岁或者100岁的时候死去，它们不会。你的身体越来越老化，但这些变化始终没有让你死去。这就是乔纳森·斯威夫特在《格列佛游记》（*Gulliver's*

Travels）一段精彩段落中进行的思想实验。[1]斯威夫特构想格列佛来到一个国家，这里有一族人能够永远活着，他们是永生的。最初，格列佛说："这不是太棒了吗？"但他忘记了考虑这样一个事实：如果我们经历的那些老化随着年岁渐长持续累积，那么你不仅变得越来越老，而且变得越来越虚弱和无法自理。同时，你越来越不舒服，衰老带着它对你的报复到来了。你有了一些能永远活着的人，但最终他们精神恍惚，痛苦不堪。他们年长体弱，百病缠身，病入膏肓，什么都做不了。这可不是什么值得拥有的美好之事。如果永生是像斯威夫特说的那样，那太可怕了。如果永生是这样的，那么死亡就是一种赐福。蒙田表达了一个非常类似的观点，认为死亡的确是一种赐福，因为它结束了侵害我们晚年的痛苦和折磨。[2]

这看起来当然是正确的，但我想当我们渴望永生时，对其提出反驳也就可以得到谅解吧，因为我们不希望生命以这种形式，以向下的弧线一直进行下去。相反，我们想永远活着，精力充沛且身强体健。因此，即使在现实世界中这是不可能的，但我们还是要问，到底永生是否会是好事？显然，为了讨论这个问题，关于永远活着会是怎样的，我们必须篡改一些事实。就让我们试试，让我们解放想象力。是不是至少从原则上来讲，如果仅此而已，永远活着会是好事？

在这里我们要谨慎一些。如果你不小心，这种想象最终会像你曾经读过的恐怖故事那样，给你几个可以实现的愿望，但你不小心没说对愿望，因此你虽然得到你想要的，但最终只是一场噩梦。如果你告诉允许你许下三个愿望的仙女："我想永远活着。"但你忘了说："一定要让我健康。"那将是一场噩梦。这就是斯威夫特告诉我们的。所以我们要小心，在愿望清单里加上拥有健

① 乔纳森·斯威夫特，《格列佛游记》，第三部分第十章。
② 蒙田，《探讨哲学即是学习死亡》一文，《蒙田随笔集》。

康和你想要的一切；记得加上足够的金钱以确保你永远不会贫穷（如果健康但永世贫穷，那不是太可怕了吗？）；记得加上任何你想要的东西。这时，我们想问的是，究竟有没有办法去设想永生，且在这想象中，永生会是好事？有什么办法可以设想永世（eternity）存在，而这永世存在对你永远是有好处的？

我们很容易就认为答案是肯定的，当然有办法可以做到。这是最简单不过的事，只要想象永远活在天堂里就行了。永恒的属天的福气，还有什么比这更好的？我们不是都想永远活在天堂吗？问题是，我对天堂的生活是什么样的有些茫然。即使是那些承诺我们将在天堂永生的宗教于这些细节上也有所保留，这个事实让人震惊。为什么？因为有人可能会担心，如果你真的详细去描绘，这种美好永恒的存在最后可能就不那么美好了。

想象一下在天堂将要发生的事，我们都变成了天使，永远歌唱赞美诗。正好，我喜欢赞美诗，也喜欢在礼拜的时候唱赞美诗。周六的早上唱希伯来语的赞美诗，我也很喜欢。但如果你让我永世唱赞美诗的话，那么这件事就似乎不太吸引人了。

在电影《神鬼愿望》（*Bedazzled*）中，相同的观点以一种幽默的形式表现了出来。①在那部电影里，一个人遇见魔鬼，问他："你为什么反抗上帝？"魔鬼说："好吧，我让你看看。我坐在这里，你围绕着我跳舞说，'哦，赞美耶和华，你是那么仁慈，那么伟大，那么荣耀。'"那个人如是做了一段时间，然后他抱怨道："这很无聊。我们能做点儿别的吗？"魔鬼说："这正是我所说的。"

当我试图想象永世在天堂唱赞美诗时，这件事并不是那么有吸引力。好了，那我们就不去想象永远唱赞美诗！我们想象一下别的东西，但想象什么

① 我说的是1967年彼得·库克和达德利·摩尔参演的原版，我不确定这一场景在新近的翻拍版中是否仍然存在。

呢？我邀请你们进行这个思维实验。你们想象过什么样的生活会永远是一件好事？这不仅仅是对另一个10年、100年、1000年或100万年或10亿年来说；记住，永世是一段非常非常漫长的时间。永远会持续到永远，你能否描述一种你永远不愿挣脱的存在？

当英国哲学家伯纳德·威廉姆斯思考这个问题时，他认为答案是否定的。[①]没有任何生活会永远有趣且吸引人。威廉姆斯认为，每种生命最终都会变得乏味和糟糕，而且极其痛苦；每种生活最终都是你想摆脱的生活。简而言之，永生远非一件美好的事，而是一件可怕的事。

假设我们暂时同意威廉姆斯的说法。那么关于死亡，我们应该说什么？严格来说，如果我们小心谨慎，而且认同永生是有坏处的，那么我们就不能说死亡本身是一桩坏事。相反，我们将会死去、我们终有一死这个事实，实际上是一件好事。毕竟，除了死亡之外唯有永远活着，如果永生确实是一件坏事，那么死亡实际上就完全不是一件坏事了。死亡是一件好事：它让我们避免了永生这种不招人待见的命运。

当然，即使我们这么说，但这并不意味着我明天被车撞了，就对我有好处。这不是我们的意思。我们仍可以认为我被车撞了是一件坏事。毕竟，如果我没有被车撞，也不等于说我会遭遇永生的厄运！我会再活10年或20年或30年，而那些年岁将是美好的。或许，甚至当我死去时——让我们假设我活到100岁高龄——当我在100岁死去时，我们仍然可以说，我在100岁死去，这对我来说是一件坏事。因为如果我那时没有死，我可能再活10年或20年，继续享受生命的美好，比如和我的曾孙或曾曾孙玩耍。

说永生不好，并不是说在我们死时死亡就是好事。你仍可以坚持认为我们

① 伯纳德·威廉姆斯，《马克罗普洛斯案件：反思不朽的单调性》（“The Makropulos Case: Reflections on the Tedium of Immortality”），来自*Problems of the Self*（剑桥大学出版社，1973）一书。威廉姆斯同时也是本书第七章一开始提到的两项思想实验的作者。

死得太早，即使最终，或早或晚，死亡都将不再有坏处。但事实上，它对我们来说还是来得太早，这可能仍然是真的。

如果我们同意威廉姆斯的说法，认为永生实际上是不应期许的，那我们便可以这么说。但我们还没有确定我们是否应该同意他的说法，我们仍然需要问：有没有任何方式可以设想出值得拥有的永生？或者问，威廉姆斯告诉我们，不管你如何设想，每种生活最终都会变得乏味或糟糕，这说法是正确的吗？

不论真假，我都倾向于同意威廉姆斯的说法。我认为，无论我们如何努力地填补空白也很难填完，那将是一段很长的空白。要记住，关键的是，永生不仅仅意味着生存很长的一段时间，甚至极其漫长的一段时间，更是指永远生存下去。要想出一样你希望永远做下去的事，我认为这是非常困难的，实际上，我甚至认为它是不可能的。

我有一个朋友曾经对我说，他想永远活着，这样以后无尽的日子里他可以每天吃泰国菜。我也喜欢泰国菜，但想到每天，日复一日，直至数千年、数百万年、数十亿年、数万亿年都吃泰国菜，这看似不再是美妙的提议了。相反，我看它是一场噩梦。同样，我已经告诉过你们，我喜欢巧克力，但想到在永恒的日子里必须吃更多更多更多的巧克力，这似乎让我感到反胃。

想想任何一种活动。你也许喜欢玩填字游戏，说不定你发现，一天玩几个小时填字游戏是一件令人愉快的事。但想象一下，10年、1000年、100万年、10亿年、10000亿年里每天都玩填字游戏，最后我想你会说："我真的厌倦了填字游戏。"当然，肯定会有你从未见过的特别新的填字游戏，但你会强调说："尽管我之前没见过这款特别的填字游戏，但我之前见过了很多很多填字游戏，'阳光之下，并无新事'。虽然我没见过这个特别的文字组合，但这不足以让游戏变得有趣。"

诚然，填字游戏不是很深奥的东西，不知道如果去做比填字游戏更挑战智力的事，我们是否觉得更有意思呢？这么说可能显得我有些非同寻常，但我非常喜欢数学。想到我有很多时间研究更多更深奥的数学问题，这看起来对我相当有吸引力。即使如此，当我想到让我永世思考数学，或者说让我永世思考哲学问题（显然和数学相比，我更钟情于哲学），但这个提议也会变得毫无吸引力。我想不出任何我希望永远从事的活动。

当然，这有欺人之嫌。没有人要求我们必须永世反复做同一件事；没有人要求我们永世什么都不做，就解决数学问题。即使是现在，在我们50年、80年或100年的有限生命里，我们也没有每天只做一样事情。相反，我们每天在做一堆各种各样的事情：吃饭、思考哲学、花时间陪家人和朋友、旅行。那么，或许我们在考虑永生时，需要多加些事情进去。我们不是在永恒的日子里每天都吃泰国菜，我们或许是在星期一、星期三和星期五的午餐吃泰国菜，星期二和星期四的午餐吃意大利菜，而星期六的晚餐吃埃塞俄比亚菜，等等；也许我们可以早上花三个小时思考哲学，下午花两个小时研究数学，然后晚上看一场电影或去剧院。我必须说，这听起来像是相当惬意的生活，但这都没用。因为，当我想到我不是过几年或几十年或几个世纪这样的生活，而是在无数的日子里都这样过，无法解脱，无法远离，这一切都会变得厌烦。于是，永生这看似美妙的梦想便成了一场噩梦，一场我们永远无法逃脱的噩梦。

或许我只是没有足够的想象力。我的一位前同事曾和我谈及对上帝的想象，也许那是永久值得期许的。她让我想象跟一个朋友进行一次精彩的促膝长谈，一次你希望“永远不会结束”的谈话。她建议我把上帝当作一位极其渊博和无所不知的朋友，与上帝交谈就像进行一次异常令人满意的谈话，你想它永远继续下去。

我能说出这种假设，但当我试图想象它的可能性并认真思考时，我发现我无法理解。在我交谈过的朋友当中，没有一个是我真正想永世与之交谈的。当然，说我应该想象一个我想永世与之交谈的朋友，这很容易；但重点是，我实际上无法想出那种情景。当我尽我所能想象某种令人永远期望或迷恋的存在时，根本就想象不出。这总是会成为一个噩梦。

也许我们需要想象的，不是同一堆事情周而复始的相同循环，而是贯穿整个人生的生涯发展。也许你会花上50年或100年专攻哲学；在那之后，花50年或100年钻研数学；然后花50年或100年环游世界；接着花50年或100年成为艺术家，研究水彩画，等等。确实，在我看来，用这样的方法我们似乎能够拥有一段漫长的理想生活。但关键一点是，永远仍然是真正的永远。我无法为自己构想出一种我愿意永远过下去的生活。

你可能会反驳：肯定存在某种希望永远生存下去、享受永世存在的生物。我想这或许是对的。想想这样一个事实，科学家已经知道如何实现如下的事：你可以抓一只老鼠，在它脑子里装一个电极。如果你把电极装在正确的地方，然后当电极启动时，它会刺激老鼠大脑的快乐中枢，老鼠就会感到一股短暂而强烈的快感。事实上，你可以把电线从电极连接到一个操纵杆上，教老鼠推动操纵杆并获得快感。当你这么做了，老鼠会怎样？你会毫不惊讶地看到，它们就一直在推动操纵杆。确实，它们会一直如此并停止进食，对交配或其他事情不再感兴趣。基本上，它们会持续让自己获得一点儿快感，直到死去。

当然，老鼠死去了，这太糟糕了，但我们也许可以想象这些老鼠是永生的（或许你会给它做静脉输液，提供营养物质）。不难想象，这老鼠会永远推动操纵杆，获得这种强烈的快感，而且心满意足地永远这么做下去。既然能简单地想象老鼠身上发生的情形，那为什么不能在我们身上如法炮制？为什么我们不戴上电极高潮帽，直接刺激我们的大脑，好让我们持续获得这些强烈的快感？想象一下，这种强烈的快感会永远持续，还有什么比那更让人期许的？

然而，我自己思考那种场景时，实际上并没觉得它有多诱人。我也邀请你对此做一番思考。请注意，我并非否定我们可以依靠刺激获得永远的快感，而是说人类和老鼠有所不同。毫无疑问，我会很享受；而且毫无疑问，我会享受很长一段时间。但我想经过一段漫长的时间后，这种状况会出现转折。人类拥有审视自身体验的能力，或从体验中抽身而出并加以评估。比如，即使是现在，当我坐在这里输入这些文字时，我看着电脑的屏幕，听着窗外面的鸟儿鸣叫，我有部分意识在思考，我是否传达了我的观点，我窗口的光线是否有点儿太亮，等等。我们能反思初阶或基础的体验，即使我们正在进行着这样的体验。

想象你置身于快感制造机里。我想，过了一段时间后，你的部分意识会开始想："这感觉跟昨天、前天和大前天相同。我估计明天、后天、大后天也是这样的感觉。"最终这个疑问会一直缠绕着你："生命仅仅如此吗？每天都只是像这样重复着单调的快感？"

想想人类，人类不像老鼠，你不会永远驻足于此刻，你会上升到元层次或更高层次去审视这种快感，并思忖道："生命仅此而已吗？"我想，这个问题最终会折磨你，侵蚀并凌驾于快感之上。最终，你会变得恐惧，恐惧自己实际上陷入老鼠这般的存在当中。当然，你的人性部分会说，作为人，你可以超越这种老鼠般的存在。正是由于这个，你的人性部分会反抗这无止境的单调的老鼠般的快感。因此，我不认为这样的永生会是一件好事，也许它对老鼠来说是好事，但对人来说不是。

当然，我们可以解决这个问题，只要我们的思维过程能像老鼠一般。说不定适当的额叶切除术就能解决这个问题。我不知道手术具体是怎样做的，但毫无疑问，我们要切除和切断相关的神经末梢，因此我们无法再进行高阶思维，不再提出"生活仅此而已吗"的问题，不再能从初阶快乐中抽身而出。毫无疑问，我们可以把自己变成老鼠般的生物。我想，到时我们就会永远享受这种生活了。

但问题并非你是否有办法对人类做些什么，让他们永远快乐或至少自得其乐。相反，问题在于，此时此刻，一想到那种生活，你是否想过那样的生活？你是否想接受额叶切除术，保证你永远会享受那样的生活？我当然不想。我毫不怀疑，你能找到办法扰乱我的大脑，打乱我的反应能力，然后或许我就会永远享受某种形式的生活。但这并不意味着我现在想要过那种生活。那不是我眼中你送的礼物。相反，在我看来，这更像是某种你强加给我的可怕惩罚，剥夺我的人性，让我无法进行全方位的反思，把我变成老鼠般的生物。所以，当这问题提出时，我现在就在这里问你："是否存在我或你想永远过的生活？"是否有一种你想永远过下去的生活？如果我们提示你，再把你变成你现在不想成为的某个样子，从而让你过你想要的永恒的生活，那么这并不是一件好事。

这里我要说另一种不同的可能性。从本质上讲，随着永生而来的似乎是一种不可避免的烦恼，这问题与厌倦有关。一段时间后，你厌倦了钻研数学。100年、1000年、100万年后，最终你将会说："是的，我没解决过这个数学问题，但那又怎样？我研究数学太久了，我对它失去了兴趣。"或者你游遍世界上（或银河系里）所有伟大的艺术博物馆后，你说："是的，我看过许多毕加索的作品，我见过伦勃朗和凡·高的作品，等等。我见过成千上万、数百万、数十亿无与伦比的艺术作品，我知道该如何欣赏它们。难道就没有新鲜的东西了吗？"问题是没有。当然，有许多你之前不曾见过的东西，但它们并不能让你有耳目一新的感觉。

有什么办法可以解决这个问题？也许可以用一种特殊的健忘症，一种持续的渐进的失忆。因此就会这样：我活到了100岁、1000岁、50000岁，开始厌倦生活。但我们现在引入渐进的失忆，因此我不再记得我之前的10000年做过什么。当我活到100万岁的时候，我不再记得我50万岁时做过什么；到我150万岁时，我不再记得我100万岁时做过什么。我知道自己活着，搞不好甚至不记得自己活着，一切都相当模糊。我只记得5000年前或10000年前的事的大概，仅此而已。

既然说到这里，何不彻底改变你的兴趣、渴望和品味，让我们用多年时间逐渐而彻底地改变你的品味和兴趣（假设最低限度的改变是不够的）。现在，也许你喜欢数学，但最终，也许是经过几千年后，你对数学失去了兴趣，你变得钟情于中国诗词；你失去了对爵士乐的欣赏，并喜爱上格列高利圣咏；你失去了对自然美景的热爱，并迷上了分子生物学；你不再想做陶器，而是想游历七大洋。

这样不是行得通吗？假设我持续经历这种渐进、持续、缓慢而彻底的有关记忆、信仰、渴望和品味的改变，这样的存在不是能让人永远享受，且不必堕落成为老鼠般的存在吗？我将研习中国诗词，钻研数学，研究天文学，学习吹长号、航海，等等。这比老鼠般的存在要好得多，而且我不会变得无聊，因为大体说来，不同时期的我是截然不同的。

我想你大概能讲出这个合情合理的故事，尤其是引入失忆的条件。但这个故事应该会令你想起某个故事，它类似于我们已经讨论过的例子——第七章中的玛士撒拉案例。在那个案例中，我们想象自己活了好几百年。（在那时，即在我们开始想象永远活着之前，这几百年时间似乎很长！）在玛士撒拉案例中，到我300岁的时候，我不记得我100岁时候的往事了；到我500岁的时候，我跟我200岁的时候已经不一样了；到我800岁的时候，我的记忆、信仰、渴望、目标和兴趣跟现在已经全然不同了。

当时我们思考了这个例子，结论是：即使我们承认在我800岁时，我依然是我，跟今天写下这本书的人是同一个人，但那不要紧。我想说：“那又怎样？”当我思考我在生存中想要什么时，如果说在遥远的未来有某个人就是我，仅仅这样是不够的，那必须是某个跟我拥有足够相似的人格的人。

你告诉我："将来有个人活着，那个人是你，但他将完全不同于你。他有不同的品味，也不记得曾经教过哲学，他对哲学或政治或民族音乐不感兴趣，对你的家人毫不关心，等等。"我说："从形而上学的角度来看，这很有意思；但就个人来说，我不在乎。我对仅仅是活下去，然后老生常谈地说'但那是我'不感兴趣，那激不起我的渴望。我想要的不只是某个人是我，我想要的是十分像我的人。"玛士撒拉案例中存在的问题是，如果我活得太久，那么这个人就不再十分像我。如果未来有一个人，那个人是我，但他和现在的我截然不同，那么我不会在乎他是否存在。

我希望你看到的是，我们讲述了通过渐进的失忆加上兴趣、目标和渴望的彻底改造，让永生变得吸引人的故事，而上面就是它的结局。在这个故事里，从现在开始，10万年后，50万年后，100万年后，会有一个人，而他是我，但我不在乎这些。当我想要生存下去时，这没有带给我想要的东西。那个人可能是我，但他不够像我，而后者对我来说才是重要的。

我们可以用二难推论（dilemma）来叙述这个问题。永生是否值得永远拥有？一方面，如果我们让永生的那个人与我相似，那么无聊将成为问题。唯一的解决方法是做额叶切除术，但很明显这是不可取的。另一方面，如果用渐进的失忆和彻底的人格改造来解决无聊的问题，那么也许不会产生无聊，但那样的生命不是我特别想要的了。那个人是不是我已经变得不重要了，倒不如你直接告诉我："将来会有另外一个人，刚好也喜欢有机化学和无调性音乐。"总之，那都不重要了。

因此，是否有一种永生的方式能吸引我？我想不出那是什么样的。当伯纳德·威廉姆斯说永生不是值得期许的东西时，我同意他的观点。实际上，那会成为一场噩梦，将是你渴望摆脱的东西。

当然，这样说绝不意味着当我们在50岁、80岁、100岁死去时，死亡是一件好事。即使在1000年或10万年或100万年后，这是真的（我认为这是真的），生活最终将会变得无聊，但那也不能说明经过50年或80年或100年后，生活一定会变得无聊。我不认为我死时已做完我喜爱做的事的冰山一角，我想对你们来说也是如此。

所以，生命的最好形式并不是永生，我认为永生一点儿都不值得期待，但现在我们有的这种形式也不是最好的生命形式。在这种形式里，我们也就能活到50岁，或80岁，或100岁，便会死去。相反，我想最好的形式是你愿意活多久就能活多久。

这多少有点儿像朱利安·巴恩斯在他的短篇小说《梦》（*The Dream*）里设想的那样。[①]巴恩斯幻想天堂是某个你想做任何事都可以、想做多久都可以的地方。但巴恩斯说，最终你会感到厌倦。当你感到厌倦时，你可以结束它。这个"你最终将结束做这件事"的提议，正是巴恩斯表达"永远活着不值得期许"的方式。但这里引出的新观点是：活到我们满足为止，即直到我们得到生命能赋予我们的所有美好事物，可能是一件好事。

这也是我之前强调过的一点，对剥夺解释理论最好的理解不是说我们将会死去是一件坏事。如果永生是不值得期许的、是一场无休止的噩梦这观点正确的话，那么我们将会死去这个事实就有好处，因为它确保我们不用去面对永生。尽管我们将死去不是一件坏事，但我们死去时它却依然可能是一件坏事，我们依然可能太早死去。

最后，在结束永生这个话题前，我想和你们分享来自一位前美国小姐参赛者的至理名言。她被问到这个问题："你想永远活着吗？"她的回答是：

---

① 朱利安·巴恩斯，《梦》，来自《10 $^1/_2$章世界史》（1989）一书。

我不会永远活着，因为我们不应该永远活着。如果我们应该永远活着，那么我们就能永远活着。但我们不能永远活着，这就是我不会永远活着的原因。

这不是很棒吗？

第十二章 生命的价值

我一直在论证，当死亡有坏处时，它便是一件坏事。因为事实上，如果我们没有死去，就还能继续获得美好的事物，而死亡剥夺了我们生命中的美好。但是权衡下来，如果生命不再向你提供美好的事物——你没有死去，但你将得到的负面结果总体上压倒了正面结果——那么，这时死亡实际上就不是一件坏事，而是一件好事。死亡坏在它剥夺了你生命中本可以拥有的许多美好，但如果它剥夺了你充满苦难的未来，那么死亡就不是坏事反而是好事了。

经过这样的说明后，显然，我预设了我们能够对生命的质量从原则上做出总体评价，评估你有或者将有多幸福。生命赋予了你好的事物，还是坏的事物？是值得继续活下去，还是不值得继续活下去？

什么才是美好的生命？我们如何评估是什么让生命（或生命的一部分）变得美好而不是糟糕？在这么问的时候，我所说的“美好的生命”，并不是指道德高尚的人生。相反，我是指是什么让生命对这个拥有它的人来说是美好的，是一段称得上“我从中受益了”的人生。我想问的是，从这个意义上来说，美好的人生（对比糟糕的人生）有哪些组成部分或要素？当然，这不是非此即彼的，不是说生命不是好就是坏，没有别的可言。我们有好一些的人生或坏一些的人生，因此我们想要的是一个标准，用来衡量这些微妙的比较。

鉴于此，我们想要的是一种幸福理论，或生命价值理论。不幸的是，同我们这本书中谈论过的许多话题一样，这个话题相当复杂，我们要花上大量的时间讨论。我在这里只是点到为止。

我认为，首先需要说明的是这个问题：如果你要列出人生中所有值得拥有的东西，你似乎不太能总结出一个概括性的组织原则。不妨想一想，什么是值得拥有的？好吧，让我们来看看。工作要有，快乐要有，金钱要有，性事要有，巧克力要有，冰激凌要有，空调要有。哪些东西需要避免？失明需要避免，被抢劫需要避免，腹泻需要避免，痛苦需要避免，失业需要避免，战争需要避免，疾病需要避免。

我们要用什么样的系统或规则才能概括所有这些？我认为，我们已经讨论过其中最关键的区别。我们需要区分那些实用性的美好和本质的美好，即区分出两类事物：第一类是因其导致的结果，或更严格地说，仅仅因为它们导致的结果而被列为美好的事物；第二类是因自身而值得拥有，从而被列为美好的事物。

以工作为例。工作当然是值得拥有的。但为什么工作值得拥有呢？因为，不说别的，工作给你金钱。金钱无疑是值得拥有的。为什么金钱是值得拥有的？因为，不说别的，你可以买冰激凌。好吧，但为什么冰激凌值得拥有呢？因为吃冰激凌给了我快乐的感觉。到目前为止，一切都说得通。

接下来：为什么快乐的感觉值得拥有呢？在这一点上，我们得到了一个与此前不同的答案。我们会这样说：快乐因其自身本质而值得拥有。其他事物的价值在于它们从根本上来说是达到快乐的一种手段，但快乐是因其自身本质而值得拥有。作为一种手段而有价值的东西，我们可以说它们有实用价值（instrumentally valuable）。因为自身的品质而值得拥有的，哲学家称其为拥有内在价值（intrinsically valuable）。

如果我们再看那一长篇开放答案的美好或糟糕事物清单，我们会发现上面很多美好的事物都只有结果上的好处，它们因其导致的结果而美好。当然，相同地，清单上大多糟糕的事物都只有结果上的坏处。例如，为什么疾病是坏的？不算其他的影响，疾病本身就意味着你不能正常地享受生活。因此，它剥夺了你的快乐，还可能会引起疼痛。或者，因为你生病了，就无法继续工作，所以赚不到钱，诸如此类。如果你仔细想想，可能会认为，许多我们最熟悉的美好和糟糕事物之所以是美好的或糟糕的，正是因为它们的结果。

但是，如果我们想在美好人生和幸福本质这个问题上取得进展，那么我们需要关注的不是结果的好与坏，而是本质的好与坏。你必须问自己："什么东西因其自身本质而值得拥有？"

一个自然而然的提议是，快乐因其自身本质而值得拥有，我们已经证实过这一点。同样，痛苦因其自身本质而需要避免，这个提议看起来也很合理。所以，痛苦本质上是坏的，而快乐本质上是好的。

在这里我需要提及的是，一样事物完全可以同时拥有实用价值（或负面价值）和内在价值（或负面价值）。比如，当我工作时，我感到快乐，而我感到快乐让我更能够勤奋工作。因此，这里的快乐既有内在价值，又有实用价值。另一个更有趣的例子是：我在火炉上烧伤自己，感到很痛，因此我会小心翼翼，不让自己再次被烧伤。那么，在这里疼痛是有实用价值的（它防止我伤得越来越严重），尽管它本质上是坏的。像这样的例子表明，某些东西既有内在价值（或负面价值），又有实用价值（或负面价值）；我们没必要声称它只能有其中一者或另一者，而不能两者兼有。

尽管如此，想要搞清楚幸福的本质，关键的是专注于内在价值（或负面价值）。在实用价值上有益或有害的事物，正是因为它们导致了本质上的好处或坏处才具有价值。因此，从哲学的角度来看，真正有趣的问题是，什么东西因其自身本质而值得拥有（或避免）？

当然，我已经表明，在任何一份本质上美好或糟糕的事物的合理清单里，起码有两样东西。我们认为快乐本质是美好的，这看起来相当合理。它可能不是唯一具有固有价值的东西，不是唯一让生活从本质上变得更好的东西，但它确实是其中一个。有一样东西看起来本身就是坏的，它在减少生命的价值，那就是痛苦。我们大多数人都会同意，快乐的本质是美好的，而痛苦的本质是坏的。

此刻，我们要做一个大胆的猜想：我们声称，在本质上美好和糟糕事物的清单里，快乐是唯一的美好东西，而痛苦是唯一的坏东西，这就是整份清单。那么，唯一具有内在价值的东西是快乐，而唯一具有内在坏处的东西是痛苦。这一观点被称为享乐主义（hedonism）。

享乐主义是一种吸引了很多人的观点，也许你也相信这一观点。它给我们提供了一个有关幸福本质的简化理论。幸福就是体验快乐，避免或最小化痛苦体验。这就是享乐主义。稍后，我们将会转向探讨，如果享乐主义不是完整的答案，那么清单上还有什么东西？但就目前而言，让我们假设享乐主义是正确的。注意，如果享乐主义是正确的，那么至少在原则上，我们应该能够做出我之前进行的评估。当时我说，如果今后生命所给你的总体上是不幸的话，那么死亡对你便没有坏处。

我们是怎么做出那些判断的呢？享乐主义者给了我们一个简单而直截了当的回答。在决定生命是否值得拥有时，大概来说，你需要做的是把未来的美好时光加起来，减去所有不幸时日，再看差额是正还是负。把快乐加起来，减去所有痛苦，如果差额是正数，那么你的生命就值得拥有；正数越大，你的生命就越值得拥有。但是，如果差额是负数，你的未来总体来说痛苦将多于快乐。很遗憾，在这种情况下，你死了会更好。毕竟，如果你死了，你既不会感到快乐，也不会感到痛苦。从数学角度上说，我们应该用零来表示死亡：它不是一个正数（因为没有快乐），也不是一个负数（因为没有痛苦），只是零。显然，如果快乐减去痛苦的差额是正数，那肯定比零好，生命还值得一过；但是，如果差额是负数，说明痛苦多于快乐，这就比零要糟，这生命便不值得一过。这就是享乐主义者说的。

当然，我们有不同的方法来完善享乐主义的细节。毕竟，并非所有的快乐或所有的痛苦在计算时都是同等的。踩到脚趾的痛苦显然远不及偏头痛严重，偏头痛的痛苦又远不及被折磨的痛苦。所以，我们可能需要编制出一个复杂的公式，其中将痛苦的强度和持续时间相乘，从而得出痛苦的绝对数值。当然，同样，快乐也有持久和强烈之分。你可以设想其中的一些细节，但我向你保证，其中一些问题会变得相当棘手。就我们的目的而言，确实不需要纠结这些细节，大致衡量一下就已经足够了。我们只需以某个适当的方式衡量快乐和痛苦。我们需要累加快乐和痛苦，然后看看快乐的总数是否大于痛苦的总数。差额的正数值越大，你的生命质量就越好。

有了这样的衡量办法，我们要做的一件事就是评估整个人生。就像你站在天堂门口，回顾你的一生。至少从原则上来讲，你可以累加所有快乐，并累加所有痛苦，再用快乐减去痛苦，然后问自己："我的一生到底有多好？我的生命给了我多少幸福？"然后，或许你想象过另一种生活。如果你选择成为一名医生，而不是选择成为一名律师，你会更幸福还是更不幸？或者，如果你决定成为一位艺术家，或一名学者，或一个流浪汉，或一个农民，你会更幸福还是更不幸？这个数字会更大还是更小？

尽管我一直在说数字，但当然，我们并没有特别的理由认为，我们能得出一个准确的数字。我们当然也不认为，我们中的大多数人都能得出准确的数字。我当然也了解得不够，无法高度精准地判断，如果我成为农夫而非哲学家，到底会有怎样的人生。享乐主义者并没有说，我们可以实现这些计算的高精准度。但至少，从原则上来说，这是我们面临选择时想知道的。我们可以问自己："我的生命会是怎样的？那会是更幸福还是更不幸？"而我们尝试应用的标准，包括了累加的快乐，然后减去累加的痛苦。

享乐主义者也急于指出：我们无法绝对无误地做到，并不意味着我们不能做出有根据的猜测。假设你正决定在哪里上大学。你是应该去耶鲁大学，还是应该去俄亥俄州立大学，还是哈佛大学，还是其他大学呢？你试着展望未来，然后你会问："去哪里更有利于我的发展？哪一种未来会拥有更多的快乐和更少的痛苦？"享乐主义者认为，我们就应该这样思考。

顺便提一句，值得注意的是，当我们为我们的未来做出选择时，从享乐主义者的观点来看，我们不必过分着眼于过去，因为过去的已经过去了，你无法改变过去你所得到的快乐以及所遭受的痛苦。而敞开的是未来。我们不仅能够把生命作为一个整体来评估，就像站在天堂门口回首人生时，还能够评估从现在开始的人生。我们问，向我敞开的各个选择，哪一个能给我更好的未来？用快乐和痛苦来衡量，哪一个使我能更幸福？不管有多美好或多糟糕，我们都会尽力做出这种比较评估。

当然，我们能做的不只是评估我剩下的整个人生，还可以评估未来一年或六个月，或者就今天而言，评估今天晚上。我可以思考我晚上的生活该怎样，我应该待在家里写我的书吗？还是应该去参加派对？我今天晚上去哪里会更快乐？我可能会认为，参加派对比写书更让我快乐。（这本书距离出版商的截稿日期还有一段时间，所以搁下一会儿我不用感到太愧疚。）这也就是说，我们不仅能评估整个人生，还能评估人生的不同时段。

如果我们接受享乐主义的话，这就是我们行事的方式。但是我们还没有问，我们应该接受享乐主义吗？如果得知你们接受了享乐主义，我也不会觉得新奇。这是一个非常受欢迎的观点，它不仅受哲学家的欢迎（这个观点自哲学诞生就存在了），而且也受"街头巷尾"的普通人的欢迎。这是一个极具吸引力的观点：唯一因其自身本质而值得拥有的事物是快乐，且唯一因其自身本质而需要避免的事物是痛苦。尽管这一观点受到追捧，但我倾向于认为它是错的。

这怎么可能呢？当然，我不是认为快乐不好，或者痛苦不坏。享乐主义出错的地方在于，它们认为快乐和痛苦是本质上唯一重要的事物。我倾向于认为，最好的人生不仅仅是享受快乐，避免痛苦。

在我谈及老鼠快感机器时，我已经揭示了一个观点。我说，如果你把我连接到机器上，我肯定会很享受，但尽管如此，我并不想要这样的生活。为什么？因为生命不仅仅是享受快乐和避免痛苦，在我看来是这样的。

当然，一个享乐主义者可以指出，老鼠推动操纵杆得到的快乐并不是唯一的快乐，还有体验艺术、观赏美丽日落、阅读一篇引人入胜的小说或做出惊人发现的快乐。我不了解你，但至少当我想象老鼠快感机器时，那是一种简单、单调的快乐，无法给予我们最高质量的快乐，即人类最渴望的快乐——友谊、讨论、性事和爱的快乐。这些快乐是老鼠快感机器无法给予我们的。

所以，享乐主义仍然是正确的吗？只要我们考虑到正确种类的快乐，快乐就还是唯一重要的事物，这仍然成立吗？不，我认为那还是不对。但为了证明这一点，我们要转到某个比老鼠快感机器更奇妙的例子中。在这里，在哈佛大学教学多年而在几年前去世的哲学家罗伯特·诺齐克提出了相关的思维实验。

诺齐克让我们设想一部体验机器。[①]假设科学家发现一种方法，不仅能刺激到大脑快乐中枢的特定部分，而且将给你完全真实全面的模拟体验。当你连接到那机器上时，在你看来，将和你的内在感觉完全相同，就像你真的身在其中，在做________。现在你可以选择任何一种体验，填在横线中。比如，如果你想要体验在攀登珠穆朗玛峰的感觉，那么你可以获得一模一样的体验。比如，你会感觉到风刮在你脸上。当然，你不会真正感受到风。严格来说，你不能感觉到风，因为根本就没有风让你去感觉，毕竟你没有在攀登珠穆朗玛峰。真实

① 罗伯特·诺齐克，《无政府，国家和乌托邦》（*Anarchy*，*State*，*and Utopia*，基础书籍出版社，1974），第42—45页。

的情形是，你漂浮在实验室里的心理学研究仪器里，大脑连着电极。但是你不知道自己漂浮在仪器里。你连接到这台机器上，并相信自己正在攀登珠穆朗玛峰。你感受到登顶的兴奋，为那些令人惊叹的景色深深折服，被满足感和成就感包围着。想起绳子曾断开，你差点儿死去，你还后怕不已。

这不同于看IMAX电影（或者，换言之，一个普通的虚拟现实机）。当你在看IMAX电影时，虽然很真实，但你一部分意识知道自己只是在电影院里。但在体验机器上，你不知道自己是在实验室里。此时，你的大脑受到同样的刺激，你在机器里获得和真正做那些事时一模一样的体验（内在感受）。

所以，想象一下在体验机器里的人生。设想我们下载了带有所有最好体验的数据文件，你能想到的都在里面。当然，人们可能不同意这一说法，但我们不管三七二十一，先放入你想到的最好体验。如果说，你想创作一部最伟大的美国小说，然后想象自己经历晚上熬夜，纠结于如何构建情节，撕碎稿纸，扔在一边，或者从你的电脑中删除草稿，这就是所有一切你为创作伟大的美国小说而产生的体验。

或者，如果你想找到治愈癌症的方法，那么你就会获得一模一样的体验，就像你在实验室工作一样。当你终于搞清楚有效的蛋白质抑制剂组成成分或得到类似的收获时，你突然取得重大突破。或者，如果你想要欣赏最美丽的日落，游览最奇异的地方，那么你就会获得一模一样的体验，仿佛真的在做那些事。或者，你想要做每一件我说的事，同时组织一个幸福的家庭。当你连接到体验机器时，你就会获得一模一样的体验，仿佛你真的在写一部伟大的美国小说，环游世界，找到治愈癌症的方法并组建一个幸福的家庭。

这就是体验机器上的人生。你什么也没有做，你漂浮在实验室里，但体验是一样的。现在问问自己，你想一辈子都连接到体验机器上吗？问问自己，如果你发现自己一直都是连接在体验机器上度过人生的，你会有何感受？

这里我想说明一下，这个无比精妙的哲学例子近年来被电影《黑客帝国》

给毁了。现在每当我讲这个故事，人们就会说："邪恶的机器正把你的身体当作电池。"或像电影里刻画的，人们可能会担心："当我在体验这些时，如果外星人正在偷偷地啃食我的肝脏，那怎么办？"诸如此类。所以，我希望你不要去想象那些情况。没有邪恶的科学家故意欺骗你，以便进行他的邪恶实验，没有那样的事。同样，当我们进行体验，当你连接到机器上时，不要担心世界变得贫穷或全球正义发生了什么变化。假设每个人都连接到体验机器上，每个人都在获得最好的体验。

记住，我问你的是，你是否愿意连接到体验机器上度过一生？我指的并不是说，尝试一个星期，或一个月，或一年，这会很有趣或有意思。事实上，严格来说，这问题甚至不是在问，体验机器上的人生是否比你现在的人生要好。虽然这么说会让我非常非常难过，但我想你有可能经历不幸的一生，连接上体验机器可能是个好转。但是，这不是我问的问题。

我的问题是，体验机器上的人生给了你生命中值得拥有的一切吗？注意，是一切。它是人类生存的最好形式吗？根据享乐主义者的观点，答案是肯定的。只要你下载了正确的体验文件，体验机器上的人生就是完美的。假设说，你获得了美妙的快乐和梦幻的体验之间的最佳平衡；假设说，机器能够给予我们这一切；那么，根据享乐主义者的观点，人类的幸福仅此而已，不可能有更多别的补充，不可能有任何缺失。

但是，当我考虑自己是否想在体验机器上度过我的人生时，答案是否定的。我发现，对于和我讨论这个例子的大多数人来说，当我问他们是否愿意连接到体验机器上度过自己的一生时，他们的回答也是否定的。如果答案是否定的，那就意味着享乐主义错了。如果体验机器上的人生没有给予我们生命中值得拥有的一切，那么获得最好人生需要的就不只是获得内在感知的满足。体验机器提供了令人满意的快乐，它提供体验，提供心智状态，提供内在感知。但如果体验机器上的人生不是生命中值得拥有的一切，那么获得最好的人生需要的就不只是内在感知的满足。享乐主义是错误的。

当然，许多年来我都一直在讨论这种例子，所以我知道总有一些人认为：是的，只要你让正确的数据文件发挥作用，体验机器上的人生就是完美的。但是绝大多数人都会说："不，那样的人生有所欠缺，这不是理想的人类存在方式，这不是我们所能想象的最好生活。"

但如果你和我一样，认为这里面欠缺某些东西，你必须问问自己，欠缺什么？体验机器到底有什么问题？我想不同的人会以不同的方式回答这个问题。如果有时间，我可以讲一下关于幸福的各种对立理论，它们对这个问题的回答异彩纷呈，即"体验机器欠缺什么"以及"为什么体验机器所欠缺的东西值得拥有"，不同的幸福理论对此有不同的答案。当然，我们不必系统地去研究那些理论，我只是想让讨论朝那种人生中似乎欠缺的东西靠拢。

首先且最明显的是，如果你漂浮在科学家的实验室里度过人生，你实际上没有完成任何事情，你在实际的人生中并没有真正得到你以为自己拥有的东西。你想去爬山，但实际上你并没有爬山；你只是漂浮在那里。你想要写一部伟大的美国小说，但实际上你没有写一部伟大的美国小说；你只是漂浮在那里。你想找到治愈癌症的方法，但实际上你没有找到治疗癌症的方法；你只是漂浮在那里。你想被爱，但实际上你没有被爱；你只是漂浮在那里。（除了科学家外，甚至没人知道你的存在！）你想知道自己在宇宙中的位置，但你连那样的自知都没有，你只是以为你在写小说，找到治愈癌症的方法或攀登珠穆朗玛峰，你完全被那些假象所欺骗了，所以你没有这种自我认识。

如此看来，在体验机器上的人生所欠缺的东西有这些：我们没有任何成就，没有自我认识，没有情感关系。这么看来，我们可以合理地认为，真正的幸福会包含这些有价值的东西，它们超乎随之而来的体验之外和之上。

当然，关于为什么这些东西有价值，不同的幸福理论会有不同的解释。

（比如，这些东西有价值是因为我们想要它们；或者说，我们想要它们是因为我们知道它们有独具的价值。）接下来，还有许多进一步的细节有待研究。

比如说，成就。我们大多数人会认为成就很重要，但不是随便什么成就都很重要。如果有人把自己的目标定为制造出美国东部最大的橡皮筋球，当他实现了这个目标后，从词义上来说，那就是一种成就，但我并不觉得这种成就令人震惊，就像那些有助于实现极有价值的人生的成就一样。所以，我们需要一个方法区分随便什么成就和真正有价值的成就。

同样，并非所有学识都有同等的价值。知道自己在宇宙中的位置或掌握物理学基本定律是一回事，而知道1984年曼谷的平均降雨量则是另一回事。我不确定后一种学识会给你的人生带来多少价值。所以，我们需要一个方法来区分重要的、真正有价值的学识和无足轻重的学识。同样，我们需要一个方法区分像友情、爱情这些有价值的关系和无关紧要的关系。

探究这一切的工作会变得相当复杂，让我们假设我们已经做到了。关键的一点是，要得到最美好的人生，不仅要获得令人满足的内在感知，还需要获得令人满足的外在状态，如成就、学识、关系等。最美好的人生不仅需要体验，即“内在”的美好，还需要“外在”的美好。

在这里我不会发表有关幸福的恰当理论。但请注意，如果我们有这样一个理论，那么至少从原则上来说，不管实际困难是什么，我们仍然可以评价其他竞争者。我们仍然可以谈论把所有的美好、所有的不幸加起来，看平衡点在哪里。只是现在我们有了更广泛、更多元和更广义的美好事物清单，以及更广泛、更多元的糟糕事物清单。我们不仅可以算上内在的美好和糟糕，还可以算上外在的美好和糟糕，即任何清单包括的东西。

所以，我们仍然可以评价可选的人生，或部分的人生。如果我选择成为一个农民，而不是选择成为一名医生，我的生命将会变得更好；或者说我的人生在这十年里本来可以更好，但之后它会变得更糟。类似地，我可以问自己，如果我去度假而不是待在家里，接下来几周对我来说事态会如何。要回答这样的问题，我们要尽我们所能把所有的美好加起来，减去所有的糟糕——不管我们偏好的美好和糟糕清单是什么——然后我们不但可以据理推测、比较、评价总体的人生，还能推测部分的人生。

这等式得出的结果是什么？你可能会认为这是一个实证问题，精确的答案会因人而异。但有些人认为我们可以概括所有人类的情况，生命是值得拥有的。乐观主义者（optimist）认为任何人在任何环境中，等式结果永远是正数，“生命总是值得一过，好死不如赖活着”。这就是乐观主义者认为的：不只对他们自己来说，而且对所有人而言，等式结果总是正数。

与此相反的是，还有悲观主义者（pessimist），他们认为总体的差额，在任何情况下对任何人来说，都是负数。悲观主义者承认，人生当中会有一些美好的事（就像乐观主义者承认，人生当中会有一些糟糕的事），只是他们认为美好总会被超过。“我们死了会更好；事实上，对我们来说，我们一开始就没有出生会更好。”这就是悲观主义者提出的说法。

在乐观主义者和悲观主义者之间，还存在着温和派（moderate）。这些人说：“这要看情况。对一些人来说，这差额是正数，对另一些人来说是负数。对他们整个一生或特定一段时间来说，这都是成立的。”那么，根据温和派的说法，我们需要具体情况具体分析。也许我们大多数人的人生都值得一过；但也许有一些人不是这样。比如，某人处于某种疾病晚期，承受了巨大的痛苦。他们卧床不起，做不了任何事，家人基本上抛弃了他们。即使这个人的人生整体是美好的，但他们的未来依然不容乐观。这是温和派的说法，即人生的好坏因情况而异。

不管我们如何定论，注意这里有一个深层的假定，所有这些观点都有这一共同点。活着有多美好取决于把生命中所谓的内容加起来，即我们把你的快乐和痛苦、成就和失败（等等）加起来，然后得出总数。这就是决定你的人生价值的相关要素：你的生命中发生了什么。应该说，活着本身没有价值。相反，生命本身只是一个容器，我们向里面装入了各种美好或糟糕。而我活着的价值以及好处，取决于生命内容的价值总和。这容器本身仅仅是一个容器，它本身没有价值。

我们可以说，我一直在阐述的前提是关于生命价值的中性容器理论（neutral container theory）。享乐主义是中性容器理论其中一个版本：你有多幸福，你的人生就有多少价值，这就是一个生命内容的函数，即快乐和痛苦的函数。我们已经扩展了可能发生在你人生中的美好和糟糕的清单，但尽管如此，我们还是在一个假设之下：中性容器理论是正确的理论。

但有些人认为，除了思考生命内容的价值，我们也必须记住，生命本身是值得拥有的。我活着这件事的好处，凌驾于我生命里发生的事之上和之外。这些人声称，仅仅是我活着这一事实使我的生命有了附加值。这是有价容器理论（valuable container theory）。

当然，严格来说，根据这种观点推论说“活着本身有价值”也不尽准确。毕竟，一片草叶也是活着的。我认为，就算是有价容器理论的支持者也不会觉得拥有那样的生命是有价值的。“生命”本身也许有价值，但不是随便哪种生命都有价值。相反，我们想要的是像人类一样的生命，作为一个人存在的生命。所以，即使有些人常常说，活着本身就有价值，不妨假设他们真正的意思是指作为一个人而活着。尽管如此，为了简便起见，在讨论这些观点时，我言谈间的假设就像是说一切生命是有价值的。

实际上，我认为还可能有一种更为极端的观点。在我看来，它并不合理，但我认为它值得关注。有些人认为活着本身是有价值的。“是的，即使我的大脑已经遭受了彻底的、不可弥补的损害，我不再能够知晓任何事，不再能够体验任何东西，不再能够与任何人交流，不再能够完成任何事，即使我处于这种永久性的植物人状态，但至少我还活着。”你可能想到有人会有这种观点，但我必须说，我认为这种观点不合情理。因此，我要限制我自己版本的有价容器理论，即作为一个人活着的本身会有价值。但就像我刚才提到的，为了简便起见，我会继续以“你活着本身是有价值的”这种说法来描述这个观点。

那么，思考一下接受有价容器理论将意味着什么。如果生命本身拥有正面的价值，那么要衡量某个人有多幸福，就不能仅仅把他们的生命内容加起来。仅仅把快乐加起来然后减去痛苦，或者把所有成就、学识和有意义的人际关系加起来，再减去失败和无知、欺骗等，这是不够的。可以肯定的是，用这样的方法得到生命内容的差额仍然只是给了你一个相关的部分总和（subtotal），但这部分总和不是整体总和。相反，如果我们接受有价容器理论，考虑到活着本身的价值，我们还必须加上额外的东西。首先，我们得到生命内容的部分总和，然后因为你还活着，我们必须加上一些额外的正数值。

请注意，因为你还活着，我们要加上额外的正数值，那么即使生命内容的部分总和是负数，整体总和依然可以是正数。比如，假设活着本身的价值是+100（只是列举一个数字以方便说明），那么即使你生命内容的部分总和是-10，这并不意味着你活着就不好，因为-10加上额外的+100，因为你活着，最后得到的总和仍然是正数：+90。事实上，考虑接受有价容器理论可能性的主要原因，正在于它提醒我们，在决定是否你死了会更好——权衡下来，死亡是否剥夺了你美好的事物——这一问题时，只关注生命内容是不够的；加上一些生命内容的部分总和之外及之上的正数值，即考虑你还活着这个事实的价值，这点是很重要的。

当然，如果你是中性容器理论的支持者，你就没有必要加上任何额外的数字了，因为生命本身等于零，生命的价值是且仅是生命的内容。但是，如果你接受有价容器理论，就需要加上更多的东西。因此，即使我的生命内容整体非常糟糕，但两相权衡后，活着仍然可能是一件好事。我们必须记得加上额外的数值。

我们要额外加上多大的数值？在这里，我们必须区分不同版本的有价容器理论。我只提两大类型。其中一种保守版本的有价容器理论认为，尽管活着本身是好的，但如果你的生命内容非常糟糕，那么它就有可能超过活着本身的价值，这样整体总和便是负数。也就是说，保守价值容器理论（modest container theory）声称，活着有一定的价值，但原则上它是可以被超越的，不管是轻易被超越，还是非常困难且生命内容必须糟糕透顶才能超越，这取决于你认为活着本身有多少价值。不过，保守价值容器理论的共同点是，尽管活着有正面的价值，但它是可以被超越的。

与此相反，你可以想到某些人会认为，活着本身有着无与伦比的价值，不管生命内容有多么糟糕，整体总和永远是正数。和生命内容相比，活着似乎有着无限的价值。我们可以称之为理想价值容器理论（fantastic container theory），与保守价值的版本形成对比。我认为这种标签显示了我的立场。我认为，理想价值容器理论理想到令人难以置信，我无法让自己相信它。

这并不是说我对有价容器理论缺乏共鸣。不可否认，我也经常被中立的观点所吸引，我发现自己忖度着生命本身没有价值。但在其他时候，我确实赞同活着本身对你是好事。然而，即使在我赞同有价容器理论时，我总是倾向于保守版本的说法，我从未发觉自己赞同过理想版本的说法。

指出了这些区别后，让我们回到我们一直追问自己的主要问题：为什么死亡是坏事？剥夺解释理论说，如果你现在就死了的话，你就被剥夺了你本可以拥有的另一段美好生活，那么死亡便是坏事；但另一方面，如果死亡剥夺的是一个对你来说不幸的将来，那么死亡对你便没有坏处，而有好处。现在可以看出，如果我们要判断所面临的情况是以上两种情况的哪一种——或就事而论，是否两者都有可能——就需要决定，我们是接受中性容器理论，还是保守价值容器理论，还是理想价值容器理论。

如果我们是中性容器理论者，我们会说，关键问题是，下个星期、下一年或下一个十年，我的生命内容会是什么？如果其内容值得拥有的话，即我下一阶段的生命值得拥有的话，那么我现在死去，而不是活到下个星期、下一年或下一个十年，就对我有坏处。另一方面，如果从现在开始计算，其差额是负数，那么我现在死去而没有继续过着不值得拥有的生命，对我就有好处。这就是中立者的观点。

如果我们是保守价值容器理论者，那我们同意必须看看接下来的生命内容，但同时坚持认为，不能忘记加上额外的数值。比如，即使未来五年在生命内容方面，对你来说稍微有些坏处，但仍然可能出现这样的情况，即活着本身的价值大于部分总和的负数，所以你活着依然会更好。当然，在这种情况下，如果死亡现在到来，确实就对你有坏处。另一方面，如果从现在开始，生命内容开始变糟，即使我们加上活着的额外数值，整体总和依然是负数，那么你现在死去会更好。

顺便说一下，请注意，如果我们接受保守的观点，还需要重新审视永生价值的问题。即使你倾向于同意伯纳德·威廉姆斯的观点，即永生对你有坏处，但现在我们意识到，威廉姆斯所说的只是永生的生命内容，如果我们接受保守价值容器理论，这个问题就有待商榷了。可以想到的是，我们同意威廉姆斯的说法，认为生命内容总体上不可避免将是负数，但依然坚持认为，尽管如此，这个数值还是会被你还活着这个事实的数值所超越。那么，或许两相权衡后永生还是一件好事。当然，这个观点正确与否取决于永生的生命内容有多糟糕。如果你接受保守价值容器理论，并且生命内容足够糟糕，那么其得出的结果仍然可以超越生命价值的正数。

相比之下，理想价值容器理论的支持者会说，就算威廉姆斯说对了，永生会成为一场噩梦，这并不重要。即使永生变得可怕、沉闷、乏味透顶或更糟，但不要紧，活着本身的价值会超越它，所以你活着总是更好的。不管生命内容有多可怕，活得长久总是更好的。显然，在持有这种观点的人们看来，永生确实会是一件好事，死亡总是一件坏事。

当然，我已经说过，我认为理想价值容器理论并不合理。因此，我不认为我们可以忽视永生的生命内容最终会变得有多糟这个问题。除此之外，即使我接受保守价值容器理论，我仍然倾向于认为，不管活着本身给我们带来什么正面的价值，它最终也将被永生的生命内容相加得出的负数所超越。也就是说，我还是倾向于认为，总的来说，永生对我们所有人来说最终都会变成坏事。

情况就是这样，我还是想说我们终有一死是一件好事，因为永生最终是可怕的。但是我要提醒你，这个立场不排斥我仍认为死亡可能来得太快的看法，即我们依然有可能在生活变得糟糕之前死去。也许在我们死去时，接下来活个10年或者20年或者500年，仍将对我们有好处。“事实上，死亡来得太快”的想法与“永生是坏事”的想法是相容的。

当然，在这一点上，我们现在需要回顾乐观主义者、悲观主义者和温和派之间的区分。可以肯定的是，如果永生的生命最终会有坏处，那么，我们便必须摒弃极端乐观主义者的观点，即认为每一个未来都必定是美好的。但是，我们仍然可以想象到，一个十足的乐观主义者认为，事实上，在既定的实际生活中，总的来说，多活几年总是一件好事。如果是这样，那么就我们身处其中的实际生活来说，死亡总是来得太快。（诚然，考虑到他们认为死亡总是来得太快，“乐观主义者”这称呼或许不太准确；但他们认为接下来的生命总是美好的，就这点看来，他们是乐观主义者。）相反，悲观主义者会说，死亡对我们所有人来说从不曾来得太早，未来的一段生命总是不值得一过的，虚无比拥有要好。

然而，不管什么样的生命是值得的，我都对温和派更有共鸣。我认为这表明，对于我们许多人，甚至大部分人来说，死亡来得太早。但我认为，不是所有人都是如此。不幸的是，我们中的一些人已经因生活的痛苦而备受摧残、无力承受、饱受磨难（没有恢复的明朗迹象），继续活着对于他们来说已经不是一种赐福。然而，不管这有多常见或多罕见，在这种情况下，死亡实际上没有来得太早。事实上，有时这种活着是可怕的延迟。

| 第十三章 |

死亡的其他特征

根据剥夺解释理论，死亡剥夺了我们本该拥有的美好事物。因此，当它对我们有害时，这是它的主要坏处。当然，我最初提出这个想法时说的是，死亡剥夺了我们生命中的美好事物。但是，现在我发现有些人可能希望略微修正一下这种说法，因为还有另外一种可能性，即生命本身也可以是美好的。不过，抛开这些细节，我们可以将这种理论的基本思想概括为：死亡的主要坏处在于——（当它降临的时候）它剥夺了我那值得一活的生命。

不过，虽然我一直极力在说，剥夺是死亡主要的或者说根本的坏处，但我想我们还是可以说，这不是死亡的唯一坏处。就算我们继续耗在“死亡是如何对会死之人产生不利的”问题上，也不能说剥夺是死亡唯一的坏处。就像我们体验到的一样，除了涉及剥夺之外，死亡还有其他的特性，与剥夺截然分开。那么我们就必须问一个问题，这些进一步的特性会增加死亡的坏处吗？与此相对应的，可以想到，这些特性中的某些可能会起缓和的作用，或者说，以这样或那样的方式消除它的坏处。

我们来看一个例子。“你将会死去”，这当然是一个关于你的不争事实。但是不止于此，你将会死去，而且你必然会死，这件事避无可避。让我们就死亡的必然性（inevitability）做个对比，就拿你在读这本书来说吧。毫无疑问，你现在读着这本书，但这不是必然的。在读书这件事上，你有的选；但是死亡不一样，不管你怎么选择，你都避不开死亡。所以“我们都将死去”不仅仅是一个事实，更是一个必然真理。于是，我们可能会问，死亡的必然性意味着什么？它会使事情变得更糟吗？这里，我想区分两种情况：个人的情况（你必然将会死去）和普遍的情况（我们都必然将会死去）。

让我们先思考一个事实，即你不可避免地将会死去。死亡的不可避免是让事情变得更糟了，还是变得更好了？有趣的是，我认为这个问题两种可能的答案都很有道理。一方面，你可以想到有个人在说：“你看，我将要死去已经够糟了，但是我却对此无能为力，这就更糟了。我在死亡面前无力回天，这就像在伤口上撒盐。我无论如何也无法逃脱死神的追捕，在生死存亡面前我们完全软弱无能，这让事情变得更糟了。”

可是，相反地，也有人会说，死亡的必然性减少了死亡的坏处。想要明白这种立场，只要想一下习语“不要为打翻的牛奶哭泣”背后的观点即可。木已成舟，覆水难收，你不能改变它了。显然，这种观点想要说明的是，一旦你注意到你无法改变某事这个事实，你无力改变的事就不再那么让你沮丧了。如果这个说法成立的话，当我们发现自己对于“我将要死去”这件事无能为力时，也许这个发现带来的刺痛也就消除了一些。

有一个简单易懂的例子可以说明这个观点：请试着为“2+2=4”这个你无力改变的事实感到沮丧。假设你希望2+2=5，在这件事上你会感到愤怒、遗憾和恐慌吗？我想你不会。在如此明显不可改变的事物面前，你无法激发起那些情绪。

哲学家斯宾诺莎认为，生命中发生的每件事都是必然的，只要我们承认这个事实（至少他认为这是一个事实），就能与生命中发生的事拉开某种情感距离，它们将不再使我们沮丧。我们将不再为事物失望，因为对一件事失望的前提是这件事可以有其他不同的结果。斯宾诺莎认为，一旦你意识到某件事不能有其他结果，就无法对这件事感到难过。既然如此，那么如果我们明白了我们的死亡是必然的，并且从内心接受了这一事实，这也许就可以减少死亡的坏处。

没准儿这是对的，但我不确定。也许你读过陀思妥耶夫斯基的短篇小说《地下室手记》（*Notes from Underground*）。地下室里的人对“2×2=4”这件事感到沮丧。或者更确切地说，他对此完全无能为力，正是这个事实让他备感沮丧。他不能改变2×2=4，这种无能为力让他感到愤恨。类似地，当笛卡尔思考上帝之无所不能时，他指出，如果上帝不能改变数学法则，那么他是不够完美的。笛卡尔认为，如果上帝被迫接受那些他不能改变的必然性，那将是上帝软弱的象征。所以笛卡尔声称，上帝本可以使得2+2=5变成真理，只是他选择了不那么做。实际上，陀思妥耶夫斯基采纳了这个想法并使用了它。他对地下室里的人说，事物发生的必然性并没有实际的帮助，它反而让情况变得更糟。就像我说的，这两种观点对我来说都很有道理。在不同的心境下，我会偏向不同的立场。

事实上，不仅我必然将会死去，而且我们都必然将会死去。死亡的普遍性（universality）增加了还是减少了死亡的坏处呢？同样，我在两种答案间摇摆不定。一方面，我想说，我将要死去真是糟糕，但我不是一个不死的怪物。然而，知道其他人也必然死去甚至让我感觉更糟。又或许，根据我们关于永生的讨论，我应该说真正令人伤心的是我们（或者至少我们中的大部分）都死得太早。这增加了死亡的坏处。

另一方面，说句实话，我们都知道“难中喜相伴”这个说法。发现这种不受欢迎的事不仅仅发生在我身上，多少有些令人安慰，不是吗？就好像上天并没有单独把我拎出来受伤害，让我早些死，它几乎对所有人都是这么做的。也许从这个事实当中，我们可以得到一些慰藉。

这里有一个关于死亡的特征值得思考，即死亡的差异性（variability）。毕竟，事情并不是“我们都会死去”这么简单，在我们能够活多久这个问题上，人和人之间存在着很大的差别。我们中的有些人可以活到80岁、90岁、100岁，甚至更高龄。而另一些人在20岁，或者15岁，或者10岁，甚至更年幼的时候就夭折了。

即使死亡是不可避免的，生命也并不一定要以不同的长度出现。毕竟，死亡好像并不一定要涉及差异性。我们可以设想有这样一个世界，在这个世界中每个人都在相同的年龄死去，也许这个统一年龄是100岁。那么，生命长度的差异性是使事情变糟还是变好了呢?

从道德的角度来看，我想，可以直接认为这种差异性让事情变得更糟了。毕竟，我们大多数人都倾向于认为，人们很难从道德上接受不平等。很不幸，尽管这不是他们自己的错，但有些人生来就很穷，而另一些人却生来就富有。如果不平等在道德上是不能接受的，那我们很可能会认为，在能活多久这件事上存在如此严重的不平等，有些人年仅5岁就夭折了，另一些人却可以活到90岁，这是道德上的灾难。然而，为了总体集中讨论关于死亡的坏处，我想把道德问题放在一边，转而思考死亡的差异性对我来说有多好或有多坏。

我们可以从两个基本的角度来看待这个问题：寿命不足平均值的人和寿命超过平均值的人。从不足平均寿命的人的角度来看，这显然是一件坏事。我这么早就要死去已经够糟糕的了，但更糟的是，我连平均寿命都活不到，真是雪上加霜。随后我们可能会猜想，那些寿命超过平均值的人会怎么想呢?假设我们可以找到一个寿命的中位数，即一个精确的生命长度，使50%的人活得比这个值少，另外50%的人活得比这个值多。对于每个寿命比中位数短的人来说，都有一个对应的寿命比中位数长的人存在。那么后者会说：“虽然我这么快就会死去有些遗憾，但至少我已经活得比平均寿命长了，看起来我还算是赚了。”

这个等式的两边也许可以互相抵消，即有一些人因为他们活得比平均寿命短而受损，另一些人因为活得比平均寿命长而获益。说不定就死亡对个人的坏处来说，这是一句废话（that's a wash），可能是这样吧。但是据我所知，还有一个相关的更深层的人类心理现象是：相比于过度补偿（overcompensated），（用我们常说的话就是）我们更在乎被亏待（shortchanged）。我认为，平均水平以下的人们，他们受到的伤害要大于平均水平以上的人们的获益。如果这个说法是正确的——事实看来是这样的，尤其是对死亡这样的事而言——那么差异性就带来了额外的坏处，一些人由于寿命少于平均值而受到的危害，大于那些寿命多于平均值的人获得的好处。

死亡还有另一个重要特征。我们已经考虑过了必然性，探讨过了差异性，那么不可预测性（unpredictability）又是怎样的呢？关于死亡，不仅“你将会死去”是必然的，也不仅一些人活得比另一些人长，还有一个事实是，你不知道你还能再活多少时日。

如果你认为我们在考虑差异性时已经引入了不可预测性的概念，那也可以谅解，但事实并不是那样的。从逻辑上来说，尽管差异性是不可预测性的必要条件，但不是其充分条件。事实上，你可以在存有差异性的情况下，具备全面的预测性。比如，试想一下，假如每一个婴儿出生的时候手腕上天生都有一个胎记，这个胎记准确无误地指出他们将要死去的年、月、日以及时刻。我们完全能够设想这样的一个世界：死亡仍是必然的，每个人的手腕上都标有一个死亡日期；更重要的是，死亡仍可以具有差异性，有些人活了80岁，有些人活了57岁，另一些人仅仅活了20岁。但是，这里就没有了不可预测性。因为胎记的存在，每个人都会准确地知道他们还能够活多久。

当然，我们的世界里没有那样的胎记。在现实世界里，死亡不仅存在差异性，还具有不可预测性。这会使事情变得更好，还是变得更糟？预先得知你什么时候死去会更好吗？

不可预测性有潜在的可能让事情变得更糟，其中一种方式就是：我们不知道自己还有多少时间可活，所以很难做出规划安排。当然，你可以基于统计数据做出一个猜测，你还可以计算平均寿命。假设现在美国的平均寿命是79岁。那就意味着，如果你现在快30岁了，那么平均来说你还有50年的时间可活。但是正如我们前面所说的，平均水平掩盖了许多潜在的差异性。比如，很可能出现这样的情况：你一边忙着计算这些，一边过马路，然后被一辆卡车撞了，你死了。这种情况是有可能发生的，对吧？因为不可预测性的存在，你不能真正确定将会发生什么。因为你不能真正确定将会发生什么，所以你很难做出合理的规划安排。

尤其是，我们很难知道该以什么样的步调走完一生。假如你决定去医学院成为一名医生，那么你不仅要花时间读大学，还要花时间去医学院，更要花时间住院实习，甚至要花时间做实习医生。这需要非常庞大的投入，是一个长期规划。如果你在20岁出头就生病去世，那这个规划就砸了。当然，这个例子相当戏剧化，但从原则上来说，这类事情可能发生在我们任何人身上。你制定了一个人生规划，弄明白了你一生中想实现的成就，然后，“啪”，毫无预兆地，你死了，也就搞砸了你的规划。如果你能知道你只有20年而不是50年可以活，你会为你自己选一个完全不同的人生。所以说，不可预测性让事情变得糟糕。

还有另一种不那么常见的情况。你做了一个人生规划，很好地执行了它，然后每当临近你推测的死期时，可以想见，你都没有死。你继续在世间逗留徘徊，然后你就会觉得自己的人生虎头蛇尾了。你的人生太早到达了巅峰。你以为自己会像演员詹姆斯·迪恩一样，“放纵过活，英年早逝”（burn out fast and die young），但你错了。如果你能知道自己还有70年可活，知道你不会这么年轻就去世（你活到94岁高龄），就会选择一个截然不同的人生。

实际上，通过思考这些问题，我想说明的是，你生命的总体价值可以被一些我们未曾讨论的特征所影响。我们可以这么说：你人生的整体形态（shape）极为重要。稍微换一个说法就是：你人生的“叙事弧线”（the narrative arc）影响了其总体价值。

让我用一些非常简单的图表来解释这个观点，这些图表并不一定切合实际，却可以让你有个基本概念。19世纪美国作家霍雷肖·阿尔杰曾写过一些故事，都是关于出身贫穷的人通过自己的力量（辛勤工作、奉献、努力）成为富人和成功人士的故事。麻雀变凤凰，那真是一个美妙而令人鼓舞的人生。

让我们来为那样的人生画一个图（见图13.1）。Y轴代表幸福，即在既定时刻你的处境有多好，X轴代表时间。在图13.1中的第一个图里，你开始时一无所有，最后生活美满。这是个很棒的人生，就是霍雷肖·阿尔杰型的人生。

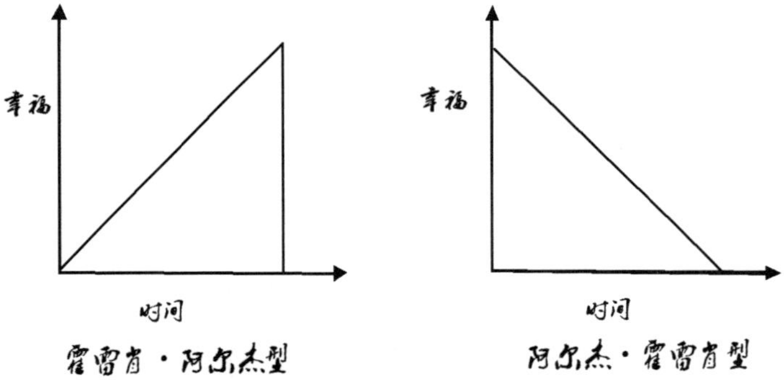

图13.1

现在来看另一个不同的故事。这次与前面相反，一个人从富裕落入贫穷。他一开始什么都有，最后却变得一无所有，凤凰变麻雀。这是阿尔杰·霍雷肖型的人生。当然，这是第一个故事的颠倒版本。在图13.1中，为右侧的图。

我不相信有人真的对人生模式漠不关心，觉得这两种生活中无论选哪种都无关紧要。我想，绝大多数人都会选择第一种人生。[①]但需要注意的是，如果只

① 在*Pleasure and the Good Life*（牛津大学出版社，2004）的第六章中，弗雷德·费尔德曼称，我们应当在这两种生活中保持中立态度。但是，我想费尔德曼也会立刻对第一种生活产生直观反应上的偏好，虽然最后他否认了这种直观反应。

从生命内容的角度来看，至少是从片面的（local）内容来看，很难看出为什么要在意我们过的是哪种人生。这两种人生都经历了等量的苦难和成功。显然，这两个图互为镜像，这就意味着在一个图中有多少美好时光，在另一个图中就会有一段完全相似的美好时光；每一段苦难时期，在另一幅图中都能找到一段相应的苦难时期。概括且直观地说，这两种人生中的生命内容是一样的。（从数学的角度来说，两幅图中斜线和两条轴围成区域的面积是一样的。）就算我们接受有价容器理论，认为活着本身也是有价值的，这也不能成为我们偏爱其中一种人生的理由。因为这两种人生持续了相同的时间，两者都会增加等量的额外价值。

如果我们对这两种人生的看法并不一样，那么这似乎说明除了各种“片面的”幸福（不同时期你有多么幸福或不幸）之外，人生的总体形态也会影响生命的价值，即叙事弧线也很关键。我们都希望“从坏变好”的故事发生在自己身上，而不愿“从好变坏”的故事成为现实。

这就引出了一个很有意思的问题：我们为什么要在意这些？当然，这又会使我们想起卢克莱修之惑：为什么相对于过去的不存在，我们更在意未来的不存在？答案还不是很明显，但事实仍是，和即将来临的坏事相比，已经过去的坏事显得不那么令人困扰。相似地，如果坏事一定要发生的话，似乎我们更愿意坏事早一些而不是晚一些发生。（回想一下德里克·帕菲特关于痛苦手术的故事。对于将痛苦放在过去还是放在未来，我们是有偏好的。）不论关于这个问题的确切解释是什么，一个很简单的事实就是，我们会关心人生的整体形态和轨迹。

既然讨论到这个案例，我们不得不考虑一种可能性：由于死亡不可预测，也许当生命终结时，我们人生的整体形态并不是那么理想。思考一下如图13.2中所示的人生。这里的问题是，这个人过早到达了人生巅峰。我们到达了巅峰，但是随后，在高潮过后我们活得太久了。我想，很多人可能会因为拥有这样的人生而不快。请把你的人生想象成一本小说，你的人生图景就像一个伟大故事中的情节。人生不像我们想的那样，大结局必须出现在小说的最后一页，大结局之后还是可以有一些情节的。但是，如果小说的高潮在第二章就出现了，而这之后还有67章的情节等着你，你可能就会觉得这部小说的结构不合理。

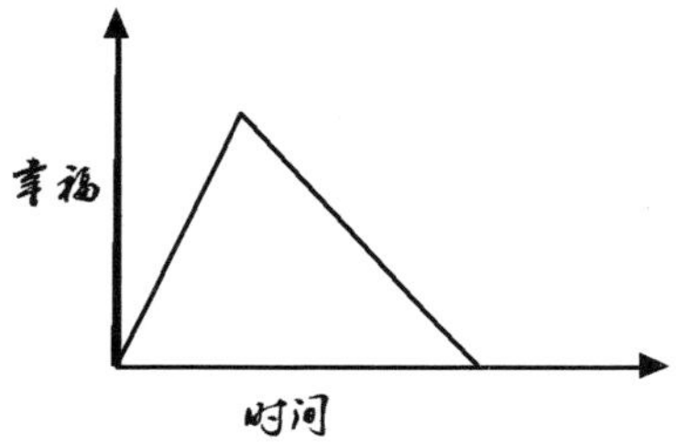

图13.2

由于我们关心人生的整体形态，我们可能会担心从整体上来看自己的人生是否拥有完美的形态。你想在什么时候、在哪个时间点，让你的人生成就达到巅峰呢？这个问题对我们来说当然很重要，但问题是，鉴于有不可预测性，你就不知道该把这个巅峰放在哪里。如果你追求大器晚成，有可能你活不到那个时候；如果你趁早达到巅峰，在那之后，你活着的时间可能就会太长。这一切都表明，死亡的不可预测性增加了死亡的坏处。它让我们难以规划人生，不知道该如何用最好的方式度过一生。从这个角度来看，好像能够知道我们还剩下多少时日会比较好。

但是，我们又不得不问，知道了真的比较好吗？你真的想要确切地知道自己还能活多久吗？假设我们生来就有我刚才提到的那种胎记，你从来都知晓死前还剩多少时间。如果你拥有那样的胎记，那么你一生都将背负着心中有数的包袱：我还有50年可活，我还有49年可活，还有48年可活，还有47年……我想，我们中的很多人会视它为负担，就像有什么东西一直萦绕心头，影响了我们享受生活的能力。

让我们稍微修改一下故事的内容。假设我们有的不是那种可见、可解读的胎记，而是某种基因标记，只有通过特定的检测才能够知道。如果你想要知道，可以把自己的DNA拿去检测，然后就能知道自己究竟还能活多少时间。你会想要去做那个检测吗？当然，这是一个科幻故事，而且我推测它也一直会是个科幻故事。但事实上，随着我们对致病基因的了解越来越多，我们中越来越多的人将面对要不要去检测自己是否携带了这些基因的问题。

假设有一种可怕的遗传缺陷，它会在携带者40岁的时候发作并致死。假设你已经20岁了，而且你已经知道自己有50%的可能性带有这个遗传缺陷（你父母中一人有这种遗传缺陷，并且已经英年早逝），但是你还不确定自己是否有这个遗传缺陷。如果你有这个遗传缺陷，你将会在20年后死去。你会想要去检测吗？你会想要知道真相吗？

这就带来一个密切相关的问题：如果你知道自己还有多少时间可活，你的行为和现在的表现会有所不同吗？知道还能活多久会使你重新调整，并将注意力放到那些对你来说最重要的事上吗？思考这些问题可以有效地辨别在生命中你最看重什么。问问你自己，如果你只有一年可活了，你会选择做什么呢？如果还有五年可活，还有十年可活呢？

《周六夜现场》曾经有一个老段子，讲的是有位演员在一名医生的办公室里，而医生告诉了他一个非常糟糕的消息，他的生命只剩下两分钟了。这个男人说："我要把一生可以享受的都在这两分钟里享受完。"可以想见，这个滑稽短剧的笑点在于，他按了向下的电梯按钮，在他等电梯的时候，一分半钟过去了。

如果你知道自己还有一年或者两年可以活，你会用那段时间来做什么呢？你会去学校吗？你会去旅行吗？你会花更多的时间跟朋友在一起吗？就在耶鲁大学死亡课的课堂上，我抛出这个问题，并碰到一个非常感人的真实例子。几年前，在那个班上，有一个学生快要死了，他也知道自己时日不多。在大学一年级的时候，他被确诊患有癌症。他的医生告诉他几乎没有康复的可能，事实上他只能活几年时间。知道这个事之后，他必须问自己："在剩下来的几年中，我该做什么呢？"

他决定完成耶鲁的学业，拿到学位。他给自己设定的目标是在死去之前从学校毕业。然后，他就在大学四年级的第二个学期选修了我的死亡课程。（得知有一个像他那样处境的人决定修这门死亡课，我感到很羞愧，而我每次起床去上课，周复一周地大谈没有灵魂，没有来生，我们都将死去是一件好事……）他就在那里，一直到放春假，都来上我的课。放春假的时候，他的病已经非常严重了，医生告诉他不能再去学校了，他必须回家。事实上，医生告诉他可以回家等死了。他回家之后，病情急剧恶化。

在那个学期给他上过课的多位老师都要面对学校行政部门提出的一个问题：到目前为止，基于那个学期里他所完成的课程，我们打算给他整个学期打一个什么样的分数呢？当然，他能否毕业取决于他通过或没通过哪些课程。结果是，他做得非常好。非常值得赞扬的是，耶鲁派了一位行政人员到他的病榻前，在他临终前授予了他学位。

这是一个不同寻常的感人故事。我不知道我们中有多少人会认定，当只剩下几年生命的时候，我们最想做的事是在大学里度过这些时光。不过，你想去做的事会是什么呢？你会选择什么呢？回到我们最初的问题，知道你还有多少生命，会让你接纳新的选择，从而以最有意义的方式过完一生吗？还是说，它会变成一种负担呢？当想到通常情况下我们不知道自己还剩下多少时间时，我们必须面对这类问题。它会增加死亡的坏处，还是会减少一些呢？

除了必然性、差异性和不可预测性之外，死亡还有另一种特性。关于死亡的这个真相，我喜欢称它为无所不在（ubiquitous）。我不仅仅是指我们周围的所有人都正在死去，更多的是指我们自己可能在任何时候死去。你永远都无法摆脱你现在就会死的可能性。即使我们已经知道了死亡具有不可预测性，但也未必意识到死亡会以这种方式无处不在。我想说的是：即使在你认为自己绝对安全的时候，你也有可能会死于中风，或者死于心脏病突发。即使是一个年轻力壮的人，也可能会死于动脉瘤。

或者，用一个我最喜欢的例子来说明。你可能正坐在客厅里，突然一架飞机撞进了你的房子，把你杀死了。我们偶尔会在报纸上读到这样的报道：你以为自己很安全，正在看电视重播；下一分钟，你已经死了。这就超出了不可预测性的范畴。你不知道你何时会死这个事实，还不足以推出你可能在任何时刻死去这个结论。但事实上，这对我们所有人都成立。

还有另外一个例子，也深得我心。某一次我在高速公路上开车，有一辆车连看都没看就变换车道，开到我所在的车道上来，直接撞上了我的车，导致我的车方向失控，转着圈穿过三个车道。整个过程只持续了很短的时间，但是我记得自己当时头脑极为清醒地想着："我要死了。"幸运的是，我没死。我离开了事故现场，我的车损也微乎其微。但是，事情也可能会像我想的那样。

死亡——死亡的可能性——是无所不在的，它普遍存在。所以我们需要问问自己，这让事情变得更糟了吗？在我看来，这给人的感觉当然是死亡的又一个坏处。如果能够喘口气不去想死亡的事，当然是很好的。如果你愿意的话，不妨想象一下，有这么一些地方，比如一些度假胜地，只要你在那里，你就不会死。能够去这样一个地方待那么一小会儿，自思自忖道，"现在我不用去担心它了，这个念头甚至都不会闪过我的大脑"，这样不是很好吗？

当然，如果有这样的死亡免疫（death-free）地区，一定会人满为患。所以，也许我们应该换一个例子。想象一下，存在死亡免疫时间段，而不是死亡免疫地区。假设不管出于什么原因，没有人会在中午12点到下午1点死去，这段时间里你就可以把死亡抛到脑后去。那样会不会很美好？诚然，在1点整的时候，你将重拾那个思想包袱。但是，如果每天能有这么一段时间，死亡不过是一种遥远的可能，那不是很美好吗？或者，假设存在一些特定的死亡免疫活动。也许读哲学就是一种，只要你在读哲学，你就不会死；或者是祈祷，只要你在祈祷，你就不会死。那样不是很美好吗？

或者，不妨把整个事情反过来看。假设大多数时间和大多数活动都是死亡免疫的，但一些特定的活动有导致死亡的可能性。所以，除非你从事这些活动，否则你就不会死。你可以永远活着，但不会被迫活到永远，从这个意义来说，你有可能永生。有一些活动，比如对着你的头开枪，可以结束你的生命。所以，即使永生是一件坏事，你还是有办法终结它。不过，除了这些保证致死的活动之外，设想一下还有其他的活动，这些活动仅仅具有导致死亡的风险（也就是说，它们具有的风险水平和它们在现实世界中的风险水平是一样的）：当你做这些事情的时候，就失去了免于死亡的保证。问问你自己，哪些活动是即使知道它们存在致死的风险，但你仍然愿意去从事的。

有什么事情重要到你愿意冒着生命危险去做的呢？你也许喜欢艺术，你准备去欣赏一幅杰作，得知在这个过程中自己可能会死，但是不去的话就没事，那么艺术有没有重要到你在知晓这件事的情况下，还是决定去呢？性爱有没有美妙到你愿意在做爱的时候冒着死亡的风险呢？问问自己，有没有什么活动是如此重要，即使你知道从事这些活动有所谓的招致死亡的风险，不去做就没风险，但你还是愿意去做。那么，从中就可以发现，什么是我们认为最有价值的。

我以这种方式提问，就在假定有些事情是你会不顾死亡风险去做的。我想，这里还有一个进一步的问题：有没有这样一些事，人们认为它值得去做，恰恰是因为它们包含了致死的概率呢？诚然，这个新的观点听起来相当怪诞。至少，抛开“我们已经活了10万年，对生活所能给予的一切已经感到厌倦”这个可能性的话，这个新观点听起来很是离奇。令人难以置信的是，当生活还能够给予我们更多的时候，我们却可能正因为某样活动有可能致死而去那么做。然而，在我看来，的确存在这样的活动——即使不是很多，至少还是有一些——人们正是因为它们有死亡的概率才参与其中。

让我来举一个例子，你们肯定会吃惊。你们知道有些人会从飞机上跳下去吗？诚然，当他们跳出去的时候，带有那么一小块布，这块布给了他们相当大的存活机会。但这些保险措施有时也会失效，你时不时地会在报纸上读到，有些人的降落伞没有打开，然后他们死了。我问自己，这是为什么呢？是什么驱使这些人就这么跳下飞机，让自己和死亡之间只隔着几块布呢？我觉得最合理的解释是：正是很有可能致死这个事实，解释了人们为什么会这么做。

当然，如果你和这些跳伞者讨论这个问题，他们会说："哦，不是，不是。这是因为景色实在太优美了。"或者一些类似的话。但是，我认为这种说法很难让人信服，因为你只用登上飞机俯视，就可以在飞机里安全地看到那些美景。在我看来，这么做之所以令人兴奋，部分原因必然是这增大了死亡的风险。死亡这种可能性是驱使某些人跳下飞机的部分动力。

但是，如果这是真的，那么也许我之前关于"拥有死亡免疫时间段或死亡免疫地区或死亡免疫活动真好"的说法就错了。也许当我说"死亡无处不在，它普遍存在，这令人难以忍受"的时候，也就错了。如果死亡的概率能够带来某种兴奋，那么死亡的无所不在也许是一件好事，而不是坏事。

然而，我倾向于认为这种说法是不对的，即使对那些确实被风险吸引去跳伞的人来说，也无法成立。我是这么想的，对于这些人来说，死亡的无所不在更像是一种背景里持续的不被注意的"嗡嗡"声。对他们来说，有一些死亡风险还不足够，必须是比平常大得多的死亡风险才行。跳下飞机之所以这么吸引人，就是因为它让死亡的风险达到峰值。如果这种说法是正确的，那么即使对那些寻求死亡刺激的人来说，死亡无所不在也不是一件特别好的事情，而这恰恰是因为死亡普遍存在。死亡风险的无处不在使它本身没入背景之中。

我还想审视一下死亡的另一个特征，即生而后有死（death follows life）。可以说，这是关于人类境况的基本事实。它不仅是指我们活着，或在某一个时间点不复存在，而且是指我们活着并随后死亡，对人类来说，这是事实。我想问的是，我们该如何看待这一现实呢？毕竟，这是一种形而上学的组合，是一种生与死的特定结合。我们需要探寻的不只是生命的整体价值或死亡的整体价值，还有生死作为一个组合的整体价值。

一种合乎常理的想法是，当我们想要弄清楚一种组合物的价值时，只需要简单地弄清它各个组成部分的价值，然后把这些价值相加即可。相应地，如果想要明白人类境况，即生而后有死的整体价值，我们首先需要算出生命的价值，然后算出死亡的坏处，接着把两者相加即可。换句话说，我们只需要找到这两个组成部分的价值，然后看它们的总和即可。

当然，就算给定这样的策略，人们还是会对价值的总和意见不一。乐观主义者大概会认为总和是正数。“是的，”他们会说，“死亡是不好，但生命是美好的，美好到可以抵消‘我们将会死去’这个事实所带来的坏处。两相权衡后，能够来到这世上还是一件好事。”而悲观主义者大概会坚持说总和是负数。“两相抵消后，”他们会争辩，“死亡的坏处大于生命的美好（如果生命中有任何美好的话）！”温和派可能会认为，答案取决于每个人的具体情况。

但我认为，仅仅计算价值的总和并不够。从整体上评估人类境况，需要做的不只是将生命的美好与死亡的坏处相加。事实上，情况要复杂得多，因为一个组合的整体价值常常不等同于孤立地考虑每个组成部分，再将不同部分的价值相加得到的总和。这种简单的通过“做加法”来得到总体价值的方式并不总是正确的。

有一个例子可以说明这个观点。我最喜欢的两样食物是比萨和巧克力。我曾跟你们提过我对巧克力的喜爱，但是好像没有说过我也爱吃比萨，现在我有两样喜欢的食物了。比萨——美味！巧克力——美味！现在把这两样美味的食物放在一起，做成一个涂满巧克力的比萨——恶心！对我来说这个东西听起来就很恶心，完全没有食欲。[①]我希望你们像我一样，觉得这个主意令人作呕。如果将两者分开，单独考虑比萨的价值和巧克力的价值，你可能不会留意到这种恶心感。所以，巧克力、比萨的价值，不是仅仅将巧克力的价值和比萨的价值相加就可以得到的。你需要考虑到所谓的“交互作用”（interaction effects）。

所以，我们不禁要问，在考虑人类境况，即生而后有死这个事实时，有没有哪些交互作用是我们需要考虑的？想来有两种主要的可能性。如果真的有交互作用的话，那么它们可能是负面的，从而降低了整个组合的价值；或者相反，它们也可能是正面的。

我先简单介绍一个可能是正面交互作用的例子。考虑到你将会死去这个事实，不言自明，这意味着你的生命将是有限的。生命是一种稀缺资源，它很宝贵。我们可能被这样的观点吸引，因为生命很珍贵，所以它的价值得到了提升。毕竟，如果一样东西脆弱易损或稀有少见，它的价值就会更大，这是一种很普遍的想法。说不定正是生命珍贵而易逝这个事实，实际上增加了它的价值。

科幻作家奥森·斯科特·卡德写过一个短篇故事，大意是说：在宇宙所有形式的生命中，只有地球上的我们终有一死。[②]正是这个原因，我们成了宇宙中所有其他生命羡慕的对象。这并不是说永生不吸引人，或者很无聊。永生固然美好，但是宇宙中的其他生命体还是忌妒我们有限的寿命。因为我们拥有而

---

① 事实上，有人告诉我在一些国家，巧克力、比萨被视作一种美味。但据我所知，这种食物不含芝士、番茄酱以及我能想到的标准配料。

② 奥森·斯科特·卡德，*Maps in a Mirror*（托尔出版公司，1990）一书中的《必死之神》（“Mortal Gods”），第440—445页。

他们无法拥有的，是对每个人来说都弥足珍贵的事物，我们只能短暂拥有它，唯有倍加珍视。我不知道自己是否同意这种观点，但我看到了这种观点的吸引力。如果这种说法是对的，那么我们命定的死亡和我们的生命发生了交互作用，就使得生命更显脆弱、更为短暂，于是变得更有价值。

不管是否有人认同第一种正面交互作用的观点，负面的交互作用仍有可能存在着。以下有两种关于负面交互作用的想法，我常认为它们比较有说服力。第一种想法，我命名为“尝一口，就一口”（A Taste is Just a Taste）。这个想法是从生活中观察而来的。我们存活在世上一段时间，感受到了生活可以提供的所有美好事物，然后就在片刻过后，所有这一切便都从我们手中被夺走了。从某种程度上来说，我们浅尝辄止，这就像雪上加霜。好比说，有人在一个饿汉面前摆了一顿美味的大餐，允许他看有多好看，允许他闻有多香，可能还会给他一小勺尝尝，就为了让他知道这顿大餐有多色香味俱全。然后，所有的东西就被拿走了。

如果有人说，宁可不吃，也不要这样尝了一口之后却不被允许吃下整份大餐，这是可以理解的。然而，如果你只专注于品尝的本质的话，也许完全不会注意到这个负面特征。毕竟，品尝一口美味大餐的体验还是正面的。类似地，如果你只注意不能吃到大餐的本质，可能也不会留心到这个负面特征。毕竟，不吃一顿美食只是缺失了一种特定经历，而剥夺是一种相对的坏事，它并不包含任何坏事，它本身也不是一件坏事。在给你品尝一口却又不让你吃完整顿大餐这件事中，如果你想要厘清到底什么是最令人难以忍受的，就需要把两件事结合起来考虑，这就是一种交互作用。同样，我们可能会想，人类境况的坏处之一就是，在生命被夺走之前我们已品尝到了它的甜头，但也仅仅是一些甜头而已，无法吃到更多。这是一种可能的负面交互作用。

我提到的第二种可能的负面交互作用叫作“从高贵到卑微”（How the Noble Have Fallen）。关于你我，有一个无比神奇的事实，那就是我们是人类。

据我们所知，在宇宙中人类是非常罕见和独特的。当然，我们无法自信满满地说出在地球之外有什么形式的生命体存在，但是至少在地球上，我们可能是唯一的人类。（谁知道呢，也许从哲学意义上来说，海豚或者其他类人猿也是人类。不过，无论如何，人类俱乐部的会员都是经过精挑细选的。）当然，按照物理主义的观点，人就是某种机器。不过我已经解释了，我们可不是任何随随便便的机器，我们是很神奇的机器。我们能够相爱；我们能够写诗；我们可以思考宇宙最远可抵达之处，并思考我们在宇宙中所处的位置。人类真的很不可思议。尽管如此，我们最终都会变成尸体，直至腐烂。对很多人来说，这是一个令人恐惧的想法：如此神奇的人类，如此高贵而珍贵的存在，最后居然变得像一块腐烂的肉一样低微，一样无足轻重。

每每产生这种想法，我的脑海中就会出现一幅影像：一位被废黜的国王在纽约以在餐厅当服务员为生。你可能认为，以服务员为生计并不是这个世界上最悲惨的事情，这么想也是合情合理的。但同时，这个故事有一处额外的转折，雪上加霜的是，这位服务员会一直记得他曾经是一位统治者，他曾多么不凡。需要注意的是，如果你只考虑统治者的生活，把它作为整体的一部分独立讨论的话，它看起来相当不错。即使是当一辈子服务员，如果单独来看的话，也不太坏。所以，如果你想知道这种命运究竟有什么问题，想了解潜在的额外的负面特征是什么，就必须认清一个事实，那就是现在要评估的是一整个组合。毕竟，从国王变成服务员，这肯定让人备感屈辱。而那种命运或者更糟的命运，在等着我们所有人。这是关于人类境况的一个事实：我们这种了不起的生物不会一直了不起，我们会变成一块块腐烂的、腐败的肉。

所以，当评估人类境况时，至少有三种潜在的交互作用值得我们思考。一方面，“就尝一口”的人生可能是一种特殊形式的折磨，由人沦为一具尸体也让人恐惧，这些可能会产生负面作用。另一方面，同时也可能由生命的十足珍贵带来正面作用。在不同的心境下，我倾向于接受不同的观点，有时三种都赞同。除此之外，如果这三种交互作用真的存在的话，我不清楚哪一种的影响会更大。

对于这个问题，人们可能持有不同的意见。乐观主义者会说即使引入负面的交互作用，人类境况的总体本质还是正面的。所以，尽管我们有生必有死，能够在世上活过还是一件美好的事。相反，悲观主义者会说生命的负面实在是太多了，尤其是引入负面交互作用之后；与其这样，还不如从未出生过。实际上，悲观主义者认为“我们将会死去”这个事实渗透并荼毒了生命的本质，或者说荼毒了“生而后有死”这个组合的本质。两相权衡，他们坚持认为，生命整体上是消极的。最好什么都不要，生也好，死也罢，宁可从未出生，也不要有像这样生而后有死的组合。（那么，对于第十章出现过的拉里，也就是那个可能存在却从未出生的人，我们说不定应该感到忌妒而不是遗憾。）

就个人而言，我足够乐观，认为生命可以相当精彩。尽管从严格意义上来讲，我并不是一位乐观主义者，而是一位温和派。我们不应该给人类境况设置一个单一的总体价值，否则我们就可以貌似有理地评价说，每个人的出生都是幸运的，或者最好所有人都从未出生过。遗憾的是，这得取决于既定个人的人生是怎样的。不过，在我看来，多数人还是获得了非常值得活下去的人生。即使在某些情况下，我倾向于认为我们不要忘了考虑一种或另一种负面交互作用。但我还是觉得，对多数人来说，或者对绝大多数人来说，我们的处境权衡下来还是好的。我认为，尽管有生必定有死，但对于那些有幸品尝到生活之美好的人来说，能够出生还是比从未出生要更好。

虽然如此，我还是要强调一下，即使我们接受悲观主义者的观点，认为从未出生会更好，也不能得出结论说，对这个认识的合理反应是自杀。我们还需要进一步论证。

当然，从另一方面来说，这样的想法是很容易产生的。也就是说，如果我们认为从未出生会更好，不费周折就可以推出应对这种境况的合理反应是自杀。但事实上，至少从逻辑上来讲，根本不能推出这样的结论。如果你再想想，就会发现自杀并不能改变人类境况“生而后有死”的基本本质。并不是说如果你杀了自己，你就没来过这个世界了。举个例子，如果品尝一小口美味是可怕的事，那你杀了自己并不能改变这一事实，你所得到的还是品尝到的那一小口。事实上，如果你选择了自杀，仅仅是将那一小口变成了更小的一小口。类似地，如果说由人沦为一具尸体是堕落的话，那自杀也不能改变这个基本事实，它只不过是让这份屈辱来得更快一些罢了。

所以，即使我们接受悲观主义者的观点，认为我们从未出生会更好，我们还是要说（套用一个老笑话），请从一千个人里找出这样一个幸运儿！我们都已经在这世上了，由这个事实，如果我们同意这是事实的话，即从未出生更好，不能简单地得出自杀是合理反应的结论。

当然，这些都不能表明，自杀不是应对某人所处情形的一个合理反应。这是我们将在倒数第二章里讨论的话题。我们先缓一缓，到时再讨论它。首先，我认为，我们需要提出一个更为广泛的问题：基于之前所列出的关于死亡的种种事实，一个人究竟该如何活着？事实上，我们还需要问：死亡到底该不该影响我们的生活方式呢？

|第十四章|

面对死亡而活

无视这些事实

我们很自然就会认为，我们都将死去的事实会显著地影响我们的生活方式，但真实情况也许并非如此。那么，我们首先要问的或许是：我们真的应该思考所有这些问题吗?

当然，亲爱的读者，对你来说，现在问这个已经太晚了。这本书你都读到这里了，再问花费如此多的时间思考死亡是不是一个好主意，已经太迟了。饶是如此，至少我们作为理论家，对“应对死亡的正确方式，可能就是完全不去考虑它”这种理论上的可能性，仍可以保持兴趣。

从原则上来说，应对任何一个事实，我们都可以有三种不同的可能反应：你可以否认它们；你可以回应它们；或者，你可以无视他们。我想要进一步深入讨论的就是最后一种反应。

在前面的章节中，我已经就死亡的本质给出了许多的观点。当然，我特别提到了，我们只是物理对象，当这种对象以一定的方式垮掉时，我们就不复存在了。很显然，对我所说的这一切有一种可能反应，就是完全不同意我说的事实。搞不好你认为灵魂是存在的，或者你认为尽管我们只是一些肉体，但这些肉体在死后某一天可能会被复活，所以死亡也不是终结。如果你在这些观点上确实不同意我，我自然会认为你弄错了。我会以为你在否认事实，把它们弄错了。但是，就死亡本质而言，关于为什么别人该持有我认为他们该持有的观点这一点，毫无疑问，我已经没有什么可多说的了。所以，就让我们把这第一种反应放到一边不谈吧。

等一下我会稍微谈及另一种不同的可能反应，即承认事实的存在，然后采取相应的行动去生活，也就是以恰当地活着来回应这些事实。当然，我们还没有问过自己，认识到并愿意考虑死亡的真相后，又该如何生活。这是稍后要涉及的问题。但是，还有一种中间的可能性也值得考虑：有些人可能既不会错误地否认事实，也不会接受它们并对生活做出相应的行动，他们仅仅是决定不去想它们。说不定应对死亡本质的最好回应就是把它抛诸脑后，压根儿不去想它。

有人也许会抱怨说，这不可能是一种恰当的回应。这种抱怨是可以理解的。无视关于任何研究对象的事实，并把它们抛诸脑后，这怎么可能会是恰当的呢？但是，上面这种看起来高贵的、高尚的立场必定是错的。不去思虑我们在某一时刻得知的各种事实，这种做法并没有什么不可接受的，也没有什么不恰当的，或者说错误的。

我很喜欢举的一个例子是，小时候我被逼着去学一些很傻的知识，比如说各州的首府分别是哪些城市。在人生旅途中，我已经走了很远，据我所知，我从来就不需要回忆起那50个州的首府。所以，我就不用去想它。事实上，我一年就想起这些首府一次，还是因为要用这个例子来说明“不用去想”这个观点。然后我扪心自问，这些州的首府我还记得多少？答案是，真的记不起那么多了。我曾经一度知道所有的首府，但事实是，不去思虑它们也是可以接受的。

那么，假设我们都同意生与死的事实跟我描述的完全一样，在我们进一步讨论之前，实际上我们并不确定，对待这些事实是否不应该只是注意到，记下来，然后忘记它们，就如同对待那些州的首府一样。

这看起来像是一个奇怪的提议，事实上，它看起来像是搞错了。但是，为什么呢？关于生死的事实有什么特别的吗？为什么我们把有关生与死的事实搁到一边，不管不顾，这样的想法就像是错误的呢？大概是因为，无论死亡的事实指的是什么，我们都倾向于认为这些事实会影响我们如何生活。我们都将会死去、我们不会永远活着这个事实，塑造了或至少部分塑造了恰当的生活方式。如果这种说法是正确的，那么简单地无视这些事实好像就显得有些不理性、不恰当了。

当然，决定无视这些事实也有可能是可以理解的。想象一下，有人这么说："一想到死亡的本质，想到在地球上我只能生活50年、80年或者90年，那真是太沉重了。那对我来说是毁灭性的，我可能无法继续生活了。"人们常常发出如此的感慨，他们会争辩说，正是由于这个，所以正确的做法是不要去想死亡。回想一下托尔斯泰的《伊万·伊里奇之死》，这个故事中的人们似乎把终有一死这个事实抛到了脑后。为什么呢？也许因为他们觉得这个事实太具有毁灭性、太沉重了。所以，他们的应对方式就是简单地无视这些事实，试着不去考虑死亡。

但是，这种反应中似乎总有些不对劲的地方，那正是托尔斯泰想要我们明白的意思。不管应对死亡的恰当反应可能是怎样的，如果不去面对我们必然死亡的事实并采取相应行动去生活，总有些不太对头，或者说总有些不真实。无视这些特别的事实有点儿怪异和不妥。与有关各州首府的事实不同，关于死亡的真相是重要的。

这里有两个故事，可以让我们感受到无视重要事实的那种怪异。这两个故事都不涉及死亡本身。首先，假设你要和佩吉·苏（Peggy Sue）出去火热约会［这取决于你的性偏好，你可能更希望我讲一个有关比利·鲍勃（Billy Bob）的故事］。想象一下你的室友拿着一个信封说："这封信上写了一些关于佩吉·苏的事。我不会亲口告诉你写的是什么，它们就在信封里。但我会把这封信给你，你可以打开来看。不过我要告诉你，如果你打开看了，你考虑一下这些事，如果你知道了信里写的内容，你就不会想要和佩吉·苏约会了，肯定是这样的。”

然后，想象一下你相信了你的室友。你不知道信里写的是什么，但不管写的是什么，你确实相信它是真的。你并不认为是你的室友编造了一切，它们都是谎言或诽谤。你确信里面写的事都是真的。更重要的是，你知道如果看了信里的内容，你就会改变主意，再也不想和佩吉·苏约会了。假设事情就是这样的，你却对室友说：“不要让我看这封信。”这就显得很奇怪了，这么做看起来很不合理。如果有一些事实会让你改变关于如何行事的想法，而且你知道这些事实会改变你的想法，那么无视这些事实怎么可能是理性的呢？

这里还有一个故事。你正打算喝奶昔，但你的室友突然冲进来说：“我这里有份实验报告。我对这个奶昔有点儿不放心，就取了样本，送到实验室化验，现在实验结果出来了。”你正要喝掉奶昔，那是一个大热天，而且你本身很爱喝奶昔，但是你的室友说：“这个信封里有关于这个奶昔的报告，我保证，一旦你知道这些实情，就再也不会喝奶昔了，肯定是这样的。”然后你说：“哦，谢天谢地，别打开那个信封！”于是，你无视那些事实，喝了奶昔。这看起来也不合理。

要是我们正视终有一死的事实，就会选择一种和现在相当不同的生活。假设这个说法是真的，那我们无视这些事实怎么会是合理的呢？这样做看起来既欠妥当，也不理性。

这一切也许都说明，选择无视死亡的事实并不真的那么明智。我们也许只能要么选择否认关于死亡本质的主张，要么问自己，假设那些主张是正确的，那么根据这些主张，我们该如何生活。也许，无视这些事实根本就不是一个在理性上可以接受的选项。

但我想，这么下结论也许有些为时过早了，因为实际上，事实可以通过两种不同的方式来影响我们的行为。尽管我认为这两种方式间的区别很重要，但是如果我们不够谨慎的话，就会忽略这两者间的区别。这两种方式如下所述：第一种可能性是，有某些特定的事实，仅仅知道这些事实本身就会导致你改变自己的行为，而不需要给你改变行为的理由；第二种可能性是，这些事实通过给你一个改变行为的理由，从而让你的行为发生改变。

先讲第一种可能性。我认为，在假定“无视关于死亡的事实完全没有道理”的时候，我们可能会忽略这种可能性，所以我将举一个例子来说明。假设你正在亲吻佩吉·苏，然后你的室友突然出现了，说：“我这个信封里有一些事实，如果你考虑一下这些内容，就再也不会想吻她了。”现在让我来告诉你，你室友的信封里装着什么。信里讲的是佩吉·苏的消化系统。她已经吃了晚饭，当你们坐在那里亲热的时候，食物正沿着佩吉·苏的消化道下行，然后变成了粪便。最终，它们将被排泄出来。如果你开始在脑海里描绘佩吉·苏消化道里的排泄物，并想象她最终把这些排泄物从屁股上擦掉的场景，你可能就很难跟她继续亲热下去了。

这只是一些事实，不是吗？我并没有编造任何东西。但我可以想象，就算只是这样粗略的描述，已经让你觉得很恶心了。所以，我们当然可以相信，只要你看了你室友的信封里装着的那些详尽且引人联想的描述，并且想象到那里面描述的事实，的确会失去亲吻佩吉·苏的欲望。

这些关于消化系统的事实会让亲吻一个人变得不合理吗？当然不会！尽管如此，想起这些事实还是会让人很难继续享受亲吻一个人的过程。所以，关于消化道有一些特定的事实，一旦想到它们你就不会再做一些事情，比如亲吻佩吉·苏，但这不是因为你找到了充分的不亲吻她的理由。想到人类的消化过程，可能导致你改变自己的行为，而不需要提供任何改变你行为的理由。

所以，当你的室友跑进来，拿着信封说：“在这个信封里有一些事实，如果你看了并且想到它们，你就会停止亲吻佩吉·苏。”这时，你该向室友提出的问题是："这些事实是仅仅导致我改变正在做的事，还是会给我充分的理由去改变正在做的事呢？"如果这些事实是关于佩吉·苏是如何大嘴巴的，搞不好她会告诉朋友谁是接吻高手，谁的技巧很烂，那么，这也许就给了你一个不继续和她接吻的理由。不过，如果我们只知道那些事实会改变你的行为，这并不能告诉我们这些事实是否提供了改变行为的理由。如果它们仅仅导致你去改变，而不是给你理由去改变，那么无视它们也许完全没有关系。如果你的室友跑进来，想告诉你关于人类消化系统的事实，你可以合理地说："现在不行。"无视事实有时候是一种明智的行为。

那么，关于死亡的事实呢？无视这些事实是妥当的吗？持有大胆观点的人们可能会给出肯定的回答。也许当我想到死亡的事实的时候，它们会改变我的行为，不过那不是因为它们给了我改变的理由，仅仅是它们直接影响了我的行为。如果是这样的话，我们可能会得出这样的结论：说不定不去想它们更好。在这个问题上得出这样的结论是很大胆的。

举例来说，假定面对死亡，正确的生活方式是充实生活并享受生活。但是，假如你想到死亡时变得太消沉，就不能享受生活了。死亡并没有给你待在房间里生闷气的理由，但它导致你待在房间里生闷气。如果是这样的话，那么无视这些事实，或者始终无视这些事实，可能就是一个恰当的反应。这的确是一个相当大胆的断言，我不倾向于认为这个大胆断言是正确的。

所以，我们是否可以得出另一个结论，即你应该始终想着死亡的本质？不，我认为这种立场可能也是错误的。最后拿你举一次例子，你在和佩吉·苏亲热，你的室友进来了，告诉你人类变成尸体后是如何腐烂的。当他告诉你这个故事的时候，你的脑海中描绘出佩吉·苏变成一具正在腐烂的尸体的画面。突然，你感觉再也不想亲她了。这和那个消化道的例子类似。据我所知，她会变成尸体这个事实并没有给你提供任何不亲她的理由。只不过是想到她将会变成尸体这个事实，导致你不想去亲她，它让你不再享受亲吻她的过程。

我倾向于认为，正确的立场应该是一个中立的立场。你有一些时间和场合可以用来思考死亡，但当你在亲吻一个人时，就不是思考这个问题的合适时间和场合。如果有人说，你应该始终在心里想着自己终有一死这个事实，我会认为他们错了。不过，类似地，如果有人说你永远不用思考必死的命运和死亡的本质，我认为他们也错了。实际上，在有些时间和场合是可以思考死亡的。

但是那样的话，我们仍然有一个问题。让我们假设此时此地是思考死亡的恰当时间和地点。（毕竟，如果的确有一个时间和地点，可以用来思考死亡以及它如何影响我们生活的话，那就是现在，就在这里，当你在读一本关于死亡的书时。）所以，我们仍然要问：你该如何生活？对于关于生与死的真相的恰当反应是什么？

恐惧死亡

认为“我们将会死去”这个事实会影响到我们的生活方式，这么想是很自然的。的确，大多数人都会被这样的想法所吸引，即死亡是我们存在的核心，它会对我们如何生活产生重大而普遍的影响。比如，卡夫卡说过：“生命的意义在于它终将结束。”（The meaning of life is that it ends.）这个暗藏玄机的说法很妙，很典型的卡夫卡风格，但它的含义我想是很平常的：我将会死去，我的生命终将走到尽头，这些都是关于生命的深刻而根本的真相，这些事实会对我如何生活产生重要影响。这就是那句话的想法。但是，那些影响到底会是什么呢？认识到自己终将死去这个事实，会如何影响我的生活呢？

思考这些问题时，仅仅注意到“意识到我们终有一死”这件事的确会影响我们，这还不够。借用一下托尔斯泰的话，事情可能会这样：一想到你必死的事实，你将无休止地尖叫，直到死去的那一刻为止。但这事如果真的发生的话，并不能说明这种做法就是恰当的反应，也许它仅仅是出于我们的本能。确切地说，我想问的是，怎样才是恰当的反应？做出一种行为而不是另一种行为的理由是什么？

严格来说，我想让大家思考的第一种“行为”并不是一种行为，而是我们反应的情绪方面，在我看来，对死亡最常见的反应之一是害怕死亡。实际上，在很多情况下，“害怕”可能不足以表达这种情绪。我认为，一种极为强烈的害怕，即恐惧，是面对死亡时十分常见的情绪反应。所以，我们要问：对死亡的恐惧是一种理性的恰当的反应吗？

这里的关键词是“恰当的”。不可否认，我的人生经验告诉我，很多人都害怕死亡。这种反应有多么常见以及这种恐惧有多么强烈，那是心理学家或者社会学家研究的课题，我不感兴趣。我同意对死亡的恐惧是很常见的，但我想知道的是，对死亡的恐惧是否为一种恰当的反应，是否为一种合理的情绪。

很显然，提出这个问题时，我已经预设了一个更大的哲学命题，即探讨情绪是否合理是有意义的。我们不仅可以探讨一个人会有什么情绪，还可以探讨一个人应该有什么情绪。然而，这一观点似乎不那么显而易见，在我们讨论对死亡的恐惧之前，也许要先花些时间思考一下。

让我们从不同于恐惧的另一种情绪开始说起，比如说自豪。自豪当然是一种情绪。但我想我们都同意，只有在相关条件成立的情况下，对某样事物感到自豪才是合乎情理的。什么条件呢？我想到了两个。首先，你感到自豪的事必须是某种成就。如果你现在对我说：“我真为自己在呼吸而感到自豪。”我可能会很不解地看着你，因为无论从任何角度来看，呼吸都没有困难到足以称为成就，所以我无法理解你怎么会，或者说你为什么会为自己在呼吸这个事实而自豪。当然，如果你出过意外，为了能够重新用肺呼吸，经历过极其痛苦的物理治疗，那么我们或许就能理解，为何自然而寻常的呼吸会成为一种成就，一件值得自豪的事。但是，对于我们其他人来说，呼吸无论如何都不是一种成就，为它感到自豪是不恰当的。

即使我们取得了一些成就，那也是不够的。如果要让你对某样事物感到自豪这件事站得住脚，那么它必须是能够充分显现出你的成就。当然，最直接明了的例子就是你自己的成就，你为之自豪是合乎情理的，因为你正是那个攻克难关的人。如果你的哲学论文得了一个A，你告诉我你很自豪，我可以理解；哲学论文得A是一项成就，而且那正是你写的，所以我理解你为什么自豪。当然，如果你做的只是在互联网上找到那类网站，付钱请人帮你写了一篇论文并得到A，那我可以理解那些人也许为写了一篇很棒的哲学论文而自豪，但是我看不出这件事显示了你的什么积极面。所以，恰当的自豪必须满足第二个条件：你感到自豪的事物、活动或者特征，必须能以某种方式充分地显现你自己。

这种成就不一定非要是你的成就，即使从简单的狭义上来说。比如，为你孩子的成就感到自豪是合乎情理的，因为在你和你孩子之间存在着一种紧密的联系。从某种意义上来说，他们的成就是和你联系在一起的。在其他情况下，也许我们要考虑这种联系是否足够紧密，或者这种联系的本质到底是什么。作为一个美国人，当美国运动员在奥运会项目上夺冠的时候，你也许会感到自豪，你会对自己说："我没有参加比赛，尽管如此，我是个美国人，美国队赢了，我就会感到自豪。"这是合情合理的，我们可以理解你为何认为这份联系足够紧密。另一方面，如果你说："德国人在奥运会上夺冠了，我真的很自豪。"我就会问你，你是德国人吗？你有德国血统吗？你出资赞助了德国奥运会运动队吗？如果这些问题的回答都是否定的，那就不符合恰当性条件，这时你感到自豪就说不通了。

我们可以花更多的时间去探讨，使自豪这个情绪合乎情理需要满足什么精确条件，但那当然不是我的目的。我引入这个讨论是为了说明"情绪确实需要满足一定的要求"这个说法是合理的。要注意的是，并不是只要满足了这些条件就必然能感受到某种情绪，那是另一个问题了。不如这样说，只有满足了这些条件，你拥有某种情绪才说得通，你感受到这种情绪才是理性的、合理的，因为这种情绪才是你对周遭环境及情形的恰当反应。

那么，让我们来想一下，恐惧需要什么恰当性条件呢？了解了这些相关条件，就可以进一步思考，对死亡感到恐惧是否恰当呢？但是首先，我们需要知道这些相关条件是什么。当我思考这个问题时，想到了三个条件。第一个条件是：要使感到恐惧合乎情理，你害怕的事必须是一件坏事。

我想，第一个条件应该是没有争议的。如果有人过来跟我说："下班后有人要送给我一个圆筒冰激凌，我感到很害怕。"我同样会很不解地看着他问："你为什么要害怕？这件事怎么会让你害怕呢？"当然，这不是说他完全没有说得通的答案。如果他告诉我："我正在减肥，但是我意志力太弱，如果他们给我一个圆筒冰激凌，我一定会吃掉的，那我这周就白节食了。"那我就能理解了。从一个节食者的角度来看，圆筒冰激凌可能是一种不好的东西，这样的话，就满足了恰当的恐惧需要的第一个条件。但是如果你没有一个那样的理由，如果你和我们大多数人大多数时候一样，那圆筒冰激凌就是个很好的东西，它是一种稍纵即逝但让人由衷快乐的源泉，由此我就不明白你有什么理由害怕得到一个圆筒冰激凌。这说不通。

要让害怕某事看起来合理，这件事必须是一件坏事。这也是有时候我们对有各种恐惧症（害怕蜘蛛、灰尘或者兔子）的人另眼相看的原因之一。我们会想，这怎么可能呢？可爱的小兔子一点儿也不危险，对兔子感到恐惧是不合理的；有些蜘蛛确实是有毒的，但我们在康涅狄格州郊区碰到的蜘蛛一般是无毒的，所以害怕蜘蛛也说不通。（当然，如果你住在澳大利亚的话，情况又不一样了，在那里毒蜘蛛更常见。）再次申明，这并不是说人们不能对蜘蛛或者兔子有这种情绪反应，只是它们看起来不合理。

所以，要使恐惧合理的第一个条件是：你的恐惧对象必须是不好的。如果我是偏头痛患者，我对偏头痛感到恐惧是合理的；而我对欣赏美丽的夕阳带来的快乐感到恐惧，就是不合理的。

第二个条件是，这件坏事发生的概率，即坏事降临到你身上的概率，必须是不可忽视的。只有逻辑上的可能性，不足以说明恐惧是一种合理的反应。比如，你有可能被一只西伯利亚虎撕成碎片，与死亡不期而遇，这在逻辑上看来并没有前后矛盾或不连贯一致。但这不是说这件事有什么前后不一致的地方，只是它发生的概率太小了，小到可以忽略不计。如果你告诉我，你实在害怕自己会以这样的方式死去，那我只能说这种恐惧根本说不通，它是不合理的。

话又说回来，我们可以举出一些特殊情况，在这些情况下，恐惧可能是合理的。假设你告诉我，在你不读关于死亡的哲学书时，你是一个野生动物训练员，或者你打算去一个马戏团工作，在那里你要训练老虎，那我当然会改变自己的说法。在这些情况下，你的确有可能被老虎伤害并杀死，这种概率是不容忽略的。我理解这种恐惧，它说得通。但对于我们其他人来说，我认为，被老虎杀死的概率几乎等于零，可以忽略不计。所以，害怕被老虎吃掉或者害怕被老虎咬成重伤而死是不合情理的。

一旦你明白了这一点，就很容易举出许多例子。假设我害怕被来自半人马座阿尔法星的太空生物绑架，他们把我带回实验室，捅我戳我，然后将我活体解剖。我承认，这件事有发生的可能性，逻辑上它不是不可能的。但是同样，这件事发生的概率小到可以忽略不计。如果我真的害怕这件事发生，你大可准确无误地向我指明，这种恐惧是不恰当的，它是不理性的。

因此，如果要使恐惧变得恰当，相应的坏事真实发生的概率就要足够大。当然，就这种概率要多大才算数这个问题，还有很大的讨论空间，但至少我们可以同意：当这种概率小到可以忽略不计时，感到恐惧是不合理的。这就是第二个条件。

第三个条件，我想，从某种角度上来说是有争议的，尽管如此，我还是认为它是对的。这个条件就是：关于坏事是否会发生，必须有一定的不确定性，这样你感到恐惧才是合理的。虽然我们还不清楚到底需要多大的不确定性，但是关于坏事是否真的会发生或会坏到什么程度，至少需要有某种不确定性。要弄明白第三个条件，我们需要想象一个情形：一件坏事将会发生；而且，实际上这件事百分之百会发生；同时，你也很确切地知道这件事会有多坏。我希望你同意，在这样的情况下，尽管已经满足了前两个条件，恐惧仍然不是一种恰当的情绪反应。

假设事情是这样的，每天你都会带一份午餐去上班，并把它放在办公室的冰箱里。和午餐一起你还带了甜点，假设是一块曲奇。每天下午1点，你把午餐从冰箱里拿出来时，朝袋子里看，发现有人偷了你的曲奇！这是一件坏事。诚然，它不是这个世界上最糟糕的事，但有人偷了你的曲奇确实也是一件坏事。而且，明天你的曲奇也有不容忽视的概率会被偷。所以，现在前两个条件已经满足了。实际上，明天你的曲奇不只是有不容忽视的概率会再次被偷，而且这几乎是可以肯定的事，它会日复一日地发生。也就是说，这件坏事肯定会发生，而且你知道它究竟有多糟糕（因为除了你的曲奇之外，没有其他什么东西丢失）。那么我认为，在这样的情形中，恐惧是不合理的。

请你注意，在这种时候，一些其他的负面情绪，比如愤怒和怨恨，可能是合情合理的。不管这个小偷是谁，他或她以为自己是谁啊，竟然敢偷你的曲奇？他们没有权力那么做！你可以生气，可以愤恨，还可以因为你没有甜点吃而伤心，如此日复一日。但你不应该感到害怕，因为没什么理由让你感到害怕。当你知道坏事肯定会来临，而且知道它究竟有多坏的时候，害怕就说不通了。

相反，如果这个小偷随机作案，在每周的不同时间、从不同的袋子里偷不同人的甜点，你永远不知道他或她下一次将要去偷谁，那么你有理由害怕成为明天那个甜点被偷的人。说不定你觉得这个饼干小偷的例子太幼稚了，那么想象一下有人闯进隔壁公寓，偷走了笔记本电脑。在这里，恐惧也是说得通的，你有理由害怕他们下一次来偷你的电脑。此时，所有的三个条件都满足了：有一个令人恐惧的坏事，有一个不可忽视的坏事会发生的概率，而且这个概率还达不到成为一种确定性的程度。

另一方面，假设事情就像你在电影里经常看到的情节一样。这个窃贼是一位神偷，他为自己的“伟业”感到骄傲，并且会宣布他的行窃计划。比如，他可能会在《纽约时报》上登一则公告说：“4月27日，星期三，我会从××的公寓里偷走电脑。”而且，不管采取了什么防护措施，总是会有疏漏，被指定的这个人的电脑总是会被偷走。如果下周的行窃名单上写的是你的公寓，那么理所当然地，你可以生气，可以不爽，可以恼怒，可以为不知道如何采取充分的防护措施而觉得自己很蠢。但是，当你的名字和将要被盗的时间出现在公告上的时候，当这个窃贼全年都按照预示过的计划盗窃且从未失手的时候，我希望你同意说，此时的恐惧是不合情理的。一旦你确切地知道将要受到多大伤害，并且知道那个伤害将会发生，恐惧就不再恰当了。

假设我有一台小型拷问机，一台小型疼痛产生仪。我把你的手放进去，连上电极，转动手柄，打开开关，然后你感受到了一次电击。如果每次电击的强度都不一样，你担心下一次受到的电击有多难受是说得通的。但是，如果这台机器只有一种设置，开和关，每次电击的感受都完全一样，而且我已经电击过你很多次了，所以你确切地知道那是什么样的感受，而且你确切地知道还要被电击三次（也许有人付钱请你参加一个诡异的心理学实验）。那么，我认为，这时恐惧就是不合情理的。当你确切地知道将会发生什么，并且确切地知道那是什么样的感受时，你当然可能会反感将要发生在你身上的事，但这时恐惧不是合理的情绪。

现在实验结束了。你因为参与实验得到了10美元报酬，但我不让你走。我说："我还要再做一次这个实验，不会比前面那次更疼。"显然，你可能不相信我，说不定最后这一次电击真的会比其他几次要疼。这就引出了不确定性这个因素，这时恐惧也许就变得合理了。但是，如果你完全相信我说的，认为只需要再痛一次，而且和你之前感受过的一模一样，那么愤怒可能是合理的（你拒绝再来一次！），怨恨可能是合理的，因为又要再疼一次而感到沮丧也是合理的，但恐惧是不合理的。

所以我认为，恐惧要成为恰当的情绪，一定要满足三个条件：你恐惧的对象必须是不好的，坏事将要发生的概率必须是不可忽视的，而且你不确定这件坏事将要发生。如果你确定这件坏事的性质，而且确定它一定会发生，那么恐惧就说不通了。

另一个值得一提的观点是，即使表现出恐惧是合理的，切记还有一个适度（proportionality）的问题。即使伤害发生的概率不容忽视（并且这个概率达不到成为确定性的程度），并且感到某种恐惧也被认为是合理的，但如果发生的概率很小却恐惧得要死，那这时恐惧的程度仍可能是不合理的。当风险很小的时候，轻微的担心是恰当的。类似地，恐惧的程度应该与事情的糟糕程度相符。比如，在饼干小偷的例子中，你不确定自己会不会成为下一个受害者，难免有一些害怕，不过这种害怕应当是轻微的。这时候，任何超出轻微程度的恐惧都是不恰当的反应。

了解这些观点以后，我们现在可以讨论对死亡的恐惧是否合适了。然而，首先我们需要澄清一些重要的事：当我们害怕死亡的时候，我们究竟在害怕什么？我们害怕的具体对象到底是什么？碰巧，我认为可以从几个不同的角度来回答这个问题。而恐惧是否合理，取决于我们所考虑的东西究竟是什么。

你担心的事情可能是死亡的过程。有些人发现当他们生命终结的时候，那个现实过程充满痛苦，令人不快。我已经提到被老虎撕咬吃掉的可能性，可以想见，那当然是一种很不愉快的死亡方式。由此，你会痛苦地死去的概率不可忽视，并且看来它给恐惧留出了空间。当然，我们会问，你会痛苦地死去的概率有多大？正如我已经指出的，对我们中的大多数人来说，被老虎撕咬致死的可能性微乎其微。因此，我认为对这种特殊死亡形式的恐惧是不恰当的。同样，如果担心被半人马座阿尔法星人抓去，在痛苦的手术中死去，这种恐惧也是不合适的。

尽管如此，令人悲伤的是，在这个世界上的确有人在死去时饱受痛苦，特别是因为在晚期时给人带来痛苦的一些疾病。令人不快的是，我们发现很多医院在病人生命晚期并不为他们提供足够的止痛药。为什么呢？那是一个很复杂的问题，但是我认为，如果有人跟我说鉴于这个事实，他们很怕这种事情会发生在自己身上，我完全可以理解他们的这种反应。尽管如此，恐惧最好还是要适度。如果你告诉我，因为害怕这件事发生在自己身上，你夜不能寐，那我会大吃一惊，觉得那种量级的恐惧是不合适的。

尽管对有些人来说，当他们说害怕死亡时指的是害怕死亡的过程，但是不管怎么说，我想这并不是多数人说到害怕死亡时脑中所想的事。我认为多数人指的是他们害怕死亡本身——害怕处于死亡的状态。他们感到害怕，不知道死了会是什么样的。关于这一点，我想说，它并不满足恐惧是否恰当的相关条件。

我们脑中要谨记，死亡什么感觉也没有，即死亡的状态不涉及任何性质的体验。当然，这是我们在第九章中已经讨论过的观点。这并不是说当一个人死了，他就会有某种体验，一种不同寻常的、难以想象的体验，像是一个令人困扰的谜团。不，这里根本没有什么谜团：死亡的状态仅仅就是不涉及任何体验。

但那就意味着，事实上，死了“是什么样的”（“what is it” to be dead）其本质上不是坏的，也不包含坏的事物，这恰恰是因为死了什么感觉都没有了。所以，如果我们害怕死亡，其实是害怕不知道死了会怎样，那么这种恐惧就是不恰当的。在这里就不符合恰当的恐惧需要的第一个条件，因为我们恐惧的对象——“死了是什么样的”——事实上，一点儿也不坏。

显然，这种观点以死亡的本质为前提，而我在本书的前半部分为这些本质辩称过。如果你相信来世，或者至少相信有显著的可能性存在来生，你的看法就会很不一样。比如，你担心自己可能会下地狱。从那种角度来看，担心死了是什么样的显然就说得通了。（当然，除非你确定自己会下地狱，而且知道将会遭受多少惩罚。但是那样的话，不符合恰当的恐惧需要的第三个条件，所以恐惧还是不恰当的。）但是，如果你和我一样相信，死亡仅仅是体验的终结，那么在我看来，这就不符合恰当的恐惧需要的第一个条件。因为死了什么感觉都没有，也就没有什么坏的感觉，所以对死了是什么样的感到恐惧就说不通了。

当然，我并不是主张死亡什么坏处也没有。尽管我坚持认为对死了是什么样的感到恐惧并不恰当，因为死了就没有更坏的了，但我没有否认死亡是坏事。相反，我认同剥夺解释理论。根据剥夺解释理论，从死亡剥夺了人们生命中享有的美好事物这个事实来看，死亡是一件坏事（当它产生坏处的时候）。简而言之，死亡之所以是一件坏事，并不是因为死了是什么样子，而是因为死亡涉及剥夺。

但如果这种观点是对的，那么我们也许可以明确一个恰当的恐惧对象。没准儿我们只需要单纯地恐惧死亡所涉及的剥夺，而不是恐惧死了是什么样的。诚然，剥夺本质上并不是一件坏事。但是正如我们所见，它看来是一种相比较而言的坏事。因此，似乎对死亡所涉及的剥夺感到恐惧，满足了恰当的恐惧需要的第一个条件，即恐惧的事物必须是不好的。那么，也许只要弄清楚我们恐惧的是死亡带来的剥夺，而不是死亡的体验，那么对死亡的恐惧就是恰当的了。

但这也不太对。首先，事实上我已经论证过，永生对我们来说不是好事，被宣判永远活着是一种惩罚，而不是赐福。如果在这点上我是对的，那么我们终有一死的事实，即我们最终会被剥夺生命的事实，就完全不是什么坏事，而是好事。那么，对死亡涉及的剥夺感到恐惧是不恰当的。更确切地说，如果我们害怕的是不可避免地失去生命，那么我们的恐惧对象并不是坏事，反而是好事，所以恐惧是说不通的。

当然，也许你还没有被“永生将是坏事”这个观点所说服，也许你认为永远活着会是件好事。那样的话，我们终有一死的事实，因为包含了不可避免地会失去生命，将会是一件坏事而不是好事。根据这个观点，我们是不是至少可以同意，如果永生是好事而不是坏事，我们恐惧的对象就是不好的，所以恐惧死亡是合理的？

然而，需要注意的是，即使我认为“永生是一件坏事”这个观点错了，也不能推出对死亡的恐惧是合理的。因为我们已经讨论过，要使恐惧合理，关于所畏惧的事物是否到来就需要具有不确定性。而对于我终究会被剥夺生命这个事实而言，没有不确定性。我知道这件相对的坏事（为了讨论之便，假设死亡的确是件坏事）正在降临，我知道我将会死去。所以，恐惧就变得不适宜了。

假设我给你一个圆筒冰激凌，你很喜欢它，希望自己可以再吃第二个，但我没有第二个圆筒冰激凌可以给你。所以，你知道吃完第一个圆筒冰激凌后，自己不会得到第二个。那很遗憾，因为没有足够的冰激凌。这时你告诉我：“我害怕，我害怕吃完第一个圆筒冰激凌之后，一段时间里我得不到第二个。我害怕，因为冰激凌被剥夺就带来了坏处。”很显然，在这个思路里恐惧是讲不通的。既然你知道不会有第二个圆筒冰激凌，那对这个缺失感到恐惧就是不恰当的。类似地，即使死亡意味着在某一刻你再也不能从生活中获益，使得死亡本身是件坏事。但是，既然你知道生命必然会终结，那么对这种必然会有的缺失感到恐惧同样是不恰当的。

但是现在一种不同的可能性不言自明。我刚刚辩称，正是因为死亡是确定无疑的，所以对死亡的恐惧是不恰当的。但是，关于死亡也有完全不确定之处，那就是我们什么时候会死。或许，我们应该害怕的不是失去生命本身，而是我们可能会早死的可能性。

让我们来考虑一个类比。假设你在一个派对上，而那是一个很棒的派对，你希望可以一直待下去，但这是发生在高中时期的事，接下来会发生的是，在某一个时间点，你妈妈会打来电话，告诉你是时候回家了。让我们假设待在家里并没有什么不好，本质上来说它是中性的。你只是希望你可以待在派对上，但是你知道你不能。最后，假设你知道那个电话百分之百会在午夜打来，可以打包票，完全不存在早些或晚些打来的可能性。那么，这件事的确没有什么可害怕的。你也许会对妈妈在午夜给你打电话感到怨恨，可能会因为她不让你像其他朋友一样待到凌晨1点钟而恼怒，但这件事并没有什么可害怕的。如果晚上11点的时候，你说："我很怕电话会在午夜打来，因为她总是在那个时候打电话过来。"那么，很简单的一个事实就是，你的恐惧站不住脚，你并没有相应程度的不确定性。因为你确切地知道要发生的事，而且你确信它会发生，所以这时恐惧不是恰当的情绪。

相反，假设你只知道你妈妈将会在晚上11点到凌晨1点的某个时刻打电话过来，那么有一些担心是合理的。在大多数时候，她会在晚上12点或12点30分打来电话，有时候她到凌晨1点才打过来，但偶尔她会在晚上11点就打电话。这时，在我看来，恰当的恐惧需要的各种条件都满足了。有了一件坏事——可能要更早（而不是更晚）离开派对；坏事将要发生有不可忽视的概率（她有时候的确很早就打电话过来）；同时，坏事是否会发生有不确定性（因为她有时候会晚打电话，而不是早打）。那么，在这种情况下，一定程度的恐惧是合理的。（会有多么恐惧？这取决于电话会早些打来的可能性有多大。）

也许这就和我们对死亡的恐惧类似。也许正是"死亡会更早到来"这种可能性使恐惧这种情绪变得合理了。顺便提一下，这种类型的恐惧巧妙地回避了永生对我们来说是不是坏事这个问题。即使永生将是坏事，对我们大多数人，或者说对我们所有人而言，死亡仍然可能来得太快。如果是这样的话，我们可以合情合理地担心死亡会来得太早。

同样需要注意的是，死亡的不可预测性是一个决定性因素，这使得死亡这件事可以让我们合理地感到害怕。事实上，在我看来，如果不是因为死亡的不可预测性，对死亡的恐惧就不可能站得住脚。就像我说明的，对死亡状态本身感到害怕并不是一种合理的情绪。在我看来，死亡的不可预测性才是我们可以合理地对死亡感到恐惧的唯一理由。

即使是这样，进一步的区分也有助于我们理解这个观点。我害怕自己死得太早，是因为“如果我能再多活一会儿，我的人生两相权衡后仍将是美好的”吗？或者担心我会很快死去，是从“就我有望再活多少年的数字范围来说，死亡会早些到来而不是晚些到来”这个意义上说的？又或者是针对第三种可能性，即我是在害怕自己会英年早逝，比其他人死得更早？这三种细分潜在恐惧的准确对象的方式，有许多重要的区别，包括如果感到恐惧的话，那什么程度、什么时候才是恰当的，因为你的恐惧需要和相应的可能性成比例。

以对英年早逝的恐惧为例。很显然，如果一个人已到中年，对英年早逝感到恐惧就完全是不理性的，因为他已经没有英年早逝的可能性了。（我自己已经快要60岁了，就我这个年纪来说，要想英年早逝已经来不及了！）但是，即使是对年轻人来说，虽然存在英年早逝的可能性，但实际发生的概率微乎其微。比如，对于一个身体健康的20岁美国人来说，在未来5年、10年甚至20年内死去的概率几乎可以忽略不计，这个概率太小了，为此如果有大量的恐惧情绪，看起来就很不合理。当然，随着我们的年龄越来越大，在既定时间段里死亡的可能性也会稳步上升，不过即使是这样，对于很快死去的恐惧也很容易并不适度。即使是一位80岁的老太太，她也有超过90%的概率再活至少一年。

显然，得了重病的人和年迈的人对死亡快要来临感到恐惧是合理的。但是，对于我们其他人而言，我认为这种情绪是不恰当的。如果你自己非常健康，但你却对我说："死亡真是令人喘不过气来，我太害怕死亡了。"我只能回应说，我相信你，但是尽管如此，这种对死亡的畏惧不是一种恰当的情绪。基于已有的事实，这种畏惧不合情理。

当然，即使我这种看法是正确的，而且对死亡的恐惧在大部分时候是不恰当的，但仍然存在别的可能性，即一些其他的负面情绪是恰当的。我已经提到了，有时候即使恐惧是不合理的，但感到愤怒、悲伤和悔恨却是恰当的。所以，我们仍然要问，想到死亡的时候，这些负面情绪中是否有哪一种是恰当的呢？

有一点是毋庸置疑的，基于我关于永生的看法，我终究会死这个事实本身不是坏事，也不包含任何坏事。死亡本身不是一件坏事，而是一件好事。因此，我认为对死亡本身，即我将会死去这个事实表现出负面态度是站不住脚的。但是，我们可以关注"我们可能会死得太早"这个可能性。也就是说，当生活给予我的总体来说（在两相权衡后）还是美好的事物时，我可能就得死去。死得太早的可能性显然是一件坏事。在这种情形下，如果有某些负面情绪是合理的反应，那会是什么情绪呢？

一个显而易见的答案是愤怒。即使恐惧不是面对死亡的恰当反应，但愤怒有可能是，持这个想法看起来是很自然的事。我一部分意识里想对宇宙挥拳，咒骂它只给了我60年或70年或100年的寿命，而世界又是如此丰富多彩、不可思议，需要花上几百年、几千年或者更长的时间才能享尽它的奉送。面对我可能会死得太早这个事实，愤怒难道不是恰当的反应吗？

然而，事实上，答案并不是那么确定无疑的。和其他情绪一样，恰当的愤怒本身需要满足一定的条件，这些条件是否已经被满足，在这里还不清楚。无可否认，恰当的愤怒需要的第一个条件——有坏事发生在你身上（或可能发生在你身上）——事实上已经被满足了，因为我有可能很早就会死，这对我来说是一件坏事。但是，要使愤怒合理，还需要一些附加条件，而这些附加条件可能没有被满足。

比如，只有在指向某个人，即指向施事者，也就是那些有能力决定如何对待你的对象时，愤怒才是合理的。如果在办公室里，尽管你以前告诉过同事要更小心一点儿，但还是有人将咖啡洒到了你的电脑上，弄坏了硬盘，那么愤怒是合理的。此时愤怒直指你的同事，一个对自己的行为有控制力的人。类似地，如果你因为在工作中得到的评价低而对老板备感愤怒的话，那么最起码满足了一个特定条件：你的愤怒直指一个施事者，一个对于如何对待你有部分控制权的人。

当然，有时候我们会对无生命的物体生气。你要提交的工作报告截止日期就要到了，你正要把它打印出来赶紧交上，这时你的电脑崩溃了，你会对你的电脑感到愤怒。到底发生了什么事？你把电脑人格化了：你把它视为一个人，认为它故意选择在这个时候坏掉，再次让你失望。我当然理解这种行为，我也做过这种事。但是，你当然也可以退一步思考。至少，一旦你的愤怒平息之后，就可以退一步思考，并意识到对你的电脑生气毫无意义。为什么没有意义呢？因为你的电脑不是一个人，它不是一个施事者，它没有选择权和控制权。

我想，另一个合理愤怒需要满足的条件是：只有当施事者错待了你，对你做了不合乎道德的事时，愤怒才是合理的。如果你理应从老板那里得到一个不好的评价，那么他并没有做错什么，你的愤怒就是不合理的。但是，如果他给你一个差的评价是为了报复你在壁球场上赢了他，那么他就做错了，你的愤怒就不再不合理了。当你对某人感到愤怒的时候，你透露的事实是你认为他们错待了你，他们不该这么对待你。

这两个附加条件可能不是进一步满足合理的愤怒仅需的条件，但是就我们的目的来说，这已经足够了。让我们想一想，对于我们有可能会死得太早这个事实而感到愤怒，真的站得住脚吗？

答案可能很大程度上取决于你认为谁，或者说什么，该为我们死得太早负责。为什么我们只有60年、70年、80年可以活？这里有两种基本的答案。一方面，你可能认同一种经典的宗教学观点，认为是上帝统治着宇宙并且决定着我们的命运。也许上帝判了我们死刑，让我们中的大多数人死得过早。这是我们在《创世纪》中看到的，比如，上帝将亚当和夏娃贬为凡人，惩罚他们。另一方面，你可能会相信存在一个完全非人格化的宇宙。从这种观点看来，宇宙只是原子在太空中盘旋，通过各种结合方式聚合到一起而形成的，没有人在幕后操纵这一切。我们会死亡，这是因为生命碰巧是如此发展的。

让我们来考虑这两种可能性，从有神论的宇宙观开始。在这种情况下，至少满足了恰当的愤怒需要的两个附加条件中的第一个。既然上帝是一个人，那么对上帝感到愤怒是恰当的，因为他惩罚我们，给了我们如此短暂的生命，相比之下，世界又是如此丰富多彩。但是，第二个附加条件呢？上帝错待我们了吗？他给我们50年，或者80年，或者100年，是错待我们了吗？上帝对我们做了什么不道德的事情了吗？如果不是的话，那么对上帝的愤怒和怨恨就说不通了。

假设一位同事有一盒糖，她给了你一颗，你很喜欢。然后她又给了你第二颗，你也很喜欢。然后她又给了你第三颗，你还是很喜欢。假设你问她要第四颗糖的时候，她没有给你，她这样做错待你了吗？她这么对你是不道德的吗？她欠你更多的糖吗？目前还说不好。但是，如果答案是否定的话，那么你感到气愤就并不恰当了。当然，如果你感到气愤，我能理解，只因为这是一种很常见的反应。但是，当你的同事给了你一些好东西，之后却不给你更多的，这时愤怒是你该有的合理反应吗？不好确定。在我看来，恰当的反应不是愤怒，而应该是感激。你的同事并不欠你一丁点儿糖果，但是她给了你三颗。你也许希望自己可以得到更多，可能因为不能得到更多而伤感，但是愤怒的情绪并不恰当。类似地，对上帝感到愤怒也是不恰当的。在我看来，上帝并不欠我们的，并不需要给我们比我们已有的更多的生命。

假设你赞同的是第二种基本立场，相信存在一个完全非人格化的宇宙。在这种情况下，甚至连第一个附加条件都没有满足。对宇宙感到愤怒不是一种理性的恰当行为，恰恰是因为宇宙不是一个人，不是一个施事者，它对它的所作所为没有选择权和控制权。诚然，我可以挥舞拳头，诅咒宇宙，但是我这样做就是将宇宙人格化了，把它当作一个故意决定让我们过早死去的人。但是不管这种反应有多么常见，如果宇宙并不是一个人，只是原子在太空中旋转形成的各种各样的聚合，那么理性来讲，这种反应就是不恰当的。从这种观点来看，对我可能会死得太早这件事感到愤怒就说不通了。

那么，如果感到悲伤呢？我应该为自己可能会很早就死去感到伤心吗？事实上，在我看来，按照上面讨论的，某些情绪是合理的。世界是一个如此美妙的地方，如果能够更多地从这个世界提供的精彩事物中获益，那该多好。因此，我为我不能得到更多而感到伤心。我认为，这种伤心是合理的。

但在这样想的时候，我发现自己马上有了另外一个想法。尽管不能得到更多，令人遗憾，但是能够得到这么多，我已经无比幸运了。在我看来，宇宙只是一堆旋转的原子，聚合成一群群各种各样的东西，然后这些原子群消融或者分解。这些原子大多数根本就没有生命，它们不能成为人类，不能相爱，不能欣赏落日，不能吃冰激凌。能够有幸成为被选中的少数（原子），对我们来说是无上幸运的。

让我分享一段话，这是我最中意的表达了这个观点的话。这段话来自库尔特·冯内古特的《猫的摇篮》（*Cat's Cradle*）。冯内古特设想了一段人们在病榻上可能会吟诵的临终祷告（以下翻译来自刘珠还译本，特此感谢。——编者注）：

上帝创造泥土。

上帝感到有点孤独。

于是上帝对一些泥土说："坐起来！"

"看看我创造的一切，"上帝说，"山峦，海洋，天空，星辰。"

我就是那些坐起来环视四周的泥土。

幸运的我，幸运的泥土。

我，泥土，坐起来，见到了上帝完成的伟业。

干得好，上帝！

唯有你才能胜任这一切，上帝！我肯定力不能及。

跟你比我不足挂齿。

只有在想到那些甚至都没有坐起来环视四周的泥土时，我才产生些许的自尊。

我收获如此丰厚，而大多数的泥土却收获如此微薄。

谢谢您赐予我荣耀！

现在泥土再次躺下，入睡。

泥土有多美好的记忆啊！

我遇见多么有趣的其他坐起来的泥土啊！

我喜欢所见到的一切！①

---

① 库尔特·冯内古特，《猫的摇篮》（1963）。我总是在我的死亡课程上对我的学生强调要读这篇《猫的摇篮》里的文章。在2007年的4月，当我在课堂上强调完要读之后，一位来访者给我带来了一条消息，这条消息引起了我的注意，冯内古特在前一天晚上去世了，这是我在读这段引文的时候还不知道的事。正如第二天我对我的学生说的，库尔特·冯内古特活到了84岁，我希望在他人生的最后时刻，他能够意识到作为能够坐起来的泥土的一部分，他是多么幸运。

在我看来正确的情绪反应不是恐惧，不是愤怒，而是感激，感激我们可以拥有生命。（感激应该像愤怒一样，只能指向一个人吗？如果是的话，如果人们相信非人格化的宇宙，那么严格来说，恰当的情绪也不是感激，或许那是一种感到无比走运或幸运的感觉。）

小心谨慎

到目前为止，我们一直在讨论面对死亡的反应的情绪方面。那么行为方面呢？鉴于我们都将会死去，我们应该如何活着？有个答案一下子就跳进了我的脑海，它看起来就像是一个笑话。我想说，我们应该小心谨慎地活着。

曾有一档警察类电视节目叫《山街蓝调》（*Hill Street Blues*）。每天这个节目开头，都由一位警长评点最近发生的案件以及正在进行的调查，最后他派出警员，并叮嘱说："在外面要小心。"总是以此结尾。

你当然要小心，不然的话，你可能会死于那些本可以避开的致死因素。如果你不够小心，你不会注意到有一辆卡车正向你撞来。这看起来似乎显而易见，但是除了这种琐碎的观察之外，除了必须注意那些可能提前结束我们生命的危险外，"我们将会死去"这个事实还需要进一步特别关照：你必须留意你在拿自己的生命干什么。就像人们有时候说的，你只能到世间走一遭，没有再来一次的机会。我们终有一死，我们的生命是有限的，这要求我们意识到：我们有可能把生命搞砸，我们可能会过着一种错误的生活。

吹毛求疵的那部分我想指出一点，不是终有一死的命运本身包含了这样的暗示。即使我们可以永远活着，我们还是可能过着错误的生活。毕竟，即使拥有无限长的生命，你还是会拥有一些特定的行动模式，从事一些特定的活动，而这种特定模式仍可能不是你可以拥有的最佳模式。所以无论是否拥有终有一死的命运，搞砸生命的可能性、过着一种错误的生活的可能性，对我们所有人来说都是存在的。要明白这一点，请看下面这个极为简单的例子。假设我们可以永远活着，想象一个人用他一生的时间来数整数：1、2、3、4、5、6……相对于做更复杂的数学研究来说，这可能是一种不怎么有价值的度过永生的方式。所以，即使是永生的人也可能浪费掉他们的生命。

话虽如此，但如果我们必然死去，而没有不朽的生命，就增加了额外的风险，即额外的搞砸它的危险。毕竟，如果你真的可以活到永远，那么即使你已经花了100万年或者10亿年数整数，只要你发现这是一件了无意义的事，你总是可以重新开始。你有大把的时间可以开始做更加深奥的、更有价值的数学研究。永生给了你重新开始的机会，给了你重来一遍的可能性。

因此，我们是不是可以推断，终有一死的命运剥夺了我们重新开始的机会，这是它特别的烦人之处？但是，这也不是非常正确。即使你不能活到永远，事实上，即使你只能活60年、70年或80年，那么在20岁、30岁或50岁的时候，你也有机会可以重新审视你的生活，并决定是否需要改变。所以，并不完全是终有一死的命运导致我们失去了重来一遍的可能性。然而，死亡来得很快这个事实，的确意味着必须特别小心谨慎，因为我们只有这么一小段时间可以重新来过，只有那么一点儿宝贵的时间可以去纠正我们的错误。

我们可能会犯两种错误。我们可能会发现，一方面，在“目标是什么”这个问题上，我们做出了错误的选择。另一方面，我们可能会发现，即使我们设定了正确的目标，但在完成目标的过程中，我们却把它搞砸了。所以，我们确实需要重新开始，再来一次。因此我们需要注意两个方面：我们必须在目标的选择上非常小心，也必须在执行目标的过程中保持谨慎，因为我们有且只有极其有限的时间来把事情做对。

挑剔的那个我要再次指出：严格来说，我们的生命相对短暂（通常少于100年）并不必然推导出我们需要特别谨慎。一个从绝对值上来说短暂的生命本身并不意味着我们必须非常小心。毕竟，可能没有那么多事情，或者这些值得做的事情都不难做好。假设只有5件值得做的事，而且即使你不是每一件事都能一次性做对，但最多试两三次就可以，每次尝试最多花一两个小时。显然，如果这个世界只能提供这么多的话，那它该多么贫瘠。但是，如果这真的是世界运转的方式，而我们有100年可以活，就不用为需要小心而担心了。我们有足够的时间致力于这5件值得做的事，有足够的时间去把每一件事都做好，根本不需要100年的时间，20年的生命可能都嫌多！我们根本不需要小心谨慎。

所以，不是因为我们终有一死，也不是因为从绝对量上来说我们只能存活很短的一段时间，我们才要小心谨慎。而是相对于有那么多值得追求的目标，以及完成这些目标又那么复杂困难而言，我们的时间太有限了。有那么多事可以做，而要把它们做好又是那么难，所以我们必须非常谨慎。我们没有时间到处乱晃，试一试这个，试一试那个。

正如我所说的，这里存在两种危险。首先，我们可能最终发现以之为目标的事物并不真的是最佳选择。顺便说一下，需要注意的是，最大的风险不是发现我们试着完成的目标根本不是真正值得做的，而是发现我们在这些事上浪费了时间，与我们可能会为自己设立的其他目标相比，这些事的价值要小得多得多。如果想要试着完成每一件值得做的事，我们拥有的时间就太少了。鉴于我们只有相对有限的一段时间，就需要决定哪些事情是最值得追求的，这就成了一个额外的负担。我们都有可能在最终回顾人生时发现，我们在制定目标时没有做出明智的选择。所以，这是死亡使得我们只能小心谨慎的一种方式。除此之外，当然还有第二种方式，无论我们的目标是什么，我们仍然需要考虑如何来完成目标。生活可能会给你足够的时间，让你偶尔能够重来一次，但是显然，你没有那么多时间把所有的事情都重来一遍。所以，这是死亡使我们变得小心谨慎的另一种方式。

打一个比方，想象你是一位音乐家，走进一个录音棚，打算录一张专辑。

如果你有足够多的时间，比如说可以在录音棚里待一个月，那么你就不用特别小心翼翼了。你可以从你的曲目里选一些歌，然后看看效果。也许这些不是最适合录成专辑的歌曲，没关系，我们先试一试，然后就会知道适不适合了。一首歌第一次没有录好，不成问题，我们可以再录一次。我们甚至再录第三次或者第四次，或者可以尝试一首完全不一样的歌。如果你有足够的时间清楚地知道哪些歌是要录的，就不是那么重要了；一次或者最多两次就要把这些歌录好，也不是那么重要了。

不过，如果你没有一个月时间可以泡在录音棚里，而是只有一周的时间待在里面，或者只有一天的时间，突然间所有的事都变得更加紧迫了，时间变得宝贵了。你必须尽早决定哪些歌是值得录的。当然，你还有其他的歌可以录，但是这些歌看起来像是更好的选择。当你开始录制它们的时候，你不能像只是把它们录完那样漫不经心和随随便便。你必须尽量一次录好，最坏的情况下也必须录两次就得成功。

在我看来，这就和我们自身的处境一样，我们所处的世界是如此丰富多彩，能够给我们提供这么多东西，在值得追求的事物上我们有那么多目标，而要完成这些又是那么困难。诚然，生命足够长，无论是改变自己的目标，还是为了完成目标做出两三次尝试，我们确实都有一些可以重来的机会。但事实是，我们没有那么多机会，我们根本没有那么多时间。所以我们必须留心，必须非常谨慎。

当然，说到这里，我们马上就会问：我应该拿我的生活怎么办？我在，故我专注，我尽量小心。但是我该怎么做？我该怎样度过我的人生？我该以什么为目标？

我必须告诉你，我不打算回答这些问题。问“生命中什么东西是真正值得追求的”这个问题，几乎等于在问“生命的意义是什么”。什么样的目标、什么样的意图、什么样的目的才是最有价值的、最有回报的、最有意义的呢？这显然是一个很重要的问题，事实上可能是唯一重要的问题。但是我认为，这是另一本书该讨论的问题。所以，触及这个问题后，现在我要放弃它。

对策

既然我终将死去，那么我该怎么生活呢？一个自然而然的想法是：我们的时间不多，所以应该尽可能多地去体验，在还能这么做的时候，让生命包含尽可能多的内容。

这是一个再普通不过的想法。但是我想，至少有两种不同的广泛性策略来把这个想法付诸实践。第一种策略强调目标太过远大时有失败的风险，它会建议我们选择那些肯定会完成的目标取而代之。它告诉我们选择食物、伴侣和性爱所带来的欢愉。“吃喝玩乐吧，因为明天我们就死了。”这就是第一种策略。明天我们可能就死了，所以当我们还活着的时候，应该去追寻那些更有机会实际得到的东西，通过这种方式让生命尽可能丰满充实。

第二种策略觉得，如果那正是你所想要追求的，你当然有很大的机会可以成功，这样也未尝不可。但第一种策略存在一个问题，那就是：如果你只追求那些确定的事物，那么你能取得的成就往往很小。一般来说，它们都是一些微不足道的小事。第二种策略提醒我们，生命中有一些最有价值的东西，不是你确定可以轻易得到的。你可能想要写一本小说，创作一曲交响乐，或者是结婚养家。这些更有雄心壮志的事情，是生命可以提供的最有价值的事。有一些人生被吃喝玩乐这种容易获得却稍纵即逝的快乐所填满，相比而言，一个充满了雄伟目标和不确定性的人生是更有价值的。

假设上帝对你说：“你想要哪种人生？一个充满了美食佳酿和转瞬即逝的快乐人生，还是一个充满持久成就的人生？我向你保证，无论选择哪一种人生，你都会非常成功。”我想，大多数人都会认为一个有着真正成就的人生更有价值。问题是，在现实生活中，这种人生，即以重大成就为目标的人生，也有更大的失败风险。你想写一部伟大的美国小说，10年后你还没有完成。20年后，你觉得自己不具备写出伟大的美国小说的天赋。这时，对于已经逝去的生命，你有什么成就可展示的呢？又或者你试着去创业，想开创一个蒸蒸日上的事业，但在一年又一年的艰苦奋斗和挣扎之后，还是破产了。

那么，哪一种才是我们应该采用的正确策略呢？我想很多人都会倾向于认为，实际上还有第三种策略，而这第三种策略才是我们应该采用的，即把大目标和小目标恰当组合起来。一方面，我们应该追求某种重大成就，这样，一旦你实现这些目标，你的人生就会更有价值；与此同时，另一方面，你也需要搭配一些小目标，这样，至少可以保证你从生命中得到一些东西。

当然，即使我们赞同这种混合策略，认为这是最合理的，我们还是想要知道怎样的组合才是合适的。但我也不打算回答这个问题。我想问的是，我们该不该接受这三种不同策略背后所隐藏的共同观点，即往生命里装进尽可能多的东西呢？不论我们是在讨论大成就还是小追求，或是两者的组合，是不是往生命中添加的东西越多，生命的价值就越大？真的是这样吗？我们假定越多越好，这是正确的吗？

我已经论证过，永生实际上并不是一件好事。虽然世界丰富多彩，充满了不可思议，但最终每个人生命中的美好事物都会耗尽，永生将会变得糟糕透顶。但大多数人都离“即将耗尽生命中所有美好事物”还太远，我们大多数人都死得太早了。比如，如果你在30岁去世，对你来说能够活到40岁本来会更好。如果你在40岁去世，那么活到50岁、60岁、70岁或者80岁本来会更好。所以，我们大多数人都倾向于同意一个观点，那就是，在其他条件相同的情况下，你活的时间越长越好。

让我们来比较图14.1中的两种生活。图中四边形的宽代表生命的长度，高代表在给定时刻生活的幸福水平。图中所示的两种生活过得一样好。为了有一个具体的概念，我们可以假设这两种生活在每一刻都有100分的幸福值，同时假设这是一个非常高的幸福水平。我想，大多数人都偏好右侧的这种生活。我们都会同意在这个幸福水平上，能活100年的人生就比只能活50年的人生要好。在其他条件相同的情况下（这里我已经规定了，其他条件相同），生命的长度或持续时间越长越好。

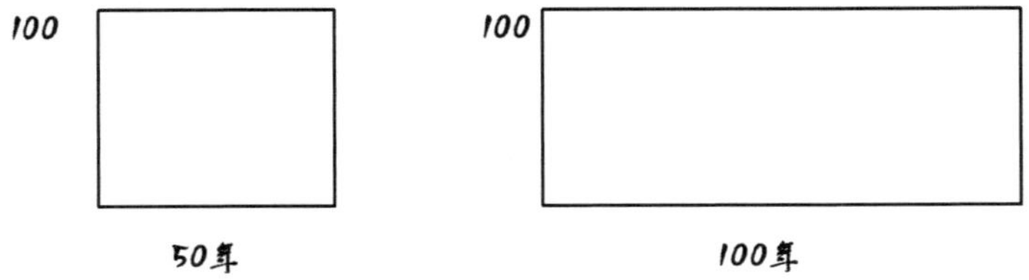

图14.1

但与此同时，我想我们都同意生命的长度不是唯一重要的因素，生活的质量也很重要。举例来说，假设你必须在两种生活中二选一：一种是长度为50年，“质量分”为100分的人生；另一种是长度为50年，质量分为130分的人生（见图14.2）。估计你会选择第二种人生。所以，生命的长度并不是我们唯一关心的要素，我们也注重生命的质量。

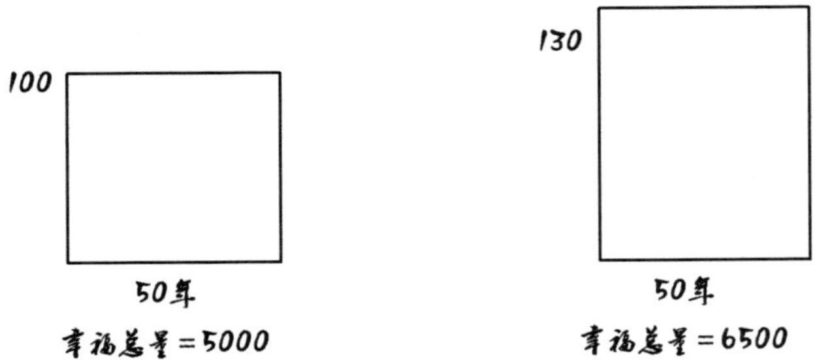

图14.2

从数学角度来考虑，我们会说幸福总量是生命持续时间和质量的二元函数。更准确地说，我们可以说幸福总量就是图中四边形所围起来的面积值，也就是将生命持续时间和质量相乘之后得到的数值。所以，在图14.2中，第一种人生的幸福总量为5000（50×100=5000）个单位的幸福，第二种人生的幸福总量为6500（50×130=6500）个单位的幸福。当然，我们不必认为这些数值能如此精确，重要的是其背后所包含的想法，即四边形的面积代表了你在50年的生命中所能获得的幸福总量。

（如果我们接受有价容器理论的观点，而不是中性容器理论的观点，就需要一个更复杂的公式。将生命持续时间和质量相乘，得到的仅仅是生命内容的价值。如果活着本身也具有价值，那么我们需要增加一个额外的量来得到整体总和，以反映生命所包含的以及生命本身的价值。可以假定，这个额外的量是生命持续时间的一元函数。为了简便起见，我就不采用这种复杂的计算方式了。同样，为了简便起见，我也将第十三章中提到的那类观点放到一边，即不考虑人生的总体价值将受到人生整体形态的影响。）

如果幸福是生命持续时间和质量的二元函数，那么我们可能就不得不面对二选一的情况。见图14.3所示，图中第二种人生持续的时间要比第一种人生长得多（100年，而不是50年），但是它的生活质量水平要低一些（90分质量分，而不是100分）。我们要问，在生命持续时间上的增量是否足以弥补在质量上的落差，从而使得第二种人生比第一种人生更好呢？如果我们诉诸幸福总量的概念，就会做出肯定的回答，因为第二个四边形的总面积要大于第一个四边形的总面积（9000单位：5000单位）。

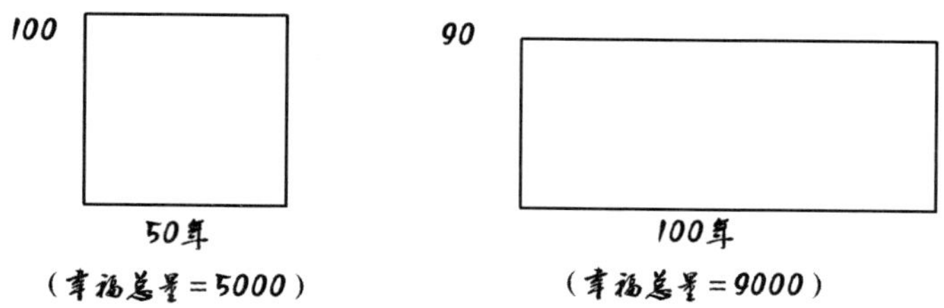

图14.3

显然，当幸福总量被定义为生命质量和生命长度的乘积时，考虑幸福总量就是考虑生命质量重要性的一种方式。但是，这是正确的方法吗？这种方式给了生命质量足够的重视吗？

结论目前尚不明确，不过可以想一想另外两种人生之间的选择。在图14.4中，第一种人生可以幸福地生活很长时间，比如说100年，而且生命质量在一个极其高的水平上，有150分的质量分。假设地球上目前为止有过的最好人生其生命质量水平是125分，所以150分好得不可思议。你拥有了这样的人生，而且可以活100年！现在用这种人生和图中所示的第二种人生对比一下。在第二种人生里，生命质量非常低，只有1分。需要提醒一下，这仍是值得一活的人生，因为1依然是一个正数。不过在任何时间点，这样的人生都只是勉强让人值得拥有罢了。（得分为0的人生虽然并不比不存在要差，但是不值得一过；负分的人生比从未活过还要糟糕。）尽管如此，虽然生命的质量很低，但是这个人生持续了很长很长的时间。它持续的时间太长了，以致我都无法按比例把它画出来了。（这就是我在线条中间标上了省略号的原因。）假设这段人生持续了30000年。

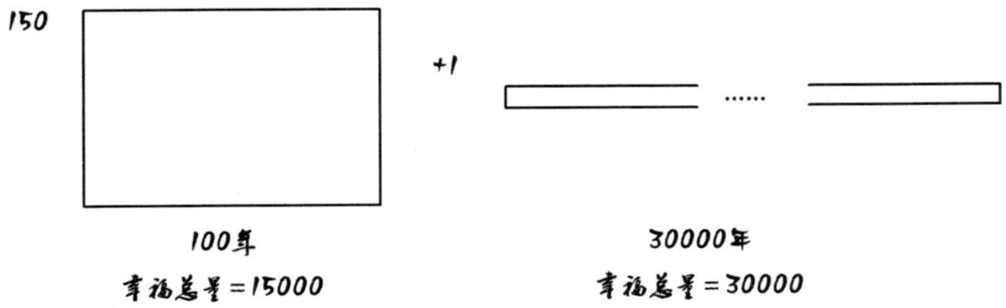

图14.4

再问问你自己，这两种人生你更喜欢哪一种，是第一种还是第二种呢？我想，大多数人还是偏好第一种而不是第二种。不可否认，第二种人生比第一种人生要长得多，但是除此之外，在任何时间点，它都只是勉强值得拥有。与此相对的是，第一种人生虽然短得多，但是生活质量却相当高。面对这样的选择，我想大多数人都会认为，在第二种人生里，额外的生命长度并不足以弥补在生命质量水平上显著的落差。

需要注意的是，如果我们不得不根据两种人生所包含的幸福量来二选一的话，我们不得不说，第二种人生比第一种人生更好。毕竟，第二个四边形的面积是第一个的两倍（30000：15000），也就是说，第二种人生所包含的美好事物的总量是第一种人生的两倍。所以，这个选择告诉我们，尽管知道第一种人生的幸福总量更少，你还是认为事实上第一种人生更优越，那就表示幸福总量并不说明全部问题。稍换一种说法就是，尽管幸福总量将生命质量考虑在内，但这种方式可能是错误的，它没有赋予生命质量足够的权重。①

当比较两种生活时，很自然的一个想法是：尽管第一种人生更短暂，但是它达到了生命质量的巅峰水平，而这种水平没有在第二种人生中的任何一个时刻出现过。在评估和选择时，我们也许不能只看美好事物的数量，还必须特别注意其高度和峰值。当考虑人生时，不仅要问从总量上来说，你的人生得到了多少东西，还要问在这一生中你所取得的最大成就或得到的最好事物是什么，后两个问题十分重要。简而言之，也许质量可以胜过数量。

要想将这种观点付诸实践，可以采取很多不同的方式。至少，我们可以给生命质量一个额外的权重，这样，有时候（但不总是）生命质量就可以在重要性上超过数量。这种观点的一个比较大胆的版本认为，生命质量总是比数量重要，但这并不是说数量不重要。如果让我们在两个取得同样伟大成就的人生中选择，一个拥有更长的生命，一个更短，我们可能还是会认为更长的人生更好。所以，当我们认可质量最重要时，数量也同样重要。

还有一个更大胆的理论版本说，事实上，生命质量是唯一重要的，我们只

① 我此处的讨论得益于德里克·帕菲特《理性与人类》（牛津大学出版社，1984）一书第四部分，他在全人类范围内对类似问题进行了讨论。

应该关心那些巅峰。不管怎么说，这至少是弗里德里希·荷尔德林在他的诗歌《献给命运女神们（致命运）》［*To the Parcae（to the Fates）*］中所表达的立场（译文采用钱春绮译本，特此感谢！——编者注）：

万能的女神们！请假我一个夏季，
一个秋季，让我的诗歌成熟，
那么，我的心儿，满足于
这甘美的游戏，就乐愿死去。

这颗心灵，在生时不能获得它那
高贵的权利，死后也不会安宁；
可是，有一天，这神圣的事业，
深藏在我心中的诗歌获得完成，

那么，冥府的沉寂，欢迎你来吧！
我将会满足，即使我的乐器
没有伴我同住；我只要有一天
过着神的生活，我就更无他求。①

荷尔德林说的是，他完全不在乎数量。如果他可以取得一些重大的成就，如果他可以写出伟大的诗歌，登上巅峰，那就足够了。只要曾经像诸神一般生活过，就别无他求。

---

① 摘自弗雷德里希·荷尔德林《献给命运女神们（致命运）》，瓦尔特·考夫曼在"Death Without Dread"一文中对其进行翻译，收录于*Existentialism，Religion，and Death*（新美国图书馆出版社，1976）一书。

所以，当我们思考该如何生活时，仅仅思考什么是值得拥有的还不够，我们必须解决质量和数量的问题。质量中涵盖了数量，所以数量是重要的，但实际上真正重要的仅仅是质量，是这样吗？还是数量本身就很重要，本身就值得追求，即使那意味着值得拥有的事物其质量更低呢？如果质量很重要，那数量也重要吗？还是说质量是唯一重要的呢？当荷尔德林说“只要有一天过着神的生活，我就更无他求”的时候，他是正确的吗？

我猜想，荷尔德林能够信心满满地说“更无他求”的部分原因是，他认为自己的诗歌可以做出持久的贡献。通常，当我们认为自己完成了一些了不起的事业时，就会感觉自己好像获得了某种程度上的永生。比如，我们会通过自己的作品活下去。所以，接下来在探讨面对死亡而生活的策略时，我想要问，这类永生是否值得追求。当然，我强调“类”这个字，是因为严格来说，如果你通过自己的作品或通过你的孩子活在世上，诸如此类，那不同于你真正地活着。这最多是半永生（semi-immortality）或者准永生（quasi-immortality）。我想那些不相信这类永生价值的人会称之为伪永生（pseudo-immortality）。（就像伍迪·艾伦所说：“我不想通过我的作品变得不朽，我想要通过不死来活着。”）

在我看来，对“半永生”价值的这种追求一般分为两种主要形式。有时候人们会说，尽管你没有真的继续活着，但是你的一部分还继续活着，这和你自己继续活着非常相似。比如，如果我有孩子，那么我的一部分就在我的孩子体内，我的一个细胞在别人身上延续。如果我的孩子还有孩子，那么，他们的细胞将在他们的孩子身上延续，他们孩子的细胞将在他们孩子的孩子身上延续，以此类推。请想象一下一只阿米巴虫不停地分裂，分裂，分裂，再分裂，原始的那个阿米巴虫的一部分可以在很多很多代上延续。从字面上讲，我们的一部分会继续存活，有些人从这种说法上找到了安慰。即使我从来没有过孩子，至少我的原子可以循环再利用。最终，我被宇宙吸收回去，但是我并没有完全消失。有一些人从这种想法上得到了慰藉。

德国哲学家叔本华认为，这可以减少几分死亡的痛苦，他说：“但是有人还是会问：‘微不足道的尘埃和天然粗糙的原材，怎么能当成我们万物之灵的延续呢？’”他回答说：

> 哦！那么你了解这尘埃吗？你知道它是什么，它可以做什么吗？在你鄙视它之前，请试着了解它。这地上的尘土，当它溶解在水里后，很快就会结晶；它像金属一样闪耀；它会释放电火花……它会自然地形成植物和动物；在它那神秘的子宫里，它会孕育出生命。在你那狭隘的思想里，失去这生命让你如此紧张与焦虑。①

这的确是一段激动人心的文字，但是我不得不说，我不买账。当我想到自己的原子将仍然存在于世，在其他东西里被再次使用时，并不能从这个想法中得到一丝安慰。所以，这第一种类型的半永生，这种从字面上“你的一部分还会继续存在”的想法中找安慰的行为，在我看来，就像绝望地抓住救命稻草一样。“哦，我就快要死了，但是也没有那么糟糕，至少我的原子还在。”如果叔本华是这么想的，我认为他只是在自欺欺人罢了。无论如何，这对我没用。

如果“你的一部分会在死后延续”这种想法并不怎么能给你安慰的话，那还有第二种获得半永生的方法，就是“你的成就会在死后继续存在”。荷尔德林写的诗，200年后我们还在阅读。你可以写一部小说，被世人传诵20年、50年、100年或者更久；你可以为数学、哲学或者科学做出贡献，50年或100年

---

① 转引自杰夫·马汉的*The Ethics of Killing*（剑桥大学出版社，2002）一书第96页对于亚瑟·叔本华的《作为意志和表象的世界》（*The World as Will and Representation*）的引用。

后，人们可能还会讨论你的那些哲学论点或者数学结论。

当然，还有很多其他的持久成就。比如，你参与建造的建筑物，在你过世之后依然还在。我读过关于石匠的采访。他们认为，在自己去世很久以后，那些他们参与建造的建筑物还会矗立世间，这让他们感到骄傲和宽慰。或者你可以试着创立一家公司，在你死后仍继续存在。或者，你可以从养育家庭的成就中得到愉悦和欣慰。这并不是说你的一些细胞在后代体内延续，而是说将另一个正直的人抚养长大是一项了不起的成就，那是生活中值得去做的事，并且这份成就在你死后依然存在。

我们该如何看待这第二种类型的半永生呢？必须承认，我有些拿不定主意。如果你认为自己的组成部分在死后仍然存在是令人欣慰的，我会认为你是在自欺欺人。但这第二种类型的半永生不同于尘埃和原子的说法，我倾向于认为它含有一些真正的价值。创造一些能够持续一段时间的有意义的东西是很有价值的，这种想法对我来说有说服力。即使我的生命终究是短暂的，但是如果我完成的一些事业得以延续，那么我的人生也就因此更有价值。我估摸着，这就是荷尔德林的想法，这也是一种对我个人来说很有吸引力的想法。这种说法部分解释了为什么我也要写哲学书。我希望自己写下的东西，在我死后20年或者50年，或者如果我够幸运的话，100年后，还有人在读。

所以一般情况下，也许是大部分情况下，我认可这种想法，但是我必须承认，在另一些时候，我对它也有质疑。我提醒自己想一想叔本华写的文字，他的“尘埃颂”，接着我就觉得我在欺骗自己，就像叔本华欺骗他自己一样。叔本华太绝望了，以至于他自欺欺人地想：“哦，我就要变成尘埃了，这没有关系。尘埃真的真的很重要。”类似地，当我认为取得能够超越自己而存在的成就是伟大的、有意义的、有价值的时候，我会担心，也许我也只是在欺骗自己。至少，当我心情消沉的时候，我认为自己只是在自欺欺人。

但那只是在特定的情绪下才会有的想法。在大部分时候，我还是认同荷尔德林的观点。不过，我不同意他关于数量完全不重要的说法。荷尔德林认为，写出一部伟大的作品就够了，那就意味着再写出其他伟大的作品都是多余的，在我看来，这有点儿太极端了。我认为，数量也是很重要的。但在这一点上他是对的：完成一些持续的有意义的事，在我看来，确实可以增加自己生命的价值和意义。

让我快速阐述一下最后一种面对死亡的方法。我将用很短的篇幅来介绍最后一种策略，但它当然也值得关注。到目前为止，我们提及过的所有策略，都有一个共同的潜在信念：生活是或者可以是美好的，所以让你的人生变得尽可能地有价值，这就说得通了。尽管不同的策略在细节上各有不同，但在有一点上却是一致的，那就是对于失去生命我们无能为力，所以正确的应对方式是，尽量让我们拥有的生命更有价值。也就是说，在我们还拥有它的时候，去发现（并提升）它的价值。

但是，有人可能会采用另一种完全不同的方式来面对死亡。持这种观点的人会说："是的，我们将会失去生命，这看起来很可怕。但是，只有当失去生命真的是一件坏事的时候，它才是真正可怕的。如果我们认为生命不是一件珍贵的礼物，不值得拥有，没有什么潜在的价值，那么失去生命根本就不能算是一种损失。"这种观点其实和我们之前探讨过的一种观点有很紧密的联系。根据剥夺解释理论，死亡的主要坏处在于它剥夺了我们本值得一活的一段生命。当然，这就意味着，如果悲观主义者是对的，即生命并不值得拥有，那么，失去生命根本就不是一件坏事，反而是一件好事。所以，这里的关键就不在于尽量生活得有价值，而在于意识到权衡下来生活是负面的，而不是正面的。

我将要说的简单得像《经典名著漫画》一样，而且非常一概而论，但是也许我们可以笼统地说，第一种基本观点是西方的观点。根据这种观点，生命是美好的，所以失去生命是一件坏事，而应对它的方法就是在我们还拥有生命的时候，充分利用它。类似地，如果笼统地来说，第二种基本观点也可以说是东方的观点。根据这种观点，生命并不像我们通常以为的那样美好，所以根本不用将失去生命看作一件坏事。当然，把这种观点叫作“东方的观点”是过分简单化了，但至少这种观点更多地出现在东方思想中，而不是西方思想中。

在一些特定的佛教流派中，我们可以找到第二种观点的典型例子。佛教宣扬“四圣谛”，而第一种圣谛就是“人生是苦”（life is suffering）。佛教徒相信（或者至少是某些佛教徒相信），如果你认真思考生命的内在本质，你便会发现遗失和苦难无处不在。[①]生命中有苦难，有疾病，有死亡，有痛苦。诚然，生命中也有我们希望拥有的东西，如果足够幸运，我们就可以得到它们；但是，随后我们又会失去它们，而这又增加了苦难、痛苦和不幸。两相权衡后，生活不是美好的。基于这种判断，佛教徒试着将你从对这些事物的执着中解脱出来，这样当你失去它们时，损失就能最小化。实际上，佛教徒希望将你从他们所说的自我幻象中解放出来。不存在自我，就没有什么可以失去。

我担心死亡是自我的消亡（dissolution of myself），所以死亡令人恐惧。但是如果没有自我，就没有可以消亡的对象了。

我要说的是，我极为尊敬佛教。假设人生是苦，这很能说得通。但我是在西方文化中长大的，不管这是好还是坏，我都是读着《创世纪》长大的，书中说上帝看着这个世界，并判定这是个美好的世界。至少对我来说，通过承认生活是消极的来使损失最小化，不是我可以接受的方式。那么，对我来说，或许对我们大多数人来说，应该在我们已经讨论过的几种更为乐观的策略之间做出选择。我们要问的是：如何让我们的生活变得更有价值呢？有什么事我们做成之后，可以像荷尔德林那样说，“只要有一天过着神的生活”呢？

---

① 像所有伟大的宗教传统一样，佛教也有许多不同教派和佛学诠释，佛学思想里的悲观派肯定不是其中的唯一分支。我并非想对佛学思想进行全面又细致的概括，只是对其中一种应对死亡的方式进行了快速解读。

第十五章
自杀

自杀的理性问题

在上一章我问过这个问题：人终将死亡这一事实会对我们的生活方式造成什么影响？当时我提出了几种可能的答案，但我们并未考虑一种可能性：自杀。终有一死为人们自主结束自己的生命打开了大门。

但严格来说，我认为，人终有一死本质上并不能确保自杀就是一种选择。比如，如果我们所有人恰好都能活到80岁，而且无法改变这一数字，这样我们仍然要经历死亡，却无法自杀。事实上，即使我们的寿命有长有短，只要我们无法改变生命的长度，自杀就是不可能的。因此，只有当我们可以控制自己生命的长度时，自杀才是有可能实现的。而这其实是关于死亡我们可以控制的少数几件事之一：如果我愿意，我可以赶在死神来临之前结束自己的生命。

关于死亡，我想要探究的最后一个问题是：在何种情况下，如果存在这种情况的话，自杀是合理的？在何种情况下，如果存在这种情况的话，自杀是正当的？

当然，我们的文化中弥漫着对自杀的鄙夷，混杂着侮辱、恐惧以及不认同，因此人们很难心平气和、一清二楚地讨论这个话题。大多数人会认为你疯了才会自杀。事实上，他们认为，考虑和自杀有关的事就证明你脑子出了问题；如果你没疯，那你就是不道德的。在这些人眼里，自杀绝不是一个合乎道德的正确之举。

因此在讨论这个话题时，我们很容易被情绪左右。然而，在此我建议大家系统地研究这个问题，对问题的两方面都予以细致考察。首先，在我看来，第一步就是要区分理性问题和道德问题。我将先专注于讨论理性问题，看一看在什么情况下，如果存在这种情况的话，自杀是合理的。之后再研究道德的问题，看一看在什么时候，如果存在这种时候的话，自杀具有道德上的合理性，或者是道德上所允许的。

将这二者区分开，说明我已经假设了这两个问题是分离的，或者至少我们需要分别对其进行讨论，一方面是理性问题，另一方面是道德问题。我们当然可以这么说，它们二者都是关于应当怎么做的问题，都是对相关行为进行评判。但至少大多数人都倾向于认为，我们在对其中一类问题进行评判时采用的是一套标准，而评判另一类问题时采用的则是另一套标准。

毫无疑问，在很多情况下，理性问题和道德问题都紧密相连。哲学上有一些观点揭示了理性的本质和道德的本质，根据这些观点，理性和道德总是密不可分的。但是大多数人倾向于认为二者可以分开，至少是在原则上。让我们用在所得税上作假的可能性来举个例子。报税单被抽查的概率非常非常低，而且即使被抓，罚款的数额也并不惊人。因此，至少从理性的利己主义角度出发，做假账的决定是合理的。（因为你被抓的概率很小，而且就算被抓了，罚款又能有多少？）但即使我们都同意做假账是一个合理的选择，大部分人立刻会就这个意见指出，在报税单上作假是不道德的。这个例子说明了符合道德规范的行为（全额报税），不一定合乎理性的要求。

对理性做出如此狭义的解释——好像理性仅仅意味着做符合理性自利的事，此外别无其他——可能是错误的。可以说，采取某种既定行为（或避免采取某种既定行为）的原因，有的并不能简化为怎么做对施事者最为有利。但这是个复杂的哲学问题，我们在此不需要对其下定论。不如我们就这么规定，在从理性的角度评价自杀行为时，我们仅将注意力局限在理性自利这一方面，专注于讨论对抱有自杀想法的人来说什么有利、什么有害。虽然理性不仅仅意味着只做符合自己最大利益的事，但一般情况下，或至少在讨论自杀是否符合理性时，最重要的标准就是判断其是否符合个人的利益，这个想法也是说得通的。因此，我们可以简化我们的讨论，只对理性自利的问题进行探讨。

这样的话，某些类型的案例在此将略去不提。比如，我们不会讨论如下的案例：你过着非常有意义的幸福生活，却为了推动你全力支持的某项事业，或者为了保护朋友和爱人而结束了自己的生命。在我看来，这些案例严格来说应该被归为自杀案例，不过是非典型的案例。如果要对自杀进行面面俱到的研究，当然需要对此类案例进行讨论。但为简单起见，我们将撇开它们不予讨论，这样可以专注于更典型的案例，即人们出于自身的考虑结束自己的生命。也就是说，因为你觉得死了你会更好。把对自杀的合理性的讨论局限在理性自利的范围内，可能在某种程度上简化了实际情况，但是这样做可以使我们集中于我认为更主要、更典型的案例上。

那么，什么时候，如果有这种时候的话，自杀是一个合理的决定呢？这里，我想要做的第一件事就是对以下两个问题加以区分。第一个问题是：什么时候，如果有这种时候的话，死了真的会更好？是否存在这种情况，你的生活已经糟到了生不如死的地步？假如这个问题的答案是：确实有这样或那样的情况，死了反而会更好。那么，还有第二个问题：你凭什么信赖自己的判断，相信现在就到了死了反而更好的时刻？而根据这一判断采取行动为什么会是合理的？可以想象，这个问题的答案可能是否定的。事实上，即使死了真的会更好，但是相信这个结论并据此采取行动的做法，或许永远都不可能是合理的。

毕竟，当你的生命糟到了生不如死的地步时，在这种情况下，你肯定神志不清，这是极有可能的。而因为你无法清醒地进行思考，你就不应该相信自己的判断，认为自己已经到了穷途末路。上述说法是否正确，我们过后再说。但正因为你可能会这么想，我才要将第一个问题（你是不是真的会生不如死？）以及第二个问题（你有没有理由相信你正处于这种生不如死的状态？）区分开来，我们需要分别对其进行讨论。除非上述两个问题的答案都是肯定的，否则自杀就绝不可能合理。

我们需要问的第一个问题是：究竟是不是真的存在人们死了会更好的情况？或许你们立刻就会质疑这一论述的逻辑，“琼斯死了会更好”这种思路所做出的判断明显说不通！

毕竟，要想做出此类比较（“如果出现了这样或那样的情况，他会更好还是更差？”），你必须能够说明这个人目前（或者即将要）处于何种情况，以及这个人会处于什么状况中（如果出现了变化的话）。你必须能够描述这两种可行的状况（condition）或状态（state）并进行比较，否则这种对比就站不住脚。我们称其为“双态要求”（two-state requirement）。

（当然，在我们进行对比的某些时候，除非我们先做了某事，否则两种状态都不会出现。但即使在这种情况下，我们也必须能够将两种选择下的不同状况进行对比。因此，这里也涉及了双态要求。）

通常情况下，要想判断一件事对你是好是坏，无论如何都要满足双态要求。比如说，你想决定要不要减肥，你就会想：“我现在超重是这种状态，我减肥之后会是那种状态。”你比较了这两种状态，意识到第二种比第一种好，这就使“你减肥之后会更好”这种说法合理了。当你决定是否要和女朋友结婚、是否要辞职、是否要离婚，或者是否要搬到乡下的时候，情况都与之类似。你将相关的两种状态进行比较，判断哪一种更好，这样我们才能说，“是的，这样会更好”，或者“不，这样会更差”。事实上，只有存在两种不同的状态并可以对其进行比较时，我们才能够根据实际情况说出自己会更好或更差。

但如果我现在考虑要不要自杀，在谈及死了是不是会更好的问题时，这一说法似乎无法满足双态要求，做出自己死后会更好这种判断又怎么可能合理呢？现在，不管我正处于什么状况（或终将处于什么状况），我们当然可以描述这种状况。但我要是想描述我自杀之后的状况，就有点儿不对劲了。没有这样一种状况可供描述，不复存在不是一种我死后将经历的状态：这不是一种状况。如果死亡真的意味着结束，如果我死后将不复存在，那么在这之后就没有可以进行描述的状态或状况！所以，谢利·卡根就没有第二种状态或状况可以和第一种进行对比。显然，这意味着我们没有满足进行比较所需要的双态要求。

这种观点其实是这样的，状态和状况都以存在为前提。我们可以问：你高兴吗？悲伤吗？无聊吗？激动吗？这些问题都以你的存在为前提。甚至睡着也是一种你能够经历的状态或状况，因为在睡着的时候你是存在的。但是，如果我自杀了，我将不复存在，就没有第二种状态可以让我们进行比较了。所以，我们怎么能说自己死了会更好呢？要想这么说，就需要有第二种状态可以和实际状态进行比较。但由于没有第二种状态——或者说，这个论调是这样说的——那么，做出我死了会更好的判断根本就不可能成立。也就是说，像这样进行比较是不合理的。

许多哲学家被这种论调吸引。但在我看来，这种论调肯定是错的。

想一想我们在讨论剥夺解释理论时的结论：对于大多数人来说，死亡会是件坏事，因为它会夺走我们生命中本能拥有的美好事物，而只要我们活着就可以得到这些美好事物。这个观点看起来顺理成章，也很恰当，但如果我们认可双态要求，就得提出反驳了：怎么能这么说呢？毕竟，说现在就去死对我来说是坏事，和说我活着会比较好，看起来指的是同一件事。如果我们认可双态要求，就会说，这种判断（活着会比较好），只有当我可以将我死后的状态和我活着的状态进行对比时才能成立。但很显然，不存在不是一种状态，所以无法满足双态要求。因此，我不能说活着会比较好，正如我不能说死亡对我来说会是坏事。

这种说法让人颇感踌躇。我想，如果双态要求只是说明，我们根本无法判断死了会更好，那么我们可以接受这种推论；但是根据双态要求，我们推论出大家甚至没办法断言自己活着的时候会更好！这一点让人难以置信。

想象一下，有个非常非常快乐的人，日子过得非常精彩，生活中充满了你能想到的各种有价值的美好事物——爱情、成就、学识，诸如此类。这个人过马路时，眼看就要被卡车撞了。这时你冒险冲过去把她推开，救了她一命，好在你也没有受伤。她抬起头，发现自己离死亡只有咫尺之遥，于是说道："谢谢你！谢谢你救了我。"

现在你却要说："恐怕你没弄明白。我救了你，你对此表示感谢，就是假定我给你带来了好处。而这么说，就相当于假设你的生命得以延续是一件好事，也就是说，活着会更好！但是你看，鉴于有双态要求，我们没办法判断让你继续活下去是好事。假如我没救你让你死了，而这时你能够经历某种状态，根据双态要求，只有这样我们才能说你活着会更好。但如果你死了，你根本就不存在了，你不会经历不存在这种状况。所以你看，你觉得我救了你是帮了你的忙，根本就是没弄明白这些哲学概念。"

我无法把这种论调当真，希望你们也不会。如果你救了某人的命，当然是帮了他们的忙，因为我们假定他们的生活一直很精彩，而且将继续精彩下去。这是什么意思呢？它当然不是说，不存在是一种幽灵般的虚空状态或状况。不是的，不存在就是不存在，它完全不是一种我们置身其中的状况或状态。也就是说，我们进行此类评判时，双态要求不是一个真正需要满足的条件。我们针对你救了那个人，说你是帮了她的忙，说她活着会更好，要做出此类论断，不需要声明说她死了会多悲惨，只需要说她将来的生活（多亏你救了她）会很不错。因为她的生活现在（将来也会）很好，所以失去生命就是一件坏事；因为失去生命是一件坏事，救了她就是给她带来了好处，给她帮了忙。如果双态要求得出了不同的结论，那么我们就要摒弃双态要求。

摒弃了双态要求，我们原则上也就能对相反的那种情况进行类似的阐述了。想象有这么一个人，他的生活糟糕透顶，饱受折磨，苦不堪言。是否会存在这样一个人，我们稍后再谈。但是如果有这样一个人，我们会说，继续活着对他来说是坏事而不是好事。他的生活中充满了悲惨、折磨、挫折和失望，这样的生活持续时间越长，就越糟糕。如果每一分钟都意味着折磨与苦痛，那么过100年这样的生活，比过30年这样的生活要更糟。所以，如果有这样一个人，让他活得更久一点儿，反而是一件坏事。在这种情况下，活得越短对他就越好。

我们说人们死了会更好，就是这种意思。我们不是声称他们死后会处于一种难以描述的幽灵般虚空的状况中，只是比较了他们可能会拥有的两种生活。回想一下你救的那个生活幸福的人。我们把让她过90年幸福生活和只让她过30年这样的生活相对比，一下子就能发现第一种比较好。所以，救了她的命对她来说是一件好事。同样，想一想生活悲惨的那个人，我们把漫长的悲惨生活和较短暂的悲惨生活相对比，会发现活得越久就越糟糕。这种情况下，我们就说这个人死了会更好。这不是说他死后会处于某种好的状况，或某种比活着的时候要好的状况。只是说如果他死了，就能避免目前这种不好的悲惨状况。这就是他死了会更好的全部意义。如果双态要求不这么认为，那它就错得更深了。

当然，这并不能说明是否有人的生活糟糕透顶，死了会更好，是否有的生命比不存在还要糟。我们目前只是说存在合乎逻辑地表达这种观点的可能，但这不意味着它就是对的。是否存在这样生不如死的情况，取决于你怎样正确理解幸福，你认为是什么使得生命有价值。如前文所述，这是一个有争议的话题。人们对于什么构成了最美好的生命有不同看法。由于存有异议，针对生活会否糟糕到生不如死的地步这一话题，我们将对哲学上的不同观点进行讨论。

比如说，假设你认可享乐主义，认为生命质量是用所有快乐的总和减去所有痛苦。既然我们问的是现在结束我的生命是否会更好，那么我们就要知道从现在起（也就是说，如果我现在没有死的话），我的生命总体上是好还是坏。于是我们把所有我会拥有的快乐相加，把所有痛苦相加——在计算中要考虑其强度及持续时间——然后从快乐中减去痛苦，看看整体总和是多少。如果是正数，那么我的生命就值得继续；正数的值越大，我的生命就越有价值。

但如果是负数，也就是说，我此后生命中会充满痛苦和折磨，其数量超过了快乐，那么我的生命就不值得继续了。这种生命对我来说就是不好的，放弃它会更好；对我来说，死了会更好。这就是享乐主义者的说法。

当然，如果我们不是享乐主义者，接受的是更复杂的幸福理论。在计算时除了快乐和痛苦，我们还要考虑其他东西。在对你此后的生命进行评估时，我们不仅要考虑你的精神状态，也要考虑外部与你的生活息息相关的其他好事与坏事。比如，你是会继续完成未竟的事业，还是会受挫或受创，无法完成远大理想？你会拥有友情及其他亲密关系，还是会被人忽视、辱骂、遗弃？你会继续探寻自己在宇宙中的坐标，还是只满足于无知和幻想？在这里，我不会试图一件一件列出所有外部的好事和坏事。无论这个清单上有什么，我们都要把所有的好事和坏事相加——外部的和内部的——然后看看其差额。如果差额是正数，也就是说此后的生活里好大于坏，那你的生命就值得继续——你活着会更好。但如果差额是负数，即坏大于好，那么你的生命就不值得继续下去了——对你来说，死了会更好。

然而，需要注意的一点是，目前我们所有的计算都只考虑到生命内容（从现在起）的价值。对于持某些观点的人来说，这就够了。如果你认同中性容器理论，就是说生命本身并没有价值，生命的好坏取决于其内容，所以一旦判断出生命内容里是否好事多于坏事，我们的计算就算完整了。但如果你认可有价容器理论，需要进行的计算则复杂得多。根据有价容器理论，你活着本身就是一件好事。在这种观点下，我们不仅要计算未来生命中所有内容的价值，还要加上一个适当的附加值（这是个正数），这个值反映了你活着本身带来的价值。要加一个多大的数值呢？这取决于我们采用哪种版本的有价容器理论。也就是说，即使你从现在开始生命内容的总值是一个负数，仍然有可能你活着会更好，因为整体的差额（加上了活着本身的附加值后）仍然可能是个正数。只有当这个总体差额——生命内容的价值和活着本身的价值相加之后——是个负数时，我们才能说死了对你而言更好。

这是可能的吗？会有人的整体差额是个负数吗？如果你接受保守价值容器理论，可能会出现这种情况。至少从原则上来说，如果生命内容太过糟糕，活着本身的正面价值会被坏事抵消。但有些人认可理想价值容器理论，他们认为，生不如死的情况是不可能出现的。根据这一理论，活着本身价值无限，无论（从现在起）生命内容多么糟糕，整体总和永远都是正数，因此绝不会有某人死了会更好的情况出现。很明显，根据理想价值容器理论，自杀永远不会是理性的，因为不可能有人活得短会比活得长要好。

我想我们大多数人都难以相信理想价值容器理论。我们要么认可中性容器理论，要么接受保守价值容器理论。无论是两者中的哪一种，都认为如果生命内容过于糟糕，就会使得生活的总价值为负数。如果从现在开始，你的生命内容太过糟糕，对于你来说，死亡可能就是更好的选择。

当然，这时乐观主义者就会坚称，没有人的生活会糟糕到生不如死的地步；悲观主义者则坚称每个人的生活都糟糕透顶，死亡对他们来说都是更好的选择。但我认为更有常识性的观点是，这两种极端的看法都不正确。有些人的生活充满了折磨、无能、悲惨以及失败——或者至少他们将会经历这些——那么这些人是生不如死的。但并非所有的生活都这样，这取决于不同的情况。

我比较认同中立的观点。就我目前看来，认为每个人现在和将来的生活都生不如死，这是不正确的；但是认为每个人现在和将来的生活都死不如生，这同样也不正确。很悲惨的是，确实有一些人从现在开始的生活会非常糟糕，盖过了活着自身的价值。

比如，我们设想一下处于衰竭性疾病晚期（终将致命）的病人。比如，癌症给他带来了巨大的痛苦——痛苦如此之大，除了忍着，什么都做不了。他不能接着写小说、料理花园、品鉴诗歌，甚至无法享受家人的陪伴。疼痛让他心烦意乱，他被疼痛击败，希望能结束这种苦痛。或者他是一名退行性疾病患者，越来越没有能力完成那些赋予生命以价值的事情，甚至越来越没办法料理自己的基本生活。（事实上，意识到自己的处境，意识到自己很多事都做不了，本身就会给病人带来巨大的痛苦、悲伤以及沮丧。）

当然，我并不是说，在这些例子里疾病一出现，生命就不值得继续了；也不是说一旦疾病带来了惨痛代价，生命就没有价值了；更不是说，如果你患上了一种终将致命的疾病，那么你一定会经历一个生不如死的时刻。但是，在我看来，至少有一些病人确实走到了这样的时刻。很不幸，对于一些病人来说，未来意味着越来越多的痛苦和折磨，意味着无法自理的悲惨生活。随着他们的状况越来越差，他们可能会面临生不如死的时刻。

基于这一观点，即至少在某些情况下，人们会经历生不如死的时刻，让我来更清晰地谈一谈，自杀什么时候是合理的。这里用曲线图能让我们更好地了解幸福在不同时间的变化。在图15.1以及本章中出现的其他图中，X轴代表时间（越向右，时间越往后）；Y轴代表你的生命在此时的好坏程度（Y轴对应的值越高，生命越好；值越低，生命越差）。X轴的下方区域意味着生活已经糟到生不如死的地步（如果生活继续如此的话）。顺便提一句，要注意，Y轴代表的是生命的总体价值；它不只是生命内容的价值，还是生命内容的价值加上额外的价值，就是活着本身带来的价值，如果活着本身有价值的话。因此，无论你认可中性容器理论还是有价容器理论，Y轴都代表的是生命总体质量，即当时生命有多好（或多差）。①

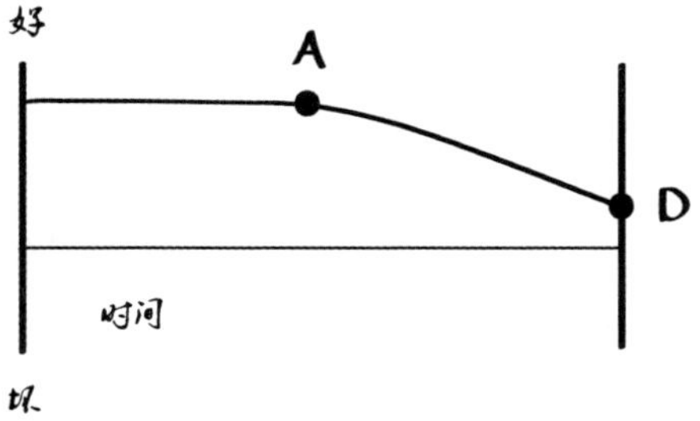

图15.1

图15.1所示是一种生命的范本。起初一切都很好，然后在点A，事情开始逐渐变糟（可能你在点A生病了，或者是你的疾病症状开始凸显），你的生活质量每况愈下。点D，也就是这条曲线右侧的终点，代表着你自然死亡的时间。这整条线代表了你的生命态势，或者更准确地说，它代表了你中途没有自杀的情况下的生命态势。

我们的问题是：自杀有无可能是理性的？自杀在这种情况下是不是合理的？很明显，答案是否定的。确实，朝死亡临近时，生活就不如年轻时，你那时身体健康，充满活力，生活中满是机遇和成就。但一直到死，生命的价值都是正数（一直处于X轴的上方）。也就是说，情况从来都没有差到生不如死的地步。所以，自杀是不合理的。

① 如果你认可下面这种可能性（见第十三章），即生命的价值也可能被其整体形态所影响，那你就需要一些不一样的图表来阐述我将要表达的这种观点。（在这种图表中，Y轴代表的是在某一时刻结束生命会有多好或多坏，而不是在这一时刻生命有多好；因此如果一条线代表死了会更好，那么这条线必然是向下倾斜的，而不会穿过X轴下方。）然而，由于我这里想要表达的基本哲学观点不会受到影响，就不再进一步讨论这种不同情况了。

特别要指出的是，如果你指着点A说，从这时起自杀开始变得合理了，因为此后情况变糟了，这是不正确的。确实，在点A之后生命的价值下降了，而且最后大幅降低，但是从没低到生不如死的地步。在这样的生命中，情况还是生命越长越好，所以自杀一点儿也不合理。

要想让自杀合理，你的生活就要非常急转直下，导致你的一部分生命曲线位于X轴下方。也就是说，你的生命中必须要有段时间比不存在还要差。简而言之，自杀要想合理，必须要有生不如死的时刻才行！而我们在图15.1中找不到这样的时间点。

但是在图15.2中，我们有这样的时间点。在图15.2中，你一开始同样身体健康，充满活力，一帆风顺。但是你得了退行性疾病（我们如此假设），生活越来越糟。点A同样标志着生命的总体价值开始降低；但是这一回，情况变得足够糟糕，从点C开始，你的存在比不存在还要差；点D同样标志着你自然死亡的时间——死于疾病——除非在此之前你就结束了自己的生命。根据图15.2，我们突然发现这里存在着一段生不如死的时间。从点C到点D，活着并不是一个更好的选择，早些选择死亡反而会更好。

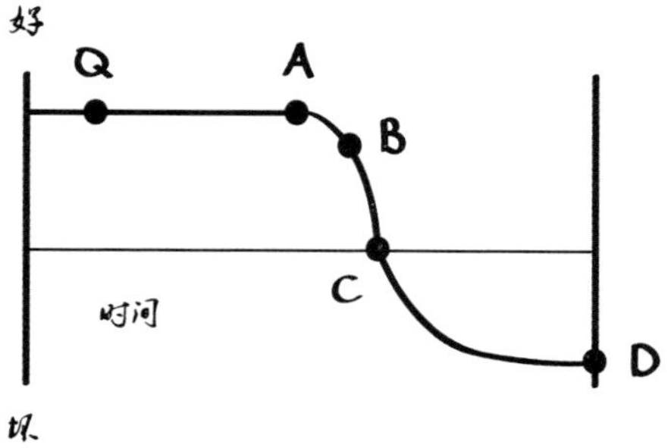

图15.2

现在我们至少有理由问，自杀是否合理？而这时考虑终结你的一生似乎是一种理性的想法。

然而，我必须说明一个很重要的条件。假设你的疾病有药可医，或者通过治疗，至少可以极大地改善生活质量。这时只要你愿意接受治疗，曲线就永远不会跌至X轴以下！然而，也许是出于愚蠢，并且也没有什么合理的原因，你就是拒绝进行相关治疗，以致曲线继续下滑。这种情况下，自杀显然不是一种合理的行为。即使在点C之后你会生不如死，但是在这种情况下，你只有理由去提高生活质量，而非结束自己的生命！

因此，在讨论这一案例（同样，还有其他案例）时，我们需要假设没有对症的后续治疗方法了，并假设你确实愿意用各种方式来提高生活质量而不可得。也就是说，图中曲线没办法再被提升了，即曲线一旦下滑，就没有什么合理的方式可以改善这种情况。为了避免活下去比不存在还要糟，唯一的方式就是结束它。

如果我们这样理解图15.2所示的情况，自杀似乎确实是一个理性的选择。点C以后，你就会生不如死，而自杀可以使你避免这种情况。

但是，在什么时候自杀变得合理了呢？不是在点A。诚然，从点A开始出现衰退，情况开始变糟，但是直到点C，生命才变得生不如死。这意味着，在A和C之间仍然有一段时间——六个月也好，一年或者五年也好——虽然这段时间里生命没有以前（点A以前）那么好了，但好死不如赖活着。所以，在点A自杀（更不用说更早的时间了），为时过早，这样就放弃了一段仍然有价值的生命。

而点C似乎是自杀的恰当时机，这时你的生命恰好变得生不如死。在此之前，无论如何，生活还是值得一过的；从此往后，情况就不同了。当然，点C之后最开始的一段时间里，生活还不是太差，但总的来说，生命的价值已然为负：死了比活着好。如果你能完全掌控自杀的时机，那么点C就是最合理的时刻了。

然而，假设你不能完全控制这个时间，想象一下你得了某种退行性疾病，它会使你逐渐失去控制自己身体的能力，但你的头脑在更长一段时间内仍能正常运转。那么在一段时间内，你就会被禁锢在医院的病床上，生活无法自理，没办法自己进食。但是，哪怕你无法抬起胳膊，却仍然能听家人给你讲新闻，仍然能享受阅读、听音乐以及和朋友聊天的乐趣，这时你的生命仍然值得过下去。虽然我们可以想象得到，生命不值得一活的时刻终将来临。然而可能在这个较晚一些的时刻，你却没办法杀死自己了，因为你失去了对身体相关行为的控制。

我想你们会看到，自杀的问题在这里变成了安乐死的问题。我们会问：在什么情况下，让别人杀死自己是合理的？在什么情况下，如果存在这种情况的话，杀死别人是合乎道德的？

但现在我们还是继续关注自杀问题，假设你生活在一个闭塞无知的社会里，那里禁止安乐死。事实上，你就生活在我们这个社会里，这里禁止安乐死。所以，你不能展开计划，等到那个最合理时间，再让别人杀死你。对你来说，情况是这样的：你知道将来会有一天——也就是点C——你真的会生不如死。但到了那个时刻，不幸的是，一切就太迟了。你失去了杀死自己的能力，旁人也爱莫能助。这时，我认为，在早于点C的时候杀死自己可能也是合理的。

看看点B。假设点B是你有能力杀死自己的最后时刻。你应该这么做吗？诚然，如果你这么做的话，你就会放弃一段值得度过的生命，即点B和点C之间的日子。但是根据我们的假设，如果你在点B之后再也没办法杀死自己，那么在点B这么做，从理性的角度来看，就仍然合理。毕竟，在点C你失去了结束自己生命的选择。你只有这两种选择：在点B杀死自己，放弃后面的全部生活（点B到点D）；或者，不在点B结束生命，一直等到点D才因病辞世。

所以，你需要问自己这个问题：从点B到点D这最后一段生命的总体价值是什么？显然，这既包含了好的部分（点B到点C），也包含了坏的部分（点

C到点D）。是得到这种好坏掺杂的生活更好，还是同时放弃两者更好呢？答案是，如果坏日子会持续很长时间（而且确实糟糕透顶），那最好同时放弃两者。也就是说，坏日子盖过了好日子。事实上，在我画的这个图里就是这种情况。那么，至少在这种情况下，合理的选择是趁你还有这个能力，在一个像点B这样的时机结束自己的生命，而不是让自己经受后面漫长的不值一过的日子。

但如果你能杀死自己的最后时刻远在点B之前呢？甚至，远在点A之前——一直往前到点Q呢？无论原因是什么，假如你远在点Q有机会杀死自己，但是之后就不行了，那么此时自杀还是合理的吗？我们看到，在点Q之后，你还会有很长一段极富价值的生活。当然，我们也知道，最后也会有一段坏日子（点C到点D）。现在你又面临这个选择，是既保留好日子又保留坏日子，还是同时放弃？但这个例子里，好的这部分要远胜于坏的部分。虽然你不在点Q自杀，就要忍受我画出的这个曲线上后面一整段生活，当然也包括糟糕的结局，但在点Q自杀仍然是不合理的选择。

下面是另外一种大为不同的情况。假设你一直过得很好，然后急转直下，但最后又逐渐变成上升的态势了。这种情况下，自杀是合理的吗？如图15.3所示，你有一段生不如死的时间，但后来情况又好转了，只要不自杀，就能够重新过上富有价值的生活。事实上，你最后一个阶段的生命是非常值得一活的。这里有一点很关键，需要注意：即使有一段时间你生不如死，这也不足以成为你自杀的理由。如果你自杀了——假如说在点A——虽然你避开了X轴下方的那一段（点A到点B），但这么做同时也就放弃了最后一大段美好生活（点B到点D）。在判断自杀是否合理的时候，我们需要把这一点考虑在内。

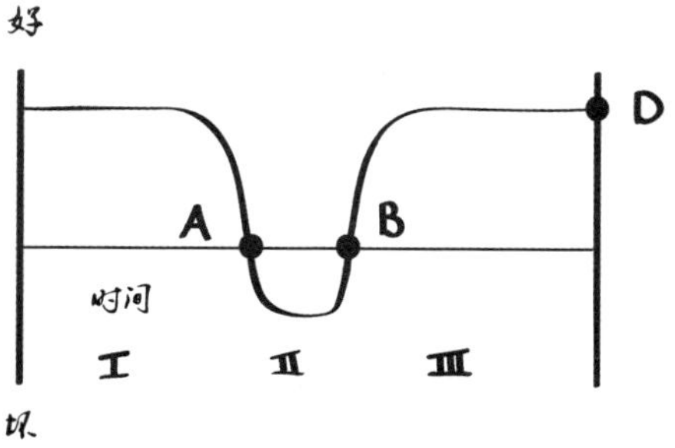

图15.3

我们可以把生命分成三个阶段：在第一幕（点A之前），生命显然很值得一活；在第二幕（点A到点B），生不如死；在第三幕（点B到点D）中间，生命又重归美好。从理想化来说，你只想过第一幕和第三幕的生活，而不用经历第二幕。但是，显然，你没办法这么做。要么你既要经历第三幕也要经历第二幕（以及第一幕），要么同时放弃两者（只经历第一幕）。由于第三幕有着极大的价值，因此为了得到第三幕而忍受第二幕的痛苦也是很合理的。鉴于此，哪怕生命中有一段生不如死的日子，此时自杀仍然不是一个理性的选择。

然而请注意，得出这一结论的必要条件是，第三幕的正面价值足够高（持续时间长，价值水平高），超过了第二幕的负面价值。图15.3所示显然是这种情况，但是我们很容易就能想象到另一种截然不同的情况。

在图15.4中，虽然在第二幕（此时生命不值得一活）以后，生活仍然能够重新有所好转，进入到第三幕（生活再次变得值得拥有），然而第三幕的正面价值不够高，无法抵消第二幕的负面价值。此时生活确实变好了，但是持续时间太短，价值水平太低，无法抵消第二幕的坏日子。因此，如果你打算在点A自杀，仍然算是一个合理的选择。

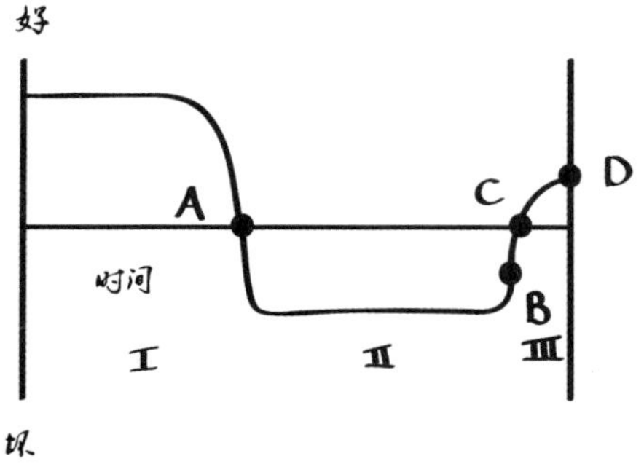

图15.4

当然，在这个案例中，自杀是否合理也取决于选择在何时自杀。在A点自杀是合理的，因为这样可以完全避开第二幕。但如果选择在点C自杀，则是另一回事了。很明显，在点C你刚熬过了第二幕，它已成为历史，尘埃落定，无法改变。你过了一段糟糕透顶的日子，但现在一切都结束了。你的问题不再是你是否应该避开第二幕。为时已晚。你只能问自己，应该如何处理第三幕。第三幕的生命值得一过，抛弃它是不明智的选择。所以，在点C自杀不合理，而如果可以早一些在点A这么做，还有可能是合理的。更为复杂的是，在点A之后——在第二幕中间的某个时刻——自杀也有可能是合理的，假如此时第二幕剩下的日子糟到可以抵消第三幕的好日子。然而，如果在第二幕中间选择自杀的时间太迟——例如点B——自杀则不再合理，因为第二幕剩下的日子无法盖过第三幕的正面价值。

假设有人因意外造成全身大面积重度烧伤，需要进行长期治疗，他无法移动，忍受着巨大的痛苦，等着他的神经和细胞再生。这个人可能相信自己最终会康复，生活会重新变得有价值。然而，在治疗的过程中，他也可能觉得——他这样想没错——为了能到达最后的阶段，自己需要忍受如此巨大的痛苦，这件事一点儿也不值。他可能觉得死亡是一个更好的选择。

假设这个患者因为身体状况无法杀死自己，他请求别人帮他，但遭到了拒绝。于是他忍受着惊人的痛苦，进行了数年药物治疗，恢复状况良好，终于过上了值得一过的好日子。他终于得到了解脱。

这个人意识到现在的生活又值得过下去了。鉴于此，自杀——现在他的身体状况允许他这么做——不再是合理的行为。尽管如此，他仍坚信——这样想也没错——早些死对他来说会更好，这样就不用忍受这么多年的痛苦折磨。如果他起初能够早些自杀，这也是一个合理的选择。①

所以我认为，在某些情况下，从理性的角度出发，自杀是合理的。至少，若我们假设你思维清晰，可以客观分析自己的处境，正确评估以后的生命态势时，就可以这么说。然而，我还想再强调一下这个观点：只有从合理自利的角度出发，当生命的某一时刻糟到你会生不如死的时候，自杀才是合理的。这是因为我毫不怀疑，现实中很多自杀案例都没有满足这个关键条件。

关键要记住：即使情况变糟了——甚至永远都不会好转——也不意味着自杀就是合理的。问题不在于你过得没有以前好，也不在于你本可以过得更好。问题是，生活是不是真的非常糟，糟到了生不如死的地步？事实上，如果你早期的生活非常好，它变糟的空间也就非常大，使得最后仍然不如就这么赖活着。在这种情况下，自杀当然毫无合理性可言。

比如，如图15.5所示，自杀就不是个合理的选择。虽然点A之后的生命比此前的要差——甚至点B之后与之前相比差距显著——但是曲线中没有一点跌至X轴以下。根据这个假设，这仍然是一种值得过下去的生命。自杀是不合理的。

---

① 虽然我出于自己的目的，对这个例子进行了调整，但它大体上是基于达克斯·柯沃特的真实案例。

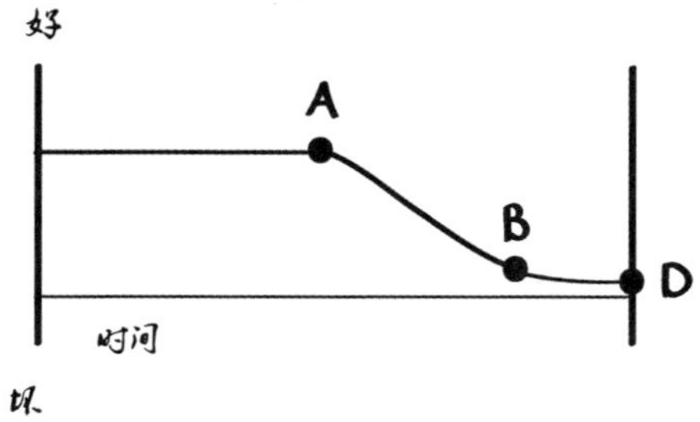

图15.5

上述情况很容易被忽视。从点A开始生命质量不断下滑，有时我们只能看到生活每况愈下，很自然地你就会想到“还不如死了”。但至少在图15.5中，这种想法是错误的。对你而言，不是死了更好。

我相信，很多自杀案例的发生都源于这种错误想法。你女朋友抛弃你了，你失业了，你没考上法学院，你出了事故，后半辈子要在轮椅上度过，你经历了一场难堪的离婚……于是你拿现在的生活和以前比，或者和你梦想中生活的样子比，或者和周围人的生活比，觉得日子不值得过下去了。但是通常情况下，事实并非如此。就算你的生活不如你期望中那么有价值，仍然比没有要好。

事实上，我认为对于大多数打算自杀的人来说，图15.6更为准确。事情暂时性变差了，而就在最低谷处，你无法看到如果自己坚持下去，事情会逐渐好转。在这种情况下，自杀显然是个可怕的错误决定。

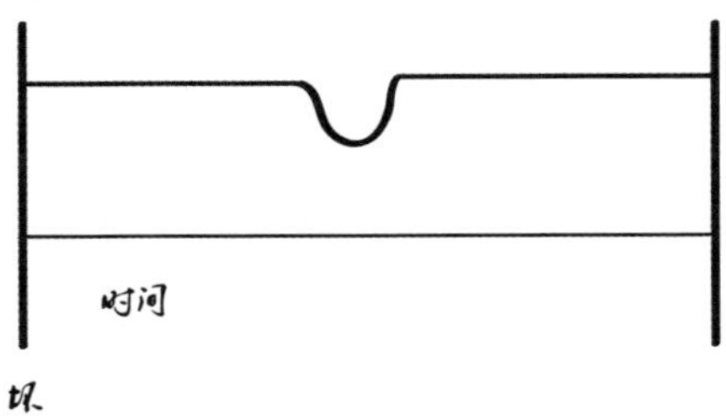

图15.6

不过，我仍然认为，确实在很多例子中，生活曲线跌至X轴以下，并持续了相当长的时间（可能一直到结束），这时死亡确实是更好的选择。这种情况非常可怕，但如果真的出现了，我也只能说，假如人们可以认清现实，明确知道自己未来的生活面貌，自杀在某种情况下会是合理的。

我特意排除了这个问题：人们是否能合理判断自己确实处于合理自杀的情况下。有些认为自杀绝对不会是合理的人，可能同意说如果你能知道现在死了会更好，自杀会是合理的，但他们认为事实是你永远都不可能知道。如果你有个水晶球，那么自杀在某些情况下会是合理的。但你没有水晶球，而且你永远也不会有水晶球。毕竟，我画出不同的生命曲线，根据不同例子里未来的走势，确信无疑地说自杀什么时候是合理的，这很容易。但在实际生活中，我们从来就没办法像这样肯定事情会如何发展。所以，我们接下来要讨论的问题是：你有什么理由能判定自己会生不如死？你又有什么理由相信这个判断并根据它去行动呢？

分两步讨论这个问题会比较好。首先，要看看如果你能保持头脑清醒，我们会作何解释。然后，让我们把思绪混乱的可能性计算在内。毕竟，我们有理由担心，如果生命糟到了有理由自杀的程度，它一定给人造成了巨大的压力，没人能在这种情况下保持头脑清醒。所以，哪怕你可以合理地做出自杀的决定，但是在这种情况下也没人真正能做到思路清晰，所以人们不应该相信自己死了会更好这一判断。

我们一会儿再回来讨论你可能会思绪混乱的这种担心，让我们先假设你可以对自己的处境有清醒的认识。可能你得了某种疾病，痛苦不堪，但这种病不会一直发作，总有症状不发作的时候。在这短短的时间里，你可以权衡事实，对自己的处境加以评估。在这种情况下，做出自杀的决定是否可能合理？如果你真有水晶球，可以确切地知道你的生活不会好转了，我们就能认同现在自杀是合理的。但我已经说了，你没有水晶球，在这种情况下我们该怎么办呢？

否认自杀合理性的人说，既然你永远都无法真正认定情况不会好转，自杀绝对是没有道理的。毕竟，我们都知道医学一直在进步，研究人员在不断取得突破，现在的不治之症也许能在将来某一天得到治愈。但如果你自杀了，你就放弃了治愈的机会。而且，有时疾病会奇迹般地好转，你可能自己就痊愈了。总是有这种可能的，虽然概率比较低，但它确实发生过。所以，在这种情况下，如果你自杀了，你就放弃了一切好转的机会。

有人会说，只要还有康复的机会——无论是因为医学进步或者某种医学奇迹——不管机会多渺茫，自杀都是说不通的，它不是一个理性的选择。但我认为这种观点肯定是错的。

当然了，我们确实没有水晶球，所以在决定要不要自杀的时候，其实就是在碰运气，也可以说是在赌博。但是，从某种意义上说，我们一直在赌博。我们确实无法避免需要碰运气这件事，我们必然会在面对不确定性时做出抉择，这是一种生活现实。要是有人说，由于这种不确定性，我们永远没有理由放弃康复的渺茫机会，我只能说，这种看法似乎有悖于我们平时做决定所依据的原则。

假设你参加了某个扭曲的游戏节目。你待在一个有两扇门的房间里，需要决定走哪扇门。如果你走一号门，几乎可以肯定你会被绑架，绑匪会折磨你一个礼拜，然后把你放了。我说了，这是几乎可以肯定会发生的，90%，99%，或者99.9%肯定。

然而，如果走一号门，却存在一个非常小的概率，你不会被绑架并受到折磨。你反而会被带去热带旅行，度一个美美的假，过上一礼拜妙不可言的日子，然后被送回家。虽然可能性很小，但不是完全不可能。这个概率可能是0.1%，或者0.01%，甚至更小。

所以，如果你走一号门，你有99.9%或者99.99%的可能要受到一周的折磨，有0.1%或者0.01%的可能会欢度美妙假期。

另一方面，如果你走二号门，100%要发生的事是：你会立刻睡着，整整一周都陷入无梦的深度睡眠中，一周后会醒来。

那么你该怎么做？你要选哪扇门？注意这个选择不完全是在受折磨和睡觉之间选。因为如果你选了一号门，你没办法百分之百确定会受到折磨。如果只是在肯定受折磨和肯定昏睡之间选，我想我们都会同意选二号门，也就是昏睡，这是合理的选择。无梦睡眠本身没什么固有价值，可是从另一方面来考虑，它也没有什么特别不好的。如果用一个数字来代表无梦睡眠，我想这个数应该是零。但是与折磨相应的显然是个负数，而一周的折磨显然是个绝对值很大的负数。所以，如果是在百分之百受折磨和百分之百昏睡之间选，我们都会同意选不做梦地睡上一个星期。鉴于百分之百确定的情况，走二号门是一个合理的选择。

然而，要是走一号门，你也不一定就会受折磨。只是非常非常可能。想象一下，有人说，因为这种不确定性，走一号门才是合理的选择。“去拿个金牌！”他们说，“要是走一号门，虽然极有可能你会受到折磨，但也有很小的可能你会得到一个美妙的假期！反之，要是你走了二号门，你就放弃了这个机会。所以，唯一合理的决定就是选一号门——抓住这个机会，不管得到美妙假期的机会多么渺茫。其他任何决定都是不合理的。”

要是有人这么说，我会笑话他们。诚然，要是你稍微修改一下这个例子，怎么选才合理就要视细节而定了。（要是所谓的“折磨”不过像是被纸割了一下那么严重呢？要是能赢得假期的概率大于0.1%呢？）但在我说的这种情况下，走一号门极有可能的结果是受到实实在在的折磨，而能够赢得假期的概率则微乎其微。关于这个选择，要是有人坚持说唯一合理的决定就是抓住赢得美妙假期的机会，我会说他们是错的。理性地说，你不应该无视概率，选择一号门。

我这样举例子是不是作弊了呢？我希望你们能够同意我这种说法，如果生命恢复美好的机会非常渺茫（而假如没有恢复，你会忍受非常糟糕的生活），此时自杀会是个合理的选择。如果选择昏睡来避开折磨是合理的，虽然这样放弃了赢得假期的机会；与之类似，选择自杀来避开一辈子的痛苦与折磨也是合理的，虽然这样放弃了重新过上有价值的生活的唯一机会。但这个类比有纰漏。毕竟，我故意用一星期的折磨和一星期的昏睡来限制例子。但是，死亡不只是一个礼拜的事，死亡是永久的。如果你自杀了，你就放弃了此生让生活重新有价值的唯一机会。大不相同的是，如果你没选一号门，你只是放弃了这个星期去度假的机会，以后还有的是其他机会。

那让我们换个例子。我们不让每件事都只持续一周了，假设每一种结果——昏睡、折磨或度假——都会持续整整一辈子！所以，如果你走一号门，就有99%或99.9%的机会要遭受几年甚至几十年的折磨，直到死亡；同时有1%或0.1%的机会被带去欢度美妙假期，长达几年或者几十年，直至你死去。要是走二号门，你会立刻陷入沉睡，永远都不会再从这种无梦睡眠中苏醒。你会一直保持无梦睡眠的状态，直到几年或几十年后，才自然死亡。

想象一下，有人坚持说，在这种情况下，唯一合理的决定就是走一号门。他们可能会说，如果你选择二号门，就放弃了此生获得美妙假期的唯一机会。考虑到这一点，他们坚称走一号门是唯一合理的选择，尽管你很可能将在折磨中度过余生。

我觉得这种说法也是错的。即使在修正过的例子里，你放弃的是获得假期不可多得的机会，但我仍觉得走二号门是绝对合理的选择。毕竟，如果你选一号门，极有可能的结果是你的余生都将忍受折磨。假设我们说的是实实在在的折磨：巨大的疼痛和苦楚会让你觉得死了比活着更好，但你还要活几个月、几年甚至几十年。所以，我觉得无梦睡眠是一个合理的选择，哪怕你放弃的是度假的唯一机会。总之，如果要忍受的是非常严重的折磨，而赢得假期的机会又很渺茫，那么二号门是一个合理的选择。一号门是唯一合理的选择这种说法根本是错误的。

注意，我并不是说我们必须选择二号门。虽然我对这种立场有共鸣，但这种看法比我想要表达的更为大胆。我只想说明，二号门也是个绝对合理的选择，这是个在理性上可以接受的选择。如果有人不认同这一看法，我觉得他们是错的。

同样，在自杀这个问题上，如果你的生活很可能会不值一过，自杀也可能是个合理的选择。当然，如果你结束了自己的生命，就放弃了重归美好生活的机会。这一点很重要，值得我们仔细考虑。但同样很重要的一点是，要现实地考虑到情况好转的可能性，以及生命如果继续这样下去的话，你过得会有多惨。总之，我认为在某些情况下，自杀可以是一个合理的选择——至少，如果你能清楚地分析自身状况，这时自杀会是个合理之选。

但我们仍未解决这个问题：人们在这种情况下，还能不能清醒地审时度势呢？哪怕我们为了讨论能够进行下去，承认有些人的生活可能会糟糕透顶，他们会活得一直生不如死，除非情况出人意料地奇迹般好转，否则他们最好是死去。即使我们承认，只要这些人能清楚分析自身处境，自杀就是个理性或者合理的选择；但在现实生活中，尤其在这种情况下，人们不是不能客观可信地认清自己的处境吗？

要知道，这和我坐在办公室里，身体健康，心情舒适，过着有价值的生活，冷静地写下这些内容可不一样。当然，我希望你们过的都是有价值的生活，都能用冷静清晰的头脑，从客观的角度来弄清这些问题。但人们真正要面对这些问题，而不只是讨论哲学上的可能性时，情况则大为不同。想一想，要是你的生活糟糕透顶，甚至有理由自杀，糟到生不如死的地步，你还能怎么样呢？显然，你要忍受肉体上的巨大疼痛，那是难以忍受的疼痛。而且你可能对很多事情都已无能为力。你可能卧床不起，什么都干不了，没办法看小说，没办法和朋友交谈，甚至不能看电视。（能看电视的生活未必有你可以拥有的生活那样好，但是仍然聊胜于无。）

想象一下这种糟糕透顶的生活，我们得考虑到这种人的生活中充满了痛苦，他们身体残障，情感上也将面临压倒性的挫折。正因如此，我们会问：谁能在这种情况下保持头脑清醒呢？要是你头脑不清醒，怎么有理由信赖自己的判断，断定现在就处于可以合理自杀的情况中了呢？

当然，你可能相信自己死了会更好，但你应该信赖自己的判断吗？很可能不应该！你对于这件事的思考很可能会被痛苦、折磨以及情感上的挫折扰乱！持有这种观点的人会说：的确，如果有人真的生不如死，生活中充满了痛苦与挫折，他们会没办法清醒地考虑自己的处境。但如果他们头脑不清楚，他们就不能做出可靠的判断。如果判断不可靠，就不应该信！所以，自杀绝不可能是一种合理的选择。

这个论点很有趣，值得我们斟酌。我们似乎确实应该对自己在巨大的痛苦和压力下做出的决定持怀疑态度。但即便如此，我也并不信服上述结论。想要恰当地评价这种想法，我们要问一问，是不是只要你的思绪被痛苦和压力扰乱，就永远不能相信自己的决定？

假设你得了某种疾病，给你造成了极大的痛苦，严重影响了你的生理机能。但碰巧能做手术，而且这种手术几乎总是成功，它能使病人不再痛苦，恢复原来的正常生活。注意，手术几乎总是成功，但不是百分之百成功。

在这里，你有哪些选择呢？第一种选择是做手术。手术成功率很高，有99%，99.9%或99.99%。当然，像所有的手术一样，它也存在风险，有时病人麻醉之后就再没醒过来。这并不经常发生，但可能有0.1%或者0.01%、0.001%的概率。反正，手术总是有失败的可能，你总是有可能死在手术台上，但这个可能性微乎其微，几乎可以说手术一定能够成功。这是第一种选择。

第二种选择是拒绝进行手术，维持现状，饱受折磨，无法行动，生活不值一过，这是拒绝治疗最可能的后果。但有时——这不经常发生——病症会不治而愈，当然这种情况极为罕见，大概只有0.01%或者0.001%的概率。但如果不进行手术，1000次里面有999次，或者10000次里面有9999次，你会被病痛困扰，毫无进展，直到几年后死亡来临。

你的选择就这两种，你应不应该做手术？我想我们都会认为你当然应该做手术，傻子才不做手术。毕竟，做手术极有可能治好你的病！我们假设你就是这么决定的。

但现在我们有这种担心，等一下，你能信赖这个判断吗？你现在承受的压力很大，又非常痛苦，情绪显然很激动。你做出的这个判断——做手术是合理的——是在痛苦和精神压力笼罩下做出的。你怎么能相信这个判断呢？所以有人会觉得，你不应该相信这个判断。在这种情况下，同意做手术绝对是不理性的。

但这不可能是对的。我们当然会认为这种情况下你可以有理由相信自己的判断。不可否认的是，痛苦会让你犹豫，让你再三考虑才能做出决定。但是如果有人说既然你情绪这么激动，做出接受手术的决定就绝不合理，这样说就太极端了。无论如何，你都要做出某种决定。你可以决定做手术，也可以决定不做，但无论如何，你都是在做决定。无论哪个决定，你都是在情绪激动、备感压力、饱受痛苦和折磨困扰的情况下做出的，别无他途。所以你再三考虑，想听听别人的意见，这都没问题。如果有人说，做手术的决定绝不可能合理，而据此决定行动也绝不可能合理，那他们就错了。

我们现在再回来看自杀的例子。我认为在相应方面，自杀和我们刚才讨论的例子相似（或者说可以相似）。一方面，如果你决定不自杀，你很有可能要继续忍受折磨；或许有些许的可能，最终你会好起来，过上有价值的生活；但在很大程度上更有可能的是，你的痛苦会一直持续，甚至加剧。另一方面，如果你自杀了，你的痛苦就结束了。当然，这个结果远远比不上得到治愈——在这一点上，可能将自杀和做手术相类比不甚妥帖——但是，如果你的情况已经糟到了生不如死的地步，而治愈的机会又非常渺茫，自杀可能仍是一个合理的决定。要是有人坚持认为，因为你忍受了巨大的痛苦，你的判断一定会受到影响，你不应该相信自己对此事的判断，我只能回应说这个结论并不合理。如果在手术的例子中，这个论证不具说服力，也确实如此；那么我看不出来，在自杀的例子里，它怎么会突然就有理了起来。

而正确的结论则似乎是，正是由于你在做决定时感受到了情绪上的压力和痛苦，才更应该深思熟虑。你不应该草率做出结束自己生命的决定，而应该和医生谈谈，和爱人谈谈。但如果有人坚称在这种情况下，你绝对没有理由信赖自己做出的决定，我只能说，这个建议并不靠谱。我觉得这种说法是错的。

因此，我认为如果我们只关注自杀的合理性问题，有时是有理由自杀的。更准确地说，如果我们从理性自利的角度评估自杀的问题，在某些情况下，自杀是合理的。你的生活可能会生不如死，你可以有理由相信自己正身处其中。你或许能冷静客观地分析自己的处境，或者即使你的判断不可避免地受到痛苦和压力的影响，它们让你忧心忡忡，无法确定，但你仍会发现，你更倾向于自杀，这差距已经大到让你最终有理由相信自己针对此事做出的判断了。所以大体说来，自杀可以是一个合理的选择。

自杀的道德问题

尽管自杀可能是理性的，但它仍有可能是不道德的。一些做法可能合乎理性，在道德上却是禁忌。自杀可能就是其中之一。

当然，我前面也说过，在哲学领域，关于这两者——道德和理性——能否分开，存在着很大的争论。有人认为，理性要求你服从道德规范，所以就算有些不道德的事符合你一己的利益，做这些事也是不合理的。这显然是个充满吸引力的重要问题，但这是另一本书要讨论的问题，所以我想把它搁置不谈。让我们抛开针对理性和道德关系展开的哲学讨论，直接关注道德问题本身：我们怎么看待自杀的道德问题？

当然了，要想充分阐释这个问题，我们需要建立一整套道德理论体系，但显然，我不打算这么做。我想，我完全可以在这里总结出道德理论中的一些基本元素。我们没有时间仔细研究它们，但至少我们能够了解基本道德理论的大致轮廓，并在此基础上讨论自杀问题。

首先，我想讲反对自杀的两个有失审慎的观点，它们都含有伦理色彩。实际上，第一个观点不像一个道德观点，更像一个神学观点。当然大部分时间，我都尽量避免直接讨论神学问题（虽然我们谈过的许多话题都很值得从宗教的观点进行讨论）。但是讨论到自杀，在某些情况下，几乎不可避免地要提到上帝，因为有种观点十分普遍，即我们活着是上帝的旨意，所以自杀就违背了上帝的旨意。不管怎样，这是我想要讨论的第一个观点：因为自杀违背了上帝的旨意，所以自杀是错误的。

我认为，200多年前大卫·休谟对这个观点做出了最好的回应。[①]休谟指出，如果我们能活着仅仅是由于造物主的旨意，他创造了我们，并赋予我们生命，那么我们不能由此推断，自杀违背了上帝的旨意。起码有一点可以用来反驳，如果你觉得这种说法是正确的，那你为什么不认为拯救他人的生命也违背了上帝的旨意呢？或许上帝想要让他们死呢！

你在大街上走着，眼看和你聊天的那个人就要被卡车撞了，于是你把她推

① 大卫·休谟，《论自杀》（“On Suicide”），来自《道德和政治论说文集》（*Essays: Moral, Political, and Literary*）一书。

开。之前我们讨论过一个类似的例子，当时的问题是她是否应该感谢你。现在的问题则是她是否应该拒绝你的行为。“你怎么敢这么做！”她朝你嚷嚷，“你违背了上帝的旨意，我被那辆车撞死是上帝的旨意。”

我们要救人一命时，是否该因为让他死掉肯定是上帝的旨意而决定袖手旁观？如果你是一个医生，有人心脏骤停，你可以给他做心脏复苏术，让他的心脏恢复跳动，你是不是应该说：“不行，我不能这么做。让他死去是上帝的旨意。要是我试图救他，我就阻挠了上帝的旨意。”没有一个医生会这么说。那么在自杀的例子里，这种说法为什么就比较有理了呢？

你救了你朋友一命，她才没被卡车撞死，她却说：“你违背了上帝的旨意。”你可能会反驳说：“不不不，你看，是上帝的旨意让我救了你。没错，你差点儿被车撞，这是上帝的旨意；但是我救了你，这也是上帝的旨意。”或许医生也会说类似的话：“是上帝的旨意让我对此情况做出刚才的回应，改变了结果。”这种回答显然很有道理。既然这种回答不无道理，在自杀问题上为什么不能这么说？可能是上帝的旨意让我用自杀来回应目前的情况。鉴于我们没有上帝的指导手册，诉诸上帝的旨意并不能给我们以任何真正的指导。我们不知道上帝的旨意是让我们这样做，还是不让我们这样做。于是，我们不能说，因为自杀违反了上帝的旨意，所以这一行为肯定是错的。

当然，除非你有上帝的指导手册。或许你会认为，《圣经》让我们不要自杀，既然《圣经》记录了上帝的话语，我们就得按照《圣经》的要求行事。对这一观点进行讨论需要更长的篇幅，原则上我非常乐意对此进行讨论，但这里我们没有足够的篇幅这么做了。就我们眼下的目的而言，我仅仅想指出这一观点的背后存在许多假设，我们要对其进行仔细研究。其中一些假设同样诉诸上帝旨意，就像最初的论点一样（例如上帝是存在的，我们在道德上需要遵从上帝的旨意）。此外，还有一个关键的假设，即上帝把旨意写在了一本书中，这本书就是《圣经》。

许多人声称，《圣经》就是上帝的指导手册，他们愿意遵从这本手册。但是通常情况下，我们的真实意图只是挑选手册里那些我们中意的条款，而摒弃剩下的条款。就算这个手册里写了不得自杀（有没有这么写，这本身就是个有争议的问题），但它里面还写了很多其他大多数人都不愿遵守的规定。如果你要在指导手册里挑一些你认为符合道德规范的条款，那你就不能来跟我说，因为手册里说自杀是错的，自杀就是错的。你其实不是把指导手册当成你的道德指引，相反地，你只是根据自己已有的道德信念，在手册的各项条款里挑挑拣拣，选一些你认可的内容。也就是说，你并不是诉诸上帝的旨意来帮你决定自杀是否符合道德。

显然，关于这个话题还有许多内容可以进一步讨论，但为了眼下的目的，我们先把它搁置不谈。我们不再过多讨论关于上帝旨意的观点了，我想谈一下另外一个反对自杀的有失审慎的观点。和前一个相似，这个观点也可以用神学诠释，但不这样解释也行。这种观点一开始就指出，我们被赋予了生命，生命又如此美妙，这意味着（这种观点接着指出）我们的恩情未报，只有保有这一恩赐物，我们才能偿还恩情。因此我们有义务活着，自杀是不道德的。

人们现在不常谈论感恩这种美德，它正渐渐被人遗忘，但我认为没有理由丢弃这一美德。我认为，确实有需要偿还恩情这样的事。如果别人帮了你的忙，你就欠了他们些什么。你欠他们一份恩情没有偿还。

不管是上帝，还是父母，或者说是自然赋予了我们生命，不管是谁，不管是什么，我们是不是都因为这件美妙礼物而欠下恩情呢？那么你要如何偿还呢？你要通过保有这份礼物来偿还。如果你自杀了，你就是在摒弃这份礼物。这是忘恩负义的行为，是不道德的，是错误的。这就是为什么自杀是错的：因为这样做没能对生命这件礼物表示恰如其分的感谢。

这是第二种反对自杀的论点，要是我说我觉得这个论点同样没有说服力，你们或许不会感到意外。这不是因为我对感恩有所怀疑，而是我希望大家关注感恩到底给我们带来了什么样的责任和义务。

我认为要讨论的第一点是，我们并不清楚是否能欠人以外的事物的人情。如果我们说我们要对自然感恩，这种情况下，就无法确定我们是否真的欠下了人情要偿还，因为自然不是人。但我们可以不追究这一点，假设无论是对于非人的事物、上帝还是父母，我们都可能欠下恩情。但我认为有一点更为重要，需要牢记在心：只有当一个人（假如说是人）给你的确实是一件礼物时，你才欠了他人情。

假设有人给了你一个派，命令道："吃了它！"但那不是苹果派，也不是樱桃派。那是一种油腻的、令人作呕的、变质了的烂乎乎的派。他切下一大块，对你说："吃了它！"你欠这个人人情了吗？你对这个人有什么义务吗？——因为他给了你这个派——你有义务吃了它，或一直这么吃下去吗？那样的话就太荒谬了。要是他给你一块已经变质了的烂派，还强迫你吃下去，他不过是个恶霸！

当然了，典型的恶霸都又高又壮，至少在电影里是这样的。他们可能会这么跟你说："吃了这个派，不然我就揍你。"可能你不怎么壮实，他有能力这么做，你也知道他干得出来。所以，吃掉那个变质的、让人作呕又惨不忍睹的派才是明智之举。吃上几片烂派总比被人揍成肉酱要好，但这里没有道德义务，道德没有要求你吃掉那块派。

假设上帝扮演了恶霸的角色，说："吃了这块派，不然我就送你下地狱。"此时照他说的做才是明智之举。显然，与之类似，如果上帝扮演了恶霸的角色，说："就算你的生活糟透了，生不如死，我定要你活下去。你要是自杀的话，我就让你永远下地狱。"那么，可能不自杀是明智的，但这不是道德所要求的。在这个故事里，上帝只是一个恶霸。

这并不是说，我认为上帝是一个恶霸。如果你相信上帝非常有可能是善的，那要是派坏掉了，他就不会逼着你吃。他会给你一个苹果派，说："吃了它，这对你有好处，你会喜欢的。"出于感激，你把它吃了。但这时是上帝，由于它不是恶霸，就会说："以后要是派坏了，就别吃了。"如果上帝不是一个恶霸，他为什么偏偏要逼着我们继续吃一个坏掉的派呢？所以，我看不出诉诸感恩而反对自杀的观点怎么能成立。

这就是我们的底线：就算自杀是不道德的，也不应该从上述两个有失审慎的观点中得出这一结论。我们将对道德理论进行更系统的讨论。所以，先不谈自杀问题，我们要问问自己，普遍来说，是什么决定了一种行为是为道德所允许，还是为道德所禁止？

可以料到，不同的道德理论对此有不同的看法。但至少有一个理念，是所有或者几乎所有道德理论都认可的，那就是行为造成的结果（consequence）至关重要。当然，不论我们能不能把结果当成衡量行为的唯一道德评判标准，但这肯定是一个重要指标。要想判断你的行为是否道德，肯定得看看你的行为会造成什么结果。下面让我们着眼于结果来思考自杀的道德问题，要记住，因为我们是从道德观点看问题，所以我们要考虑结果对所有人造成的影响。

我做出假设，受自杀行为影响最大的人显然是自杀者本人。我们的第一印象似乎很清楚地表明，自杀对其本人是不好的。毕竟，这个人之前还是活生生的人，但现在死了。我们通常都把死亡看成一个坏的结果。

举个例子，假如我指着墙上的开关告诉你，如果你按动开关，会有一千个本该活着的人死去。一般情况下，你会认为绝不能按开关！为什么呢？因为那会带来坏的后果：有一千个人会死去。当然，一个人死和一千个人死比起来，没有那么坏，但即便如此，我们不是仍然应该说结果是坏的吗？如果是这样，我们不是应该说，无论结果在道德评判中的作用有多大，至少在这种程度上，自杀是不合乎道德的？

但别急着下结论！尽管通常情况下，死亡是一件坏事，但并非总是如此。很久之前我们在讨论死亡坏处的本质时，谈到过这一点。毫无疑问，在典型的案例里，死亡夺走了人们的一段生命，而这段生命总体上本可以是幸福的，因此对于他们来说，死亡是一件坏事。但在本章中我们也举了一些例子，在这些例子中，从自利的角度来看，自杀是合理的，死了会更好。对于这些人来说，生活给予他们的，两相权衡来说是个负值；对于他们而言，早死比晚死要好。显然，这意味着，死亡对他们不是坏事，而是好事。所以，在这种情况下，死亡就不是坏的结果，而是好的结果。

假如你愿意相信有这种可能性，有些人早死会比晚死好，就能得出结论，自杀的结果实际上可能是好的，而不是坏的。他们或许可以得到解脱，不用再去忍受痛苦。那么，虽然第一印象告诉我们，从结果上看自杀是错的，第二印象却说，至少在某些恰当的情况下，从结果上看，应该支持自杀的决定。

但是第三印象提醒我们，不能只关注自杀对于自杀者本人的影响。我们已经说过，从道德的角度出发，我们需要考虑其结果对于每一个人造成的影响。所以我们要看看，谁还会因为这个人的死亡或自杀而受到影响。想必，我们能想到的最重要的人就是死者的家属和爱人——最了解也最关心自杀者的那些人。考虑到更大范围内的这些人，可以合理地说，自杀的结果好像通常是坏的。毕竟，通常情况下，如果一个人自杀了，会给他的亲人和朋友带来巨大的打击和痛苦。

即使事实确实如此，我们仍然要问，该如何将这些不同的结果进行对比？毕竟，我们这个世界上，很少有行为——如果有的话——只带来好结果或只带来坏结果。我们的行为带来的结果通常是好坏混杂的（有好结果，也有坏结果）。我们要问问自己，造成的好结果是否大于坏结果，还是相反。（然后，我们还要将这种有利有弊的结果，与采取其他行为带来的有利有弊的结果进行比较。）所以，即使自杀因为对其家属、朋友、爱人带来了打击和痛苦而造成了负面结果，但这仍可能不及给自杀者本人带来的好处多，如果对于自杀者来说，死了真的能更好的话。

此外，还有一点值得注意，我们既然已经考虑到那些关心爱护自杀者的人，如果自杀结束了他们关爱之人的痛苦，那么权衡下来，他们其实也得到了解脱。他们当然会非常痛苦，因为看到自然——或是上帝、命运和别的什么——使得他们的亲人竟然别无他择，要么自杀，要么停留在疾病晚期，继续过不能自理、痛苦不堪的生活。他们当然希望他有机会得到治愈，有机会恢复健康，也希望一开始他就没生病。但是由于选择有限——要么继续痛苦地活着，要么结束这种痛苦与折磨——如果这个人能对其前景进行理性评估，并且合理地判断出自己死了会更好。那么他们的亲人也会认可这一判断。他们也许会痛惜——更应该说，他们会咒骂现实——他只有这两种选择，但由于只有这些选择，他们可能会同意，终结痛苦也许更好。因此，当这个人自杀时，他们会支持这个决定。他们会说："至少他不用再生活在痛苦与折磨中了。"

所以，如果我们从结果决定道德对错的观点看，自杀有时仍是合乎情理的。想象一下，有种道德观念认为，结果并不只是衡量行为对错的一项重要标准，更是唯一标准。假设我们接受这个大胆的立场，认为结果是道德评判的唯一标准。确实有些道德理论这样认为，我想这种理论中，最著名的就是功利主义（utilitarianism）。功利主义是这样一种道德学说，它认为，行为的对错取决于其能否使所有人尽可能幸福，我们要等量计算每个人的幸福。如果你无法创造幸福，那就至少应当将痛苦最小化，并等量计算每个人的悲惨与痛苦。

假设我们认可功利主义的观点，关于自杀是否道德，我们能得出怎样的结论？我认为结论会是中立的。一方面，我们要摒弃自杀绝对不符合道德这一极端说法，因为要这样说，你就必须承认，自杀产生的总体结果总是坏的（和其他选择相比）。这个说法简直违背了经验，我不敢苟同。我们不难找出反例，对于有些人来说，比起继续忍受痛苦，自杀带来的结果会更好，而这对其本人和家属都更好。

另一方面，假如我们是功利主义者，我们也不想走入另一个极端，说自杀在道德上总是可以接受的。因为要这样说，就是说自杀的总体结果从来没有不好过，这一点显然也没有什么说服力。比如说许多年轻人身体健康，有大好前途在等着他们，如果这样的人自杀，总体结果就是不好的，就是坏的。在这种情况下，自杀是不道德的。

所以，功利主义的立场是中立的。它不认为自杀在道德上从来都不被接受，也不认为自杀从来都是可以接受的。或许不出你所料，功利主义的观点认为自杀有时是可以接受的，这取决于实际情况，取决于结果，我们需要将自杀的结果和其他可能的结果进行比较。比如，即使你现在的生命糟糕透顶，死了比继续这么过下去要好，但如果有一些医疗手段可以治好你或者能极大地改善你的情况，那么自杀的结果就不是最好的。更好的做法是获取医疗上的帮助。

我们还可以设想，假如你生不如死，你死了会比继续这么活着要好，而且没有医疗手段可以治愈你。但即便如此，按照功利主义观点，自杀仍然可能是不道德的。因为，一如既往地，我们还要考虑结果对他人造成的影响。也许其他一些人因为你的死亡受到了极大的负面影响，以致他们受到的损害超过了你继续活着会付出的代价。比如说，假设你年幼的孩子们只有你这一位家长，你有抚养他们的道德责任。你死了的话，他们会过上非常糟糕的生活。显然，在这种情况下，如果你自杀了，孩子们要忍受的痛苦会超过你为了他们继续活着要忍受的痛苦。因此一切都取决于实际情况。

如果我们认可功利主义的看法，我们将会得到一个中立的结论。我们会认为在某些情况下，自杀是合乎道德的。大体说来，如果你死了会更好，并且自杀对他人的影响不会大到超过死亡给你的好处，在这种情况下，自杀是可以理解的。根据功利主义的观念，这些就是合乎道德规范的自杀范例。

当然，这并不意味着自杀永远都是道德的，因为我们不一定愿意接受功利主义的道德理论。如果我们认为结果很重要，而且只有结果重要时，我们的看法才与功利主义一致（大体上）。但我们大部分人倾向于认为道德不只关乎结果，有些情况下，哪怕某些行为的结果是好的，也仍然是为道德所禁止的。这并不是说道德不受结果的影响，而是说结果不是评判道德的唯一标准，可能会有其他道德评判标准超过结果这一标准。在伦理学上，这是义务论（deontology）的观点。

义务论者认为，除了结果以外还有其他道德评判标准。要判断你的行为是对是错，你确实需要关注该行为的结果，但同时也要关注其他事情。其他什么事情？意料之中的是，不同的义务论者在细节上都持有不同意见，但一个非常常见的观点是，除了要关注结果，我们还要关注你如何实现这些结果。也就是说，我们不能只问结果是什么，还要问你用了什么手段来实现这些结果。特别是，大部分义务论者认为这一点是很重要的道德标准：为了实现这个结果，你是否需要伤害别人。

大部分人倾向于认为，伤害别人，至少伤害无辜的人这种做法是不对的。伤害无辜的人，就算带来了好的结果，这么做也着实不对。我无疑需要加入“伤害无辜的人而非所有人”这一限定，因为我们大部分人倾向于认为，自卫是有正当理由的；对于那些不正当攻击你或你的朋友、你的同胞的人，伤害他们可以算是一种正当的行为。因此，我们要说的不是伤害别人绝不可能是正当的。除非，那些人有罪，他们是侵略者。如果接受了义务论，我们大多数人会倾向于认为，伤害无辜的人总是不对的，而且关键在于：我们认为伤害无辜者是错的，哪怕这样做的总体结果是好的！

当然，在实际中连功利主义者几乎也总是谴责杀害无辜者的行为，因为伤害无辜者的结果几乎总是坏的（和其他可能的结果相比）。比如说，我走进一间拥挤的房间里，拿出我的乌兹冲锋枪，开始朝人群射杀，结果明显是灾难性的。所以，不只是义务论者会谴责这种行为，功利主义者也会这样做。正是因为杀害无辜者的行为几乎总是造成恶劣的结果，通常来说，无论我们认可功利主义还是义务论的观点，在这一点上没有实际区别。

因此，如果要讨论功利主义者和义务论者之间的区别，我们不应该只关注典型的例子。我们应当思考一下非典型的例子，在这种例子里，杀害无辜者会带来好的结果。现实中，很难找到这样的例子，但我们可以用虚拟小说设想一个合适的例子。这样做能让我们看清功利主义者和义务论者之间的关键区别。

假设有五个病人因为各种器官损坏住进医院，都快死了。一个人需要心脏移植，另一个人需要肾脏移植，还有人需要肝脏移植，等等。不幸的是，由于排异问题，我们没办法使用这五个人中任何一个人的器官（在他们死后）来救治其他人。与此同时，一个叫弗莱德的人正在医院做常规体检，他非常健康。在检查过程中——你是医生——你发现他的器官非常适合捐献给那五个病人。你想到，要是能想法子杀掉他，并且掩盖死因，让他看上去像是死于某种疾病的突然发作，你就可以用他的器官来救治那五个人。这个人得到了肾脏，那个人得到了心，另一个人得到了肝脏，诸如此类。所以，你的选择大致有这两种：只给弗莱德进行常规体检，这样的话那五个病人会死掉；或者，杀了弗莱德，将他解剖，用他的器官去拯救那五个病人。①

我们怎么看这个器官移植案例？就结果而言，如果故事讲清楚了的话，似乎把弗拉德解剖了结果会更好，毕竟那是以一命换五命。虽然弗莱德死去这个结果很可怕，但死掉五个人的结果更糟。所以，杀死无辜的弗莱德，结果似乎会好一些。

显然，我讲的这个故事存在很多有争议的地方。杀了弗莱德，结果是否真

① 这一例子（我最喜欢的例子之一）源自菲利帕·福特，“The Problem of Abortion and the Doctrine of the Double Effect”一文，收录于《善恶观》（*Virtues and Vices*，加利福尼亚大学出版社，1978）。

的会更好？如果器官移植失败了，最后六个人都死了呢？要是你被抓了，人们发现医生有时会谋杀自己健康的病人，这会对医疗系统带来怎样的长期影响呢？与其在这里纠结这些，让我们假设最后我们能把细节弄明白：杀死弗莱德的结果会更好。但这么做真的对吗？

功利主义者看起来会说，这么做是对的。但正因如此，我们大多数人都会说，功利主义并不全对，此外还有其他的道德原则！这个看法是否成立？这是非常非常复杂的问题，如果你想进行进一步探讨，我建议你可以看看伦理学的入门书籍。就目前的讨论而言，让我们假设我们大部分人赞成义务论的观点，认为道德原则不只是要完成最好的结果。至少从直观反应上来说，杀害无辜者是错的，哪怕假定结果是好的（比如在我们的例子里，以一命换五命）。我们会说，人们有生存权，有权利不被杀害。普遍来说，我们大多数人都认可义务论禁止伤害无辜者的道德禁令，即使伤害无辜者会带来更好的结果。

如果我们看伦理学方面的书，关于这个禁令，我们会立刻有很多问题想问。比如，这个禁令的基础是什么？它所反对的究竟是什么？但现在，我们只要问：假设我们认可义务论的这个禁令，它对自杀的道德问题有什么影响？现在这个问题的答案似乎是这样的：我们只能说自杀是错的，是不道德的。因为当我自杀时，我就杀了一个人。我们刚才不是说，根据义务论者的说法，杀害无辜者是不道德的吗？我就是一个人。事实上，我就是个无辜的人。所以，杀了我是不道德的。所以，我杀死我自己就是不道德的。

如果这样的话，即使我们指出，在这种例子里，我死了会更好也无济于事。即使我们假设，如果我自杀，总体结果会更好，同样也无足轻重。因为，义务论者认为生存的权利已经大过所有结果。就像杀死弗莱德是不对的，哪怕结果会更好（一命换五命）；杀死你自己同样是错的，哪怕结果会更好。总之，即使自杀是你脱离苦海的唯一出路，即使其总体结果是好的，但这些都无济于事，因为生存权大于结果。根据义务论者的理念，看起来我们得说，应该完全禁止自杀，句号。

然而在哲学中，事情通常不会这么简单下结论。有些人会说，道德关注的只是我如何对待他人，而不是如何对待自己；人们如何对待自己的问题超越了道德的总体范畴。显然，如果我们认同这种说法，顺理成章就能说，虽然生存权禁止我们杀害他人（即使结果是好的），但对于杀死自己的例子却不适用。所以，如果生存的权利并不排斥自杀，自杀就可以是符合道德的。

但是需要注意的是，我们毫不确定为什么要接受这种说法，即认为道德只关注于人们如何对待他人。假设我们主动承担责任，试图解释说我杀死你为什么是错的，我们无疑会说，你是一个人，你不能被当作物品一样对待，不能只是被当成实现某种目标的手段，无论这个目标多有价值。作为一个人，有些事不应该对你来做，哪怕这么做了总体结果会更好。但我当然也是人。当我考虑自杀时，我就是要毁掉一个人。因此，很难看出为什么我杀的人是自己，就能让我要杀死一个人这件事不受道德约束。

诚然，这是个复杂的问题，要想继续探讨，我们需要了解和道德终极根源有关的各种不同理论，这是一个复杂的工程，我们在此略去不谈。为了讨论能够继续，我们假设道德并不仅限于如何对待他人。那我们是否至少可以同意，如果这种说法是对的，自杀就是不道德的？如果道德确实关注（至少在某种程度上）我如何对待自己，如果在道德原则里有义务论禁止伤害无辜者的禁令，那是不是意味着自杀是错的？

在这里，指出器官移植案例（我杀了弗莱德，救了其他五个人）和自杀之间的显著区别就显得很重要了。我杀死弗莱德，我伤害一个人是为了帮助其他人；但如果我自杀了，我是为了我自己。这种说法似乎与自杀的道德理论密切相关。

它确实是有关的，但我们无法百分之百肯定这一说法意味着什么。有两种可能的解释。首先，这可能是在说，在这类我为了自己而伤害自己的例子里，从自利的角度看，自杀是合理的，这个人死了会更好。也就是说，如果我杀死了自己，虽然从某种程度上我肯定伤害了自己，但总体来说它却不是伤害；实际上，它对自己反而有好处。这显然不同于器官移植的案例，在那个例子里，我明显总体上伤害了弗莱德。

所以，这个事实之所以和道德理论有关，是因为义务论中禁止的是对人造成总体上的伤害。举个例子，假如你大腿感染了，只有截肢才能救你一命。你找到了外科医生，他帮你截了肢。他做的事是不道德的吗？似乎没有。但等等：他锯了你的腿！他伤害了你！你以前有腿，现在却没有了，这显然是一种伤害。难道他做的事不是不道德的吗？然而，我们要说的是，虽然他伤害了你，但总体上来说却没有给你带来伤害。总的来说，他让你变好了，而不是更糟了（和他面临的其他选择相比）。既然从总体上来说他没有伤害你，他就没有违背义务论禁止伤害的原则。

如果这么说没有错，可能自杀就不用被看成是不道德的了。即使义务论禁止伤害无辜者，但这一禁令实际上不允许的是从总体上使他们变得更糟的伤害行为。如果我死了会更好，当我自杀时，我总体上就没有伤害自己，这么做是对我有利的，所以没有违背禁止总体伤害的原则。如果这样说没错，即使从义务论的角度来看，在特定情况下，自杀也可以是合乎道德的。

这是其中一种说法，解释了我自杀时，其实是为了自己好。下面是另外一种解释。自杀的时候，因为我是为了自己好，我显然赞成自己的行为。我批准了自己的行为，即我同意这么做了。要注意这一点和器官移植案例有显著的不同。我杀死弗莱德的时候，我显然没有得到他的允许，即我违背了他的意愿。但自杀是对自己做的事，我不可能违背自己的意愿这么做，我总是在自己的授意下行动的。也许这也是一个道德原则。

要接受这个观点，我们需要在义务论中加入另外一个因素。我们已经了解了与道德相关的结果原则，也了解了在完成这些结果时是否伤害了无辜者的问题，现在我们要加上同意（consent）原则。我想，大部分人经过思考都倾向于认为，征得同意后我们就可以做一些在没征得同意时被认为是错误的事。特别要指出的是，虽然通常情况下伤害别人是错的，但如果你征得了受害者的同意，情况则大为不同。比如，在截肢的例子里，显然，医生必须征得病人同意才能安排手术。（要是随便有个陌生人未经你同意就开始锯你的腿，我们的感觉一定大不一样！）

还有一个有关征得同意的例子。如果我走过去，一拳打在你的鼻子上，这通常是不为道德所允许的。如果你走过来，打了我肚子一拳，同样也不可以。可是在拳击比赛中，我认为这样做是符合道德的。为什么会这样？我想很重要的一点是，当人们打拳击的时候，他们已经同意对方这么做了。我允许你打我，或者至少允许你试着打我；作为交换，你也要允许我打你，或者至少允许我试着打你。正是由于同意原则，才能允许我伤害你，你伤害我。

所以，征得同意后，伤害别人变得正当，即使在没征得同意前，这样做是不正当的。如果这是对的，就会影响对自杀的道德问题的判定。诚然，当我自杀的时候，我是在伤害一个无辜的人，但由于我杀死的是自己，显然，我已经得到自己的允许，可以这样做。我是征得了“受害者”的同意后才这么做的。如果征得同意后就可以做通常被禁止的事情，那么征得同意以后，我就可以杀死自己。所以，从更全面的义务论的观点出发——加入了同意原则之后——我们应该说自杀是符合道德的。

这种思路会让我们得到一个非常极端的结论。如果得到了受害者的同意，就可以做平常不准做的事情，我们就会发现自杀永远都是符合道德的。因为在每一个自杀的案例里，我想，每一个自杀的人都同意自己这么做。

但是，或许我们不应该无限制地认可同意原则的说服力。假设有一天我们相遇了，你对我说：“谢利，我允许你杀了我。”于是我掏出枪把你杀了。

这样做看起来是不道德的，即使我得到了你的允许。假如你以为自己杀了约翰·史密斯而觉得有负罪感，但其实你只是疯了。你没有杀害约翰·史密斯，他甚至没死，但你疯了，认为自己杀了他，于是你说："谢利，请杀了我吧。"假如我知道你疯了，但我还是把你杀了，这当然是不能接受的。或者，假设你在跟你3岁的侄子玩耍，他说："我不想活了，杀了我。"显然，这也并不意味着你可以杀了他。

如果我们无限制地认可同意原则的说服力，就会得到一些让人难以相信的结论。所以，我假设经过仔细思考，我们不愿意无限制地接受同意原则。或许，我们应当重新思考自己的立场，全盘否定同意与道德相关？可能同意原则并非像一开始看上去的那么有道德意义，可能它跟道德根本就没有什么关系。

但是我想，这么说又走向了另一个极端。我们需要某种同意原则——即使只是一个受到限制的同意原则——否则我们会发现自己无法再准确地表达大多数人的看法。举个例子，假设在战争中，有个士兵看见有枚手榴弹被扔到了防空壕里，除非快速做出应对，否则手榴弹会爆炸，炸掉这个士兵的五个兄弟。不幸的是，这五个人没有看见手榴弹，也没有足够的时间提醒他们。于是这个士兵面临如下选择：他可以坐视不理，让他的战友们炸死，但他自己不会受到严重的伤害（他离手榴弹还很远）；或者他可以扑到手榴弹上，用身体抵挡爆炸的伤害，牺牲自己拯救战友。假设他扑到了手榴弹上，为了战友而牺牲了自己。

恐怕我们当中很少有人能够这样做，但令人敬佩的是，确实有人会这么做。我们因为这种传奇行为和英雄式的自我牺牲而钦佩、赞扬这些人。我们说，这种行为在道德上值得称颂，它超越了自身应当承担的义务。但是等一等，这种行为为什么值得赞扬？这个士兵自己扑到了手榴弹上，知道其结果是自己肯定会死，所以他杀了一个人——一个无辜的人——这显然违背了义务论中禁止杀害无辜者的原则。

即使指出这个士兵牺牲自己结果会更好，也无济于事。结果肯定会更好——五个人活了下来，而不是一个——但是根据义务论，这种观点不应该使我们动摇。假设这个士兵看到手榴弹时，他所做的是把另外一个士兵推到手榴弹上！这显然是不被允许的，即使结果一样（以一命换五命）。这是故意杀害一个无辜的人！义务论者认为这是错的，哪怕结果是好的。

我们怎样解释这种区别呢？为什么这个士兵自己扑到手榴弹上就是合乎道德的，而把别人推过去就不是呢？我想，最可信的原因是，他自己扑到手榴弹上时，他同意了这么做。如果这个士兵这么做了，就意味着他授意了让自己受伤。这就使得一件本来不被允许的事成为被允许的事。然而，如果我们全盘拒绝同意原则，就不得不说，这个士兵自我牺牲的行为不该在道德上受到赞扬。这是道德败坏的行为，是被道德所禁止的行为。我无法认同这一点。

所以，义务论者需要某种同意原则。但是，另一方面，我们又不想让同意原则太过激进，主张说只因人们要求“杀了我”，杀人就是可以接受的。我们需要一个更稳健的同意原则。同意原则可以允许本来不被允许的事情发生，但只是在某些条件下。

究竟有哪些条件呢？这是另一个有争议的话题。但其中较为可信的观点有这些：我们坚持认为，同意必须出于自愿（be given freely）；当事人必须能知道相关行为将带来（或可能带来）怎样的后果；此人必须心智正常、理性、能够胜任才做出这种决定的行为；最后，我们可能还会要求这个人有充分的理由授意别人（我们需要用这一点来解释“你朝我走来，让我杀了你”这个例子。在这个例子里，你不用发疯，你只是没有充分的理由这么说，这就足够对同意原则加以限制了）。

假设我们有了同意原则的合理修订版，那么最后我们会怎么评价自杀呢？我想我们很可能又一次得到了一个中立的观点。仅有自杀这个事实，不足以表明这样做是道德的，因为即使自杀者同意自己这么做了，他也可能是疯了，或者当时无法胜任才做出这种决定，或者缺乏充分的理由这样做。但即便如此，如果我们有这样的例子——我认为我们会有这样的例子——有人理性地分析了自己的处境，觉得自己死了会更好，他考虑了方方面面，而非草率行事，在深思熟虑后自愿做出了一个明智的决定，这时修订版的中立原则就可以起作用了，同意原则超越了或废掉了义务论禁止伤害无辜者的原则。因此，自杀在某些情况下是可以接受的，虽然并不是在任何情况下都可以。

在我看来，无论我们接受功利主义者还是义务论者的立场，这都是一个正确的结论。自杀不总是正当的，但有时是正当的。

我们仍然有一个重要问题没有解决：如果我们遇到有人想自杀，我们应当怎么做？我认为你有充分的理由问问自己，你确定这个人符合同意原则的所有限制条件了吗？或许我们应当谨慎对待，先假设此人遭遇挫折，头脑不清楚，无法全面考虑，失去了正常的判断能力，或没有充分的理由这么做。但接受这种初始的负面假设，并不是说我们接受这种强硬的结论：绝对不能允许别人自杀。假如我们能够认定，他们已经考虑了方方面面，同时有充分的理由，对情况进行了足够的了解，才心甘情愿地做出了这种决定。这种情况下，在我看来，自杀很可能是正当的，我们也不应加以阻拦。

| 第十六章 |

结论：寄语

本书一开始，我就要求你们对死亡的本质进行思考。大多数人非常努力地试图逃避思考这个问题。因为死亡不是个令人愉悦的话题，我们会试着把它抛诸脑后。哪怕已经感觉到死亡就在周围盘旋，仍然不想正视这个问题。路过墓地时，你有多少次对其视而不见呢？又有多少次你会停下来想一想，我们不过是在这个世界上短暂停留，离去后就不再返回？我们大多数人就是不愿意想这件事。

当然，你是例外。你刚读完一整本关于死亡的书；而且如果你能利用阅读的时间，认真审视你此前所相信的事情，我会感到很欣慰。不论最终你是否认同我此前所提出的种种观点，这并不重要，重要的是你能够借此机会，以批判的眼光审视自己相信的事情——告诉自己并非你希望、幻想或自认为是的就是真的，你真正可以为之做出辩驳的才是真的。

不过，话虽如此，硬要装作不在乎你们是否同意我对死亡的看法，那有些虚伪了。我当然在乎，因为我当然希望你们能够相信真相。

一开篇我就说过，有一整套关于死亡的信念，大部分人对其趋之若鹜。他们相信我们拥有灵魂，在肉体之外还存在灵魂。他们相信，由于灵魂的存在，我们有永生的可能。当然，死亡仍是终极的谜题，但永生却是真正可能的，我们都希望并渴求这种可能，因为一想到死亡就是结束，就让人难以承受。死亡如此可怕，我们都试着不去想它。死亡可怕到我们一想起它，恐惧、害怕和焦虑就会袭来。显然，对于生命和死亡，这是我们能够做出的唯一合理反应。生命如此美妙不凡，无论怎样，结束它都是不合理的。永生是美妙的，自杀绝不可能是个合理的选择。

与之相反，我说过，这一整套信念，尽管极为常见，却是错误的——从头错到尾。灵魂并不存在，我们只是机器。当然我们不是随便什么机器，我们是神奇的机器，是有感情、有梦想、有创造力的机器，是能够制订计划，并与人分享的机器。我们是人类，但我们终究还是机器。当机器坏掉时，那就是终结。死亡不是什么我们难以理解的巨大谜题，死亡并不比你的灯泡或者电脑坏掉，或任何其他机器最终会坏掉更神秘一些。

我希望诸位知悉，我从未试图证明死亡不令人遗憾。在讨论永生时，我说过，如果我们有能力一直活下去，直到生活无法供给我们有价值之物，这自然更好。只要生命总的来说是好事，死亡相对来说就是坏事；对于我们大多数人而言，死亡来得太早。但这样说，并不意味着永生是一件好事。事实上，永生是诅咒，而非赐福。

我们想到死亡时，不应当将其视为艰深奥秘，难以面对，可怕至极。恰恰相反，我认为对死亡的恐惧是一种不恰当的回应，而远不是一种合理的回应。我们会为死得太早而悲伤，但如果我们能够意识到我们至少曾经活过，这何其幸运，或许就能抵消这种悲伤情绪。

同时，认识到活过是一种幸运，并不意味着活着总是更好。很不幸，我们中的一些人会出现生不如死的情况。当这种情况发生时，生命已经不再是不论发生什么事情，不论出现什么情况，都值得抓住不放的存在了。对于生命，可能会出现需要放手的那一天。

通过这本书，我已邀请你自己思索生命和死亡的真相。此外，我邀请你在面对死亡时能无所畏惧，不存幻想。

致 谢

本书系基于笔者在耶鲁大学多年讲授的一门死亡课程编写而成（在此之前，本人曾于芝加哥伊利诺伊州大学开设此课）。

2007年春季学期，这门课程录制后被收入耶鲁大学公开课系列课程。（本课程均可在oyc.yale.edu/philosophy/death找到。）本书的第一稿也成形于该课程的书面讲稿。为了出版，本人对讲稿进行了修订，删除了重复之处，更正了谬误，并对自觉原稿想法及论证不充分之处进行了形式上的改变。我删除了一些离题的阐述（并极大地缩减了关于柏拉图的讨论），也调整了结构以及某些例证。但我保留了原课程中较为随意的语气及语言形式。死亡是一个严肃的话题，却并非要用沉闷的学术散文来撰写或论述。

非常感谢数年来同学们对此课的评论与提问，也很感谢在网上观看视频并通过电邮向我反馈其想法的同学。若非得到网上观看（听、读）课程的同学们的反馈而受到鼓励，若非他们让我明白，我在此讨论的问题也为学术界之外的人所乐知，我确信自己绝不会著有此书。尤其要感激耶鲁大学邀我参加这一公开课程，这是（也将继续是）一种非常特别的经历。

在死亡课程的授课以及本书的撰写中，我时常提及许多在当代哲学史上被广泛研究及讨论的观点。虽然我仅对其中一些观点进行了明确的引用（因为本书系导论书籍，为起到介绍性作用），但本书中绝大多数观点都并非本人原创。

推荐阅读

关于死亡的哲学书籍浩如烟海，而且其中大部分书籍对于没有哲学背景的读者来说晦涩难懂，但下列书籍可供想要进一步研读的读者参考：

总论：下面两本书籍覆盖了本领域的大多数话题，一本是弗莱德·费尔德曼的*Confrontations with the Reaper*（牛津大学出版社，1992），另一本是斯蒂芬·卢坡尔的《死亡的哲学》（*The Philosophy of Death*，剑桥大学出版社，2009）。其中费尔德曼的著述尤易理解。《死亡的形而上学》（*The Metaphysics of Death*，斯坦福大学出版社，1993）由约翰·费希尔编撰，是一本宝贵合集，收录了许多重要的论文。

二元论与物理主义：彼得·李普顿的*Inference to the Best Explanation*（劳特里奇出版社，第二版，2004）为这一话题提供了有用的讨论。金在权的《精神哲学》（*Philosophy of Mind*，西景出版社，第三版，2010）是一本很好的入门材料，介绍了和精神有关的当代哲学理论。在彼得·范·因瓦根的《形而上学》（*Metaphysics*，西景出版社，1993）一书第十一章中可以找到对于自由意志的简要介绍。西欧多尔·希克和路易斯·沃恩合著的*How to Think About Weird Things*（麦克劳希尔集团出版社，2005）一书中《濒死体验》（"Near-Death Experiences"）一文则对人类的濒死体验进行了怀疑性的讨论（见第301—323页）。

笛卡尔和柏拉图：勒奈·笛卡尔的论点见于第六个沉思（《第一哲学沉思

录》极好地介绍了笛卡尔的整个哲学体系）。柏拉图的对话录面向的是受过良好教育的读者，所以务必试着读一下《斐多篇》；虽然某些篇章极为晦涩，但柏拉图是哲学史上最优秀的作者之一。如果你从未读过柏拉图的对话录，那么你得好好读一读。

关于死亡的两个惊人言论：保罗·爱德华“Existentialism and Death: A Survey of Some Confusions and Absurdities”一文试图使用生动的方式来驳倒关于死亡的一些常见谬论，该文收录在西德尼·摩根贝沙、帕特里克·撒普斯和莫顿·怀特编撰的*Philosophy*，*Science*，*and Method*（圣马丁出版社，1969）一书中。

个人同一性：约翰·佩里的*A Dialogue on Personal Identity and Immortality*（哈克特出版社，1978）对此话题进行了简要易懂的介绍。而当代哲学对于个人同一性的讨论中，最有影响力的书籍之一是德瑞克·帕菲特的《理性与人类》（牛津大学出版社，1984）。约翰·洛克对于灵魂观点的反驳（同时也是对于个人观点的捍卫）见于*An Essay Concerning Human Understanding*第二卷，第二十七章。

死亡的坏处：当代哲学对于剥夺理论的重要论述可见于*Mortal Questions*（剑桥大学出版社，1979）一书中托马斯·内格尔所著《死亡》一文及弗莱德·费尔德曼所著“Some Puzzles About the Evil of Death”一文，两者皆收录在再版的费希尔选集中。本·布兰德利*Well-Being and Death*（牛津大学出版社，2009）一书对于死亡的坏处这一话题进行了详尽的讨论。帕菲特《理性与人类》一书第二部分论证了人们对待时间的各种不同态度是否合理。

永生：最重要的论文是伯纳德·威廉姆斯的《马克罗普洛斯案件：反思不朽的单调性》，收录在其*Problems of the Self*（剑桥大学出版社，1973）一书中。

生命的价值：本人所著《规范伦理学》（*Normative Ethics*，西景出版社，

1998）一书第29—41页对幸福的基本理论进行了简单介绍。帕菲特《理性与人类》一书的附录对其进行的讨论则非常有影响力。

面对死亡而活：关于此话题，瓦尔特·考夫曼著有两篇有趣的论文，“Death Without Dread”一文收录于*Existentialism, Religion, and Death*（新美国图书馆出版社，1976），《死亡》（“Death”）一文收录于*The Faith of a Heretic*（双日出版社，1961）。

自杀：可以在理查德·勃兰特《自杀的道德与理性》（“The Morality and Rationality of Suicide”）一文中找到可读性极强的相关讨论，该文收录于詹姆斯·雷切尔斯编撰的《道德问题》（*Moral Problems*，哈勃与罗出版社）一书中。最后，如果你想要进一步了解功利主义以及义务论（以及两者之间的区别），我在《规范伦理学》一书的第一部分进行了更加系统的介绍。